云南民族文化大观丛书

哈尼族
文化大观

云南省民族事务委员会 编

云南民族出版社

图书在版编目（CIP）数据

哈尼族文化大观 / 史军超主编；云南省民族事务委员会编.
—2 版. —昆明：云南民族出版社，2013. 11
（云南民族文化大观丛书）
ISBN 978-7-5367-5879-7

Ⅰ.①哈…　Ⅱ.①史…②云…　Ⅲ.①哈尼族—民族文化—
云南省　Ⅳ.①K285.4

中国版本图书馆 CIP 数据核字（2013）第254176 号

云 南 民 族 文 化 大 观 丛 书

哈尼族文化大观
HANIZU WENHUA DAGUAN

云南省民族事务委员会　编

史军超　主编

责任编辑：杨羊就　封面设计：贺　涛　责任校对：车树清

云南民族出版社出版发行
（昆明市环城西路 170 号云南民族大厦 5 楼　邮编：650032）

昆明富新春彩色印务有限公司印刷

2013 年 11 月第 2 版　2013 年 11 月第 1 次
开本：889mm × 1194mm　1/32
印张：18.125　字数：460 千字

ISBN 978-7-5367-5879-7/K·1533　定价：66.00 元

哈尼族村寨

哈尼梯田景观

哈尼族服饰

哈尼族服饰

哈尼族服饰

哈尼族服饰

哈尼族服饰

哈尼族服饰

哈尼族服饰

哈尼族头饰

民居建筑

哈尼族妇女

哈尼族少女

纺　线

舂粑粑

家中的火塘

祭祀活动

村中一角

晒粮食

传统舞蹈

竹筒舞

欢乐的山寨

荡秋千

长街宴

内容提要

哈尼族是中国人口在百万以上的十余个少数民族之一。在漫长的历史岁月中，经历了由西北高原南下的古羌集团与由云贵高原北上的夷越部落的融合交流，以一个崭新的南方稻作民族的英姿展现在世人面前，从而创造了一系列辉煌灿烂的文化。

《哈尼族文化大观》第一次系统地向读者介绍哈尼族文化的全貌，即其特殊的迁徙文化、梯田文化和茶文化以及在此基础上形成的一整套意识形态，诸如宗教、习俗、文学、艺术、政治、军事、教育、体育、新闻、出版、科技及生产生活的方方面面，因而这是一部百科全览式的书。

本书材料丰富，清新可读，由六位素有研究的本民族学者写成，既是学术研究的好材料，又是广大读者欣赏的美文。

Synopsis

The Hani are one of the dozen ethnic minority groups in China whose population exceed 1 million. In the long course of history, the Hani started as an ancient nomadic group from Northwest China called "Qiang" and finally made themselves settled agriculturalists after merging with the Yiyue group who originated from the highlands of Yunnan and Guizhou. In the process, they have created a brilliant culture of their own.

This book offers to readers a panoramic representation of the Hani culture, including their unique migratory way of life, their terraced fields and tea culture as welll as the whole set of ideology that is formed on the basis of this culture, such as religious beliefs, folk traditions, literature and art, politics, millitary affairs, education, sports, press, technology and various aspects of their economic activities. It is a mini encyclopedia about the Hani culture.

The book contains rich and fresh materials that are collected by the six authors who have made extensive studies on the Hani culture. It is both a good source of information for academic studies and an enjoyable book to common readers.

再版说明

  云南是祖国西南边疆一个多民族的省份。勤劳勇敢的云南各族人民，不仅用自己的双手耕耘祖国边疆美丽富饶的大地，而且用自己的才智创造、继承和发扬了绚烂多彩的云南民族文化。

  文化是民族的血脉，是人民的精神家园。云南民族出版社始终以繁荣发展云南民族文化事业为己任。在20世纪90年代，云南民族出版社组织各民族的专家、学者和民族文化工作者，编撰了"云南民族文化大观丛书""云南少数民族文化史丛书""云南少数民族文学史丛书"三套丛书。这三套丛书的出版，既满足了云南各民族人民群众精神文化需求，也为建设云南民族文化大省做了一件扎扎实实的最基础的工作。三套丛书对民族文化积累有重要价值，得到了社会好评。其中，"云南民族文化大观丛书"荣获第十二届中国图书奖。

  中华民族的伟大复兴决定了中华文化的繁荣兴盛。在开创中华民族美好未来的历史进程中，党中央对繁荣发展中国社会主义文化作出了全新的战略部署，对深化文化体制改革、推动社会主义文化大发展大繁荣，努力建设社会主义文化强国提出了新的要求。云南省委、省政府提出了推动云南民族文化大省向民族文化强省迈进的战略思路，云南民族文化迎来了一个新的繁荣发展的历史时期。

新的形势、任务、目标，要求民族出版工作者增强责任感、使命感和紧迫感，抓住机遇，在新的历史起点上深化体制改革，推动云南民族文化大发展大繁荣，丰富各民族的精神生活，增强民族凝聚力，提高民族创造力，为加快建设民族文化强省作出新的贡献。为满足读者需求，决定再版三套丛书，以新的面貌奉献给广大读者。

此次再版的三套丛书未作大的修订，保持原版的思想观点、学术观点、编写体例乃至书中的数据、地名等原貌，仅对原版书以国家最新实施的标准进行规范，调整了部分图片。三套丛书的再版，是云南民族出版社的一件大事、一件令人欣喜的事，也是云南省出版界的一件引人注目的事。

在再版过程中，尽管我们作了大的努力，付出了辛勤的劳动，但由于水平有限，再版的三套丛书，难免有错漏，敬请读者指正。

再版编辑委员会

2013 年 11 月

总　序

　　云南是中国民族种类最多的省份，世居5 000人以上的少数民族有彝、白、哈尼、傣、壮、苗、傈僳、回、拉祜、佤、纳西、瑶、景颇、藏、布朗、布依、阿昌、普米、怒、基诺、德昂、蒙古、水、满和独龙25个。少数民族人口有1 460万，占全省总人口的35.7%。全省有8个民族自治州、29个民族自治县，民族自治地方土地面积占全省总面积的70.2%。

　　在云南这块神奇的土地上，长期以来，各民族人民交错杂居，和睦共处，生息繁衍，用他们的劳动与智慧，创造了丰富多彩的物质文明和光辉灿烂的精神文明。云南民族文化是云南各民族人民物质文明和精神文明的结晶，是云南各民族人民赖以生存、自强不息的精神支柱和知识源泉。

　　为了全面继承、发扬云南少数民族文化，增强民族凝聚力，加强民族团结，维护祖国统一，从1991年起，云南省民族事务委员会组织各民族专家、学者，通过深入调查研究，利用丰富的资料，编纂了彝、白、哈尼、傣、傈僳、拉祜、佤、纳西、景颇、布朗、阿昌、普米、怒、基诺、德昂、独龙16个民族的文化大观。每个民族的文化大观，都全面涵盖了本民族的历史渊源、语言文字、宗教信仰、风俗习惯、伦理道德、天文历法、文学艺术、科学技术、教育体育、哲学思想、商业贸易、经济生产、建筑名胜等各个领域，系统地反映了云南少数民族所处的自然地理、人文地理环境和与之相联系的生产、生活方式，充分展示了多姿多彩的云南少数民族文化在整个中华民族文化中的地位。在一定意义上说，这是一项建设民族文化大省的最基础的工程，也是一项带有填补学术空白的工作。

为此，云南省民族事务委员会决定出版"云南民族文化大观丛书"，作为云南各少数民族向中华人民共和国成立50周年献上的厚礼。这一举措，得到1999年4月17日在云南省民委召开的省长办公会议的认可和支持。同时，列入了"云南建设民族文化大省规划"项目。

特别需要说明的是，"云南民族文化大观丛书"，前称为"中国民族文化大观·云南卷"，系国家"八五"期间社会科学重点研究课题。总编委会主编关东升、副主编陈连开等诸位先生及国家民委有关领导，做了组织、联络、协调、指导等前期工作；孙雨亭、王连芳等民族工作的老前辈、老领导给予热情关心，并担任过顾问；黄惠焜、沈其荣、杨德鋆、巫凌云、高宗裕、乌谷、李昆声、郭思九、和丽峰、李光云等同志先后担任过编委或办公室工作人员。一些有关单位、部门的领导和同志，曾参与过前期的组织协调工作。在此，一并致谢！

由于总编委会人事变动和各种原因，1999年4月16日经总编委会同意，重新调整云南编委会，并把该书易名为"云南民族文化大观丛书"，决定由云南民族出版社以最好的质量、最快的速度，作为精品出版，向中华人民共和国成立50周年献礼，为建设民族文化大省贡献力量，对此我们深感欣慰。

"云南民族文化大观丛书"16卷虽然经过9年努力，但许多方面仍会有不足之处，有待再版时补充完善。

编辑委员会
1999年6月

目　录

引 言

在滇南莽莽哀牢山与无量山的千山万壑中，在日夜喧腾的红河①、把边江与澜沧江之岸，世代生息着我们祖国兄弟民族大家庭中的一员——哈尼族。

千百年来，大自然以她优厚的条件善遇了哈尼族。这里土地肥沃，气候温和，雨量充沛，物产丰富。山冈上四季洒满怒放的鲜花，老林里终年徜徉着成群的飞禽走兽，山坡上铺盖着黄金般的稻谷，土表下埋藏着奇异的珍宝。伟大的哈尼族人民则用勤劳的双手和超凡的智慧建设了自己美丽的家园，创造了绚丽多彩的民族文化。

哈尼族文化在中华文明乃至世界文明的格局中，有着为其他民族文化所不能替代的位置。它的发轫十分古远，历史极为悠久，文化内涵极其丰富，民族特征十分显豁。

近年来，哈尼族文化的国际影响与日俱增。目前国际上有十多个国家的学者参与哈尼族文化的调查和研究，有的学者在哈尼族地区生活长达数十年，把自己的青春年华贡献给哈尼族文化的建设事业。

国内学术界近20年来对哈尼族文化的调查研究形成了不断

---

①红河：在我国境内上段称礼社江，下段称元江，入越南境称红河。但因江水如血，青山如黛，民间习称红河，红河哈尼族彝族自治州因之得名，故本文从习称。

高涨的浪潮，大量文化资料和学术成果相继发表，研究队伍不断壮大，形成了一批以本民族学者为核心的有多民族学者参与的具有一定科研水平的学术队伍，研究拓展的深度与广度都为史前所无，一批重要的学术成果在中外报刊上发表，形成一定影响，不少哈尼族学者获得国家级、省级人民政府和学术界的奖励，这是哈尼族文化在新时代不断发展进步的标志。哈尼族人民在繁荣，在进步，哈尼族文化之河在流出高山，淌过平原，奔泻进世界文明的大海之中。下面简要介绍哈尼族文化的几个主要特征。

第一个文化特征——

几千年的迁徙历史，几万里迁徙路程，诞生了哈尼族，创造了哈尼族辉煌的迁徙文化

数千年前，哈尼族先民聚居在青藏高原，从事着"逐水草而居"的游牧生活，他们属于庞大的诸羌部落集团，当时尚未形成一个叫做"哈尼"的民族，他们只是一个个民族部落或部落联盟。哈尼族先民是其中以放牧牛羊为主要生产生活方式的人群中的一支。对这些部落集团，历史上统称为"西方牧羊人"——羌人。

辽阔的西北高原虽然美丽而富饶，但是丰茂的草场和甘美的清泉毕竟太少，随着人口的增长，大自然无法提供人们足够的物质生活资料，加以疾病、战争诸多因素的作用，人们为了获取更为广阔的生存空间，于是掀起了一次又一次民族迁移的浪潮。诸

羌部落集团中的相当部分驱赶着牛羊，背负着物质与精神的行囊，沿着青藏、川康高原到云贵高原的高山纵谷地带渐次下行和定居。于是，这一往昔不知行走过几多民族的高原峡谷被民族学家、人类学家冠以"民族迁徙的走廊"的称号。

青藏、川康和云贵高原的特殊地理环境玉成了诸羌部落一次又一次的迁徙。这些地区海拔落差幅度巨大，温热寒带气候垂直分布，一山之中有四季之变，一域之内有数态之分，森林广被，物产丰茂，由此南移的诸羌人群渐渐找到了适宜各自生存的位置而逐一定届下来，由此而形成了哈尼族和诸多彝语支民族在这些地区的分布。

民族迁徙是一个漫长的历史过程，哈尼族先民在此中经历的苦难与欢欣、幸运与艰危、付出的热血和泪水，融化为诗为歌为各种文化符号，在民族的生产、生活、宗教、风俗、典章、礼仪中保留下来。

在诸羌部落大迁徙到哈尼族形成的过程中，一个极其重要的因素是迁徙人群与居住于云、贵、川、康地区原住民的大交流、大融合。换句话说，诸羌部落大迁徙及其与西南原住民族的大融合形成了规范意义上的哈尼族。

哈尼族先民的南迁并不是随意的、偶然的行为，它是历史的必然。他们在青藏高原的游牧生活中，已经发明了原始农业，采用原始简单的生产手段种植某些农作物。由于游牧生涯的漂泊无定，游牧经济提供给人们的生活资料是贫乏的、无保证的，所以，原始农业经济成分逐渐加大。在南移过程中，寻找适合农业生产的自然环境是最根本的导向因素。肥沃的土壤，充沛的水源，温暖的气候，总是在人们的寻觅之中（加上对有利于人畜新陈代谢的食盐的寻找），这些需求在哈尼族的民俗文化和古歌中随处可见。

原居南方的土著民族，尤其是以稻作农耕为主要生产方式的夷越民族，对南迁的诸羌部落发生了脱胎换骨的催化作用。从历史的大视角来看，恰是夷越民族的水稻耕作文明吸引了诸羌，造成了他们历时上千年、跨越上万里的长征式南迁。水稻耕作是农耕文明中的最高层次，它收入稳定，相对可靠，提供的物质生活资料丰富，这些都远胜于"随畜迁徙"的游牧文明。于是诸羌部落纷纷向夷越民族学习，根据自己的客观条件逐渐扬弃陈旧的游牧经济模式，更换为稻作农耕经济模式。这是两种文化内核的更替，是一次脱胎换骨的真正意义上的文化大革命，是一次历史的大飞跃，这场革命的结果，造就了一个崭新的民族——哈尼族。

近20年来哈尼族的迁徙文化被大量发现。在众多的文化事项中，有服饰文化、饮食文化、民居文化、丧葬文化、婚恋文化、祭典文化、年节文化及歌调、谣谚、神话、传说等等，其中最显著的是，完整地保存着一个庞大的迁徙史诗的群落。现已整理出版的作品中，著名的有《哈尼阿培聪坡坡》（元阳县）、《哈尼先祖过江来》（元阳县）、《普嘎纳嘎》（红河县）、《阿波仰者》（元江县）、《雅尼雅嘎赞嘎》（西双版纳地区）等。这些作品对各地哈尼族的迁徙历史作出了生动、形象、系统的描绘。这些史诗给人们提供了哈尼族迁徙历史的一系列生动画面，堪称哈尼族以诗载史的"史记"，它们"比官家的、准官家的史料更有价值"（郭沫若语）。这些作品一经发表，立即引起学术界尤其是史诗学界的重视。它们以特殊的风格、卓异的型制及大量曲折、生动、细致、传神的历史事件的描绘，形成迁徙史诗的代表作①。

从哈尼族的迁徙文化中我们可以看到，哈尼族是一个具有开

---

①史军超：《哈尼族迁徙史诗断想》，《思想战线》1985年第6期；《迥异的诗史——哈尼族迁徙史诗〈哈尼阿培聪坡坡〉与荷马史诗》，《山茶》1987年第4期。

放精神的、善于汲取的、富于创造性的、拥有强大生命力的民族。这个民族的形成和发展，正是仰仗着这一巨大精神力量和文化智慧方始成功的。

第二个文化特征——

大规模民族迁徙的结果，哈尼族创造了举世闻名的梯田文化——这半山稻作的最高典范——从而成为山区农业文明的代表性民族

哈尼族的形成，从地域上讲，是在今四川省大渡河流域和雅砻江、安宁河流域，对于这民族的发祥地，哈尼族称之为"惹罗普楚"和"诺马阿美"。

在《哈尼阿培聪坡坡》这部史诗中唱道，"惹罗普楚"是一片水源丰富的山区：

> 惹罗的土地合不合哈尼的心意？
> 惹罗的山水合不合哈尼的愿望？
> 先祖抬眼张望：
> 高山罩在雾里，
> 露气润着草场，
> 山梁像马尾披下，
> 下面是一片凹塘。

（于是，哈尼族祖先因地制宜，制造了梯田耕作制度）

> 大田（梯田）是哈尼的独儿子，
>
> 大田是哈尼的独姑娘，
>
> 西斗（头人）领着先祖去挖田，
>
> 笑声和沟水一起流淌。
>
> 在落叶季节去砍树，
>
> 树灰是土地的米粮，
>
> 先种两年玉麦荞子，
>
> 试试土地对哈尼的心肠；
>
> 土好再来打埂犁耙，
>
> 地要松得像蒸糕一样。

这就是梯田耕作生产模式的雏形：先砍火烧地，然后试种旱地作物，待其土熟，再垒土筑埂造成梯田，同时挖筑水沟建造供水系统。

此一田制一经形成，就成为哈尼族文化的核心。

哈尼族大规模的迁徙活动直到隋唐之际方告平息，此后在长达千年的安定生活中，在滇南哀牢山、无量山及红河、把边江、澜沧江流域，哈尼族把自己的全副精力投入到梯田文化的建设中。因此，今日以元阳、红河、绿春、金平、元江、墨江、普洱、思茅、江城等地为中心地带的哈尼族聚居区的梯田，无论耕种的规模、运作的水平都达到极高的层次，成为中国少数民族文化中的一大奇观。

第三个文化特征——

世界上最古老的野生茶树王生长在哈

尼山寨，哈尼族是世界上最先人工培植茶树的民族之一，哈尼山乡是世界名茶普洱茶的故乡，哈尼族对世界茶文化有着特殊的贡献

茶，兼有药用与饮料两种功能，茶文化是人类物质文明与精神文明结合得最完善的典范。尤其在物质生活日益强化，生活节奏日益加速，人类身心健康受到现代工业科技侵扰越来越严重的今日，世界各国对茶文化的认识越趋深刻，需求越趋增加。

哈尼族家乡滇南是世界茶树的发源地和茶文化的故乡，哈尼族参与了最早的茶树栽培和茶文化的创造，形成了以普洱茶为代表的哈尼族茶文化系列。

若干世纪以来，普洱茶风靡世界，成为最受各国欢迎的饮品。1988年6月22日，日本东西物产株式会社社长坂本敬四郎有题云"云南普洱世界万民健康之茶"，代表了世界茶坛对普洱茶的欣赏与赞誉。而在中国，历代皇朝均将普洱茶作为贡茶，由封疆大吏岁时朝贡，皇帝亲茗之外，更作为异珍向有功之臣赏赍，皇族重臣，名人雅士，无不对之溢美赞扬。古人曾有赞普洱茶诗云：

> 普洱名茶喷鼻香，
> 饮茶谁识采茶忙？
> 若怜南国采茶女，
> 忍渴登山与共尝。

普洱系滇南一小县，何以能够声名远播？原因就在其所出产的"普洱茶"。然而"普洱茶"并非普洱所产，有史以来，普洱为

滇南茶叶的加工集散地，而普洱茶原料则来自西双版纳、思茅各县市，即清代檀萃所言"六大茶山"。檀萃《滇海虞衡志》云："普洱所属六茶山，一曰攸乐，二曰革登，三曰倚邦，四曰莽枝，五曰曼瑞，六曰慢撒，周八百里。"此六山多在西双版纳境内，历为哈尼族聚居之地，因而哈尼山乡即是普洱茶的故乡。

历史上，普洱茶行销国内外成为中国出口创汇的重要产品，1949 年以后由于政府的重视，普洱茶发展迅速，不但大规模拓展种植面积，而且研制出若干品种组成的普洱系列茶，为国家获取了大量外汇并赢得崇高声誉，这是云南各族人民的光荣，也是哈尼族的荣耀。

由于哈尼族人民对祖国和世界茶文化的巨大贡献，经茶学界专家测定，在"云南省茶组植物种表"所列 31 个品种中，以民族命名的茶种仅有哈尼一族，其排名第 15 号，名曰"哈尼茶"（C. hanisis），为"五柱茶系"之一[①]。

在哈尼山乡，野生古茶林、古代人工栽培茶树比比皆是，其中最著名者有三：

1. 1961 年 10 月，勐海县巴达山区哈尼族农民发现生长于该地的野生大茶树，树高 32.12 米，直径长 1 米，是当时世界上发现的野生茶树之最伟岸者。

2. 1980 年，在勐海县巴达山哈尼族地区又发现一棵更为高大的野生大茶树，株高 34 米，主株直径为 1.21 米，树龄在 1 700 年以上。

3. 勐海县南糯山哈尼族聚居地区发现世界上最古老的人工栽培大茶树，树龄达 800 余年，株高 4.59 米，直径 1.38 米，树幅 10.9 米，被誉为世界"茶树王"。生活在南糯山的哈尼族茶农说，

---

① 《云南省茶叶进出口公司创建五十周年纪念册》第 45 页、46 页。

他们从五十五代祖先开始，就在这里栽种茶叶，按学术界一般计时法测量，哈尼族栽培茶叶的历史已逾千年，南糯山800余年的大茶树虽名世界"茶树王"，然亦仅是哈尼族祖先栽种的若干茶树的遗裔而已。

野生大茶树、人工栽培大茶树的相继发现，震惊了世界茶坛，迄今为止，有二十余个国家的专家前来哈尼山乡考察、瞻仰。日本茶学界派遣著名专家来访，见此古木，情不自禁，纷纷顶礼膜拜，谓之曰神。

第四个文化特征——

世与山居，马帮成为哈尼族沟通外部世界的唯一工具；哈尼族的马帮足迹踏遍滇南和整个东南亚，哈尼族的马帮文化跨出国门，走向世界

哈尼族世代居住山区，哀牢、无量等山脉岭峻天雄，山川险阻，四塞之区，少与外通。但是在漫漫历史岁月中，由于经济、文化上相互交流的需要，这一封闭格局渐被打通。历史上，首先是由汉族等其他兄弟民族的马帮商旅进入哈尼族聚居地区开展商品交易，由此引发了哈尼族马帮文化的兴起。

哈尼族与其他民族商品贸易的起始甚早，迁徙史诗《哈尼阿培聪坡坡》中就有这样的描写：

诺马①的美名传到了东方，
传进腊伯高高的大城，
腊伯的乌木派大队马帮，
跋山涉水来到了诺马河边，
他们用五彩丝线交换哈尼的红米，
又用亮亮的金银来换哈尼的白棉。
诺马的美名传到南方，
那里坝子一片连一片，
出名的坝子名叫猛梭，
好心的摆夷住在那边。
摆夷头人也派来牛帮，
叮咚的牛铃整天不断。

在与其他民族的交往中，哈尼族也开展了自己的商贸活动，自然，那时的运输只能是马帮、牛帮一类。

臻至明清时代，由于以普洱茶为主的滇茶对西藏的特殊作用，哈尼族的马帮文化有了新的拓展。

西藏人民历以牛羊为食，对茶的需求（茶有去脂、清肠、健神、消疲、调节新陈代谢的作用）十分巨大，而西藏不产茶，历史上素以滇茶和川茶为供销商品，滇茶中普洱茶尤以质地醇厚，特别适宜藏胞饮用而备受欢迎，因此成为滇藏贸易的主要物资。中原皇朝历以滇茶为治边守藏之具，清代光绪《普洱府志》说"西番之用普茶已自唐时"，可知其制由来已早。

清初中央政府在永胜设"茶马交易市场"，雍正十三年（公元

---

①诺马，即哈尼族继"惹罗普楚"之后一个著名的迁居地，在今四川省雅砻江、安宁河流域，全名为"诺马阿美"。

1735 年）由户部颁发"茶引"（经营许可证）3 000 张，并在攸乐山（今基诺山）茨通寨设"攸乐同知"，设员驻兵征收茶捐。当时思茅、普洱到西双版纳茶山（哈尼族聚居地区）的"普茶运销"盛极一时，商贾云集，市场繁荣，"年有千余藏族商人到此"，"印度商旅，驮运茶、胶（紫胶）者络绎于途"。还有缅甸、锡兰（斯里兰卡）、暹罗（泰国）、柬埔寨、安南（越南）等国均有商人的驮马每年至少 50 000 匹往来于西双版纳和思茅、普洱之间①。哈尼族经济力量薄弱，除提供茶叶原料之外，只能为名商大贾赶马驮运，其中佼佼者渐渐积累资本，购买马匹，结成帮子，参与到"普茶运销"的行列中。这可说是哈尼族马帮文化发展的中期阶段。这一时期，尚有将著名的"磨黑盐"运销滇省各地及境外的马帮，也是哈尼族马帮的一支。

民国时期，尤其是第二次世界大战前、中期，以红河县为首，波及附近数县——元阳县、绿春县、金平县等哈尼族聚居中心地区的大规模的"下坝子""走烟帮"商贸活动，可称为哈尼族马帮文化的巅峰时期。此项活动以红河县汉族为主，哈尼、彝、傣等各族均有大量人马参加，哈尼族马帮以其吃苦耐劳恪守信誉而为汉族商人乐于雇佣，不少人渐趋发达之后，也参与经营成为富商。这一活动有力地促进了哈尼族与其他民族尤其与内地汉族的文化交往，同时也大大促进了哈尼族与东南亚各国的经济文化交流。

第五个文化特征——

异彩纷呈的民俗不但成为哈尼族的文

---

①《版纳文史资料选辑》第 4 辑，第 81 页。

化符号，使哈尼族有别于其他民族，而且
其中积淀的历史文化内涵日益引起国际学
术界的重视

所有的哈尼族习俗文化都紧紧围绕着自己民族的历史成因
——迁徙文化和主宰其生存的生产方式——梯田稻作文化、茶文
化等等而展现，这各方面的细节将在下文各章加以介绍，兹不赘
述。值得重视的则是近年来这些文化越来越强烈地吸引了国际学
术界的关注，此中欧美学者在缅甸、泰国的长期研究有较引人注
目的进展。日本学术团体对哈尼族与日本民俗文化做了大量对比
性研究，以论证日本"倭人"与哈尼族先民有着文化渊源上的联
系，也值得注意。这些证明，哈尼族民俗所包含文化容量的丰富，
证明它们已成为世界民族文化宝库中的一份瑰宝。

第六个文化特征——

哈尼族神话以其风格的古拙著称，尤
其神话体系的完整，弥补了中国神话残缺
不全的遗憾

与其他许多民族一样，哈尼族历以原始宗教为主要信仰，普
遍秉行泛灵崇拜、祖先崇拜和文化英雄崇拜，这所有崇拜信仰除
表现在一系列祭典和民俗礼仪中外，大量保留在传世的古歌和神
话故事之中。

应予重视的是，哈尼族神话的一大特点在于它的严密、完整

的系统性，这在中华民族的神话造作上是一个了不起的贡献。

一个世纪以来，国际神话学界对中国神话所持的微词和诟病，就是它们的残缺不全、杂乱零散和不成体系。国内学者囿于汉族典籍的稽考，也同意外国人这一说法。几位研究神话的大师曾遗憾地说：

> 总上所述，可见中国神话之系统的记述，是古籍中所没有的；我们只有若干零碎材料，足以表现中国神话原来也是伟大美丽的而已。
>
> ——茅盾：《神话研究》
> （百花文艺出版社 1981 年版第 31 页）

> 世界上的几个文明古国：中国、印度、希腊、埃及，古代都有着丰富的神话，希腊和印度的神话更相当完整地被保存下来，只有中国的神话，原先虽然不能说不丰富，可惜中间经过散失，只剩下一些零星的片段，东一处西一处地分散在古人的著作里，毫无系统条理，不能和希腊各民族的神话媲美，是非常抱憾的。
>
> ——袁珂：《中国古代神话》
> （中华书局 1960 年版第 16～17 页）

伟大的学者鲁迅先生也在《中国小说史略》里说过：

> 中国神话之所以仅存零星者，说者谓有二故：一者华土之民，先居黄河流域，颇乏天惠，其生也勤，故重实际而黜玄想，不能集古传以成大文。二者，孔子出，以修身齐家治国平天下等实用为数，不欲言鬼神，太古荒唐之说，俱为儒者所不道，故其后又特无所光大，而又有散亡。

自然，这里所说的"中国"，仅指汉族而言。然而放眼中华广大各兄弟民族的神话，则不尽如其所言，哈尼族的神话就是有着严密体系的。

所谓自成严密的体系，系指两方面而言：第一，众多神祇与神话人物之间不是杂乱无章的，而是存在着内在的联系；第二，神话所涵文化内容博大深邃。

1. 哈尼族神祇与神话人物构成了自己严密而庞大的神圣家族系统。

在哈尼族神话里，有名有姓有事迹的神祇和神话人物有数百之多，而所有这些神灵和半神们宛如一个组织严密的家族体系，彼此之间不但有着从属关系，甚至有着血缘关系。

这从规模庞大的哈尼族创世神话古歌《窝果策尼果》中诸神的诞生可以见出。古歌唱到两个神灵系统，一是鱼祖系统，一是天神系统。鱼祖系统：世界之初，宇宙一片混沌，只有一条大金鱼"密吾艾西艾玛"是唯一的生物，亿万年后——

> 金鱼娘醒过来，
> 它把天地来生养，
> 鱼娘的左鳍一扇，
> 黑黑的雾气被扇光，
> 蓝汪汪的天露出来了，
> 鱼娘把它留给天神去在。
> 它的右鳍一扇，
> 茫茫大水扇落千丈，
> 黄生生的地露出来了，
> 鱼娘把它留给地神当家乡。

（生过天地，它又生神）

　　从脖子上的鱼鳞里，

　　抖出了一对大神，

　　先出来的是太阳神约罗，

　　后出来的是月亮神约白，

　　……

　　背上的鱼鳞一抖，

　　金光把天地照亮，

　　这回又生出两个大神，

　　就是天神俄玛，

　　和那地神密玛，

　　……①

　　由此派生出天神俄玛（奥玛）系统：所有的天神都是俄玛生出来的。生下诸神之前，她先生出两个儿女玛白和烟姒，玛白管"规矩"，烟姒管"礼节"，使万物有序，然后她才生下神王——

　　最大最高的天神俄玛，

　　生下一位最高能的姑娘，

　　这就是天神梅烟，

　　梅烟是万能的女神，

　　梅烟是众神的大王。

　　……

　　梅烟生出大神烟沙，

---

①《哈尼族古歌》，云南民族出版社，1992年。

这是一个万能的男神，
……

烟沙又生下大神沙拉，
沙拉和烟沙的本事一样高强。
　　　　　　　　　　——《哈尼族古歌》

　　这就是威名赫赫的三代神王，从梅烟起，严格地按梅烟——烟沙——沙拉的连名谱系排列。

烟沙又生下了九位大神——
……
他们就是：
管风的神密查，
管雨的神即比，
管雷的神阿惹，
管土的神达俄，
管籽种的神姐玛，
管水的神阿波，
管田的神得威，
管地的神朱鲁，
管沟的神阿扎。
　　　　　　　　　　——《哈尼族古歌》

　　由此又派生出人的系统、动物的系统、植物的系统，各系统间又相互有所照应，实在是一个结构严整的天地人神万物的大一统的网络结构，这一体系填补了中国神话残缺不全的空白。

2．神话内容繁复，文化内涵深邃广博。

"神祇"这一观念，在哈尼语中无专门词语表述，但有若干具体神灵存在观念意识中，通常提到的天神是"俄玛"和"摩咪"，这是一般意义上的至上天神。关于"摩咪"有两种释义，一为一般泛指之天神，一为"地母"，盖因此词系彝语借词（哈尼语中彝语借词在哀牢山地区极多），反映了这两个民族有着密切的文化交往，"咪"为"地"，"摩"为"母"（彝语释义）。通常所言则称"俄玛密玛"（天神地神）。

由鱼祖系和天神俄玛系统辖治下的众神是哈尼人整体利益的呵护者，也是大自然万物规律性运行的秩序制定者，因此他们是超自然、超人类的神圣物类。由于它们拥有无与伦比的力量，人类只能匍匐其神坛之下，加以四时祝祭。

除天神地神等自然诸神之外，与祖先神祇有关的重要大神是村寨守护神昂玛（艾玛）。传说这是一位以过人智慧战胜了魔鬼从而保护了哈尼族生存的女祖先，死后成为与哈尼人同在的寨神。她的象征物是神林中高耸挺立的一棵神树，哈尼族在最为隆重的宗教大典"昂玛突"（祭寨神）中将其作为主要对象加以祭奠。至于家族祖先则由各家供奉。哈尼人认为人正常死亡之后灵魂不灭，可到"祖先大寨惹罗普楚"（或"诺马阿美"）与前辈祖先们相聚，这祖灵居地（无论是"惹罗普楚"还是"诺马阿美"）曾是祖先们万里迁徙中的著名迁居地，也是哈尼族的发祥地，历经若干代后，渐被神圣化为一片丰衣足食美丽祥和的福地，那里一切都是高度理想化的，宛如"桃花源"或"乌托邦"之类。有了美好的归宿，死亡在哈尼人观念中就不再是痛苦或不幸，只是更换了一种存在方式而已。而非正常死亡才是真正的悲剧，因为亡者不但形消而且神灭了，其精魄不能到"祖先大寨"福地享乐，只能化为厉鬼在荒野丛莽中游荡。

承载传统文化观念的传播媒体除宗教祭典、习俗礼仪之外，最重要的是神话。世界各民族的神话无疑是该一民族文化精神的传神写照，但是，哈尼族神话中记载的文化精神却有着她独具的内蕴情采和鲜明的风格韵味，这也是她超拔于若干民族的神话之所在。

这些特点首先表现在，神话系统与哈尼族数千年的大迁徙历史活动紧紧相联系。在先民们由西北向西南的漫长征程中，发生了若干牵系民族存亡的重大事件，产生了许多扭转乾坤左右历史的英雄人物，这些人和事均被加以神化而融汇于神话的深层之中。如哈尼族贝玛送葬时必须敲响一个特殊的竹筒"博妥"，此物意为"与鬼神搭话的竹筒"，竹筒"哆哆哆"的敲击声可以直达冥府幽域为鬼神闻听。没有这一神器，所有的祈祷辞都是白念，亡灵也不能到达"祖先大寨"。"博妥"的由来据说是先辈们南来途中，经过一个叫"嘎鲁嘎则"的地方，这里龙竹成林，住着南方稻作民族"阿撮"（傣族），哈尼向阿撮学习了水稻耕作和竹器制作，离开时挖了一蓬竹子带走，每到一地就把竹子栽种到一地，以表示对"嘎鲁嘎则"的不忘（今日哈尼族居住地龙竹茂密，且有生子必栽竹的风俗），这是对重大历史事件的追忆。另外寨神"昂玛"的由来，除前文已谈到的杀魔救民英雄外，还有另一传说，认为在"谷哈密查"（今昆明，又一哈尼族迁居地）领导哈尼族与敌人英勇奋战，并决定哈尼族整体向滇南迁徙的女英雄戚姒然密逝世后，演化为寨神守护人间，这又是出于对杰出人物怀念而产生的神话。

哈尼族形成后已完成了游牧向稻作的文化转型，因此游牧文化只在习俗礼仪中有些许的残存（如半个世纪前某些地区最高葬仪杀牲用绵羊，现已不用），而大量存在的、起决定作用的文化因质却是稻作农耕文化的表述。《俄拔密拔》（造天造地）、《查牛补天地》等创世神话中说，大地是造天之际神们用牛犁出来的，因此如沟垅般高低不平，这就是高山大川的成因，而天地形成以后，诸神杀"查牛"（神牛）以补天地之不足，"查牛"化生万物，赋万类予生机。可见耕牛作为稻作民族最重要的生产工具，其地位的崇高以至于成为神圣化的文化符号了。

其二，哈尼族神话所具有的哲理内涵深邃古拙也为许多民族神话所缺。如神话《那突德取厄玛》（有盐的大水）中说，远古时哈尼族祖先是一条大鱼，它生出了天和地，又生出一系列后代——有、无、生、死、黄、绿、黑、白、半。什么是"有"？就是一切看得见、摸得着、感觉得到的东西。什么是"无"？即一切看不见、摸不着、感觉不到但是"认得"（可以被理解）的东西。前者实质上概括了整个的感性世界，后者则包容了整个的理性世界。对这些中外哲学史上反复探讨的命题，哈尼族神话仅用了简洁、生动而形象的两个字："有""无"就表现了。此外，"生""死""黄""绿""黑""白""半"等也是一长串哲理概念的形象表述。

其三，哈尼族神话对人类文明的发展史所给予的形象记述十分珍贵。人类文明的进步以脑力劳动与体力劳动分工的程度作为标志。由猿到人，由早期智人到成熟阶段的人，即人类由自在之物变为自为之物成为"万物之灵"，这一整个历史长链中，至关重要的一环，就是人的自我意识的觉醒和思维水平的提高，这集中反映在人类第一次脑力劳动和体力劳动的大分工上。对这次大分工，哈尼族神话作了精彩的描述。

《直、琵、爵》[①]（头人、贝玛、工匠）神话中说：远古的时候，天神派遣三种能人——头人、贝玛、工匠来领导处于混乱无序状态中的哈尼人，从此社会有了长足的发展，生活稳定，人人富足，人神皆安。而人群中一些希望不劳而获的人，见"三种能

———————

① 《哈尼族古歌·窝果策尼果》，第9章。

人"劳心而不劳力，且报酬丰厚，便起而代之，仿效能人们管理社会，"三种能人"见自己不受敬重，一怒而去，结果社会秩序混乱，生产退步，鬼神作祟。哈尼人于是认识到"三种能人"为代表的脑力劳动的重要性，便诚恳致歉，请他们回到哈尼村寨担任主事，这样，社会才又重新稳定发展。

"三种能人"的出现，是社会发展的必然结果。彼时生产有了一定程度的发展，物质生活资料有了某种程度的剩余，社会可以用这些物质供养一部分脱离体力劳动的脑力劳动者（知识分子），让他们专门从事社会管理（头人）、宗教事务（贝玛）和科技活动（工匠），这就是第一次脑体劳动的分工。当然，这是一场重大社会变革，必然遭遇种种阻碍，于是有了"三种能人"逃亡他乡又复被请回的事件。经过一系列斗争，这一分工终于实现，并以法律（传统习惯法）形式确定下来，这样就促进了人类文明的发展。

从这里我们可以窥见人类文化发展的历史轨迹，而在汉族典籍中，这次分工庄严地记载在被历史学家盛称的"绝地天通"事件中[1]。

哈尼族文化是一个庞大的网络系统，我们在此仅提供一个提纲挈领的简介，就这一文化系统的几个重要特征略加介绍。但是，从以上浅显的说明，也足以表明哈尼族历史的悠久、文化的灿烂，足以表明哈尼族人民所具有的改天换地的精神力量和超凡拔萃的创造智慧。今天的哈尼族人民正继往开来，以历史上从未有过的热情和伟力创造着新生活，创造着哈尼族文化的新篇章。

---

[1]《尚书·吕刑》载："皇帝……乃命重黎，绝地天通，罔有降格。"《国语·楚语》载："颛顼受之，乃命南正重司天以属神，命火正黎司地以属民，使复旧常，无相侵渎，是谓绝地天通。"等等。

第一章　世居滇南群山中的古老民族

第一节　人口及其分布

哈尼族总计有 136 万余人，其中国内人口为 125.3 万余人（1990 年全国人口普查数），国外人口为 11.5 万余人（1982 年联合国调查资料）①。

国内哈尼族多聚居于滇南两山三江展布地区，即哀牢山、无量山和红河（礼社江）、把边江、澜沧江流域；以行政区划论，则是红河哈尼族彝族自治州、思茅地区、玉溪地区和西双版纳傣族自治州境。哀牢山区的墨江、元江、江城、红河、元阳、绿春、金平诸县，是哈尼族人口最密集的地区，其数在 90 万左右，占哈尼族人口总数的 70% 以上，无量山区的澜沧、景谷、思茅、普洱和西双版纳等州县也有大量聚居，人口有 20 余万人，其中澜沧县约 5 万人，西双版纳各县市 15.3 万余人，余在各县。东起红河，北迄禄劝、双柏、易门、巍山、昆明，南至石屏、建水、屏边等十余县，也有哈尼族分布。

境外哈尼族主要分布在缅甸、泰国、老挝、越南四国北部的

---

①据缅甸景栋哈尼族学者 1993 年 4 月向笔者提供的数字，仅缅甸哈尼族就有 22 万之多，故总数当不限此。

崇山峻岭之中，他们多是陆续从中国境内迁徙出去的。其中，缅甸约有 6 万人，居住在掸邦东部景栋一带；泰国有 3.5 万人左右，居住在清莱、清迈两府及夜丰颂山区；老挝有 1 万余人，聚居在丰沙里、本再、孟夸、南帕河一带及南难河东岸与南艾河沙奔以北地区；越南有 1 万余人，聚居于莱州省孟府县和黄连山省坝沙县境。

国内哈尼族的分布区域约在北纬 21°以北到北纬 26°，东经 99°以东到 104°之间；国外哈尼族的居住区域，约在北纬 19°以北到 23°，东经 99°以东到 105°之间。国内哈尼族世与彝、傣、白、汉、回等民族交错共居，其居住地区内尚有苗、瑶、壮、布朗、拉祜等民族分布。各民族区布的大体特点是，随着海拔高线的上行呈主体分布，河谷平坝多为傣、壮等族居住，半山区多为哈尼、彝等族居住，高山多为苗、瑶等族居住，汉族、回族则分布于城镇和交通沿线。在同一地区内各民族以村寨为单位交错共居，一村之内数族杂居的也为数不少，这样的居域为各兄弟民族经济、文化的交流带来了便利。在漫长的历史岁月中，哈尼族和各兄弟民族和睦相处，互相帮助，共同开发和建设祖国的西南边疆。境外哈尼族则与缅、掸、越、拉祜、傈僳、苗、瑶、克伦等族共居一域，其居处多以一族一寨为单位，各民族间和平共处，互相影响，互相帮助，求得经济、文化的共同发展。

第二节　美丽富饶的家乡

哈尼族古歌这样唱：

在那最老的老人也说不清的远古，

　　高能的始祖塔婆阿匹①，
　　把七十二种民族生养：
　　在她的头发里，
　　生出住在白云深处的人；
　　……

　　在她的鼻梁上，
　　生出住在高山顶上的人；
　　在她的牙巴骨上，
　　生出住在老崖边上的人；
　　在她的七十七个小娃里，
　　她最心疼的是哈尼，
　　她把哈尼生在肚脐眼里，
　　世世代代不受风寒。

　　古歌形象化地描述出哈尼族居住的特点——气候温暖云雾缭绕的半山地带，就是哈尼族美丽富饶的家园。在这里，作为始祖的"塔婆"，无疑是带有拟人化的巍巍高山的形象喻称。
　　哈尼族一般分布在哀牢山、无量山和三江流域的半山区，少有定居于高山之巅和山脚河谷的情况，这一广袤的地域，海拔高差为800～2 000米，气候温和而湿润，雨量充沛，土地肥沃，适宜于多种农作物和经济作物生长。这里的大部分地区温度最高为31℃～33℃，最低为2℃～4℃，许多地方终年无霜。常年降雨量为900mm～1 300mm，大部降于5～10月，其中6～8月降雨量多，称为雨季，其他月份降雨量稀少，称为干季。由于哈尼族居于半山区，尤其村寨严格选择在山峦环合、古木怀抱的山凹

————————

　①塔婆，古始祖名；阿匹，奶奶。

坡地上，所以村寨里终年有叮咚的清泉供给人畜用水，摩天连云的梯田里，四季灌溉着喧哗的溪水，这正是哀牢、无量两大山系"山有多高、水有多高"的优越的自然环境条件。

哈尼族聚居地区的土壤以红壤、黄壤为主，间有大片肥沃的深棕色森林土。其生产以梯田水稻耕作为主，部分地区同时进行着刀耕火种的坡地旱稻栽种和"雷响田"栽种。稻谷品种因耕作层次的复杂而较多样，籼稻粳稻均有，常见的有大小红脚谷、大小白谷、麻杂谷、香谷、大小麻线谷、小黄糯、沙仁谷、猛利糯、五路谷、皮杂谷、麻杂糯、小香糯、大毛糯等数十种。其中小红脚谷产量高、米细壳白，为人们普遍喜种。大小麻线谷产量亦高，但秆软易倒伏，只适宜在背风处栽种。小白谷适应性强，各地均有种植。香谷味道香醇，但产量较低。糯谷产量也低，但各地哈尼族均有栽种，因年节祭献之际需以糯米粑粑、年糕和糯米汤圆为祭品。玉米的栽种面积仅次于稻谷，品种有黄玉米、白玉米和糯玉米，玉米生产可解决夏天缺粮的问题，并可以作酿酒的原料。主粮之外，普遍种植瓜、豆、洋芋、荞、麦、小米、山芋、青菜、白菜、萝卜、葱、蒜、辣椒、姜等杂粮和蔬菜。

长期的劳动实践，使勤劳智慧的哈尼族人民学会充分利用水源充足的自然条件并学习其他民族水稻耕作的经验，创造出梯田稻作的生产方式，形成了一整套完备的、科学的耕作体系，从而达到了山地农业的最高层次。在各地哈尼山区，尤其在主要聚居区的哀牢山腹地，当春水入田的时节，一山一山的梯田从山脚到山顶层层叠叠映射出无数条银龙的狂舞，而当秋深稻熟季节，累千逾万的金块使座座大山披上了黄金的铠甲，在夕阳晨晖中翻腾着连天的金色怒潮，使人惊心动魄流连忘返。中外记者曾这样赞叹："哈尼梯田甲天下！"这是对美丽壮伟的哈尼山乡的溢美，更是对哈尼人伟大创造力的颂赞。

哈尼山区还有咖啡、可可、柠檬、橡胶、茶叶、剑麻、花生、甘蔗、菠萝、棉花、蓝靛、烤烟、紫胶等大量经济作物出产，另有草果、八角、花椒、胡椒等香料作物种植。其中草果产量居全国之首；墨江哈尼族自治县的紫胶量高质优，居全国首位；西双版纳南糯山等哈尼山区是驰名中外的"普洱茶"的故乡，近年来，绿春、元阳等县哈尼族聚居区出产的"玛玉茶""云雾茶"也以其优秀的品质跃居茶坛前列。在南糯山和巴达等地至今还保留着世界上最古老的野生茶树和人工栽培茶树，为茶叶历史源流的研究提供了宝贵的材料，从而成为世界茶学界仰慕的象征。

哈尼山乡素有绿色宝库之称，雄伟矗立的哀牢山和无量山两大山系，遍布着国家森林木材的生产基地和自然保护区。这里原始森林和次生林遮天蔽日，随处可见，其中优势树种有云南松、思茅松、油杉、桤木、木荷、硬阔、软阔、楝木等数十种；经济林木有竹、棕榈、香果、木棉等；人工植被有橡胶、香蕉、菠萝、茶、木薯、桃、李、樱桃、梨、核桃、芒果等；贵重木材有香樟、紫柚、黄杨、红椿等。被国家列为重点保护的植物有野茶树、云南山茶花、槿棕、杜仲、胡桃、荔枝、大树杜鹃、银杏、滇菠萝蜜、海南巴豆、云南紫薇等等。深邃幽静的大森林里，成群的老虎、云豹、棕熊、岩羊、懒猴、马鹿、麂子、金丝猴、长臂猴、野猪、豪猪、穿山甲、斑林狸、山驴、狐狸、巨蜥、蟒蛇、蛤蚧等数十种异兽在出没；林间枝头上，孔雀、锦鸡、白鹇、鹦鹉、竹鸡、画眉、相思鸟、黑鹳、大鸨、鱼雀等上百种珍禽在飞翔；奔腾的红河、把边江、澜沧江中，潺潺的溪流和宁静的龙潭里，豚、鲤、鲫、龟、虾、鲶、鳝、鳅大量繁殖。这些丰富的动植物资源，提供了人们大量的生产生活资料，如建材、贵重木材、药材、香料等等。药材中较著名的有虎骨、麝香、鹿茸、熊掌、蛇胆、罗芙木、金鸡纳霜、紫梗、樟脑、紫胶、茯苓、黄连、桂皮、砂仁、香茅草、木姜子、七叶一枝花等等。

哈尼山乡更以她丰饶的矿产资源闻名于世，除丰富的黑色金属外，高品位大蕴量的有色金属与非金属矿藏也有着广泛的分布。有色金属有铜、铅、锌、金、银、锡、镍、钨、铬、铂、钯等，非金属有石墨、石膏、石棉、硝、磷、云母、硫黄等。尤值一提的是，红河哈尼族彝族自治州的首府个旧市，是驰名全球的"云锡"的产地，有锡都之称，以其为中心，锡矿脉向四方辐射，一直延伸到红河南岸地区，储量居全国第一。个旧锡的发现自西汉已经开始，冶炼明代已颇具规模。中华人民共和国成立前采冶最盛的是第一次世界大战和抗日战争时期，产量达 11.8 万金属吨。从 1951 年起，政府对旧锡业公司重点改建，使之成为我国最大的采、选、炼成龙配套的锡产品联合企业，云锡荣获国家金质奖章，连续 20 年保持外贸免检信誉，在国际市场上久负盛名，为国家创造了高额利润。墨江哈尼族自治县和哈尼族聚居的金平县黄金储量引人注目；墨江县的金矿汉代即已发现，元代有较多采炼，县内有多处矿点，仅金厂山一矿，黄金蕴藏量达 27 吨，此外在清道光、咸丰年间矿工已达 2 000 余人，年产黄金万两。石屏的银，战国时期已有发现，汉代即已开采。元江的铜，商代即已发现，春秋已有开采。建水的锌，元代已有发现，清代已有开采。个旧的钨精矿，民国年间即已开采①。

简而言之，哈尼人民美丽富饶的家乡，是一片蕴藏着无数珍宝，具有巨大经济潜力的地区，哈尼人民将以自己伟大的创造力开发和利用这些自然资源，使之为四化建设作出贡献。

---

①以上数字摘自《云南省情》（1949～1984 年）、《云南地州市县概况·红河哈尼族彝族自治州分册》和《中国少数民族自治地方概况丛书·墨江哈尼族自治县概况》。

第二章 语言文字

第一节 语言系属、演变及发展

哈尼族具有本民族自己完整而丰富的语言系统，其语言属于汉藏语系藏缅语族彝语支。与彝、纳西、拉祜、傈僳等彝语支民族语言一样，哈尼语中元音有紧有松，但无长短区别。韵母基本上是单元音，复合韵母多用于汉语借词。声母只有单辅音，无复辅音。一般没有塞音韵尾，有的地方有鼻音韵尾。哈尼语和彝语支其他语言在基本词汇中有不少同源词，在语法上共同点甚多。

哈尼族在漫长的历史发展中，与汉族和其他语系的兄弟民族有着密切的交流。在语言上也吸收了这些民族语言的营养。早期的汉语借词大多是生产、生活、环境生态、自然物候等方面的，现代汉语借词大多是政治、社会、科技、文化等方面的，而当代尤其是改革开放以来的汉语借词多为科技、经济、文化等方面的，从汉语借词的演变可以看出其社会、经济、文化发展的清晰脉络。

依语音、词汇的差异及语言方面的特征，哈尼语可大致分为哈雅、碧卡、豪白三个方言，方言之下又包括十余种土语。方言之间的差别较大，各方言区之间通话较为困难。哈尼语言之间的区域划分与哈尼族各支系的历史发展、地域分布有着对应的关系，方言、土语的名称可与哈尼族各支系的自称相互联系。说哈雅方言的人数占总人口的一半以上，其中又分哈尼次方言与雅尼次方言两种。哈尼次方言主要分布在红河哈尼族彝族自治州的绿春、红河、元阳、金平、建水、石屏诸县；雅尼次方言主要分布在西双版纳傣族自治州的勐海、勐腊、景洪三县市及思茅地区的澜沧县；碧卡方言主要分布在思茅地区的墨江、江城、思茅、普洱、镇沅、景东、景谷诸县；豪白方言主要分布在思茅地区的墨江县和玉溪地区的元江县。

从语音学角度看，哈雅方言的塞音、塞擦音、擦音皆分清浊；碧卡、豪白方言则只有擦音分清浊，元音分松紧。有的地区由于受汉语影响，新增复合元音韵母和带辅音韵母，但数量不多。声调一般分三个，即高平、中平、低降，有的地区汉语借词新增少量高升调。

语法上，语序和虚词是语法表达的基本因素，且变化较少。基本语序形态是宾语在动词之前，名词定语在名词中心语之前，形容词定语在名词中心语之后，数量词定语在名词中心语之后，数量词状语在动词中心语之前。形容词可重叠以表示程度的加深，名词、代词、动词一般不作重叠。人称代词使用语言交替表示格的语法意义。无使动范畴的形态变化。量词丰富，名词计量时必须加量词。许多名词可以当动词、量词使用（双音节的取其后一音节）。语助词比较丰富，用于句尾以体现句子的各种语气，有的还体现主语的人称。

哈尼族以本民族语言为主要交际工具，但有许多地区（尤以经济、交通较发达的红河、元阳、墨江、江城、元江、思茅、镇沅、普洱等县为显著）的哈尼人兼通汉语。此外，有一部分地区的哈尼人会说彝语，西双版纳有不少哈尼人会说傣语，杂居地的彝、汉、傣等民族中也有不少人会说哈尼语。居住在缅甸、老挝、越南、泰国的哈尼人中有不少会说缅语、老挝语、越南语及泰国语。

各方言区哈尼语在语音、词汇、语法方面的基本一致性和其所具有的相同语音特点，反映了哈尼族人民的强大内聚力。其发展变化又反映了作为人们共同体的哈尼族人民在各地分布的差异和历史变化。

另一方面，哈尼语内部，方言、土语之间的异同程度，又基本反映了哈尼族各自称单位之间在历史发展过程中的亲疏关系。同时，就一定程度上说，这种差异也反映着各地哈尼族社会经济发展的不平衡及周围民族环境的异同。

历史上，哈尼族尚未形成与自己民族语言相适应的文字。1949 年中华人民共和国成立后，党和人民政府十分关心哈尼族的文化教育事业，组织专家学者深入哈尼族地区，作了大量的调查研究，根据哈尼族人民的愿望和要求，规定了以绿春县大寨哈尼话为哈尼语标准语，并帮助创造了拉丁字母形式的哈尼文，现在国内出版的哈尼文书籍即使用这一文字。另外，境外的哈尼族也创造了一些哈尼文字，如缅甸、泰国等，且有相应的出版物，但流传范围较窄。

第二节　语音与语法

一、语　音

（一）音位系统

1. 声母。哈尼标准语（绿春大寨哈尼话，下同）的声母为 31 个，列表如下：

发音部位＼发音方法	塞音			塞擦音			鼻音	边音	擦音	
	清		浊	清		浊			清	浊
	不送气	送气		不送气	送气					
双唇	p pj	ph phj	b bj				m mj			
唇齿									f	
舌尖前				ts	tsh	dz			s	z
舌尖中	t	th	d				n	l		
舌面				tɕ	tɕh	dʑ	ȵ		ɕ	j
舌根	k	kh	g				ŋ		x	ɣ

声母说明：

（1）f 只出现在现代汉语借词上。

（2）s 接触元音韵母时的音值近 ʃ。例如：sa^{31}（肉）、sɤ^{31}（牙齿）。

（3）不送气的 p、pj、t、k、ts、tɕ 只接紧元音不接松元音，并且只出现在"33"和"31"两个调上。送气的 ph、phj、th、kh、tsh、tɕh 只接松元音，不接紧元音，两者以松紧元音为互补。但是，现代汉语借词突破了这种声、韵、调的结合规律。

2. 韵母。哈尼标准语韵母有 26 个，其中单元音韵母 20 个，复元音韵母 6 个，如下表：

单元音韵母	松元音	i ø e a ɔ o u ɣ ɯ ʅ
	紧元音	i̠ ø̠ e̠ a̠ ɔ̠ o̠ u̠ ɣ̠ ɯ̠ ʅ̠
复元音韵母		ie ia ɔi iɣ ue ua

韵母说明:

（1）元音符号下面加"＿"的是紧元音。紧元音发音时喉头肌肉紧缩。

（2）e、a、u 的实际音值分别为 E、A、V̩。

（3）复元音韵母只出现在现代汉语借词上。

3. 声调。哈尼标准语的声调有四个，调值如下表：

调值	55	33	31	24
例词	de^{55}（公鸡）叫	de^{33}平坦 de̠^{33}饱	de^{31}推 de̠^{31}活	te^{24}pjɔ^{33}代表

声调说明：

（1）55 调只接松元音韵母，不接紧元音韵母。

（2）在同一个声调上，紧元音的实际调值比松元音略高。

（3）24 调主要出现在现代汉语借词上。

（二）现代汉语借词语音

声母方面，由于吸取了汉语借词，增加了声母 f，但是还有少数人读成"ph"，如：kɔ^{55}fe^{55}（工分）→kɔ^{55}phe^{55}

绿春话不送气的清塞音和清塞擦音，原来在本族语调里只接紧元音，并且不出现在 55 调上，但在现代汉语借词中不受此限，如：

pa^{55}tsa^{33}（班长）　ta^{33}je^{31}（党员）　ka^{55}thi^{31}（钢铁）

汉语卷舌音声母 ʈ ʂh、tʂ、ʂ、ʐ 的字，如"众、查、社、日"，读舌尖前音。

韵母，汉语带 j 介音韵母字，在双唇音声母结合时读腭化声母，如：

sγ^{33}pj$\mathrm{\mathring{o}}^{33}$（手表）

汉语的复合元音除 ua、uai 等读相近的复合元音外，其余都读相近的单元音。

声调，现代汉语借词的一般读法是：阳平，读55；阳平，读31；上声，读33；去声，读24。

除此类现代汉语借词外，还有一些借词是当地汉语中经常使用的双音节词，如：

tsha^{31}du^{55}（蚕豆）　　ja^{31}ju^{55}（洋芋）　　dza^{55}t$\mathrm{\mathvarphi}$hi^{55}（瘴气）

哈尼语借词在语音上的不同特征，反映出它们来自不同时代和不同环境因素。

二、语　法

（一）构　词

哈尼语词分为单纯词与合成词两类，单纯词又有单音节和多音节两种。

单音节单纯词，如：

e^{55}（说）　　　do^{55}（喝）

tsho（人）　　　po$\mathring{\,}^{31}$（肺）

多音节单纯词，如：

ba^{31}ba^{33}（面颊）　　　be^{55}lo^{55}（槟榔）

xu^{55}bu^{33}（布谷鸟）

合成词有以下数种构成式。

并列式，如：

xo^{31}da^{31}（床单）←xo^{31}（铺），da^{31}（垫）

修饰式，一为修饰成分在前，一为修饰成分在后，如：

γa$\mathring{\,}^{31}$sa^{31}（猪肉）←a$^{31}\gamma$a^{31}（猪），sa^{31}（肉）

ŋu^{31}phɯ^{55}（水牛）←a^{31}ŋu^{31}（牛），phɯ^{55}（灰色）

动宾式，如：

$mi^{31}di^{31}$ （火镰）←$mi^{31}dza^{31}$ （火），di^{31} （打）

补充式，如：

$gɯ^{33}dza^{33}$ （商量）←$gɯ^{33}$ （讲），dza^{33} （合适）

主谓式，如：

$ŋu^{31}tshe^{31}$ （犁）←$a^{31}ŋu^{31}$ （牛），$tshe^{31}$ （犁耕）

附加式，如：

$a^{55}ɣɤ^{33}$ （秋千）

重叠式，如：

$a^{31}xa^{33}xa^{33}phø^{55}$ （公鸡）

（二）词 类

哈尼语的词分名词、动词、形容词、代词、数词、量词、副词、连词、助词、叹词十类。

（三）句子成分和基本语序

哈尼语的句子成分有主语、谓语、宾语、定语、状语和补语。主语在前，谓语在后，如果动词带宾语，则宾语在动词前。如：

$ŋa^{55}$　　$ça^{55}de^{33}$　　$tshe^{31}$
我　　　田　　　犁

即为"我犁田"之意。

另外，如果动词带两个宾语，则指事的宾语靠近动词等若干语序，兹不一一细叙。

第三节　方　言

哈雅方言内分哈尼、雅尼两个次方言，各次方言内又分若干土语。豪白方言分豪尼和白宏两种土语。碧卡方言分碧约、卡多、峨努三种土语。

　　哈尼语的方言主要区别在语音上，大致可分为两个类型。哈雅方言为一个类型，主要特征是塞音、塞擦音和擦音部分清浊，元音部分松紧，送气的清塞音和清塞擦音只与松元音结合，不与紧元音结合，有圆唇元音 ø。属于这个类型的有红河州绿春话、西双版纳州格朗和话等。豪白方言和碧卡方言另为一类型，其主要特征是只有擦音分清浊，塞音和塞擦音只有清音没有浊音，有些元音只有松的没有紧的，送气的清塞音和清塞擦音不仅与松元音结合，而且与紧元音结合，一般没有圆唇元音 ø。属于这个类型的有墨江豪尼话、碧约话和江城卡多话等。

　　哈尼语方言在语音上虽然存在着较大的差别，但语音对应关系是明显的，可以绿春哈尼话与墨江豪尼话为对比：绿春话浊塞音和浊塞擦音在豪尼话里为清音。如：

绿春哈尼话	墨江豪尼话	汉语
b$\emptyset^{31}$	pi^{31}	（猪）拱（土）
da̠^{33}	ta^{33}	上去
ga^{31}	tsɔ^{31}	听见
dza^{31}	tsɔ^{31}	吃

　　绿春话不送气的清塞音和清塞擦音，在豪尼话里为送气的清塞音和清塞擦音。如：

绿春哈尼话	墨江豪尼话	汉语
pe^{31}	phi^{31}	呕吐
ta̠^{31}	tha^{31}	凿
ka^{33}	kha^{33}	田
tsɿ^{31}	tshɿ^{31}	掐
tɕa^{31}	tʃha^{31}	煮

　　另外，尚有若干细致的语言差别，不一一细叙①。

————————

　　①此章主要参考王尔松《哈尼语》（《中国少数民族语言》，四川民族出版社，1987 年）、《哈尼族简史》（云南人民出版社，1985 年）等书。

第三章　灿烂的迁徙文化

第一节　族称及支系

哈尼族分布的地域较为广泛，各地哈尼人有着不同的自称，总起来说，有哈尼、雅尼（<u>然阿尼</u>①）、碧约、卡多、豪尼、白宏（或和泥）、多尼、海尼、和尼、卡别、峨努、阿木等十余种。其中哈尼、雅尼、碧约、卡多、豪尼、白宏六个自称单位的人数较多。其居住地区为：哈尼聚居于红河州境红河南岸的红河、元阳、绿春、金平四县；雅尼聚居于西双版纳州勐海、勐腊、景洪三县市和思茅地区澜沧县；卡多、豪尼、碧约、白宏聚居或散居于景东、墨江、元江、镇沅、普洱、江城、新平等县境。众多的自称反映了哈尼族文化形成的多元性。

各地哈尼族在长期的相互交往及与其他民族的交往中，又形成若干他称；如西双版纳的哈尼人互称觉围、觉交，汉族和其他民族称其为傻尼，傣族称其为阿卡；思茅地区的豪尼他称有多塔、阿梭、布都等。峨努他称又为西摩洛、阿西鲁马。这些他称中有的带有侮辱的意味。

---

①<u>然阿</u>为连续音，"<u>然阿尼</u>"为其由古至今的支系自称。

为方便读者浏览，现将哈尼族各支系的自称、他称及住地列
表如下：

支系	自称	他 称	主要居住地
哈尼	哈尼	罗比、罗美、国活、哈乌、腊米、期弟、哈尼、奕车	红河、元阳、金平、绿春、元江等县
豪尼	豪尼 白宏	豪尼、多塔、阿梭、布都、布孔、白宏、补角	墨江、元江、普洱、思茅、镇沅、红河、景谷、绿春等县
多尼	多尼	多尼	元阳、金平等县
海尼	海尼	海尼	景谷县
和尼	和尼	罗缅	禄劝、武定等县
雅尼	然阿尼	觉围、觉交、僾尼、哈尼、阿卡	西双版纳州各县市、澜沧县等地
卡多	卡多	阿里卡多、阿古卡多、多卡	墨江、镇沅、江城、普洱、景东、思茅、景谷等县
卡别	卡别	卡别	墨江、绿春等县

支系	自称	他 称	主要居住地
碧约	碧约	碧约	墨江、普洱、镇沅、江城、思茅、红河、绿春等县
峨努	峨努	阿西鲁马、西摩洛	墨江、江城、普洱等县
阿木	阿木	阿木	墨江、普洱、镇沅等县①

在历代汉文典籍中，对哈尼族的称谓均有记载。被誉为"上古之书"的最早历史著作《尚书》，曾记载哈尼族先民为"和夷"，其后下沿各代，有和蛮、和泥、禾泥、窝泥、倭泥、俄泥、阿泥、哈尼、斡泥、阿木、罗缅、糯比、路弼、卡惰、毕约、惰塔等。这些称谓，大多与目前的自称和他称相同或相近。

哈尼族自称、他称和史载称谓极多的现象反映了哈尼族在各个不同历史时期的迁居地域、环境民族、吸收其他类型文化的不同情况。但是，名称虽多，在基本的意义上却始终趋于一致，这种种称谓中的"和""禾""斡""哈""豪""海"等，基本从"和"（wó）音，"泥""尼""比""弼""别"等基本从"尼"（ní）音；哈尼语"和"有"山"的意义②，"尼"通指"人"，

————————

①此表参照云南人民出版社《云南少数民族》等有关资料
②唐·樊绰《蛮书》卷五载："渠敛赵（今大理州凤仪县）西岸有石和城，乌蛮谓之土山坡陀者，谓此州城及大和城俱在坡陀山上故也。"同书卷八又称："（乌蛮语）谷谓之浪，山谓之和，山顶谓之葱路。"哈尼先民属乌蛮，语义相同。又，"和"之古音为"wó"与"窝"，"倭"同音，"huo"为其变音，可解释以上数称。

所以自古至今哈尼族自称的含义都是"住在山坡上的人"。从他称中也可看出，别的民族也是这样来认识哈尼族的，这与哈尼族的实际情况是相吻合的。

从这里可以看到，从《尚书》记载的春秋时代到现代两千多年的漫长时期中，哈尼族始终有一个较为统一的民族自称"和人"，它的意义就是"住在山上的人"或是"半山民族"。

哈尼族是一个很早就自立于中华民族大家庭的具有悠久历史和文化传统的古老民族。现在所称的"哈尼族"，是中华人民共和国成立后，人民政府依据本民族人民的共同愿望，以人数最多的自称"哈尼"为民族的总称，这一称谓的确定，既是历史上哈尼族各支系称谓的延续，又是它们在新的历史时期的发展与升华，这对增进民族凝聚力，提高民族自信心、自尊感及民族自我发展意识起到巨大的促进作用。

第二节 灿烂的迁徙文化

哈尼族没有传统的民族文字，对于研究民族历史和渊源有着巨大的困难，但是几十年来，学术界曾经作过很大的努力，从零星记载的汉文典籍中清理出哈尼族的较为清晰的由北向南迁徙的历史线索，近20年来，更从多学科综合立体的角度，结合了民族史、民族学、文化学、人类学、考古学、民俗学、语言学的大量材料，对哈尼族的历史渊源及发展脉络作出了更完整、更科学的探索。

从语言学方面来看。哈尼语属汉藏语系藏缅语族彝语支，由于语言，尤其是基本语音、语意的相对稳定性，使我们有理由认为同一语支的各民族都有着相同的渊源关系。与哈尼语同属一语支的民族有彝族、拉祜族、纳西族、傈僳族等，史学界认为他们的先民都源自西北高原的游牧部落诸羌，后因历史的原因逐渐沿金沙江、怒江、澜沧江等江河峡谷迁徙到云南高原，所以包括哈尼族先民在内的这些民族都是诸羌部落的嫡裔。

大量的民俗材料也证明这一结论是真实可信的。比如，诸羌部落实行火葬制，古代哈尼族也施行同一葬制。明代天启《滇志》卷三十载：

> 窝泥……丧无棺，吊者击锣鼓摇铃，头插鸡尾跳舞，名曰洗鬼，忽泣忽饮。三日，采松为架，焚而葬其骨……挥扇环歌，拊掌踏足，以钲鼓芦笙为乐。

清代雍正《云南通志》卷二十四也说：

> 卡惰……喜歌舞……葬皆火化。

哈尼族民间也流传着许多关于先辈实行火葬的传说，如广泛流传于哀牢山区的优美爱情故事《阿略与阿查》说道，古代有相恋的一对青年阿略与阿查，因头人欲霸占阿略姑娘，两人双双逃亡，后逃到正在火葬亡人的葬场，两人就双双投身熊熊大火以殉情。这些材料都证明火葬作为普遍的葬制曾在哈尼族社会中存在过，这显然是诸羌遗习在哈尼族文化中的反映。火葬制为土葬制取代，是在清代中叶以后才普遍实行的，但在土葬中，人们仍然保留了对祖先来自西北高原的纪念，这就是死者头部多数朝向北方，以为这样就可使亡魂返归故里与先人团聚。

明代天启《滇志》卷三十中还记载到哈尼族"祭用牛羊"，

清代康熙、雍正之际各地县志中对此也广有记载，如康熙《新平县志》卷二（种人）和《嶍峨县志》卷二（种人）都有"窝泥……焚而葬其骨，祭用牛羊"的记载，说明以牛羊为祭牺是一广泛存在的习俗。牛羊为祭是西北游牧文化的重要标志，哈尼族在漫长的迁徙之后仍然保留了这一文化特征。

除汉文典籍记述之外，近代以来，在民间依然有祭用牛羊的古风。在哈尼族主要聚居地红河、元阳、绿春、金平等县，葬仪的规格一般分为三等，最高一等为羊葬，是专为年高德劭的长者或地位显赫的官家头人使用的。届时必须宰杀一头绵羊祭献，主持祭仪的祭司贝玛可以获得一个羊脖圈加九根羊肋骨的报酬。哈尼族历来不饲养绵羊，为满足葬仪所需，往往要长途跋涉，到彝族村寨去购买绵羊，后来，滇南地区绵羊逐渐减少，购买也渐成不可能. 哈尼族就改用山羊代替。这表明哈尼族对远古诸羌游牧生活的缅怀。

诸羌文化的另一特点是实行较严格的连名制，哈尼族至今仍保持这一谱牒制度。如西双版纳州勐宋芒窝科寨哈尼族的家谱为：孙米窝——窝铁咧——铁咧松——松不所——灭那萨——萨提吸——提吸哩——哩婆蹩——婆蹩翁——翁牛啊——牛啊搓——搓莫耶——莫耶咀——咀堂旁——堂旁芒——芒含堂——含堂节——节勤略——略期腊——腊汤必——必虽咧——咧龙波——波莫波——莫波梯——梯虾别——别麻赃——赃折——折着维——维咩——咩铨——妈丢——丢裳——裳别——别浓——浓墨——威墨——妈拍——虾脚——罗松……各地哈尼族所行连名制与此大同小异，人们可凭借这一谱牒世系在民族内部进行沟通，以增强民族的内聚力。

相比之下，哈尼族文化中一个十分突出的特点是在民间流传着大量的反映民族迁徙历史的长篇史诗，它们是哈尼族人民珍贵的口碑史籍。这些史诗长则近万行，短则数百行，虽然详略不同，但都描绘出一条哈尼族祖先由北到南的迁徙路线，而且都追溯到哈尼族的发源地"诺马阿美"。在著名的史诗《哈尼阿培聪坡坡》（意为"哈尼祖先的搬迁史"）中，甚至远溯到古老的民族迁居地更北的"惹罗普楚""什虽湖""嘎鲁嘎则""虎尼虎那"。据学术界考证，"诺马阿美"在今四川省凉山彝族自治州境，即大渡河南岸的雅砻江、安宁河流域，"惹罗普楚""什虽湖""嘎鲁嘎则""虎尼虎那"则是在大渡河北岸的若干地区。虽然学者们对这些地名的解释各有不同，但对哈尼族祖先由北而南的迁徙走向是确定无疑的。另外笔者曾将哀牢山区的哈尼语与凉山州的彝语作过比较，发现二者一半以上的词素都是相同的。哀牢山哈尼族与凉山彝族居住地域相距遥远，历代缺乏文化交流，这一现象只能表明哈尼族祖先曾在凉山地区居住过，并且与凉山彝族祖先有着渊源关系，这一渊源关系就是大家都系从西北高原游牧部落诸羌发展而来。

这是问题的一方面。另一方面，学术界又经过大量、确凿的研究，证明哈尼族的产生、形成、发展与南方古老的稻作农耕民族"夷越"有着密切的关系。"夷越"是以中国南方民族"百越"为中心的一大族群，自古以来就广泛分布在长江流域到东南沿海及云贵川高原的河谷盆地。关于云贵川高原的"夷越"，在《华阳国志·南中志》中就有明确的记载："南中在昔盖夷越之地，滇濮、白町、夜郎、叶榆、桐师、嶲唐侯王国以什数"，他们是先于诸羌部落进驻云贵川高原的民族。"夷越"民族最典型的文化特征是水稻农耕，农业考古学的最新成果证明，他们是中国最早培育出人工栽培稻的人，这从大量考古材料中可以见出。中华人民共和国成立以来，我国已在9省20余处新石器时代遗址中发现人工栽培稻谷遗迹，这就是浙江、江苏、湖北、安徽、江西、台湾、广东、云南、河南，其中除河南以外，其余8省都是古"夷越"居住的南方省份。从年代来看，河南郑州市大河村新石器时代古稻谷距今约5 000年，为北方古稻谷出土最早者，而南方的浙江省河姆渡新石器时代古稻谷距今为6 900年左右，比河南约早2 000年。这说明"夷越"及其后裔——今天的傣、壮、水、布依、侗等壮侗傣语族各民族，自古以来就是以水稻耕作为主要生产方式的农耕民族。

哈尼族先民诸羌原来生活于西北高原，主要生产方式是游牧，由此形成了一整套游牧文化，后来在数千年的南迁长程中，随着与南方夷越民族的接触，发生了文化上的交流，由于农耕——尤其是水稻农耕文化大大优越于游牧文化，先民们逐渐扬弃了固有的游牧文化，吸收了稻作文化，从而演变成了新型的农耕民族。这一历史在留存于民间的大量迁徙史诗中可以见出，长诗《哈尼阿培聪坡坡》、《普嘎纳嘎》、《阿波仰者》、《族源歌》等等，无一例外地叙述到，祖先们在南迁途中，向南方民族学习到稻作文化，并与南方民族结成姻亲。如《哈尼阿培聪坡坡》叙述哈尼祖先在"诺马阿美"与"腊伯"发生了文化交流，哈尼乌木（大首领）的独生女儿嫁给了腊伯小伙子：

> 乌木答应了腊伯的婚事，
> 把扎密嫁到腊伯中间，
> 扎密不单带去鲜花的容貌，
> 还带去了最平最肥的良田。

在"谷哈密查"（今昆明地区），哈尼的大头人纳索又娶了南方民族"蒲尼"大头人的女儿马姒扎密。婚姻的缔结是民族文化深层交流的表征，这些叙述记录了哈尼族在形成与发展中的历史轨迹。

作为"诸羌"的游牧部落是以血缘为纽带结合而成的氏族群体，尚未形成今日彝语支各民族，而我们今天所知的哈尼族，在面世之初，就已经是一个南方的稻作民族了。汉文典籍中记载最早的是《尚书·禹贡》"华阳"条，其云：

> 华阳黑水惟梁州，岷、嶓既艺，沱、潜既道，蔡、蒙旅平，和夷厎绩。厥土青黎，厥田惟下上，厥赋下中三错。

这里的"和夷"是一个地域性称呼，就是包括哈尼族在内的一些民族，他们生活在"黑水"，即"和水"，亦即岷江、大渡河流域。在这些民族中，只有哈尼族沿袭了"和夷"的民族称谓，这就是后代的和泥、和蛮、禾泥、窝泥、倭尼、俄尼、阿尼、哈尼等。因此，也可以认为，"和夷"即是哈尼族最早的民族称谓。

"和夷"生活的"华阳黑水"境，是一个水源充足土地肥沃的膏腴之地，丰厚的自然环境提供了从事水稻农耕的先决条件，加以向南方稻作民族"夷越"的学习，哈尼族祖先在这里把稻作文明发展到一个相当的水平。出自春秋战国时期的《山海经·海内经》对此有所记叙：

> 西南黑水之间，有都广之野，后稷葬焉。爰有膏菽、膏稻、膏黍、膏稷，百谷自生，冬夏播琴。

所谓"膏"，郭璞注曰："言味好皆滑如膏。"可知当时的哈尼族已经是一个具有相当层次的稻作民族了，也正因此，《禹贡》才记载了他们的"厎绩"（显赫的成绩），至今，"和夷厎绩"四个大字仍镌刻在岷江流域最著名的水利工程都江堰上。

《尚书》写作时间，大致在战国之前，即公元前5世纪（公元前475年）以前，书中所记"和夷"不但此时已来到黑水流域，而且在治理山川方面已有"厎绩"，在稻作生产方面已经是"厥田惟下上"（开发了不同层次的水田），且"厥赋下中三错"（有了不同等级的赋税）。可知远在2400多年前，作为稻作民族的哈尼族"和夷"已经形成，并以其优秀的稻作文化自立于各兄弟民族之林。

哈尼族的形成究竟始于何时何地，现在还缺乏详尽的材料可资印证，不过，本民族传统文化的庞大系统却告诉我们，她一开始形成科学意义上的民族，就是一个稻作农耕民族。

这从哈尼族古老的创世神话中可以看出。一般说来，创世神话反映着一个民族最早期的社会生活和观念形态，各地哈尼族的创世神话不约而同地围绕着三种物类进行，这就是鱼、蛙和水牛。

流传在哀牢山区的神话《烟本霍本》说，在远古之世，天地日月尚未出现，宇宙间只有一条巨大的金鱼"密乌艾西艾玛"生存于大海之中。后来它扇动大鳍，抖出天神、地神、日神、月神、人神和海神，这些神于是来造天地。万事齐备之后，神们便选择犁地耙地的动物，先选了老虎，但是老虎不会扛犁，又选了兔子，但是兔子不会使耙，所有的动物都选过，最后选到水牛，才把地造出来。牛犁出高高低低的高山和河谷，耙出平平的坝子和龙潭。天地万物草创之后，都不具有生气，为此，诸神又杀翻"查牛"（在泥塘里打滚的牛，即水牛），肢解它的器官以化生万物：头为天，肉为地，皮为地表植被，左眼为月，右眼为日，门牙为星群，舌苔为闪电，肠为江河，骨为山岳……于是天地万物形成一个生机勃勃的世界。流传于墨江县的《青蛙造天造地》则说天地万物是青蛙造就的，人也是青蛙生育的，等等。

这些神话反映出浓厚的南方稻作农耕文化的气息。硕大的金鱼象征着南方江河水网的密布，而水源的丰富是水稻生产的先决条件。青蛙的神化，则是因为青蛙有着对天气阴晴的敏感，这与水稻耕作紧密相关。更重要的是水牛成为化生天地万物的圣物，水牛作为稻作生产最重要的工具，其重要性被神圣化到极其崇高的地位。无论是巨鱼，还是神蛙或圣牛，这里反映的文化观念显然不是北方游牧民族或非稻作农耕民族所具有的。

因此可以说，哈尼族在形成的时候，她的文化内核就由游牧的类型演变成稻作的类型，并由此决定了数千年来哈尼族文化的性质和特征。

从游牧到稻作，从"随畜迁徙"到"耕田有邑聚"，这是由一种文化向另一种文化的更迭，由低级阶段的社会层次向高级阶段的社会层次演进的伟大历史变革，哈尼族就是在这一伟大变革中产生并形成的，就社会性质而言，也就是由以血缘为纽带的氏族部落到以文化为纽带的民族社会的演进。

哈尼族的形成是在由西北到西南的漫长迁徙中完成的。汤因比曾说，没有经过迁徙的民族是没有生命力的民族，因为它缺乏吸收异质文化充实自己的生气。哈尼族先民不但在迁徙中以巨大的生命能量形成了自己的民族，而且创造了自己独特的、辉煌灿烂的迁徙文化。

这一文化的本质特点就是：勇于开拓，善于吸收，富于创造。

哈尼族先民"诸羌"之所以由北向南迁徙，原因是很复杂的，这里有战争、自然灾害、疫病等等原因，但是归根到底，吸引他们南来的主要原因是稻作文化优越于游牧文化。如前面所介绍的，他们在经年累月的迁徙中逐步接受了南方民族的稻作文化，最后彻底扬弃了游牧文化，使自己的文化内核焕然一新。哈尼族祖先学习了"夷越"民族的稻作文化，但是这种学习并非照搬，而是因时间、地点、条件制宜，创造出与坝区稻作、山地农耕相联系而又迥然不同的崭新的农耕类型——以梯田耕作为核心的半山水稻耕作文明，这一农耕形态的出现，把山区农耕推向了它的峰巅，由此并衍生了一整套灿烂的半山稻作文明体系；加以他们向百濮民族学习种植茶树，创造了一整套辉煌的茶文化体系，这些都使哈尼族从物质到精神跃升入一个全新的历史阶段①。

---

①哈尼族贝玛（祭司）送葬时佩戴的头饰"吴芭"图案，是历史的高度浓缩化，清晰地标志出祖先们在各迁徙时期与迁居地的情况。从左到右依次是祖先诞生之地"虎尼虎那岩活"、第一次安寨定居的民族发祥地"惹罗普楚"和"诺马阿美"、洱海和滇池之滨的"色厄作娘"和"谷哈密查"、滇南石屏的"那罗普楚"等等。其中树形图案表示领导哈尼族社会的政治、经济等主体集团"头人、贝玛、工匠"。同时表示出战争与和平、动乱与安定等社会情况。详见史军超《历史的迹化——哈尼族送葬头饰"吴芭"初考》，《山茶》杂志1988年第2期。

第四章　历史沿革

第一节　神话传说时期

哈尼族民间世代流传着大量富于神秘意味引人入胜的神话传说，如、"天神诞生""开天辟地""洪水淹天""兄妹成婚""日月星辰的产生及其变化""山川万物的诞生""神牛造天地万物""金鱼娘生万物""雷神送火到人间""兄妹补天""阿扎盗火""玛麦偷稻种""寨神的由来""各种节日庆典的起源"等等，均以超迈的想象、瑰丽的色彩、神奇的意境，对人类的史前时代作出千姿百态的描述。

在对自然万物的所有方面都投注着好奇目光的同时，哈尼族先民更将自己的视点放在对人类自身的关注上，因此关于人类起源的神话传说异常丰富。譬如有一则神话说，人类和飞禽走兽虫鱼之类都是天神所生，人和动物还可以互通婚嫁，一群姑娘中，有嫁给蛇的，有嫁给马的，有嫁给豹子的，甚至有嫁给毛虫的，后来姑娘们的哥哥觉得此事不雅，就把野物爬虫之类的"妹夫"统统杀死，断绝了人兽通婚的习俗，人种便纯粹地传播下来。又有神话说，在只有天神俄玛、地神密玛的洪荒年代，地面上生出一种茅草，草丛里出现一个硕大无朋的蛋，经鹌鹑来孵化，变成哈尼族的远祖"初末吖",而"初末吖"这个名字,已成为哀牢山区墨江、红河、元江、绿春、金平及西双版纳地区勐海、勐腊、景洪等县市哈尼族世系谱牒中同一祖先的名号了。再如迁徙史诗《哈尼阿培聪坡坡》中记载了这样一种人类起源的传说:

先祖的人种种在大水里,
天晴的日子,
骑着水波到处漂荡;
先祖的人种发芽在老林,
阴冷的季节,
歪歪倒倒走在地上。

最早的人种是父子俩,
布觉是腊勒的阿爸;
布觉像水田里的螺蛳,
背上背着硬壳,
腊勒像干地上的蜗牛,
嘴里吐出稠稠的浆。

第二对人种是俄比和腊千,
她们是亲亲的母女俩,
她们俩分不开走不散,
走路像分窝的蜂群挤挤攘攘。

跟着出来了第三对人种,
那是阿虎和腊尼兄弟俩,
他们和前辈不同,
走路像蚂蚁排成行。

......

这里说到人类始祖的四种形态：随波漂荡的生物、背着硬壳的螺蛳和蜗牛、蜂子和蚂蚁，它们与鹌鹑孵出来的大蛋"初末吁"有异曲同工之妙，都是对人类始祖的极为天真烂漫的想象。对人祖的种种想象，是人类对自身历史发轫的第一步探讨，有了这一探讨，人类开始由自然界中的"自在之物"变为"自为之物"，也即是人类自我意识的第一次发动；由于这第一次自我意识的发动，人类开始有了历史的观念，因而可以认为，这些幼稚天真的神话传说，正是人类社会历史的最初描述。

这种描述较为集中地表现在哈尼族赖以传袭世系的连名式家谱中，如元阳县攀枝花乡洞铺寨著名歌手朱小和的家谱：

我玛$_1$（天母）——玛窝$_2$（中间）——窝活$_3$（古老）——窝机窝$_4$（坐着在）——机窝吾$_5$（蹲着在）——机窝聂$_6$（起来的快）——聂聚于$_7$（鬼王）——聚于乌$_8$（孵蛋）——乌突$_9$（半直着身子四脚走路）——突玛$_{10}$（站立起两脚走路）——玛哟$_{11}$（圆形栖身者）——哟捏$_{12}$（房子空宽）——捏不尤$_{13}$（可交配的妹子）——阿卜于$_{14}$（值价）——苏咪迁$_{15}$（出嫁去）——乌提于迁提于哩$_{16}$（交配生出的两个妹子的名字）——提于哩作$_{17}$（生殖器交配）——作哦耶$_{18}$（耳聪灵动不时小跑的妹子）——哦耶恰$_{19}$（听不真话就跑的妹子）——恰俄底思$_{20}$（一次只能生一个的人）——底思哩$_{21}$（团团一个）——哩波憋$_{22}$（脚叉开生小娃娃）——波憋乌$_{23}$（蹲着生，母亲卧着捂小儿）——乌活然阿$_{24}$（给吃"饭"，即喂奶）——活杂搓$_{25}$（吃"饭"的人）——搓莫迁$_{26}$（旧了老了的人）——莫迁举[27]（老人当"官"，谁老谁就当"官"）——举他婆[28]（洪水之后补天补地者）——他婆沙[29]（有奶的人，因洪水而死在外面者）——沙噜百[30]（因洪水，惊恐而不敢进家者，似疯人。"百"读云南方言阴平者）——百哈比干[31]（似老鹰飞的人）——哈比王额[32]（是个汉子似的。"额"发江浙音。家谱由此开始男人女人的名字同有）——额莫佐[33]（直的、心好的人）——莫佐噜[34]（会游水的人）——噜毕波[35]（平分食物，人不到齐时，谁都不能乱拿的人）——毕波额[36]（背着的）——额咧拖[37]（承认背着的）——拖咧咧舒[38]（满意不满意，说话愿不愿）——咧舒别[39]（矮矮的）——别咧咧妻[40]（干干净净）——妻牛阿牛[41]（干净似芭蕉心一样的人，此处以前至哈比干额男女名都有）——牛日哎[42]（男人，从不生病的人）——日哎撒[43]（穿什么都好看的人）——撒耶[44]（老实聪明的人）——耶嘎[45]（好看，体面的人）——嘎多[46]（中中常常，不大不小，做什么都适合的人）——多匝[47]（渣渣、剩余）——匝委[48]（所穿可以将身子遮起来）——委如[49]（各种东西都会多多的来）——如阿[50]（到处去玩）——麻日我[51]（不出力）——足期[52]（珠梨树）——期比干[53]（人不高）——比干猜[54]（犁田）——猜萨[55]（田平）——萨嘎[56]（老实会爱田）——嘎梭[57]（平平常常，不很漂亮）——举铺[58]（寨上的官）——铺玛[59]（大寨子）——哈活[60]——活机窝[61]——机窝窝[62]（比较硬）——窝灭[63]（眼睛）——灭特呃[64]（眼睛大鼓鼓

的）……①

从这份世系谱牒中可以看出一条哈尼族先民从原始洪荒中由猿到人，由原始人类到早期智人再到现代人的复杂的演变线索。朱小和的家谱有 80 余代，此处所引主要是其中有关神话传说对原始社会生活的回忆部分。从最古老的天母"我玛"到第 8 代"聚于乌"（孵蛋），还未形成人类，甚至始祖们还是一些孵化而来的卵生生物；从"乌突"（半直着身子四脚走路）到第 10 代"突玛"（站立起两脚走路）方始由爬行动物变为直立人；然后经过 10 余代直到第 23 代"波憋乌"（蹲着生，母亲卧着捂小儿）才具有对女性尊崇的清晰意识，即母系社会的雏形；到第 27 代"莫迁举"（老人当"官"，谁老谁就当"官"）才形成由年龄老（即经验最丰富者）的人为氏族首领的形态；及至 35 代"噜毕波"（平分食物，人不到齐时，谁都不准乱拿的人），尚推行原始共产主义的平均分配制；然后到 47 代"多匝"（渣渣、剩余）至 49 代"委如"（各种东西都会多多的来），社会的财富才有了初步的丰盈，才有了一定数量的剩余物资可供人们进行维持生存之外的其他活动；直到 54 代"比于猜"（犁田）和第 55代、56 代"猜萨"（田平）、"萨嘎"（老实会爱田）才进入农耕社会，并使水田耕作的技术如水利设施、农田管理等有了相当的提高。

这一系列原始公社制度下氏族生活的场景，使我们对神话传说中所记述的哈尼先民的生活有了一个清晰、完整、丰富、生动的印象。他们经历的社会形态，大致由原始群到氏族公社，氏族公社中曾有过女性为尊长的母系时期，而后演变为不分性别，仅依生活经验的多少，即对人们生存发展提供指导信息的多寡来决

---

① 李元庆：《论哈尼族的多元连名系谱》，《红河文化》1991 年第 3 期。

定社会地位，最后进入农耕时期，此时或许就迈入了父系性质的社会阶段。

作为母系社会时期的记载，在神话传说中保留得十分丰富多彩，譬如一则神话说，远古时人类祖先塔婆（生孩子最多的女人）生了24个孩子，他们是龙、老鹰、雀鸟、蛇、虎、豹、野猫、蛤蚧、麂子、马鹿、狼、猴子、虾、蝴蝶、麻雀、蛤蟆、牛、马、猪、狗、猫、鸭、绵羊、鸡。这或许是对母系社会各个动物崇拜乃至氏族图腾集团的曲折反映。又有神话说始祖母塔婆的头发上、额头上、耳朵上、鼻梁上、嘴唇上、下巴上、胸脯上、肚腹上、大腿上、膝盖上，直到脚背上、脚指甲上，都生出了不同的人种，共有72种人，他们即是世界各民族的祖先，而最为她钟爱的哈尼人则生在水源既多，又暖和舒适的肚脐眼上，这或许是对氏族时期，各民族（氏族？部族？）就已共同生活于同一地理环境中的折光写照。总之，它们都为我们认识哈尼先民的原始社会生活提供了依据。

第二节　南诏时期

成书于春秋战国之际的《尚书》，专列有《禹贡》一篇记载古九州之一的梁州情状，是最早记述哈尼族先民的古籍：

华阳黑水惟梁州，岷、嶓既艺，沱、潜既道，蔡、蒙旅平，和夷厎绩。厥土青黎，厥田惟下上，厥赋下中三错。厥贡璆铁银镂砮磬、熊黑狐狸织皮。西倾因桓是来，浮于潜，入于渭，乱于河。

　　据学术界考证，此时期哈尼族先民"和夷"大抵生活在今四川省大渡河、雅砻江、安宁河流域，即今四川凉山彝族自治州境内。

　　唐初宰相张九龄《赦安南首领爨仁哲书》中提到"和蛮大鬼主孟谷悮"，《新唐书·南蛮传》也说道："显庆元年，西洱河大首领杨栋附显、和蛮大首领王罗祁……"等等，虽只言片语，但仍透露了唐时（南诏时期）哈尼族先民"和蛮"的消息，即此时他们已从大渡河、雅砻江、安宁河畔以正南、东南、西南的走向，迁移入滇，而分布在乌蒙、六诏、哀牢等山系的广袤地域。

　　唐时哈尼族与其他诸多民族交互杂居，彼此间关系融洽安好，尤其与彝族关系至为密切，因而曾一度被误解为哈尼系彝族支系。如自大渡河向东南迁徙的绛、阔、阎畔、乌蒙、芒布五部落，唐时均活跃在金沙江流域之西侧，即今四川凉山彝族自治州、滇东北昭通地区及黔西北毕节乌蒙山区，而他们曾均视为彝族，其实，除绛部落、阔部落外，阎畔、乌蒙、芒布三部落均系哈尼族，这从《明太祖洪武实录》中记载的芒布部落前冠以"和泥"之名可以见出，书中称其所踞的滇东北乌蒙山区为"和泥芒部府"。因此，哈尼族先民和泥的芒布部落曾在滇东北称雄。非但如此，阎畔、乌蒙、芒布等和泥部落在滇东北统治为尊长达千余年，即由唐开始，直至明代中期方渐行式微。近代该地区已找不到哈尼族，他们在历史的长河中与其他兄弟民族融合了。这是哈尼先民一支由大渡河、雅砻江、安宁河流域向东南走向迁徙的情况。

　　正南方向各地哈尼族的共祖都叫"搓莫迁"（红河地区家谱中又有称"初末吁"的，思茅、墨江地区称"初木耶"，西双版纳地区称"搓莫耶""操莫唉"），此名与唐乌蛮共祖"仲牟由"相同。唐初或更早一些时候，庞大的乌蛮系统正进行着剧烈的部族大分化，这些由乌蛮群体中分化而出的部族，后渐走上了各自不同的历史道路，从而形成了今日云贵高原上各具风貌各成体系的众多民族。彼时哈尼族先民已有"和蛮"分出，并有了自己的"大鬼主"和"大首领"，而有的地区则正处于分化之中，不管分出的速迟，大家都不忘共祖"仲牟由"，以之为自己先祖。

据《大明一统志》卷八六《云南府·易门县》载："昔，乌蛮酋仲磨由男所居之地。""仲磨由"即"仲牟由"。易门县位处滇池西南，为哈尼原居地雅砻江、安宁河流域直贯滇南哀牢山区（今主要聚居地）的交通孔道，哈尼先民的另外一支"乌蛮酋仲磨由男"曾由大渡河、雅砻江、安宁河南下居此，后又南下离去，故《大明一统志》有"昔，乌蛮酋仲磨由男所居之地"一说。

西南方向。《新唐书·南蛮传》所载"和蛮大首领王罗祁"紧随"西洱河大首领杨栋附显"之后，而二者又共同入朝，则其地近滇西南（今楚雄、大理州至思茅地区）是可信的，明清两朝文献中均有哈尼族在楚雄、大理地区居住的记载。当然，今日这些地区已很少见到哈尼族，大多数哈尼先民已与其他民族共融了，而思茅至今仍是哈尼族的主要聚居地之一。

除东北、正南、西南三条迁徙路线之外，《哈尼阿培聪坡坡》中又描述了另外一条更为复杂曲折的迁徙路线，由大渡河、雅砻江、安宁河（诺马阿美）出发，经滇西洱海区域（色厄作娘）达滇池之畔（谷哈密查），再经通海（阿妥）、石屏（石七）进入红河南岸哀牢山腹地。这或许是哈尼族某一部落的迁徙路线，或者是若干部落氏族家支的综合迁徙路线，不管是哪种情况，都为哈尼族群体的迁徙提供了佐证。

此时的哈尼族社会中已经出现集行政权和宗教权为一身的"大鬼主"（如孟谷悮），有的地区则进一步出现了政教分权的"大首领"（如王罗祁）。部族长为大鬼主、大首领，氏族长为小鬼主、小首领。唐时和蛮鬼主、首领由南诏统辖，也可直接向李唐中央王朝朝贡方物。这些和蛮部族在南诏奴隶制度影响下，渐向奴隶制演变。

明初，滇、黔乌蒙山区东川、乌蒙、芒布、乌撒及水西等处"诸夷""诸蛮"中，哈尼先民"和泥"占有显要地位。乌蒙、乌撒、芒布等均为哈尼族首领人名作部落名号或地名，他们是这片地区的贵族头人。而乌撒、阿头、易溪等六部蛮，均"属和泥芒部府"。元代乌撒地区有"江头江尾和泥二十四寨""白衣、和泥一百九寨"的记载（《元文类》卷四十一《招捕》）。当然，此一地区彝族先民"罗罗"为数也不少，另有"僰人"、苗、汉等族民杂居，然而作为统治者的都是"和泥"和"罗罗"，他们习尚相近，互通婚姻，关系密切，而其他民族则居于从属地位。

明代中叶，乌蒙山区和泥、罗罗和苗族盛行奴隶制。属于和泥的"乌蒙、乌撒、东川、芒布诸部长……自相雄长，虽受天朝爵号，实自王其地"，成为各自境内的大奴隶主。他们"嗜利好杀，争相竞尚，焚烧劫掠，习以为恒"，以铁血杀戮和掳掠强占为风尚，视劳动生产为下贱。奴隶主之间冤家械斗仍频，而与外族发生纠葛则又联盟对外，所谓"无事则互起争端，有事则相为救援"，各部落"境土相连，世亲戚厚；既而各私所亲，彼此构祸"，这正是典型的奴隶制社会特征。

晚明嘉靖时（公元1522~1566年），明皇朝试图废止土司制度，以"改土归流"改变乌蒙山区奴隶制。首先对芒布部实行"改土归流"，立即引发了奴隶主的反叛，至"终明之世，常烦挞伐"，"然终不能靖也"。18世纪初，清雍正时（公元1723~1735年）云贵总督鄂尔泰力行"改土归流"政策，经过激烈的斗争，进行废土官，改流官，从此乌蒙山区以土官为代表的奴隶制方渐渐瓦解。

第三节　大理国时期

滇东南六诏山和滇南哀牢山两地的哈尼族先民和泥，在唐代南诏奴隶制政权的统治下，以农牧采茶兼家畜饲养为业，经济有长足的发展，出现了银生、开南、威远等古城邑。至五代（公元907～960年）初，南诏蒙氏奴隶主政权渐趋灭亡，经历了大长和（公元902～927年）、大天兴（公元928年）、大义宁（公元929～937年）郑、赵、杨三氏更迭，南诏王朝最后覆灭。

彼时哀牢山区因远、思陀、溪处、落恐和六诏山区维摩、强现、王弄各部和泥，与滇南强宗、罗伽、落蒙、习峨、纳楼，滇东磨弥、仁德、夜苴，滇北罗婺、华竹、碌券，滇池阳城堡等各部落兄弟民族共"三十七部蛮"，成为南诏通海节度使段思平的主力。段氏"合集三十七部"会盟于滇东石城（曲靖），然后举兵西向，直捣洱海，摧毁了杨氏"大义宁国"政权（公元937年），建立了大理段氏封建领主政权。因军功卓著，和泥各部均获分封，而逐步建立封建领主制度。哀牢、六诏山区各部和泥因距洱海、滇池遥远，大理段氏控制力量鞭长莫及，不能到达其境，实际各部分领其地，各自为政。

六诏山区维摩、强现、王弄各部和泥以强现部为最大，其领主龙海基素为各部所重。清代乾隆《开化府志》卷四《土司志》说，龙氏"宋皇祐（公元1049～1054年）间寓此，适广南侬智高叛，狄青征之。海基为乡导，屡著奇功，始人管其地。"龙海基后统一了大小各部，受宋王朝封，世领六诏山区，为滇东南最高领主。滇东南哈尼族地区历与中原有着密切的政治、经济、文化联系，宋代，大理国向宋王朝进贡马匹，云南各族卖马及其他土特产品给中原，均须经过龙氏领地转输邕州（广西南宁），又从中原购回所需之物，此一孔道至今仍是云南与中原的联络线。

哀牢山区因远、思陀、落恐、溪处各部和泥同一时期已进入封建领主制，到11世纪中叶，因远部逐步强大，于是在礼社江畔筑罗槃城（今元江县境），号"罗槃国"，最高领主称"罗槃主"，幅员近三万平方公里，包括哀牢山东麓今元江哈尼族彝族傣族自治县和西麓今新平彝族傣族自治县西部、墨江哈尼族自治县、镇沅彝族哈尼族拉祜族自治县、普洱哈尼族彝族自治县、思茅县、江城哈尼族彝族自治县及蒙乐山景谷县东部这一广大地域，其南与越南、老挝相毗邻。思陀、落恐、溪处居哀牢山东麓下段，包括今绿春、红河、元阳、金平诸县，面积达两万平方公里，西部北部与罗槃相邻，南连越南之境。哀牢山和泥曾道经六诏山贩马和其他土特产到邕州，返程带回中原布帛及其他用品。远道贩马途中，盐为饲马和防治马疾的必需品，哀牢山区和泥所制的盐，获利甚丰。

哀牢山和泥与云南各地一样流行贝币。据13世纪中叶汉文献记载，和泥有以窖藏贝币习俗，李京《云南志略》载其"家有积贝，以一百二十索（按，八十枚为一索）为一窖，藏之地中，将死，则嘱其子曰，我平生藏若干，汝可取几处，余者勿动，我来生用也。"如此之多的货币积存，是7世纪以来，和泥在农、牧、茶、盐等生产方面发展日见有更多剩余成为商品的结果。历史悠久然而令人少焉其详的"步头路"，就是从罗槃城所临的礼社江（红河）顺流贯穿哀牢山末端哈尼族地区进入越南的，此路的开拓，促进了中原、西南和东南亚的交往，哈尼族对祖国经济文化的这一发展是有其大贡献的。云南用贝系海外辗转而来，哀牢山西通缅甸，南临交趾（越南）、老挝，所用海贝均是临海之区经由此交通线运来。罗槃主向中央王朝所贡金、马、币、帛之中，帛也非和泥本土特产，系由中原贩马时购回物品。

第四节　元朝时期

13 世纪中叶，元朝灭大理段氏，统一诸部，辖治云南全境，设云南行省。元宪宗六年（公元 1256 年）立阿僰万户府（至元十三年改临安路），领二县、一千户、三州，辖今红河哈尼族彝族自治州大部、文山壮族苗族自治州一部。龙海基九世孙龙建能曾授"阿僰万户府总管'职。此区在政治、经济方面与内地联系更密切。宪宗八年（公元 1258 年），元朝平服了车里（今西双版纳）的白夷（傣族先民）和倭尼（哈尼族先民）。至元十二年（公元 1275 年）末，元军进逼和泥政治中心罗槃城，罗槃主阿禾必在和泥人民支持下持城以拒。元云南省平章政事赛典赤·赡思丁亲自统兵抵城下劝降，阿禾必迫于形势出降，其所属哀牢山西麓马笼（墨江）、思么（思茅、普洱）、你陀等"和泥诸部"亦暂降。次年 10 月，元兵复向罗槃以南之思陀、落恐、溪处等部进讨，和泥奋起抵抗，因力量悬殊不敌而降。此后，元于罗槃甸（礼社江两岸平坝地区）设元江万户府，思陀设和泥路，落恐、溪处分设正副万户府，以和泥原首领为土官，直隶云南行省。

和泥不甘受元朝的民族压迫，罗槃主阿禾必降后远遁山林不知所向。至元十七年（公元 1780 年）各部和泥以思陀和泥路大首领必思为首举叛。至元二十一年（公元 1284 年），和泥又重起反抗，均遭镇压失败。元朝遂废元江、落恐、溪处等万户府及思陀和泥路，另设元江军民总管府直隶云南行省，加强对各部的辖治，元江军民总管府后改为元江路。

第五节 明清时期

14世纪中叶，明朝取代了元朝的统治。奉朱元璋命令，傅友德、蓝玉、沐英远征云南。元朝云南梁王调龙海基16世孙龙者宁狙击明军，明军进至罗雄（罗平）时，龙者宁反元迎明，使明军直捣梁王府。和泥各部领主亦相率归顺明朝，协助明军歼灭元军残部，迅速瓦解了元朝在云南的统治。

明朝在元朝统治的基础上，从政治、军事、经济诸方面采取了一系列积极措施，并改云南行中书省为云南布政使司，在少数民族地区设宣慰司、宣抚司、安抚司、御夷州。在哀牢山和泥地区，也分别成立了各部长官司，由土官充任要职。明初，在云南实行军屯、民屯，开荒地，奖农桑，兴水利，发展生产。洪武初，大量迁江西、南京等内地汉族入云南以"实边"，史志书中有"尽迁江左良家闾右以实之""巨族、富民，一有达犯即案法遣戍云南""以迁谪流徙至滇者不可胜数"的记载。大量迁来的军户、民户、匠户带来了中原先进的生产工具、技术和经验，对和泥和各少数民族的生产生活起到了巨大的影响。

此外，明朝还允许镇守云南总兵官黔国公沐氏私置田土，史称"总镇庄田""黔府庄田""沐氏勋庄"。沐氏庄田星罗棋布达数万顷，东起曲靖，西至保山、澜沧，北及金沙江、大姚、元谋，南临越南、老挝边地。沐庄内直接生产者称为"庄民""沐丁"，管理者称为"大小管庄""伙头""佃长"。哀牢山东麓红河两岸的哈尼族聚居区散布有15个沐庄，其内沐丁多是和泥，大小管庄、伙头、佃长由和泥、白夷（傣族）头人担任。沐氏将高度发展的中原地主经济的先进农具、技术、经验移植于哀牢山区，利用当地领主统治下的和泥及各族农奴来经营田庄，在客观上对和泥和各少数民族的生产发展起到了推动作用。哀牢山思陀、落恐、溪处、左能、瓦渣、纳更部及辖内15个沐庄以及六诏山维摩、教化、安南、王弄等和泥土官领地，在明代为临安府属下，当时农业、水利、交通、矿产各项事业，经14世纪中叶以来的开发拓展，至17世纪初，便使"临安繁华富庶，甲于滇中"，"又有铜、锡诸矿，辗转四方，商贾辐辏"，经济发展甚速。

因远罗必甸和马龙他郎甸两土官领地，向为昆明经临安至车里达缅甸的通道，马龙他郎（包括墨江、普洱、思茅）为茶、盐产区，盐供临安及滇南各地，茶销全省，转播全国及海外，并有金银器物和良马朝贡明廷。明时商品经济的发展使一大批城镇兴起，便有众多的民众全脱离或半脱离农业生产进入城镇参与从事商业活动和手工业、加工业活动，这使传统的封建领主经济发生了变化，也是社会进步的一面。另外，在文化方面受中原影响更大，永乐十一年（公元1413年），和泥教化长官土官龙者宁入贡北京，瞻仰京都方物华采；万历时，土官龙上登赴京受职，"遍访名宿"，返回后，乃兴学校，建文庙，大倡文明，且本人酷爱汉文典章礼仪，每有盛事必亲撰碑文铭记。凡此种种，中原文化在六诏山和泥地区迅速传播开来。

哈尼族社会自10世纪中叶确立封建领主制，历五个世纪之久，至14世纪中叶以后，经有明一代开驿道、设驿站、疏河运、开渡口、置沐庄、修水利、改币制、兴集市等一系列措施，经济文化空前发展，墨江、新平、元江、普洱一带渐由封建领主制向封建地主制过渡。

清顺治元年（公元1644年），李自成兵败九宫山，义军由李定国部率，采取"联明抗清"方略，在各族人民支持下，在云南建立了反清根据地。溪处领主赵恩洪、瓦渣领主钱觉耀与六诏山领主龙升、龙元庆等结盟，反抗清廷反抗民族压迫，斗争一度形成规模。李定国死后，和泥头人龙韬等联合六诏山、哀牢山的哈尼、彝等族人民，推宁州（华宁）土官禄昌贤为首，于顺治二年（公元 1665 年）举行反清大起义，整个滇中南地区纷纷揭竿响应，迅速掀起反清浪潮。清廷派云南总管吴三桂镇压了起义，起义首领全部牺牲，和泥人民也遭到残酷迫害。

吴三桂总管云南后，将明沐庄占为己有，更名"藩庄"。清康熙十二年（公元 1673 年）吴氏叛清，旋即失败身亡，清廷乃将吴氏藩庄变价归附各州县。哀牢山末端红河两岸原沐氏十五庄被废除，因地连建水，故归入建水辖区。各庄设一掌寨，督办钱粮。至此，哀牢山区红河两岸被称为"十土司、十五掌寨"地区。此"十土司"是思陀、溪处、落恐、瓦渣、左能、纳更、稿吾卡（以上均为和泥）、纳楼（彝族）、亏容、曼车（均傣族）。"十五掌寨"又称"十五猛"，承袭原沐氏勋庄，掌寨为新发迹而起的土官庄主。

由于六诏山和泥龙氏等土官多次起义反清，清康熙四年（公元 1665 年）反清大起义中又为主力之一，于是清廷废除了六诏山区各土官领地，实行改土归流，并分设广西（今泸西县）、开化两府。哀牢山因远罗必甸长官司亦在除中，改属元江州辖下。马龙他郎甸长官司、钮兀长官司改为他郎厅（区域为今江城哈尼族彝族自治县、墨江哈尼族自治县），隶属普洱府。哀牢山区思陀、落恐、溪处、左能、瓦渣、纳更各土官领土不变，仍袭土司旧制。

于是，自 14 世纪中叶以后，墨江、元江、新平、普洱哈尼族已渐由封建领主制社会步入封建地主制社会，而哀牢山南段红河两岸哈尼族直到 20 世纪 50 年代前夕仍处于封建土司领主政权统治下。

封建领主的残酷压迫，引起各地哈尼族人民的不断反抗。嘉庆二十二年（公元 1871 年）三月，宗哈（今元阳县）哈尼族农民高罗衣自号"窝泥王"大举起义，短期内连连攻陷多座村镇，杀稿吾卡土司龙定国于土司署，挥师之处，土司们或降或逃，溃不成军。义军直逼元江城下，清廷为之震动，急令军机大臣兼云贵总督伯麟亲率重兵前往镇压，义军久战不利失败，高罗衣牺牲。次年六月，高罗衣之侄高老五又称王反清，义军直抵临安府，伯麟驰援，义军失利，高老五又牺牲。高罗衣、高老五的起义历时两年，给各部领主以沉重打击，从此以后，封建领主阶级的统治江河日下，封建地主阶级乘机登上历史舞台。

第六节　鸦片战争时期

19 世纪是帝国主义在全球侵略扩张的时代。法国于 19 世纪50 年代侵占了越南南部，英国则侵占了缅甸南部，此后，这两个帝国主义国家就将侵略之爪伸向中国，云南南部即为首冲之区。同治元年（公元 1862 年），法帝国主义派遣杜布等人进入红河哈尼族聚居地区"考察"，并深入云南内地多次，"探悉山川之形势，矿藏之富饶，及种种宝贵生植，归以详语国人。一时云南之价值，盛传于巴黎市街，举众惊奇赞叹，视云南为其目的地"。嗣后又派员组成"探险队"自河内入境，到思茅、元江、建水、石屏等哈尼族及其他民族聚居区搜罗情报。1884 年中法战争后，企图强行凿通红河水道，以用航运之利掠夺我国财富，并派兵入侵红河地区，在哈尼人民和各族人民的反击下，才迫使其退兵，航运之举遂未成行。清光绪二十四年（公元 1898 年），法国胁迫清廷，取得由越南北圻至昆明的铁路修筑权，并于宣统二年（公元 1910 年）全线通车，于是云南的物产被其疯狂掠夺，尤其个旧的锡，或被远运法国，或被运往香港精炼后转销英国。光绪二十一年（公元1895年）法国迫使清王朝割让滇南土地，光绪二十六年（公元1900年）蒙自的哈尼、彝、汉各族人民奋起烧毁法国所设路得斯"洋关"，清朝卖国政府畏帝国主义甚于虎狼，乃派兵镇压，起义人民被迫退到红河南岸，得到南岸广大哈尼族人民的支持。法帝国主义借口洋关被毁，出兵侵占猛丁（今金平县）的龙膊地区，遭到哈尼族、彝族人民的痛击不得不撤出。1925年，法帝国主义又侵扰我红河、绿春、金平、江城等广大地区，以哈尼族为主体的各族人民拿起土枪和长矛进攻法军营房，多所杀伤，迫其退走。1935年法军又入侵我边境，哈尼族又挥戈执矛迎头痛击，保卫我国边疆。这次抗法斗争，纳楼土司也派遣二百余名哈尼族、彝族武装士兵参战。

　　鸦片战争以后，各族人民不堪帝国主义和清廷的压迫欺凌，爆发了太平天国革命运动。咸丰四年（公元1854年），翼王石达开部下王泰阶、李学东深入哀牢山开辟根据地。此前，1853年哀牢山中段地区的哈尼族彝族人民已在哈尼族田四浪领导下揭竿起义，队伍达五千人之多。咸丰六年（公元1856年），王泰阶、李学东拥戴彝族李文学为首起义，号称"夷家兵马大元帅"，聚众五千余。李文学联合田四浪，拥其为"夷家兵马副元帅"，共同反清。由此，整个哀牢山地区燃起了反清反民族压迫的熊熊大火。义军以太平天国的"天朝田亩制度"为奋斗目标，有着明确的政治纲领，目光超越出哀牢山一地所限，而与太平天国革命运动联系起来，给清朝反动政府有力打击。同治十年（公元1872年），太平天国运动失败，清王朝调集大军镇压李文学、田四浪起义，光绪二年（公元1876年），起义失败。这次起义长达二十多年，开拓了近万平方公里的根据地，先后消灭了清军和地方武装十余万人，沉重地打击了清王朝的统治。

第七节　辛亥革命时期

辛亥革命推翻了清王朝的统治，结束了中国漫长的封建统治，但是，云南军阀、官僚、地主、土司对各族人民的压迫剥削有增无减，沉重的租、税、捐、杂、派之外，频繁的战争，耗费巨大，各族人民实已不堪重负。1917 年初，在元阳县多沙寨哈尼族女青年卢梅贝（18 岁）的率领下，爆发了红河南岸反土司的大起义——多沙阿波起义。"多沙阿波"的意思是"多沙寨的阿爷"，"阿波"（阿爷）本是对男性长者的尊称，人们以此来称呼卢梅贝，表现了对她的极大敬意。起义军推卢梅贝为大将，联络了红河南岸各族人民，队伍骤增至万余人。多沙阿波率众攻陷猛弄土司署，打开粮仓分粮，复进军北上至溪处、瓦渣等土司境，土司纷纷逃至红河北岸躲避。各地土司、地主联合反抗义军，云南军阀调遣了"粮子军"镇压起义，起义终于失败，但卢梅贝在哈尼人民的掩护下，安然躲进老林，并于 1949 年秘密返回多沙寨定居。这次起义影响巨大，多年来，民间广泛流传着对"多沙阿波"的颂歌和传说，土司提起她无不恨之入骨又怕得要命。中华人民共和国成立后，"多沙阿波"卢梅贝当选为县州政协委员，并受到毛泽东主席等党和国家领导人的接见。

第八节　民国及国内革命战争时期

民国时期的哈尼族社会仍一因旧制，因为无论封建领主制还是封建地主制，于国民党的统治都是有利的。而在国民党政府的支持下，哀牢山南部地区的土司领主制度得以长期保存，土司仍是最高统治者。政治方面，统治权世代相袭，拥有武装、法庭和监狱，土司下有"值班里长"协理要务，有"师爷"协理文牍事务，有"管家"执掌土司衙门内政外交的活动，有"团长"统率土司武装，有"侍候"侍奉土司、跟班打杂，有"老总"执管牢狱。土司行政区以"里"为单位，一里下辖几十个村寨。里长之下设"招坝"或"里老"，辖一至数寨。其下又下设"三伙头"，负责摧捐派款等事宜。国民党政府曾在红河两岸推行改土归流，设保甲制，但遭土司反对未逞，各土司区仍是"流官不入之地"，而土司及各级头人也成了国民党的代理人；在非土司区则施行区、乡、镇保甲制。

在经济上，土司实际成了大地主，直接占有大量良田（官田），多者上万亩，少则数百亩。此外尚有为各种差役设置的"兵田""号令田""马草田""挑水田""看坟田""门户田"等。无论土司还是地主，均采取出租土地、高利贷、雇工三种方式剥削，地租有对分制和包租制，租率为40%～60%，高利贷年率100%，"买青苗""买青烟"年率高达300%以上。

而西双版纳、澜沧等地的哈尼族除遭受国民党政府的剥削压迫外，还要遭受傣族封建领主的直接统治。傣族最高封建领主"召片领"是傣族人民的同时也是哈尼族和各族人民的最高主宰。召片领把哈尼、布朗等族划分为"卡西双火圈"，"卡"是奴隶之意，"西双"为十二，"火圈"是地域划分单位，即"十二个奴隶区"。一个"火圈"包括几个到十几个村寨，由召片领封任本族中有威望者为"大叭"来统领。各村寨又设"叭""鲊""先"分级管理，小寨设"先"，中寨设"鲊"，大寨或数寨设"叭"，层层隶属。国民党政府时期，同时推行保甲制。傣族封建领主把哈尼族的一道"龙巴门"（一个村寨）作为一个分派负担单位，按当地特产和需要摊派，如门户钱、税款、傣官

"波朗"到村寨巡视的"腰痛钱""腿痛钱""招待费"及小头目的"草鞋钱"等等，猎获野兽也要把倒毙时落地的一半献给领主。阶级和民族的双重压迫，使哈尼人民处于水深火热之中。

大革命时期，开远、蒙自、个旧等市县已有了共产党的地下组织，继而扩大到滇东、滇西各县。1930年，哈尼族最集中的墨江县成为地下党主要活动区，党组织"读书会"组织青年学生阅读《新青年》等进步书籍，在农民中组织"穷人相帮会"，提出"打倒土豪劣绅，减租退押，平分土地"的口号，在地方武装中也争取到一部分力量。抗日战争爆发后，党中央提出"停止内战，一致抗日"的主张，实现第二次国共合作，全国掀起抗日救亡高潮。哈尼族与各族人民一起，纳军粮，献物资，踊跃抗日。而反动派趁机大发国难财，以抗日名义大肆搜刮，加紧征兵、征粮、征税，各族人民纷纷贫困破产。今元阳县麻栗寨本是一个三百余户的大寨，因抗战时期的"三征"，倾家荡产逃亡他乡者百余家，农村经济遭受巨大破坏。1947年，在个旧建立了中共滇南临时工委，次年在元江彭泽正式建立了红河地区游击武装，在哈尼族和各族人民的支持下，这支武装迅速发展壮大，打击了国民党中央军驻元江的力量。与此同时，在思茅、西双版纳等哈尼族聚居地区，也开展了游击斗争。1948年，在上述地区成立"滇桂黔边区纵队第九支队"，轰轰烈烈的革命武装斗争在哈尼族地区形成了燎原大火。

第九节　社会主义时期

1950年1月，中国人民解放军挺进开远、蒙自、个旧、墨江等哈尼族聚居区，哈尼人民的社会主义新时期开始了。

中华人民共和国成立初期，边疆地区斗争十分激烈复杂，溃败之敌和匪特勾结地主恶霸破坏民族关系甚至武装暴乱，有的利用历史遗留的民族、家支矛盾，有的利用民族上层对人民政府的疑虑，唆使他们与政府对抗。鉴于此，人民政府在墨江、镇沅、新平、元江等地依靠哈尼族和各族人民大力开展清匪反霸斗争，在红河南岸红河、元阳、绿春、金平四县和西双版纳地区坚持人民解放军"慎重稳进"方针，边疆工作坚持"团结生产，对敌斗争"方针，民族工作队在追歼残敌之际，深入民族之中，开展"做好事，交朋友"运动，帮助群众恢复生产，逐步疏通民族关系。1951 年 4 月，中央民族慰问团来到红河地区，广泛宣传党的民族政策，受到各族人民的热烈欢迎。

1952 年，政务院颁布了"民族区域自治实施纲要"，同年成立了"红河哈尼族自治县人民政府"及其他乡级自治政府。1953 年成立了西双版纳"格朗和哈尼族自治区"。1954 年 1 月成立了红河哈尼族自治区，5 月成立了江城哈尼族彝族自治县。1957 年，红河北岸完成了对农业、手工业和资本主义工商业的社会主义改造，红河南岸开展了农业合作化运动。同年 11 月 18 日，红河哈尼族彝族自治州正式成立，首届州人民代表大会代表，哈尼族占 26.4%，州人民委员会 39 名委员中，哈尼族占 9 名，并担任了州长和副州长之职，充分享受了民族平等自治权利。

整个哈尼族地区，从 1952 年起前后经历 5 年时间进行了以土地改革为中心的民主改革运动，墨江、元江、普洱、镇沅等县按一般地区政策执行，红河南岸四县及江城、西双版纳格朗和等地区采取和平协商方式土改，其余沿边哈尼族地区则直接过渡。土改废除了封建土司领主制和封建地主制，取消了阶级压迫和民族压迫，广大哈尼人民分得了土地、耕牛、农具，生产积极性空前提高。1956 ～ 1957 年，墨江、元江、新平、普洱、镇沅等县哈尼族实现了农业合作社，1958 年又实现了人民公社化，1966年，红河州边四县及江城、澜沧、西双版纳等地哈尼族地区也实行了人民公社化。1979 年 11 月，墨江哈尼族自治县成立，同年 12 月，元江哈尼族彝族傣族自治县成立。

在"文革"中极"左"思潮大泛滥，党的民族政策受到严重破坏，在哈尼族地区搞"政治边防"、"划线站队"、乱划阶级，造成严重后果。粉碎"四人帮"以来，尤其是党的十一届三中全会以后，哈尼族地区出现了欣欣向荣的局面，在农业、工业、交通、文化、教育、卫生、科技、经济诸方面展现出全新的面貌①。

①此章参考王清华《云南省志·民族志·哈尼族》、国家民委五种丛书《哈尼族简史》及《云南少数民族·哈尼族》诸书。

第五章　蔚然壮观的梯田文化

哈尼族是山地农耕民族，农业是他们赖以为生的经济命脉，其中，梯田稻作是哈尼族农业文明的核心。几千年前，哈尼的祖先踏着大山的脊梁，来到哀牢山南段的广阔山区。这里江河纵横，箐沟密布，山峦起伏，绿树成荫，满目葱茂，气候温和，雨量充沛，"山有多高，水有多高"。千百年来，哈尼族利用这里优越的自然条件，一代接一代地在大山的皱折里，锲而不舍地开山平地，营造梯田，创造了举世瞩目的梯田文化。在滇南的元阳、红河、绿春、金平、墨江、元江等地哈尼山乡，蔚然壮观的"田坡""田山"随处可见。从山脚河边到山头，层层梯田，依地就势，绵延不绝。成百上千层梯田连接云天，远远看去，似鱼鳞般排列有序，令人惊叹不已。

梯田一年四季均有它迷人的魅力。时序入冬，梯田翻犁，埂草铲尽，田中灌满了泉水，在阳光下闪动着水银般的波浪，这是观赏梯田的最佳时间。清晨，山脚云雾缭绕，山顶红日初升，万道金光撒向层层梯田，放眼望去，梯田光辉闪耀，疑是人间仙境。傍晚，落日余晖映照梯田，又是另外一番壮丽景象。夏初，秧苗返青，放眼望去，千万道碧绿天梯升向天际。八月秋黄，梯田一片金灿。四时之景不同，梯田奇观变幻莫测。

哈尼族从古至今，挥锄不已，在山坡岭际开凿梯田，人们凭借着一把自制的短柄板锄和巨大的智慧，用双手建造了气势恢宏的梯田，用鲜血和汗水为家乡山河绘制了动人的锦绣。

第一节 梯田稻作的形成

一、梯田稻作的历史渊源

哈尼族稻作农耕历史悠久，《尚书·禹贡》中就有"和夷"所居之处土地"青黎"，"其田下上"，其赋"下中三错"的记载。《山海经·海内经》、《史记·西南夷列传》等古籍对此亦有记载。

晚唐时期，《蛮书·云南管内物产》载："从曲靖州已南，滇池已西，土俗唯业水田。"又特别指出："蛮治山田，殊为精好。"这里说的"山田"即指梯田。治理山田，要达到"殊为精好"的程度，必须有相当的治田经验，当时在哀牢山区，治理梯田能达到这种程度的只有哀牢山南段地区的哈尼族。

我国明末科学家徐光启在其《农政全书》卷五《田制·农叠诀田制篇》中对梯田耕作情景作了生动的描写，并有诗云："世间田制多等夷，有田世外谁名题；非水非陆何所兮，危巅峻麓无田蹊。层蹬横削高为梯，举手扪之足始跻；伛偻前向防巅挤，佃作有具仍兼携。"将"梯田"列为中国农田史上的七种田制之一。

明清以来，地方志对哈尼族营造梯田有明确的记载，如清代中期嘉庆《临安府志·土司志》对哈尼族梯田耕作情况有如是描绘："依山麓平旷处，开凿田园，层层相间，远望如画。至山势峻极，蹑坎而登，有石梯蹬，名曰梯田。水源高者，通以略彴（涧槽）数里不绝。"这是对哈尼山乡梯田的真实写照。

哈尼族聚居地区的梯田稻作文明，是在经过漫长的民族大迁徙，来到哀牢山区定居下来之后，在一般稻作经验的基础上发展起来的。隋唐之前，哈尼族先民从长江上游的雅砻江、安宁河流域,进入滇南广阔的山区,当时滇南河坝地区均被百越后裔傣族、壮族占据,姗姗来迟的哈尼族先民只能落脚于山区或半山区。然而,勤劳勇敢而又富于创造精神的哈尼族先民不畏艰险,根据这里的地理环境和丰富的自然资源条件,开沟引渠,创造了梯田文明。

二、梯田建造及配套设施

除梯田本身以外,哈尼族梯田的设施还包括开挖水渠、建造积沙田、架设田棚、挖筑防洪沟等一系列配套工程。

营造梯田,首先要开渠引水,把河水引到适于开垦梯田的山腰缓坡地带,然后在水渠下方,根据地形地质情况,自上而下,以先易后难的原则开挖梯田。具体可分为两个步骤:

第一步,根据坡度大小,设计梯田的宽度与长度,开挖成台地,把高处的土往低处搬运。主要工具是板锄、撮箕、背箩、刮板等。再将松土以脚踩、锄头敲打等办法夯实形成台地。台地种上几季旱地作物,通过施肥、翻挖耕作,提高土壤的肥力和含水率,使台地的生土熟化。

第二步,台地经过日晒雨淋自然沉降,形成稳固的基础就可以把水直接引进,然后和泥垒埂。田面的水平度是用田水来直接测量的,之后,再把田中的土翻挖过来,灌满水即可。在山溪流泉箐沟的下边,土地较为平缓的地方,也可以一次性成田。但这种田首季蓄水性能差,需多次翻犁,以促进田泥熟化,提高土壤的黏结性,增强梯田的防渗能力。

哈尼族在建造梯田时,并不借助任何仪器和机械,他们一代接一代,年复一年地挖山不止。在一座座山梁和坡地上,依靠自身的力量和经验开掘出无数长短不一、宽窄不同的梯田。大的可达几亩,小的水牛进去难以转身,一丘接一丘,逐级延伸,山梁山坡连成片,形成浑然一体的"田山"。

哈尼族的梯田,根据土质的肥瘦和地质情况,可分为以下三种类型。

1. 干田（哈尼语称"东哈"）。这种梯田一般离水源较远，保水性能差，土质较为贫瘠，因而这种梯田不能按节令栽插，一般要晚一个月左右，等大量雨水下地之后才能栽插，所以又称为"雷响田"。干田由于歇耕期间无水而不能很好养田，肥力大大降低，加之栽插靠雨水或引沟水，把刚翻挖出来的土块捣碎耕细后直接把秧栽进去，因而田里杂草和害虫容易生长，直接影响水稻产量。

2. 撼田（沼泽地带修造的梯田，哈尼语称"虾纳"）。这种田是在山脚的沼泽地上开出来的，所以淤泥很厚，人畜进去容易陷落，因而，这种田不用耕牛犁耙，全靠人工耕作。

3. 水田（正规梯田，哈尼语称"欧虾"）。哈尼山乡梯田绝大部分属于这一类。这种田主要分布在小山梁和小凹窝处，水源必须用较长的沟渠引来，田泥上稀下干，不易渗水，日照充足，有保水保肥保持水温的特点，有利于水稻的生长。这种梯田可以按节令，以正常的耕作程序进行耕种，一般都能丰收。

水渠是梯田耕作不能缺少的配套设施。水渠是和梯田同时或先于梯田开凿出来的，有的水渠已有上千年的历史，至今仍发挥着巨大的作用。

水渠随山势回环，随梯田增加而延展，所以常在大水渠下边又修筑无数条小水沟，在梯田成片的山坡上，大大小小的水渠（水沟）宛如人体上的血脉，形成一个个沟渠纵横的灌溉网络。

长达数十公里长的水渠，不是一家一户就能开出来的，也不是一家一户所能维护管理的，这就形成了传统的管水制度。具体办法是，在需要分水的地方，砍一根大木头，在木头上砍几道缺口，需分几股水就砍几道缺口。根据每股水灌溉面积的大小来确定木头上缺口的大小。然后把木头固定在水渠中，一旦定下来，谁也不能再动它。

到了枯水季节，水渠的水量减少，梯田又急需灌水，这时候则采取集中灌溉、轮流用水的办法解决争水矛盾。一条水渠下面的梯田按户数排出一个用水时间表来，确定哪天哪几户灌溉用水，以免其他人家去争水。为防止乱扒水口，就在没有轮到的水田进水口上插一束树叶，这样田主就知道这天不该他用水。

积沙田也是哈尼梯田的重要组成部分，位置在每一片梯田的进水口处，用途在于沉积随渠水流来的泥沙。泥沙入田会破坏梯田的土质，沙子滞满田块，会造成田面不平整，出现田水深浅不同，田水对田埂的压力不均，容易造成田埂溃决。积沙田一般不栽种作物，到一定的时间就要把积沙挖出来，排放到冲沟或荒地上去。

田棚也是哈尼族梯田不可缺少的设施。哈尼族喜凉怕热，大部分村寨都在上半山较为凉爽的地方，到田间往返路途较远，所以在远离村寨的梯田里建盖田棚就显得十分必要。春耕大忙的时候，一家人的主要劳力就带着粮食行李到自家梯田的田棚里吃住，这样能节省来回的时间，有利于抢节令栽插。天阴下雨时，田棚可供人避雨休息。秋收大忙时节，可将稻子暂时存放于田棚里，然后慢慢地运回家。农闲时，牲畜在田间放牧，晚上可把牲畜关在田棚里。哈尼族的田棚很有适用性，所以田间各式各样的田棚星罗棋布。

防洪沟也是哈尼梯田耕作中的重要环节。山洪暴发，有可能冲毁梯田，因而易发山洪地段的梯田周围一定要修造牢固的防洪沟。平时引水灌溉的进水口要修得小一些，并用石头砌成涵洞，防止大量的洪水涌入田里。

三、梯田的构造和原理

需要是发明之母，在梯田的建造过程中，哈尼族的祖先们自然地应用了大量的科学原理。千百年以前，哈尼祖先们在没有炸药、没有测量仪品、没有水泥甚至没有铁锤的情况下，修建长达数十公里的水渠，建造百层千层的梯田实在不是一件容易的事情，它充分体现了哈尼祖先们改造自然的伟大力量和无比的智慧。在修渠造田的活动中，他们直接引水来掌握水平度，使水渠坡度合理，梯田光滑平整。修造梯田时，哪种地质结构适合修造梯田，修什么形状的梯田，都有一定选择。哈尼梯田的埂墙很少有直线形的，大多数是弯弯扭扭的曲线，这是有科学道理的。在田水灌满的情况下，田水对直线埂子和曲线埂子的压力是不一样的。直线田埂承受水的压力较集中，田埂容易倒塌，曲线田埂受水的压力分散，承受能力相对增大，因而田埂不易倒塌。所以人们不人为地去修直田埂。当然有时因山洪造成溃决，或因黄鳝、老鼠等打洞渗水，造成局部倒埂的情况也是有的，但这只要稍加修补即可。另外，在经营梯田的过程中，人们根据梯田不同的土质、不同的气候选用不同稻种等等，都形成了一套完整的经验。实践出真知，哈尼族就是凭着从实践中摸索出来的经验，一代接一代成功地经营着自己的梯田。

第二节　梯田农耕习俗的形成与发展

一、村寨与梯田的和谐生态

俗话说一方水土养一方人。哈尼村寨下边连着梯田，一片梯田养活这一寨人。哈尼祖先在选定寨址之前，就已经考虑到这块土地能养活多少人，可以发展成多大规模的寨子，决定有多少户到那里安家落户。也许是为了适应氏族外婚的需要，哈尼族独姓村寨极少。当确立了象征一寨之神的"昂玛"，全寨人磕头祭拜之后，外村人一般不得再加入这个村寨。所以哈尼山寨一般都是40～100户，少数富庶地区有200户以上的，但达到1 000户以上的哈尼村寨为数极少。

人口发展以后，一部分人就从寨子里分离出来，按照同样的模式到另外一个山头建村立寨，去开辟新的一片梯田。千百年来，哈尼山区的村寨密度越来越大，梯田的开发也不断向周边扩展，山与山之间，坡与坡之间的梯田逐步连为一片。形成了我们今天所看到的蔚然壮观的梯田。

二、田间运输与梯田农耕工具

哈尼山乡的主要运输方式有以下几种：一是用背绳背，无论是稻谷还是柴草都是靠背。男的主要靠双肩，女的主要靠头部和双肩的力量配合负重。二是马驮。马是哈尼山区的主要运输工具，山上崎岖的小路，只要人能走的地方，马几乎都能去，因而山间的小路上经常能看到马帮的脚印。三是肩扛，这主要是男性劳动者的搬运方式，可一人扛，也可二人扛，如抬木头等。

哈尼山区的劳动环境，不是梯田台地就是坡地。为适应这种生产环境的需要，他们在长期的生活、生产过程中创造了与之相应适用的农具，有效地促进了以梯田为主的农业生产的发展。

短把、轻便、灵活是哈尼族梯田农耕工具的特点。板锄是哈尼族主要的农具，一般重1千克~1.5千克。小伙子用于翻挖头道梯田的板锄，重达3千克~4千克。这种自制的板锄，头部较厚，刃口较薄，平均厚度约为0.6厘米，长约30厘米，宽约16厘米，其形状是上窄下宽。锄把长为90厘米左右，最长不超过100厘米。锄头分为大、中、小三种，以适应于男女劳动力和做不同农活的需要。

犁，木质部分农民自己制作，犁铧等铁质部分，可由哈尼族工匠师傅浇铸，也可到市场上购买，犁的构造与其他民族没有区别，就是体积较为小巧一些，便于在梯田频繁地转弯搬动。

木耙，整体为木质结构，选用质地坚硬的麻栗树为材料制作。木耙必须是10齿，多和少都是不允许或不合规范的。

打谷船，是一套木头和竹篾笆组合而成的脱粒工具。谷船用长2米、直径60厘米左右的泡桐树挖凿而成，其形状大致像渡船，但船头是齐的。两头的侧边上各留一道槽，用于安放遮拦稻谷用的篾笆。每条谷船需要两块篾笆，安放于谷船两侧，长度基本与谷船一致，宽约90厘米。打谷子时，人就站在谷船的两头，抱起谷把往里掼。哈尼族收割稻谷时，边割边脱粒，割到哪里，谷船就拖到哪里。一条谷船能装50千克~70千克。谷船满了就撮进口袋或篾箩里背回去，待晒干扬净之后，就把稻谷储藏在谷仓里。

第三节　梯田农耕习俗礼仪

长期的梯田农耕活动，形成了具有哈尼族特色的农耕习俗，总结了一套完整的梯田耕作经验。

一、梯田耕作程序

哈尼族有一套较完整的合乎科学原理的梯田耕作方法。以一年为周期，全年生产过程可分为如下步骤。

1.“虾哈切”（犁头道田）。指秋收过后第一次挖田。哈尼山区的梯田，一般在农历九月收割结束，十月底以前水田就要翻过来。哈尼族翻挖水田十分认真，主要的方法有牛犁和人挖两种。翻挖梯田的程序是：首先要搭埂子，梯田的埂子十分重要，须下工夫搞好，否则会渗水造成倒埂。搭埂子又分若干步骤，先把田水放干，再将原来的旧埂子内侧用脚后跟踩下三分之一左右，使田埂形成一个斜坡状。这样做，一方面能把头年被黄鳝、泥鳅打的洞堵塞起来，保证新埂不漏水，另一方面，在旧埂的基础上便于搭新的埂子，泥巴不易下滑，新的埂子才能修得结实而棱角分明，整洁美观。第二步，在踩好的埂子上，用自制的大板锄，在田中沿着埂边挖泥，贴补于旧埂踩成的斜面上，再用锄头背面用力压下去，使泥巴紧贴于旧埂的基础上（哈尼语叫“沃玛同"）。这道工序很重要，一定要把田泥夯实，否则无法进行下面的工作。第三步叫做"崩玛前"，这是一道整理埂子表面的工作，用锄头把前一道工序高低不平的埂子，用加减泥巴的办法，把埂子搞得平滑如带。第四步称为"农来来"，即把埂子背面的泥巴用锄背打平后抹滑。第五步留水口，每一块田都要留一两个出水口，水口高低要适度，低了水太浅，高了水太深，容易倒埂。最后一步称为"崩索索"，把埂子内侧的泥巴用锄头打平后抹滑。至此，一条宽约25厘米、高约50厘米、整洁平滑的新埂子就算完成了，远远望去，好似一条弯曲爬行的巨蟒。

埂子完成以后，就可以翻挖水田。无论用牛犁还是人工挖，原则是田面泥巴要平整，把稻茬翻埋在泥块下边，以便腐烂。最后把埂草等物均匀地挖到田中间去，把埂墙脚铲干净，灌满水。至此，头道田就算挖好了。

2. 耙田。梯田翻挖之后，灌满水闲置一个月左右，这时，稻茬、稻草都已腐烂，就可开始第一次耙田。哈尼族耙田有一定的章法，田水要放适当，田水多或少都难于耙好田。先从右边田埂耙起，头三道为粗耙，须将田泥土块、杂草全部耙起来，每两米左右堆成一土堆，哈尼族称为"卡切切"。这道工序完了，再向相反的方向耙三道，这次为细耙，除把高低不平的地方耙平之外，还要将泥块耙细，一眼看去非常平整，泥块不露出水面。

3. 犁二道田。头道田耙过一个月左右，就要犁二道田。此次犁田，不必重新搭埂，只要把田重犁一遍即可。这次犁田的作用在于减少田中的杂草，使原先埋于田中的杂草便于腐烂，提高肥力，增加田泥的温度，也能增强梯田蓄水能力。

4. "俄搓虾卡"（栽秧耙田）。这是一年当中最后一次耙田。哈尼山区的梯田，一般在农历三月中旬开始栽插，在梯田插秧之前，先把水田四周的杂草用锄头仔细铲下来，特别是田埂的内侧，要修整得平滑无缝。残缺的地方，用田泥补上，再用板锄的背面抹平。远远看去干净整洁，再用耕牛仔细耙一遍即可栽秧。

二、选种、育秧、开秧门习俗

稻种的好坏直接影响收成，所以哈尼族很重视留稻种。他们在稻谷成熟收割之前，先到梯田里选穗大、颗粒饱满的稻穗做籽种，把稻穗拔回家来，晒干单独保存。适合在哈尼山区梯田种植的水稻品种较多，总体上可以分为糯稻和饭稻两种。每种又有许多不同的品种。哈尼族普遍种植的糯稻有以下几种。

（1）"迟杯合略"（灰色糯稻之意）。"合略"为糯稻之意。这是一种高秆长毛谷，秆高一米以上，稻粒尖而且有二厘米长的芒刺，很难脱粒。

（2）"麦普合略"。这也是一种长毛谷，秆高约一米，易脱粒。

（3）"略梭"（香糯）。这个品种普遍栽种，适应范围也较广。

（4）"厄清合略"。意为冷水糯，在海拔1 500米以上地区栽种，是一种晚熟品种。

（5）"略巴"。意为扁糯，适合在半山区栽种。

（6）"麦车合略"。此品种糯性较差，其性质介乎于糯谷和饭谷之间。

（7）"略波"（花糯）。谷壳上有花纹，因此而得名。这是另外一类糯稻品种，目前很少栽种。

（8）"略纳"（紫糯）。这是哈尼族地区普遍喜欢种植的稻种，有很高的药用价值，但因产量较低，种植面积都比较少。

除糯稻之外，哈尼山区过去几乎都栽培籼稻。近十多年来，逐步引进了粳稻品种。但哈尼族大都喜食籼稻。主要有下列几个品种。

（1）"堆车"（冷水谷）。这是适于海拔1 500～1 800米的高寒山区种植的籼稻。苗棵高一米左右，成熟比较晚。米无论舂得多白，煮出来的饭仍然是红的。这种米饭吃起来口感有点粗糙，但经吃耐饿。哈尼族居住在山区，劳动强度比较大，因而喜食这种大米饭。

（2）"归替"。一般称为红脚谷，苗棵高一米左右，适合在海拔800～1 000米的地方栽种。

（3）"车然"（小谷）。苗棵高一米左右，在海拔1 000～1 500米的山区栽种。

（4）"车玛"（大谷）。一般在气候温和的中半山区栽种。

（5）"车科"（早熟谷）。适于在气温较高的下半山栽种，能较好地解决山区吃粮青黄不接的问题。以上稻谷品种当中，"堆车"和"车然"两个品种栽种最多。

初春，哈尼山区气温较低，这给育秧带来一定的困难。一般在农历正月中旬开始育秧。其过程大致如下：先把稻种用温水浸一夜，然后控干水，在阳光下晒几个小时，趁温热装入垫有树叶的篾箩里，四周用叶子盖严实，再把篾箩放于向阳的地方或火塘边。过三天以后，将稻种倒出来，泼上温水搅拌，再装箩捂起来。如此反复二三次，稻种便开始裂壳长出白白的根须。此后，根据不同的稻种，确定根须的长短，就可以撒到秧田里。

在撒秧之前，施足底肥，认真犁耙，使秧田的泥巴成为稀泥状态。放干田水，用竹片把田泥赶平，把杂草、木棍等杂物捡干净，再往田中央插上数根蒿枝秆，这是田中已撒稻种的标志。撒秧的时候，用篾箩背着捂好的稻种，站在田埂上，用手均匀地把稻种撒进秧田里。撒秧当天，一般不能放水，第二天开始放浅水，水深二厘米左右适度。秧苗基本定根后，还要将秧田水放干，让太阳晒一至二次，提高秧田温度，再施一道干细的农家肥。秧苗逐渐发绿后就可以放水了，以不淹没秧尖为宜。过一个月左右，施一次灶灰，使秧苗长壮，就可以移栽了。

阳春三月，哈尼山乡春光明媚，寨边的果树一片新绿，寨脚的秧苗已发壮，山间传来阵阵布谷鸟的叫声。哈尼山歌这样唱道："长大了的秧姑娘，用棕叶扎着头发要出嫁了，收拾干净了的梯田伙子要娶媳妇了。"这时候哈尼族要开秧门了。

开秧门，哈尼语称"卡俄朋"。表示拉开栽插秧苗的序幕。那天各家要选好吉日，到了田里，须由家庭主妇先栽第一把秧。她边栽边念道：

> 天门开了，
> 地门开了，
> 河坝傣家已开秧门了，
> 大地方的汉族开秧门了，
> 阳春三月不开的门没有了。
> 不过晌午要栽完，
> 太阳不落就收工，
> 栽秧快如鸟儿飞。

当主妇栽下第一把秧之后，就往田脚方向奔跑，跑得越快越好。为使她加快速度，旁边的人常用泥块追打，用水泼她，以为这样能提高栽秧进度，不误农时。有些地方还伴有打泥仗的习俗。之后，大家才下田栽秧。

栽秧时节，栽秧的活计主要由妇女承担。这时栽秧的姑娘们像过节一样，穿上新衣服，个个都打扮得漂漂亮亮，每天早上迎着太阳，身背嫩绿的秧苗走向田间。小伙子们肩扛耕耙赶着耕牛，口唱山歌去整田。他们说："栽秧时候不唱歌，来年秋收割秕谷；阳春三月不谈情，栽下的秧苗不发蓬。"这是一个播种的季节，也是年轻人着意打扮、表现自己的好时候。这时的梯田里，到处充满了欢声笑语。"咿哟嗬"的喊声，此起彼落，这是哈尼伙子和姑娘们互相传递情感的呼喊使田间充满勃勃生机。他们唱道："初春栽秧要唱歌，唱得谷秆手样粗，唱得谷子马铃大，栽秧山歌随口出。"

开秧门时打泥巴仗，是哈尼族地区普遍存在的习俗。其来历传说很多，其中有这样一种说法：相传很久以前，几个哈尼小伙子，赶快做完自己的犁耙活计之后，就换上新衣服，跑到别的村寨的梯田里去看那里忙着栽秧的姑娘。伙子们躲在田边草丛偷看，但是，勤劳的姑娘们老低着头不停地栽秧，不抬起头来，伙子们无法看到她们的脸。于是一个伙子想出了个主意，捡起一个土块投到姑娘的前边，溅得姑娘们一身泥水，抬起头来看究竟是什么人在恶作剧，这时伙子看到了姑娘的脸。姑娘们一阵羞涩之后，也抓起泥巴回敬伙子们，就这样，你来我往一场泥巴仗在梯田里展开了。从此，一代传一代，哈尼族形成了开秧门打泥巴仗的习俗。

开秧门期间，路过田间的人，特别是年轻人，会受到栽秧姑娘们泥巴的袭击。这绝不是恶意的挑衅，而是一种友谊的挑逗。这时受袭击的年轻人，干脆跑去加入她们的行列，一起栽秧说笑，显露自己的身手，或展示一下自己的歌喉。如果有意，当离开的时候，把被姑娘们弄脏的衣服脱下来，放在田边草地上，并以歌代言，告诉姑娘们哪天晚上他会到寨子里来取。这实际上是一种约会。姑娘们会把衣服背回去，洗净晾干，等待伙子的来临，一起唱歌跳舞，谈情说爱。当然，如果没有这层意思，你只好穿着脏衣服走了。

三、梯田生产组织及管理

1. 劳动组织形式。哈尼族在生产生活中，亲帮亲、邻帮邻的和睦亲善的美德是久负盛名的。在每年的春耕和翻挖冬水田时，都要组成劳动突击小组，人数十人八人不等。今天挖这家人的田，明天挖那家人的田，这种互相帮忙的劳动组织形式，有一定竞赛性质，因而能起到工效高、质量好、不误农时的效果。哈尼语称这种形式为"昂交交"，有换工互助的意思。参加这种劳动组织的，无论男女都必须是全劳力，能完成一个工作量的人。春耕时节，主要是妇女劳力组织起来，轮流为各家各户栽秧，一家人的田一天或两天就可栽完。栽秧那天，主人家要给前来帮忙的妇女们吃一餐午饭。金秋十月，收割结束之后，哈尼族有谷倒田翻身的习惯，小伙子们就组织起来，轮流为各家挖田，晚上回到主人家吃饭，这种时候，伙子们都会受到很好的招待，虽然活计很重，劳动十分辛苦，但充满着劳动的欢乐。

除此而外，农忙时节亲戚之间也常常互相帮忙，人力相帮或畜力相帮均有，而且这种帮忙往往不计得失。这也是哈尼族亲戚越走越亲，经常来往的原因之一。

2. 梯田歇耕期的管理。从头年的10月至下年的2月，是哈尼族梯田的歇耕养田期。这段时间梯田不种任何作物，秋收一过就把田翻挖过来，灌满田水，让稻茬、杂草、稻草等在田中腐臭，这是来年的最好肥料。同时还要施绿肥和农家肥。

送肥的方式，除了人背马驮外，哈尼族还有一种特殊的送肥方式，即水冲施肥法。哈尼山寨大都在上半山上，山脚的梯田一直连到寨边。有的梯田虽然离寨较远，但村寨与梯田都有水渠相通。平常把家中的牛马等畜粪积攒在一个大粪坑中，冲肥的时候，从村边引来泉水，冲入粪池中，经充分搅拌后，把肥水送进自家的田中，这就是所谓"水冲肥"。冲肥之前要做以下几件事，一是通知本村和邻村的人，某天要占用冲肥线路上的水沟，这样其他放水的人会主动让位，也不会把肥水私自放入自己田中。二是事先要把自家梯田中的水排干，以便把肥水冲入田中。在冲肥过程中，从粪池到梯田之间要有数人来回巡视，防止水沟堵塞，肥水外溢。梯田中留一人看守，肥水来到田间以后，从最低的田开始灌肥水，然后依次往上灌，直到每丘田都冲满肥水为止。这时远望冲过肥水的梯田，已是一片黑油油的田水。

以上是梯田歇耕期间的管理，这段时间梯田最要紧的是保持田中有水，使梯田整体含水充足，这有利于梯田的稳固性。如果田水干涸，田埂就会干裂，这样容易漏水，甚至造成倒埂。

3. 梯田的中耕管理。梯田的中耕管理也是比较复杂的。一

般栽下秧以后，要薅三次草。头一次薅草比较容易，一般在秧苗
返青后进行，这时杂草较少而且细嫩。两个月之后进行第二次薅
草，这时是杂草最多的时候，要全面认真薅草，杂草拔起来后裹
成团，用脚踩入里，让其腐烂作肥料。第三次薅草主要是拔除稗
草，相对说来比较轻松。这时水稻开始大量分蘖，是生长的重要
时期，很多地方这段时间要施一次灰肥。

　　铲埂草也是梯田中耕管理少不得的环节。梯田插秧三个多月
后，稻子开始逐渐抽穗扬花，梯田埂墙上长满了嫩绿的杂草，如
不铲下来，就会鸟雀做窝，老鼠出没，通风不足，严重影响稻谷
生长和灌浆。梯田的埂墙高低不一，低的一米以下，一般都在一
米以上，最高的可达三米有余。铲埂草要有一定的技术，否则无
法站在两米多高的埂墙上挥锄铲草。铲草之前，要把田埂外侧铲
去三分之一，再顺墙铲草，埂墙不高的一次就铲到底，如埂墙太
高，就要在埂墙上挖小洞，然后铲草的人踩着小洞，站在墙上铲
草，有时要分三四层才能铲到底。所铲下的杂草，便是来年田中
的绿肥。梯田埂墙铲过草之后，另是一番景色，远远看去，埂墙
干干净净，块块梯田层次分明，田中稻子抽穗扬花，好似一条巨
大的阶梯连着山顶。

　　到了7月，哈尼梯田进入了护秋的阶段。这时稻穗开始低头
发黄，鸟雀对稻谷的危害很大。人们常扎一些草人，让它们穿上
破衣，戴上破草帽，安放在梯田的埂子上，以此恫吓鸟雀。也用
竹片做成一个一摇即响的器具，人站在田间摇着吓唬鸟雀。

　　到了9月，梯田一片金黄。人们的脸上挂满了丰收的笑容，
背着打谷船，拿着口袋、镰刀走向田间，一年一度的秋收开始
了。哈尼族收割水稻，直接把谷船拖进梯田里，妇女在前边收割
谷子，男人在后边打谷子，割到哪里，谷船也拖到哪里，边割边
脱粒边背回家。

　　哈尼族秋收时非常注意对稻草的处理，这是冬季耕牛最好的
饲料。稻谷脱粒后，把稻草放在田埂上或稻茬上，整齐均匀地摊

开来晒干。秋收结束稻草已干燥，到时候捆起来，背回家存放于封火楼上。一时背不完的稻草，就堆在田间空地上，或者田埂树丫上，堆成一个圆锥形，顶部用稻草盖起来，形成一个防雨的蘑菇盖，待需要时逐步背回来。每年到10月以后，哈尼梯田里这种稻草堆随处可见。这是梯田的又一景观。

秋收期间，哈尼族的孩子们喜欢用稻草扎成一个小腿粗的草把，形似棒球棒。用草绳捆扎上很多细密的道道，稻草棒尖部编成辫子。手抓住辫子部位，使劲往地上甩打，发出"噼啪"的响声。孩子常在街上、房子周围敲打，非常热闹。这就是哈尼族说的"俄玉鲁独地"，意为打稻草鼓，是一种游戏。

第四节　梯田农耕祭祀礼仪及禁忌

哈尼族在梯田生产的过程中，自古以来兴下了许多稻作生产礼俗和祭祀形式。从初春的撒秧到栽秧、收割入仓、开仓撮粮都有许多的礼仪。

一、梯田稻作礼仪

1. 育秧苗礼仪。哈尼族在早春撒秧的时候，把捂好的稻种背到秧田里。准备撒秧的人，先从田边掐一枝嫩的蒿枝，插在头上的包头或帽子下边，如没有戴帽子，就夹在耳朵上，然后再把稻种撒进已整好的秧田里。撒好秧回到家里，把蒿枝尖插在大门头上，绿色表示万物复苏的春天来到了，人们希望秧苗很快发绿，苗壮成长。

开秧门第一次拔秧之前，也要做一个小小的仪式。先用小树叶包一小包饭，用一根准备捆秧的棕叶，把它拴在秧田边上的几棵秧苗上。这叫"含艳帕"。"含"为饭，"艳"为省，"帕"为拴。其意为拴节省饭，目的是希望节省秧苗，不要出现缺秧的情况，同时也有祈求丰收之意。拴着饭的几棵秧苗留下不拔，任其生长。拴好饭后就可开始拔秧，而且边拔边说："秧田越拔越宽，大田越栽越小。"反映了缺乏秧苗时的一种求救心理。

2. 开秧门礼仪。各地的哈尼族都比较重视开秧门习俗。这种习俗由来已久，择吉日而行之。开秧门这天，各家都要避开自家人的生日属相，当天要染黄糯米饭，各家按人数煮红蛋。红蛋的数量必须是单数，如果家人是双数，那么就多煮一个红蛋。同时，还要杀一只母鸡，外加泥鳅、黄鳝，一块儿祭献祖先神和社稷神。

有的哈尼族，开秧门的那天上午出工的时候，要盛一碗米饭，饭上放一个熟鸡蛋，把它放置于火塘上边的火炕上，碗边再放一根捆秧苗用的棕叶。晚上收工回家时，第一个栽秧的人要把这碗饭不经加热，几大口很快吞下去，并要边吃边往街心跑去，致使吃下的饭噎住食管，认为这样能预兆来年的丰歉。要是吃饭的人被噎着了，来年就会有吃不完的粮食。

开秧门那天中午，各家都要进行祭田神的活动。过程是在田块的中央找一个适当的地方，用蒿枝秆做一双筷子插于地上，然后把从家中带来的一对熟鸡鸭蛋剥开，蛋壳放在筷子旁边，把蛋划成两半，再拿点米饭一块儿放在地上，说一声："请田神来这里吃饭!"然后磕一个头，祈求稻谷丰收。

栽插结束那天，须在最后一丘田的出水口，并排栽下三大把秧，以此表示关秧门。这天收工回家时，用一个红鸡蛋叫着魂回来，其意为栽秧过程中，栽秧人的灵魂可能丢在田坝中，要把灵魂一块儿叫回家里来。晚上要杀鸡祭祀社稷神。

3. 秋收的礼仪。梯田开镰收割之前，要用树叶包一小包饭，把它绑在田边的几棵稻子上，这几棵稻子留下不割，任其脱粒倒伏。这同样叫"含艳帕"，仍具有省俭、丰产之意。在动手割第一把稻子时，或抱起谷把第一次往谷船里掼谷子时，以及把第一箩稻谷倒入谷仓时，人们都要说一声："救啦！哎！"意思是"堆起来啦"，希望谷堆从少到多，从小到大，不断地堆高起来，吃不尽，用不完，以此来祝福丰收。秋收入仓是如此，开仓撮粮时也要祈祷一番。哈尼族从粮仓撮粮一般由妇女担当，如主妇要较长时间出门时，必须把稻谷或大米撮一些放在仓外，便于家人取用。女主人进仓撮粮时，要边撮边说："扎艳毕！"意为"吃得省用得省"。哈尼族的这种梯田稻作农耕活动有关的礼俗，反映出梯田农耕文化的特殊心态。

二、梯田生产中的祭祀习俗

梯田稻作生产活动的全过程，自始至终伴随着对梯田、稻子的各种祭礼活动。这些活动中，有一个寨子和数个寨子共同进行的公祭活动，也有单家独户进行的私祭活动；有在田间的祭祀，也有在谷仓的祭祀，现作一介绍。

1. "德龙和"，意思是祭献田坝，请回田坝里的增神①。这项活动，各地时间不尽统一，一般是这样计算的，从开秧门那天算起，到第三个属龙日就是"德龙和"的时间。这项祭祀活动不是每块坝都要进行，但已经做过的必须年年做。祭祀所需的牺牲是一头肥猪。当天，参与"德龙和"的村寨，家家户户都要舂制糯米粑粑，并要祭献祖先。这个活动一般都有一个固定的祭祀地点，设在寨脚与梯田连接的地方。每户出一个男性参加，中午大家赶着猪到祭祀地点，生火烧水杀猪。把猪肉和其他都做好之后，就支起一张祭桌来，上边放酒、茶、饭各一碗，筷一双，盐巴一点，肉、肚、肠及其他菜俱全。然后对着梯田祭献。参与者都朝田坝磕头。祭毕，各自从家中带饭来，就地野餐。通过这

①增神：哈尼族宗教中的神灵，认为能帮助人们增产、发展。

个祭祀活动后，田中的增神不会跑到其他地方去，会好好看护梯田，使稻谷长势良好，获得好收成。

2. "嘎玛通"，即修道路，即修理村寨到梯田之间的道路。哈尼族每年农历六月都要进行一次修整通往田间道路的活动。这时梯田里稻穗开始低头，丰收在望。为获得丰产丰收，就要把稻魂请回家里来，因而在秋收之前，必须把田间到寨子的路修整好，让谷魂愉快回到家中。这项活动的牺牲是一头肥猪，杀好之后各家分一点肉回去，供奉祖先、稻魂。如果寨子不统一杀猪，那么各家要杀一只鸡，连同糯米粑粑一起祭献。

3. "伙白龙"，其意为威吓害虫，有的地方叫"阿包捻"，指捉蚂蚱。"伙白龙"一般在农历六月份选属鼠日进行。这天全寨忌日，不事生产，妇女停止做针线活计。早上家家要踩糯米粑粑，并要把当天从地里捉回来的虫子放进碓窝里加一些糯米饭一起捣烂，然后送到村边岔路口扔掉，有时候，有的人特意捉一些能吃的虫子如谷蚂蚱等，与糯米饭一块儿蒸熟，并一起舂成粑粑吃掉。以此警告恫吓所有的害虫不能来危害庄稼，否则就落得同样的下场。

"阿包捻"有的地方是在农历六月二十四日前后，选属鸡或猴日进行。这天以家庭为单位，家家户户到梯田里捉蚂蚱。捉得一定数量之后，他们把一只只蚂蚱撕烂，然后按头、脚、身、屁股、翅膀分成五份，再用竹篾穿起来，插于田埂或出水口外。放一段时间后，收起来拿回家当菜吃，以此来恫吓一切危害水稻的虫子。

4. "虾候候"。有的地方称"禾获获"，意思是祭献田神。栽下秧二十多天以后，秧苗返青即可进行。各家选择自己的吉日，从家中煮两个鸡鸭蛋，和一竹筒大米饭一起带到田间，在梯田中间的田埂上找一个适当的地方，从田边拿一些细木棍来，搭一个简单的小"神棚"，里边铺上树叶。然后将带来的蛋剥开，把蛋壳和蛋全部放于"神棚"里，再将蛋黄、蛋白、米饭各拿一点放在蛋壳上。用蒿枝秆做一双筷子，放于旁边，祭献的人向神棚磕头，并祈祷说："请田神来这里用餐，保佑秧苗成长。"这项活动须年年进行。如果一家人在不同地点有几份田，那么就要分别去祭献。不经过这项祭祀活动，这块田的稻子不能入仓，也不能用来祭献祖先。

5."卡哪地"，意为驱除庄稼的病害。照例选择吉日，拖着一条狗到田间转一圈，若有受病虫灾害的稻田，必须把狗拖到受灾处转几圈，然后把狗拖回村边，打死集体煮吃。此祭目的在于祈求危害稻谷的神灵，不要去危害稻谷，用狗肉祭献神灵。当天全村忌日，不事生产。

6."车拉枯"，即叫谷魂，在农历七月间选属狗日进行。当天上午从自家的梯田里，连根背回三棵或五棵（必须是单数）将要黄熟的稻子，一部分稻穗挂在祭祖的地方，另一部分稻穗将稻谷搓下来，焙出米花。开饭前，先抓几颗米花给狗吃，然后全家人按年龄从小到大，依次抓米花吃。米花只能吃单数，如果抓起来的是双数，就要放回去重新抓来吃，直到一把抓着单数为止。全家都吃过米花之后即可开饭。这项活动在家中进行，其目的是要把谷魂从其他田里招到自家田里来，再从田里招回家中来。

招谷魂词的大意是：

> 粮娘啊，
> 在泉水秀美的梯田里，
> 不要到别家的田里去。
> 别家的田是公田①，

---

①公田：从性别意义上讲，田分公母，认为公田不会发展。

　　我家的田是母田。
　　别家的粮是公粮①，
　　我家的粮是母粮。
　　别家的田是冷田，
　　我家的田是暖田。
　　不要到别家的田里玩了，
　　回到我家温暖的田里来，
　　威嘴、石批②来保护你。

把谷魂招回自家的田里之后，接着安抚谷魂说：

　　天上打雷不要怕，
　　地上刮风不要怕，
　　老天下雨不要怕，
　　毛虫爬秆不要怕，
　　虫子咬根不要怕，
　　鸟雀啄穗不要怕，
　　……

　　最后将谷魂沿着田间的小路，一步一步地引回家中来，再把它安顿在楼上的谷仓里。
　　7. "车施哑"，即吃新谷。这项活动在农历九月间，新谷全部入仓后，选择属牛日进行。所需的牺牲是二只公鸡和一只母鸡，或为一头猪。祭桌上要摆酒、茶、米各一碗，两只筷，盐巴碗等。当天还蒸一甑糯米饭。饭前向谷仓、祖先祭奉，全家磕

---

　　①公粮：从性别意义上讲，粮分公母，认为公粮不会发展。
　　②威嘴、石批是天神派到人间守护庄稼的神。

头。其目的在于祈求家中的增神和省神①，好好司管着粮仓，使得全年的粮食不费，能节俭。经过这次祭祀活动之后，才能开仓撮新粮。

8. "车机罗"，即祭谷仓。在农历十月间，选属龙或属狗日下午进行。先煮两个鸡鸭蛋、一锅糯米饭。待天色黑定之后，由家庭主妇拿到谷仓里祭献。把祭品摆在谷堆上，祈祷说："旧谷吃到新谷熟，吃得省，用得省，喝得省，一年到头有吃有喝。"最后把剥下的蛋壳用一只碗挂起来，再向谷堆磕头。还要拿一个竹筒，把谷子装起来，第二年新谷入仓时，把这筒谷子倒出来，放在谷仓的中央，然后再把新谷倒在这些旧谷上边，表示旧粮接新粮。年年如此，从不间断。

9. "车机阿哈昔"，即杀鸡献谷仓。农历十二月份选属猴日进行。主要供品是1只母鸡、2个鸡鸭蛋、1碗酒、1碗茶、9片芋头叶、9片山药叶、9个指头大的白石子。须分三次祭献，头一次用活鸡祭献，第二次鸡杀死之后，增加一个血碗进行祭献，最后把鸡煮熟，加一碗米饭进行第三次祭献。然后按芋头叶、鸡盲肠、饭、山药叶、白石子的先后顺序，在大门口掏个洞埋于地下。他们认为这只鸡的盲肠里有东西是好事，预示着增神能帮助人们渡过难关。

10. "石月特"，意即做团祭献。农历十二月属蛇日进行。用糯米面做成三个比平常大的糯米团，这三个大团要做得一个比一个小一些，煮熟后分别装在三个小碗中，每个碗中又分别装三个平常的小团。三个大团，按大中小的顺序，分别代表人、粮、畜。每个碗中的三个小团，又分别代表每种不同的层次。如第一碗代表人，那么里边的三个小团，就代表老人、大人和小孩。第二碗代表粮（或庄稼），那么三个小团就代表三种苗，成熟的、

---

①省神：哈尼族宗教中的神灵，与增神是一对，一个管增加，一个管节俭。

正在生长的、刚种下的作物（有的认为是代表稻、荞、玉米三种作物）。第三碗代表牲畜，三个小团就代表老畜、大畜和小畜（也有的说是代表牛、马和猪）。用上述的糯米团，向"候勾"祭献后，到了第三天早上，将祭献过的糯米团拿来烧吃。烧的时候，要按顺序放在火塘边烘烤，看好哪一个发泡，认为最先发泡的和发得最大的为最好。比如代表人的第一个先发泡，而且发得很大，那么这一年全家老少会身心健康，诸事顺心。要是代表牲畜的团先发泡，认为这家人这一年能禽畜兴旺、和气、生财等。

11. "宗咪吾"，对人、粮、畜的综合祭祀，目的是希望庄稼长势好，人丁强盛，禽畜兴旺，求神灵保佑，鸟虫不吃庄稼，疾病不缠身，野兽不害牲畜。祭祀在农历三月间，秧苗撒下，旱地作物籽种下地之后进行。所需祭品是1只母鸭、1对鸡、鸡鸭蛋各1个、1碗大米、1碗白酒、1碗茶水、1双筷子、3颗小贝壳。以上祭品除鸡鸭外，全部有序地摆在簸箕上，蛋放在米碗上。祭祀要请摩批来主持，祭献过程中忌讲话。一般在晚上孩子入睡之后进行。祭献时不能点火。祭祀分三次进行（活祭、生祭和熟祭）。祭祀过程中，摩批除了念祭词外，还要拿三颗小贝壳往簸箕里丢。三颗小贝壳分别代表人、粮、畜。贝壳丢下后，肚朝天认为吉利。所以一直要丢到三颗都肚朝天为止。边丢边念道："三种庄稼好起来，三层人都强起来，三种牲畜旺起来。自己盖的大房子，上层房子粮做伴，中层房子人做伴，下层房子畜做伴。竹皮织的簸箕上，杀死鸡鸭来祭献，三个贝壳肚朝上。"

12. "木阿纳"，有的地方叫"苗阿纳"，意思是栽种停止了。这项活动的时间在开秧门以后第三轮属马日进行。这天全寨人忌日，不事生产。早上家家踩粑粑，杀鸡祭献。这项活动除了向代表祖先的"候勾"祭献外，还要向牛马牲口、锄头犁耙等农具以及劳动时穿的衣服祭献。经过春耕大忙季节，人和耕牛体力消耗很大，通过这样的活动，使人畜恢复体力。有的地方，还把茶水、酒、肉、饭用青草包起来，喂耕牛。

13. "卡拉枯"，即叫庄稼魂。泛指叫所有的农作物之魂，但祭祀主要针对水稻。时间在栽秧后一个月左右，选吉日进行。祭祀牺牲是1只鸭、1对鸡、1根柳树枝（代表粮）、1根水冬瓜树枝（代表人）、1根蒿枝秆（代表畜）。事先从梯田中将栽下的秧拔回三棵来，祭祀时，把这三棵秧苗分别放在上述三种树枝上，请摩批念祭词。鸡鸭杀好后向祖先神位祭献。祭祀结束后，那三棵秧苗和一些鸡毛还要送回田里，重新栽起来。第二天早上一早要去观察，看秧苗是否活转过来，秧苗上是否有露珠，如果有露珠了，那是最好不过的。

三、梯田稻作禁忌

哈尼族在长期的生产活动中，形成了许多与梯田稻作生产有关的禁忌习俗，主要有：

1. 梯田中有死鸟或死老鼠，认为不吉利。

2. 梯田中稻子出现有规则的凸凹不平的圆圈，认为不吉利。

3. 梯田的进出水口，不能用锄头敲打。

4. 秋收时蛇掉进谷船里，认为不吉利。这船谷子不能入仓，另作他用。

5. 不经过"吓候候"（祭献田神）的谷子不能入仓，做成的米饭不能祭献祖先。

6. 谷仓里的稻谷，必须由家庭主妇撮取，其他人不能随便去拿。

7. 麻雀死在谷仓里，认为不吉利。

8. 犁田耙田的人，不能在田边枕着犁耙睡觉。

第六章　举世瞩目的茶文化

第一节　天下种茶谁最先

茶叶是世界三大饮料之一，当代，茶树已遍植五大洲的各个角落。茶叶作为具有悠久历史的传统饮料和具有显著药理疗效的保健饮料，受到不同国籍、不同肤色、不同种族的人们的普遍欢迎，进入了人类社会的千家万户之中。那么茶叶的原产地到底在哪里？天下最先种茶的桂冠究竟属于哪个民族？

一、茶叶的故乡是云南

过去，以缪尔·贝东（SamuelBaildon）为代表的一部分英国学者曾提出茶叶原产地为印度的见解。近几十年来，茶学界的专家学者，以确凿的证据证实茶叶原产地的桂冠非中国云南莫属。

云南的纬度、海拔、气候、河流、山脉走向、降雨量、土壤的酸碱度以及植被等生态条件，都具备茶树发育的适宜条件。从古地理学、古气候学和古生物学的角度看，中国云南南部和西南部地区，未遭到地质史上数次冰河时期冰川的袭击，茶树是从古地质时代遗留而来的热带亚热带的被子植物之一。从茶树近缘植物分布的角度来看，云南是茶树近缘植物分布面广量多的地区，全球共有茶科植物23属380多种，分布于云南省的就达260多种。另外，云南境内野生大茶树分布辽阔，在滇南和滇中二十余个县境内的深山密林中，有成片的野生大茶树分布其间，这些野生大茶树，有的距今已有1700余年的历史。此外，生化分析表明，云南的茶树具有古老茶树的生物学特征。

因此，科学家们共同得出了云南是茶树起源地的结论①。

广泛分布于云南境内的成片的野生大茶树，为生息于此间的各民族祖先采摘和饮用野生茶叶，提供了极为便利的条件，也构成各民族祖先对野生茶树进行选种，最后进行栽培的基础。聚居于云南境内的许多兄弟民族的祖先，对茶叶的选种和栽培都作出了一定的贡献，没有他们的辛勤劳动，人类就不会有茶叶这一优良的饮料。

二、哈尼族是最先种茶的民族

哈尼族是最先栽培茶叶的民族，因为：

1. 哈尼族聚居的三江两山地域生态环境最适宜茶叶的栽培和生长。

茶树是一种性喜温暖潮湿气候和酸性土壤的植物。哈尼族聚居的滇南三江两山地域"地险山越峻，天平岭自雄，层层霾峭壁，绝涧倒悬峰"，横跨热带和亚热带，海拔高低悬殊，形成"一山分四季，十里不同天"复杂多变的立体气候，热带季风气候、亚热带季风气候和温带气候，共存于同一地区。哈尼族聚居区域的月平均气温，最高为31℃~33℃，最低为2℃~4℃，常年降雨量为900mm~1 300mm，最高时年降雨量达到2 000mm多。丰沛的降雨汇合成无数的地表河流和小溪，呈现出哈尼山乡所独有的"山有多高，水有多高"的景观。

———————

①《茶树起源综述》，载《云南省茶叶进出口公司创建五十周年纪念册》，第50~51页。

十里不同天的立体气候以及细密丰沛的地表径流，自古就孕育了两山三江流域茫茫无际的立体植被。从山顶到山脚，分别被季节雨林、暖性松林、落叶常绿阔叶林、山地常绿阔叶苔藓林和山顶苔藓矮曲林等不同气候带的植被所覆盖。俗话说，云雾山中出好茶，哈尼山乡都是云雾山区这一独特自然条件，使之成为举世闻名的茶乡。

以红河哈尼族彝族自治州为例，全州共有13个县市，其中哈尼族聚居的红河、元阳、绿春和金平四个县，是全州最适宜茶叶栽培的生产基地。其年平均气温为16℃~17℃；极端低气温为-1.6℃~1.4℃，多年平均值>1.5℃，年≥10℃，积温4 500℃~6 000℃；年降雨量1 270mm~2 200mm；年日照1 065~1 970小时；年无霜期280~340天。常年多云雾，湿度大，湿润度1.4~1.9，相对湿度80%。土壤多为酸性红黄壤，适宜大叶种茶树的栽培。这四县茶园面积和产茶数量均达全州的80%以上[1]。

元江、新平、墨江、普洱、江城、镇沅、澜沧、勐海、勐腊、景洪等县市，都是哈尼族连片聚居的地区。这些县市境内哈尼族山寨的生态环境，与红河县、元阳县、绿春县及金平县哈尼乡的生态环境非常相似，都是栽培种植茶叶的最佳区域。

2. 哈尼族居域是野生大茶树的分布区域。

云南省农业科学院茶叶研究所第二任所长张顺高在《西双版纳茶叶生产的过去、现在和未来》一文中指出："茶树的原产地就在红河、澜沧江流域一带。"云南省经济研究所研究员杨毓才在《明清云南经济史二论》一文中也指出："我国有茶属植物一百余种，云南就有二十余种，其中大部分都分布在西双版纳和无量山及哀牢山区一带。"红河、澜沧江流域以及哀牢山和无量山

---

[1]《红河哈尼族彝族自治州种植业区划》，第72页。

区，正好是哈尼族的聚居区域。

茶学专家在滇南和滇中二十余县的深山密林中，曾发现了大量的野生茶树群和野生大茶树，其中以以下野生大茶树最具有代表性：

（1）勐海县的野生大茶树。树高32.1米，胸径1.03米，树龄达1 700年以上。

（2）金平县的野生大茶树。树高13米，胸径1.8米，树龄达1 000年以上。

（3）镇沅县的野生大茶树。树高18.5米，干围4.51米，树龄达1 000多年。

（4）景谷县的野生大茶树。树高20.0米，胸围2.76米，干径0.878米。

这些野生大茶树均分布在红河和澜沧江流域。其中，勐海县、金平县和镇沅县为当代哈尼族连片聚居的区域，景谷县在唐宋以前和唐宋时期，一直为哈尼族的聚居区域，后因强大外族的入侵，该地哈尼族被迫东移到镇沅、墨江和元江一带，汇合到墨江等地的哈尼族中。

3. 年代最久远的人工栽培型"茶树王"位于哈尼山乡。

在哈尼族聚居的滇南山区，到处种植着不同年代的茶林，这些茶树的栽培年龄，短则数十年，长则数百年，至今仍繁茂生长，郁郁苍苍，是哈尼族人民的生活之本、财富之源。

在哈尼山乡人工栽培型的古老茶林中，以西双版纳勐海县南糯山的茶树林最有代表性。南糯山的居民全为哈尼族，20世纪80年代中期，共有642户3 548人，仅有水田4 320亩和旱地8 077亩，而古老的茶园却有15 320亩①。全村植被茂密，森林

①张顺高、毕虹：《南糯山茶叶经济生态乡"七五"规划》，载《版纳文史资料选辑》第4辑，第125页。

中到处都有古老的人工栽培型茶林。

南糯山半坡村村脚的密林中，有一株人工栽培的大茶树，当地的哈尼人将它称为"沙桂茶"。此树高为 4.59 米，树幅为 10.9 米，直径达 3.8 米，树龄达 800 年以上，古老苍劲，至今仍枝繁叶茂，是迄今为止世界上树龄最大的人工栽培型茶树，被国际茶学界誉为世界的"茶树王"。

南糯山哈尼族的祖先，历史上曾生息于今墨江县一带，后屡经迁徙，于距今 56 代人至 55 代之际，由墨江迁入南糯山区，这样，哈尼族进入并定居于南糯山的时间，距今已逾千年。据勐海县南糯山的老茶农们说："在他们之前 55 代祖先，就在这山上开辟茶地。"① 据此可知，哈尼族的种茶史至少已有 1 300 年的时间。

我们今天所看到的距今已有 800 余年历史的"茶树王"，是在哈尼族进入南糯山数百年以后种植的。从种植的时间年限上看，它只能算是哈尼族种植茶树中的一个小兄弟，只是在它之前种植的茶树，因为年代久远未能存活至今，它才成为"茶树王"。

中华人民共和国成立以来，"茶树王"吸引了世界上 20 多个国家的茶学专家前来研究考察，成为国际茶学界人士了解世界悠久产茶历史的物证。同时，"茶树王"也为哈尼族赢得了天下第一种茶民族的荣誉。以茶树王为代表的广泛分布于哈尼山乡的古老茶林，为当代的哈尼族人民，在世界茶坛上不断推出饮誉海内外的茶叶精品，奠定了坚实的基础。

---

①《云南风物志》，第 280 页，云南人民出版社，1986 年。

第二节　世界茶坛的骄子

哈尼族在世界茶坛中占有举足轻重的地位。这不仅因为哈尼族拥有天下第一种茶民族这一桂冠，更为重要的是，哈尼山乡是古今优良茶树品种的重要输出地，哈尼族人民在茶坛中推出了一系列饮誉海内外的茶叶精品。

一、优质茶种输出地

茶叶栽培种植区域的生态环境和茶树品种资源的品质，是茶叶质量高低优劣的关键性因素。哈尼族聚居区域的生态环境，是世界上最适宜茶叶生长的生态环境之一。在这块得天独厚的大地上，勤劳智慧的哈尼族人民，积千百年的丰富经验，驯化、培育了大量的品质优良的茶树品种。在哈尼山乡，蕴藏着一大批优良的茶树品种。这些优质茶树品种，在当代正逐渐被发掘出来，有的被各个产茶区直接引种，有的成为培育新型茶树品种的亲本来源。

云南省茶叶研究所的科技人员，经过多年的单株选择和无性繁殖，已从大叶茶群体中选育出了几十个无性系优良新茶种。其中最著名的有"云抗10号""云抗14号""云抗43号""73—6号""长叶白毫"。它们的特性鉴定已完成，正在大力繁殖，并被编入全国高等学校的统编教材。这些高产、优质、抗逆的新育茶种，它们的亲本大多数来源于西双版纳勐海地区几个优良的大叶群体①。

---

① 《版纳文史资料选辑》，第 4 辑，第 99 页。

哈尼族地区的茶叶多为大叶种，茶学界认为，中国的红茶和小叶种，远远不如大叶种。中国各产茶省区纷纷前来云南引种云南的优质大叶茶，在此基础之上，通过驯化、分离、杂交、选择等手段，分别培育出了一批优质的大叶茶新品种。它们以下列品种为代表：广东的"英红""白毫1号"；浙江的"大叶云峰""大长叶""菊花春""碧云""浙农21－25号"；贵州的"黔湄303"；福建的"福云""春雷""云峰""黄牙""山舞""白云1－4号"等等。这些新品种都利用了云南大叶种①。

二、茶叶精品为最多

哈尼山乡云雾缭绕、热量充足、降雨丰沛，生长在这里的优质茶树芽叶肥硕，叶质柔软，满枝银毫。千百年来，哈尼族人民将那些经过春秋四季甘霖滋养，集天地之灵气的新鲜嫩叶采集而来，为人类奉献出了一系列名茶精品。当代的哈尼山乡，到处都是茶园，每个县都有精制茶厂分布其间，制茶工艺日新月异，新一代名茶精品不断涌现，汇聚成为以普洱茶和绿茶为代表的哈尼名茶精品系列。

1. 普洱茶。普洱茶是哈尼族久负盛名的传统名茶，早在唐宋时期就已名扬天下。思茅地区和西双版纳州的墨江、普洱、江城、勐海等哈尼山乡，古代和当代都是普洱茶的生产区。在生产过程中，普洱茶被加工成为普洱散茶和普洱紧茶两大类。普洱散茶外形条索肥硕，色泽乌润或褐红。普洱紧茶由散茶经蒸压塑形而成，外形端正、匀整、松紧适度。

普洱茶既非红茶，也非绿茶，兼具红茶与绿茶的优点，但没有红茶性热和绿茶性寒的缺点，普洱茶性温味和，耐贮藏，宜烹用或泡饮，汤色红浓而明亮，香气独特，滋味醇厚回甜，是男女

---

① 《云南省茶叶进出口公司创建五十周年纪念册》，第57页。

老少皆宜的不可多得的优质保健饮料，饮之可解渴、提神，还具有醒酒解热、消食化痰、清胃生津、抑菌降脂、减肥降压等药理作用。

2. 南糯白毫。勐海县格朗和乡南糯哈尼山乡的茶园，经冬春二季的潜伏孕育，饱吸大自然的精华之后吐露的春芽，满坡毫毛，富贵华丽，将其采集而来经过精心创制，即为茶叶界称羡不已的南糯白毫。南糯白毫创制于 1981 年，1983 年就被评为全国名茶，一举跃居茶坛精品之列。

南糯白毫外形银毫满布，汤色鲜艳，饮之其甘如饴，美同天酒，具有清心明目，消解困倦，启迪心灵的神奇功效。

3. 云针。云针茶原名玉露茶，由墨江哈尼族自治县茶厂生产，是云南省优质名茶之一，为绿茶中别具一格的佳品。云针茶，是采用云南大叶种头发春芽中的一芽一叶和一芽二叶的嫩茶叶，经过做形、梯捻、理条、干燥，加工工艺，精心创制而成的。云针茶外形条索紧直如针，毫尖显金如银，油润光滑，汤色黄绿明亮，滋味鲜爽，清香回甜，深受人们赞赏①。

4. 元江糯茶。元江县的哈尼山乡，是玉溪地区的主要产茶区，并且是优质名茶的主产区，元江糯茶就产于这里。元江糯茶叶质柔软，叶大形圆，茶芽特别肥壮为他处所罕见。元江糯茶除了具备哈尼族名茶的一般特点以外，还具有浓郁的糯米清香，饮之沁人心脾。

5. 玛玉茶。玛玉茶是哈尼族名茶精品中的上乘佳品，由绿春县茶厂生产。其原料为大叶种的新鲜嫩叶，全部采自绿春县骑马坝乡的一个哈尼族村落——玛玉村，故名玛玉茶。玛玉村现有哈尼族 100 余户 600 余人。

---

①云南日报社新闻研究所：《云南可爱的地方》，第 193 页，云南人民出版社，1984 年。

玛玉茶的条索肥壮重实，银毫显露，茶汤绿浓，香气鲜灵，耐冲耐泡，且冲泡后茶杯不结茶垢，饮之滋味清醇。纯属天然的植物王国之杰作，不含任何添加剂。

6. 云雾茶系列精品。云雾茶又称磨锅茶，是以生长在哈尼山乡的大叶种新鲜嫩叶为原料精心创制而成的。云雾茶是红河哈尼族彝族自治州最重要的名茶，该州红河南岸的几个哈尼族聚居县，比如元阳县、红河县和绿春县，都生产优质云雾茶，构成哈尼族的云雾茶系列。

在哈尼族的云雾茶系列中，最具有代表性的有以下几种。第一，"特级云雾茶"，由元阳县沙拉托精制茶厂生产，新鲜茶叶全采自沙拉托乡哈尼山寨的茶林。第二，"高级名茶云雾茶"，由元阳县茶叶公司生产。第三，"春苑高级云雾茶"，由绿春县外贸茶厂生产。第四，"星阁银辉茶"，由红河县对外经济贸易公司生产。

哈尼族的云雾茶系列精品，其外形条索肥硕、匀直、紧结、重实，色泽银灰、绿润起霜，内质汤色碧绿、香高持久、馥郁、滋味鲜爽、浓重、回甘，为绿茶之佳品。

云雾茶具有消暑解渴，防衰老抗疾病的功效。常饮云雾茶，能够清心明目，提神醒脑，杀菌消炎，消肥健身，强身健齿，松弛平滑肌，助消化，抗辐射，抑制癌细胞，降低高血压和减少冠心病。

云雾茶由于质优品高，深受广大消费者的欢迎。哈尼族的系列云雾茶于20世纪80年代中期创制成功以来，目前已远销全国各省市自治区。

第三节　兴味盎然话饮茶

哈尼族作为天下第一种茶民族，有自己一整套的饮茶方式、品茶礼仪和禁忌。在哈尼族山寨，家庭和村落的成员，在日常生活中饮用的茶叶、在节日喜庆场所招待宾客的茶叶以及给祖先和神灵供奉祭献的茶叶，三者之间是有严格区别的。在不同的场所使用的茶叶，不仅品质不同、烹煮方式不同，加入茶中的各类附属性调料也不同；不同场所的饮茶礼仪之间有较大的差别。

一、煨酽茶

用土锅煨煮酽茶，是哈尼族最重要的日常生活用茶方式。

火塘是哈尼族家庭的核心，一个家庭的重要事宜大多在火塘边商议决定；火塘是哈尼族烹茶饮茶的主要场所。

在古代，哈尼族采茶和制茶全都是手工操作，制茶工艺比较简单，一般的茶叶，经过采摘、剔拣、搓揉、晾晒等四道工序以后，就将它们存放在火塘上方的竹篾片内，熏烤干透以备饮用。只有那些特别的茶叶，比如，输往京城皇宫中的贡茶等，才在四道工序的基础上进行深加工。

存放于火塘上方的茶叶，冲泡饮用其味往往不佳，所以，哈尼人一般都煨煮成酽茶后饮用。饮酽茶是哈尼族最古老的饮茶方式，当代哈尼人最喜爱饮用的茶水也是煨煮的酽茶。在古今哈尼人的生活中，不可一日没有酽茶。

煨煮酽茶的具体方式是：将土质陶罐洗净晾干，抓一把适量的茶叶放进茶罐里，将茶罐置于熊熊燃烧的火塘一侧烘烤一段时间。烤到茶叶放出诱人的阵阵清香时，将清水倒入茶罐中（水量约为茶罐容积的五分之四），再把茶罐置于火塘边煨煮。煮到茶罐中的水剩下半罐时，即可倒在茶碗或茶杯中饮用。茶水倒干以后，可以反复加入清水再煨煮数次。哈尼族的酽茶通常要煨煮一至两小时，有时甚至要煨煮数小时。哈尼族的酽茶不仅可以直接饮用，也可以冲入适量的开水，将浓度降低后饮用。

清阮福《普洱茶记》载："普洱茶名遍天下。味最酽，京师尤重之。"当时的普洱茶之所以"味最酽"，其原因无疑在于哈尼族是生产普洱茶的主要民族，而哈尼族又最喜好煨煮酽茶饮用酽茶。产茶民族的饮茶习惯，随着茶叶传播到四面八方。

哈尼族煨煮的酽茶，色泽深黄，味甘苦，清香，凉爽，常饮之不仅能解渴，还有消食化痰、解除胀满、减轻疲劳、振作精神的功效。哈尼族是梯田稻作农耕民族，在哈尼山乡，只要走出门槛，无论是走亲访友还是下田下地，都必须爬坡上坎，甚至需要翻山越岭长途跋涉，人们的劳动强度相当大。饮用酽茶的一大实际功能，就是劳累了一天的哈尼人，可借它消除疲劳、恢复体力，以便投入第二天的劳动。

二、土锅茶

由于酽茶汤色浓重，浓度很高，味苦，一般宾客不易适应，所以，哈尼人在各类节日喜庆场所招待外族宾客的茶叶，多为土锅茶。土锅茶在哈尼族社会的历史与煨酽茶一样久远。它的烹煮原理与煨酽茶也大同小异。土锅茶与煨酽茶的不同之处有二：其一，土锅茶的色泽淡黄，煨煮时间比煨酽茶要短得多，因此，汤色也要比煨酽茶要清淡得多；其二，烹煮土锅茶时，多用"南糯白毫""绿玉银毫""玛玉茶""云雾茶""银针茶"等出产于哈尼山乡的名茶精品，而煨酽茶大多用以手工揉制的粗茶。

哈尼族土锅茶的烹煮方式是：用清水将土锅洗刷干净，在土锅中舀入清澈的山泉水，把土锅架到火塘的锅桩石上或者铁三脚架上，在火塘中燃起熊熊烈火，将土锅中的清泉水烧开。接下来，在沸腾的开水中加入适量的"南糯白毫""绿玉银毫"等哈尼名茶，再煮大约三至五分钟。主人在火塘边摆开一张用竹篾制作的小方桌或小圆桌，桌上摆上与宾客人数相等的碗或杯。将土锅从锅桩石上端下，在茶碗中倒入滚沸的茶水，并将茶碗捧给宾客，任由宾客随兴品评饮用。

哈尼族土锅茶的色泽金黄，其药理保健功效比煾酽茶显著得多。土锅茶饱含哈尼人对亲友的拳拳爱心，表达了哈尼人对宾客的浓情蜜意。在哈尼山寨的火塘边，几个知心朋友相拥而坐，促膝品评土锅茶，与其说是在品茶，不如说是在品味人间真情更为确切。

三、宗教祭祀茶

饮食是哈尼族祭奉神灵和祖先的最重要的祭品。而在各类饮食中，茶是至关重要的祭品。

茶在古今哈尼族社会中都被看做是一种充满灵性的神赐之物，具有神奇的作用。平日里，人们不能随意折断茶树的枝叶，更不能将茶树砍来当柴烧。在哈尼族节日期间的正式筵席上，茶的地位比酒还要高。长辈与晚辈之间可以在筵席上相互敬酒，除了晚辈必须按礼节给长辈敬酒以外，长辈也可以给晚辈倒酒，晚辈可以饮用长辈倒来的酒。但是，不同辈分的人之间绝对不能在正式的筵席上交叉敬茶。茶只能由晚辈敬给长辈，却绝对不能由长辈给晚辈倒茶。如果不同辈分的人在筵席上交叉敬茶，就被认为触犯了人间的大禁，极不吉利。

在哈尼山寨举行的各类宗教祭祀中，茶更是须臾不可离的灵物。一个人生病时，宗教祭司摩批要向神灵和祖先亡灵询问患者的病因，请求神灵赐予治病的妙方，他们询问的媒介物就是茶叶。西双版纳州哈尼族女巫师"尼帕"为人治病时，除了施行巫术以外，还要给患者一个小包。小包内装有一小撮茶叶和几片生姜，茶叶和生姜用芭蕉叶包裹起来，再用白线拴系。茶叶代表事情吉凶，生姜表示尼帕的咒语，白线表示鬼魂之路已被切断，芭蕉叶象征人的居所。整个小包意味着附着于患者身上的鬼魂已被收服，患者将迅速康复。

再如，在每个哈尼族村落的上方，都有一块茂密的森林，村落的寨神就栖身于此。哈尼族祭献寨神的祭品大多数是食品，其中茶水是最重要的祭品。例如，1992年2月，红河州建水县坡头乡黄草坝村哈尼族的祭寨神活动中，供奉的祭品有好几种，特别值得一提的是祭品中的那碗茶水，它并不是真正的茶水，而是以其他物质烹煮而成的。这碗茶水的烹制方法如下：在寨神树附近烹煮牺牲用的锅桩石上，架上一个小陶罐，内盛适量水，罐中再放入三小包食盐、三小块姜和三小片锥木树叶，煨煮沸腾片刻，将沸水倒在碗中，就可作为祭奉寨神的茶水。煨煮时，必须随时有人看守，不能让罐中沸水漫出。

哈尼人在宗教祭祀活动中使用的茶叶，与他们在世俗生活中饮用的茶叶有明显的区别。有些宗教祭祀过程中使用的"茶水"，根本就不是真正的茶水，完全是用其他物质烹制而成的；有些宗教祭祀过程中使用的茶叶里，则加入了姜块等附属性物质。为什么会出现这种现象呢？这要从哈尼族早期的饮茶方式中寻找根源。

李石《续博物志》载："茶出银生诸山。采无时。杂椒姜烹而饮之。"唐朝樊绰所撰的《蛮书》一书也说到少数民族以姜椒杂茶烹饮的方式。

所谓的银生诸山，从古至今是哈尼族的聚居区域之一，在唐宋时期，则是哈尼族的聚居地区，"杂椒姜烹而饮之"的饮茶方式，是当时哈尼族的饮茶方式。随着时代的推移，当代哈尼族仍保留了早期那种将茶叶烹而饮之的习惯，但在日常生活饮用的茶叶中，已不再加入姜块等附属物，加入姜块等附属物的茶水，在当代哈尼社会已转化为供奉神灵的祭品，这也反映出哈尼族种茶饮茶历史的悠久。

四、香条茶

香条是遍及哈尼族山区的一种一年生草本植物，哈尼语称"努含"。香条茶有大叶与小叶两种，以小叶香条的色泽和口感为佳。每年的七八月间，哈尼山乡的小叶香条已长到极盛时期，高约半米，开出诱人的花儿。人们将香条从靠地面的根部折断，连叶带花一同携回家里，置于阴凉处晾干或置于火塘上方熏烤干透以备饮用，干透的香条草呈银灰色，叶面满披密密麻麻的银毫。

需要饮用时，先用锅在火塘上烧开一壶水，摘下适量的香条枝叶，慢慢在火塘边烘烤，烤到发出阵阵幽香时，将香条撤离火塘，让它冷却到与周围环境的温度一致。接下来，把香条投入沸腾的开水中，煮数分钟后，即可将香条水倒入碗中饮用。

香条茶水色泽橙黄，一倒入碗中，满屋立即香气四溢，饮之甘甜，没有茶水那种苦涩味，更没有茶叶那种性热或性寒的缺点，适宜各年龄层的人们饮用，深受哈尼人的欢迎。在哈尼山乡，饮用香条茶水的人数远远超过饮用茶叶的人数。

对哈尼人而言，香条茶不仅仅是一种饮料，它还是一种汤料。在历史上，哈尼人的生活异常艰辛，主食经常短缺，难得温饱，肉类、蔬菜和其他副食品更是长年不见。在那些艰难困苦的岁月里，哈尼人时常煨煮一锅香条水，进餐时用香条水泡饭和下饭。这种生活习俗一直延续至今，在当代的许多哈尼族村落，人们仍以香条水下饭。不唯如此，家中有病人身体衰弱难以进食时，哈尼人也往往煨煮香条水，让病人就着香条水吃饭。因为香条水没有一般食物的油腥味，清香四溢，所以，很适合于病人，往往能收到增加食欲恢复体力的奇效。

在哈尼山乡，除香条草以外，被哈尼人作为饮料广泛烹煮饮用的草本植物和藤本植物还有很多。茅茶和绞股蓝就是其中很典型的两种饮料。茅茶为一年生草本植物，茅茶的采摘和茅茶水的烹制方式与香条茶大同小异。绞股蓝属藤本植物，医学界已证实绞股蓝有明显的抗癌作用。哈尼族一直是将绞股蓝作为饮料和抗病药物加以饮用的。在部分哈尼族地区，人们还将绞股蓝作为野生蔬菜食用。

在哈尼族村落，还有很多饮料品种，烹茶饮茶的方式、习俗、礼仪均各有趣味。

第四节　哈尼茶香飘四海

一、名扬九州

从汉文史籍中可以看出，早在唐朝以前，滇南哈尼族的茶叶就已闻名于世，至宋代，哈尼族聚居区域的很多集市，比如普洱城，已发展成为南宋王朝与西北各民族之间进行茶马互市的重镇，到了明清时期，哈尼族种植、管理和采摘茶叶的技术已日臻于完善，制茶技术逐渐达到炉火纯青的地步。

清倪蜕《滇云历年志》载："茶山之于思茅，自数十里至千余里不止。"《伯麟图说》亦载："黑窝泥（即哈尼族）……采茶卖茶其业也，女子勤绩缕，虽行路不释手，普洱府属思茅有之。"《云南通志》则说其"衣食仰给茶山"。

非常明显，清代种茶采茶制茶也不是哈尼族之一"黑窝泥"的副业，而上升为主要的谋生手段，种植茶叶也成为全民族的重要的经济门类之一。

清代哈尼族的制茶工艺已经非常精湛，茶叶生产向专门化方向发展，普洱茶为代表的哈尼族名茶系列也在此时形成。当时名满天下的哈尼族茶叶就有毛尖茶、蕊珠茶、芽茶、女儿茶以及小满茶等。这些名茶很大部分是输往京城专供帝王公卿饮用的贡茶，它们的采摘时间和制作工艺都有严格的要求。

清张泓《滇南新语》载："普茶珍品，则有毛尖、芽茶、女儿之号。毛尖即雨前所采者，不作团，味淡香如荷，新色嫩绿可爱。芽茶较毛尖稍壮，采治成团，以二两四两为率，滇人重之。女儿茶亦芽之类，取于谷雨后，以一斤至十斤为一团，皆夷女采治，货银以积为奁资，故名。制抚例用三者充发贡。……发贡中亦有女儿茶膏，并进蕊珠茶。"

清阮福《普洱茶记》中也有类似《滇南新语》的文字："于二月间采蕊极细而白，谓之毛尖，以作贡，贡后方许民间贩卖。采而蒸之，揉之为圆饼，其叶之少放而犹嫩者，名芽茶。采于三四月者，名小满茶。采于六七月者，名谷花茶。大而圆者，名紧团茶。小而圆者，名女儿茶，女儿茶为妇女所采，于雨前得之，即四两重团茶也。其入商贩之手，而外细内粗者，名改造茶。将揉时，预择其内之劲黄而不倦者，名金玉天。其团结而不解者，名疙瘩茶，味极厚难得。"

随着种植规模的扩大和制茶工艺的提高，哈尼族的名茶精品更是名声大噪，外地茶商纷纷拥入哈尼族地区，形成了马帮塞途、商旅充斥的局面。清檀萃《滇海虞衡志》载："入山作茶者数万人，茶客收买，运于各处，每盈路，可谓大钱粮矣。"运销茶叶成为各地商人争相参与的可获大利的营生方式。

哈尼族地区的普洱、思茅等许多重要的城镇，由于地处普洱茶的精制加工和销售转运的中心，每年都有成千上万的商人和马帮蜂拥而来，商旅云集，市场繁荣，盛极一时。普洱茶则随着商人和马帮的足迹，源源不断地走向四面八方。当时，普洱茶的销售线路主要有三条，"其一，以普洱为集散地，由滇西的蒙化、腾冲、喜州用马帮运往下关集中，再转运到四川泸州、叙府、重庆、成都和转运至西藏、西康销售；其二，由勐海至打洛，运至泰国曼谷，一路到印度新德里，一路到马来西亚、新加坡；其三，易武茶叶由马帮驮运至老挝丰沙里，再转运至河内，由火车运至海防上船，运销南海一带"。①

目前，哈尼族茶叶不但销售到国内各省市自治区，而且还伸展到亚洲、欧洲、非洲、大洋洲和北美洲的五十多个国家和地区。

二、香飘四海

普洱茶质厚味美，用开水冲泡时茶叶在杯中直立不沉，色清微黄，其味甘香可口，饮后神志清醒。这些特征，是其他茶叶所缺乏的。这一点，是普洱茶在古代就"名遍天下""京师尤重之"，并被列为第一贡茶的原因。除此之外，普洱茶之所以能够名扬九州、风靡全球，还有一个非常重要的原因，这就是普洱茶的保健功能。

对普洱茶的保健功能，古人早就有所认识。清赵学敏《本草纲目拾遗》载："普洱茶膏黑如漆，醒酒第一。绿色者更佳，消食化痰，清胃生津，功力尤大也。"清吴大勋《滇南闻见录》中也说："其茶能消食理气，去积滞，散风寒，最为有效之物。"

日本东西物产株式会社社长坂本敬四郎，对普洱茶的保健功能作如此评说："云南普洱茶的绝妙之处就在于经过一千多年的历史至今还具有旺盛生命力，只要时常饮用就会感到：有利尿、助消化、醒酒、减肥、健身、增长食欲等功效，不胜枚举。"②

①《版纳文史资料选辑》，第4辑，第81~82页。
②《中国云南茶叶具有悠久历史》，《中国画报》1988年第5期。

医学界通过生化分析和临床试验证明，普洱茶的药理保健功能非常显著，能治疗和抑制很多疾病。首先，能抑制细菌，日服四次浓茶可治疗细菌性痢疾。其次，能治疗高脂血症，它的疗效比降脂药物安妥明的疗效还高，并有与安妥明相同的降低胆固醇的作用。再次，能明显地抑制癌细胞突变。第三，能防止某些放射性物质对人体的危害。第四，普洱茶中所含的咖啡碱、胡萝卜素、芳香物质、维生素 C 以及铜、铁、铝、锰、锌、锶、钙等元素，不仅能解除油腻、消除疲劳，还具有防止夜盲症、增进肾脏等功能，补充人体所需的微量元素以及帮助红细胞的形成等作用。

鉴于普洱茶的保健功能显著，所以，在日本、法国、德国、意大利等国家和香港、澳门地区，普洱茶被誉为"美容茶""减肥茶""益寿茶""窈窕茶"，还被冠以原子时代饮料的美称，深受各国人民的喜爱。在哈尼族的系列名茶精品中，具有显著的药理保健功能的茶叶不只普洱茶一种，南糯白毫、绿玉银毫、玛玉茶、云针茶、元江糯茶以及云雾茶等哈尼名茶，都具有与普洱茶相同的药理保健功能。

第七章　经济生产

第一节　林业生产

哈尼族居住的地区，由于自然条件的优越，林业资源比较丰富，林业在国民经济生产中占有极重要的位置。林业不仅关系到用材，而且直接影响到水土保持、防风固土、调节气候、保护环境、净化空气、保护植物动物资源，保障农业生产和人民生活的作用。由于得天独厚的地理条件，林业资源成为哈尼族地区的自然优势之一。

红河哈尼族彝族自治州，全州森林覆盖率为 20%。为了发展林业生产，近年来，各级党组织和政府带领各族人民，首先注意了原有森林资源的保护，同时带领群众植树造林，建立"绿色银行"。把成片大块的林区划为国有林，把分散小块的林区划为集体林。确定了有重要经济价值和科研价值的热带雨林、亚热带原始林和具有原始状态的水源林为自然保护区和护林重点地区。这些地区的自然植被呈热带雨林生态，从河谷到山顶依次分布着沟谷雨林、季节性雨林、常绿阔叶林、苔藓矮林等植物类型。生长着云南松、思茅松、华山松、杉木、条冬瓜、喜树、桉树、泡

桐、云南方梓、酸枣等用材林和紫胶寄生树、油桐、油茶、乌
柏、漆树、楝树、棕榈、竹、核桃、板栗等经济林木。同时还生
长着珍贵植物千里榄仁、箭毒木、八宝树、假含笑、印度栲、木
莲、云南阿丁枫、云南白须树、鸡毛松树蕨以及多种杜鹃等。茂
密的森林为动物的生长提供了极好的条件，林中珍贵的动物有长
臂猿、懒猴、熊猴、穿山甲、猞猁、豹、马鹿、孔雀、雉、白
鹇、岩羊、铜鸡、蟒蛇等。

大面积森林划归国有和集体所有，自然保护区的划定，不仅
在很大程度上限制了乱砍滥伐，毁林开荒，有效地保护了森林资
源，尤为重要的是保存了稀有动植物资源，为林业科研创造了有
利条件。除了保护现有森林资源外，各级政府带领群众开展植树
造林，绿化荒山，开展林业"三定"（稳定山权林权、划定自留
山、确定林业生产责任制），划定自留山、责任山，坚持封山育
林，全州森林面积不断增加，呈现了粮丰畜旺的喜人局面。

西双版纳是哈尼族主要聚居地区之一，哈尼族人口15万多
人，占全州总人口的13.33%。西双版纳的林业资源十分丰富，
全州森林覆盖率达63.2%，有原始风貌完整的热带雨林，是中
国热带生态系统保持最完整的地区。全州有珍稀植物341种，其
中被列为国家重点保护植物52种，占全省保护植物总数的36%。
有高等植物5 000多种，占全国高等植物总数的6.4%，占全省
植物总数的33%。有中草药500多种，油脂植物110多种，香料
植物52种，水果植物110多种，花卉植物四大类100多种，为
全国之最。还有800多年前栽培的和1 700多年前野生的"茶树
王"，是盛产普洱茶的故乡。植物物种之多，属全国罕见。众多
的特有植物不仅构成丰富多彩的独特风景，更是科学考察的

胜地。

特殊的自然地理条件，成为西双版纳动植物生长、繁殖的特殊环境，形成了高矮不一，互相依存，有着若干种层次的自然群落。一般有一至五层，有的多达七八层；植物密度大，种类繁多，每公顷林地就有几百个树种。全州有珍贵的热带雨林、亚热带雨林和360万亩自然保护区，其中有70多万亩是完好的原始森林。因此，人们把西双版纳誉为"植物王国"、"森林生态博物馆"。

哈尼族居住较多的思茅地区，森林资源也十分丰富，全区林业用地为278万公顷，其中有林地143万公顷；活立木总蓄积量为13 582万立方米，其中用材林蓄积量8 595万立方米。该地区是云南省第二大林区。主要树种多为思茅松，其他还有木荷、山桂花、西南桦、红椿、樟、旱冬瓜等珍贵树种。思茅松生长快，成熟早，轮伐期短，更新能力强，材质优良，是采脂、用材、造纸、抽丝的优良树种。思茅地区森林资源的80%分布在思茅、景谷、镇沅、景东、普洱、墨江六县市，集中连片，便于开发。用材林中，幼龄林占19.82%，中龄林占42.17%，近熟林占23.9%，成熟林占11.21%，过熟林占2.87%，每年自然枯损约28万立方米。思茅地区既有近期开发的资源，又有充足的后备资源。全区有紫胶寄主植物290多种，其中优良寄主植物14种，占全国优良寄主植物的63%；有野生寄主树2 215万株，占云南省的51%；还有余甘、杨梅、原皮香、羊蹄甲等单宁含量在11%以上的栲胶树种20多种，总蓄积量为18 983万立方米。思茅地区是发展紫胶、栲胶生产的理想地方。

随着改革开放的不断深入和民族经济的不断发展，哈尼族地区的林业生产发展突飞猛进，许多地方采用了现代化设备，采伐和培养相结合；许多地方建起了木材加工厂和林业化工厂，对木材和林产品进行深加工，现代化的机器设备代替了过去的砍刀、斧、锯等简陋林业生产工具。

第二节　畜牧业生产

哈尼族居住的地区地域广阔，草木茂盛，荒山荒地多，为畜牧业的发展提供了良好的条件。

云南省和红河哈尼族彝族自治州的各级人民政府，十分重视畜牧业的饲养和管理，拨出大量专款扶持山区哈尼族人民发展畜牧业。从 1980 年开始，省政府每年正式划拨畜牧事业费给自治州，州政府每年又单独从地方财政中拨出专款作为发展畜牧业资金，同时建立健全畜牧兽医机构，加强对牲畜的饲养和管理，使全州畜牧业迅速发展，出现了"牛羊满山冈，猪鸡关满栏"的喜人局面。

红河州除私人饲养的大牲畜外，还建立了个旧市乍甸农场，开远市蔬菜农场，建水县畜牧场，从 20 世纪 50 年代开始，大量引进黑白花牛、荷兰奶牛等优良品种，保证了牛奶、牛肉的市场需求。本地马一般只能作驮马在山区使用，为改变这一状况，引进"卡蒙""伊犁""卡巴金""顿河"等良种，增加了运输力，减轻了人体劳动。本地山羊、绵羊的饲养业发展方兴未艾。为了发展生猪生产，大量引进了内江猪、荣昌猪、新准猪、俄罗斯大白猪、广东梅花猪进行猪种改良，发挥了杂交种的优势，使之适应性强，节省饲料，生长快，缩短了育肥期，提高了生猪的出栏率。

随着科技的发展，哈尼族人民越来越清楚地认识到，实行科学喂养，改革饲草饲料是发展畜牧业不可缺少的必要条件。1981年红河州开始推广含有多种维生素的混合饲料，首先从猪、鸡喂养上获得成功。为了进一步搞好牲畜的科学喂养，许多地方建立了人工草场基地，栽培各种适宜于牲畜发育生长的饲料，使全州畜牧业生产迅速发展。

西双版纳州放宽政策，允许农民私养大牲畜，州人民政府制定了"以农户饲养为主，坝区以养鸡为主，山区以养牛为主"的方针，重点抓了猪和牛，并在良种、防疫、饲料饲草、科学饲养四个方面下工夫，几年内全州生猪、大牲畜发展极为迅速。1990年，生猪存栏数达47.43万头，大牲畜存栏数达28.3万头，比1981年分别增长51.42%和53.8%。畜牧业的发展促进了经济的发展，提高了群众生活水平。

第三节　渔业生产

广大哈尼族地区在发展畜牧业的同时，还注意了渔业生产。哈尼族地区由于气候温和，湖泊、河流和水库水塘众多，发展渔业生产有着比较优厚的自然条件。

红河哈尼族彝族自治州共有水田18 660公顷、4 000公顷湖泊、6 000公顷水库、8 600公顷坝塘可以养鱼。另外还有33 000公顷冬水田、梯田可以发展稻田养鱼。由于贯彻了"以养为主，养捕并举"的方针，国家、集体、个人一起发展渔业生产，每年总产量超过 2 000 吨。渔业生产的发展，不仅为城乡提供了大量副食品，活跃了城乡经济，增加了群众收入，还为农业提供了大量有机肥料。

西双版纳州的鱼类十分丰富，而且有着别的地方所没有的珍稀鱼类，如大鳍鱼、魺鱼、爪蛙魺鲤等。近年来，西双版纳州在一部分蓄水工程内开展并推广以管好工程、发挥经济效益为中心，以养鱼为主的多种经营，同时大力推广近代养鱼技术，以发展国营和集体养殖为主，个体养殖为辅，加强对渔业生产和江河渔业资源保护的方针，使西双版纳州的渔业生产空前兴旺。1990年全州有养鱼水面 3 000 公顷，产鱼 4 000 多吨，比 1981 年增长 80.15%。

广大哈尼族群众在长期的生产实践中，积累了丰富的养鱼经验。如稻田养鱼，在稻田中放养鱼苗，鱼可在稻田中自由游荡生长。还有小坝塘养鱼、小水库养鱼等，使渔业生产不断发展，鲜鱼上市量逐年增加。

第四节　手工业生产

哈尼族家庭手工业有纺织、染布、刺绣、编织竹器、栽培蓝靛、打制和修补银器、铁器等。这些家庭手工业一部分由妇女担任，如纺织、染布、刺绣、种靛；一部分由男人担任，如打制修补银器、铁器、编竹器、制作木器等。从原料到制成品几乎都靠生产者一手进行，基本上以自给为主，仅有小部分用于交换。

男子编制的竹器包括背箩、篾饭桌、篾席、撮箕。生产的木器有木水桶、木箱子、桌凳、木犁、木耙等，都是为农业生产和家庭生活服务的。铁匠打制锄头、砍刀、弯刀、镰刀等小型农具。银匠打制各种银器饰品。

哈尼族穿衣用布一般由妇女纺织，从织布到染成青布，大体上经纺线、卷线团、经线、上织机、织成布，然后下染缸七八次，晒干便可缝衣服。种植蓝靛染料是哈尼族妇女的副业生产，蓝靛一般是自家用，也有的家庭用不完拿到市场上出售。

农村实行家庭联产承包责任制以后，农业生产逐步向专业化发展，解放出一大批劳动力，这就自然地转入手工业领域，许多地方的乡镇企业应运而生。乡镇企业的发展，为市场提供了各种生产工具和生活用品。目前哈尼族地区的手工业不再采用原始的生产工具和方法，随着经济的发展进入机械化和半机械化状态。如许多地方的茶厂、针织厂、织布厂、棕麻厂、糖厂等等，在商品经济大潮的推动下，在社会主义市场经济的发展中，无论是生产规模和生产能力都在突飞猛进地发展。

近几年来，由于民族政策的贯彻落实，恢复了一些专门生产民族特需商品加工的合作社和手工作坊，如银耳环、银手镯、银泡、银链等哈尼族妇女喜爱的银饰品。同时木材加工、棕片加工等木制品、棕制品也有了发展，这不仅促进了哈尼族地区的经济发展，而且满足和方便了哈尼族群众的生活。

第五节　工业生产

党的十一届三中全会以后，随着农村经济政策的落实，哈尼族地区的地方工业，从无到有，从小到大，在手工业的基础上发展壮大，其规模从原来的农副产品加工领域，逐步进入采矿冶金工业、轻化工业、机械工业、森林工业、建材工业、文化用品工业等。

红河哈尼族彝族自治州是"有色金属王国"，地下宝藏得天独厚，但旧社会除单一的锡矿开采业外，没什么工业，只有分散在各地的食品加工和修理作坊，人们所需的工业品绝大部分靠内地供应。中华人民共和国成立后，在各级政府的领导下，许多沉睡地下的矿产资源逐渐得到开发利用，以有色金属的开采、洗选、冶炼工业为主，带动了机械、轻工、化工、电力、燃料、建材等工业的全面发展。改革开放以来，自治州的工业更是日新月异地向前发展，工业产值占全州工农业总产值的50%左右。

红河州的有色金属生产，经历了20世纪50年代坑道开发为主，扩大生产能力为主，单一金属（锡）为主；60年代发展到综合开发，进行锡、铅、钨、铜、金、锰多种金属的开采冶炼。70年代向生产的深度和广度进军，进行多品种生产，多种工艺回收。目前，全州的有色金属工业，已发展到探矿、采掘、选矿、冶炼到矿山机械制造、建筑安装、交通运输、供水供电等一整套比较完备的生产体系，生产能力成倍增长，取得了显著的社会效益和经济效益。

西双版纳傣族自治州的工业，中华人民共和国成立前几乎是一张白纸，除了少量茶厂外，只有一点打铁、染布、金银器加工、烤酒等家庭手工业。

1951年，党和人民政府在勐海修建了中国茶叶公司西双版纳制茶厂，在勐腊修建了地方国营磨歇盐厂，1952年全州工业总产值达 69 万元。

1954 年，西双版纳州在允景洪建立了景德工厂、砖瓦厂、木材加工厂、建筑工程队等工厂企业。这些企业的建立，给西双版纳的工农业生产、基本建设带来了生机，使各族人民看到了西双版纳美好的未来。自治州根据自己的特点，建立了开发利用本地资源的工业。从 1958 年起，先后建立了造纸厂、制糖厂、制鞋厂、水泥厂、陶瓷厂、拖拉机修配厂、竹木器加工厂、罐头厂、香料厂等。目前，全州已拥有 200 多个工厂企业，并拥有机械、电力、燃料、食品等工业企业。这些工业企业的建立，不仅填补了西双版纳州工业的空白，而且为西双版纳经济的发展发挥了重要作用。1990 年全州地方工业总产值达 1.52 亿元，相当于 1952 年的 220 倍。

随着工业生产的发展，人民生活不断改善，哈尼山寨通了电，用上了电灯；碾米机代替了人工舂米，揉茶机代替了手工揉茶，不但解放了大批劳动力，也提高了生产效率。在允景洪、勐海、勐腊等城镇，由于电力充足，各家各户都用上了电饭煲、电炒锅等家用电器。许多家庭有了电冰箱、洗衣机。而且，由于不用柴火，既保护了森林，又保护了环境。因此，西双版纳的热带雨林风景名胜，成为国内外游客观光胜地。

第六节 其他经济生产

哈尼族主要聚居的红河、西双版纳、思茅三个地州充分利用丰富的资源发展各种经济生产。红河州属亚热带季风气候，州内北热带和南亚热带面积共 7 507 平方公里，占全州国土面积的 22.8%。气候条件优越，光热充足，雨量丰沛，具有发展热带、亚热带作物的自然优势，是一块正在开发的宝地。

州内水力资源开发潜力较大，有红河、藤条江、李仙江、南盘江4 条主要河流，较大的支流有泸江、曲江、南溪河、甸溪河、麻子河等。水力资源理论蕴藏量达 355 万千瓦，可开发利用的 134 万千瓦，已开发利用的仅占可开发利用量的 12.5%。

州内旅游资源绚丽多姿，北部溶洞、地泉较多，南疆亚热带风光秀丽，民族民间文艺及民族风情丰富多彩，名胜古迹景致独特，传统工艺别具一格，古文化遗址具有较高的科研价值。现已开发的旅游景点有泸西"阿庐古洞"、建水"燕子洞"、弥勒"白龙洞"和开远"南洞"，还有历史文化名城建水等。随着开放城市的发展和旅游资源的开发，红河州将成为集科学考察、知识参观、娱乐游览、疗养旅游、国际旅游五位一体的旅游区。

西双版纳州水能、矿产资源丰富，全州绝大部分属于澜沧江流域地带，水能、地热及矿产资源富集。水资源总量达 20 亿立方米，水能蕴藏量达 700 万千瓦，出露热泉 40 多处。目前已发现铁、锰、铜、锡、铝、稀土、石盐、褐煤等矿种几十种，已探明矿点 10 多个。其中，石盐矿探明储量达 145.9 亿吨，伴生钾盐储量为 239 万吨。云南省探明的石盐储量居全国各省区的第 2位，其中 70% 分布在西双版纳州。石盐是西双版纳州最有远景的矿产资源之一，主要分布在勐腊县磨歇附近，储量大，资源集中，有利开采。境内澜沧江上可开发三级大型梯级水电站，加上众多的支流，开发水能资源的前景十分广阔。装机为 150 万千瓦的澜沧江景洪电站正在加紧做前期工作。

西双版纳州又是中国第二大热带气候资源宝地，仅次于海南岛。其中，热带气候区域面积为3 452平方公里，占全州总面积的18%；南亚热带区面积为12 611平方公里，占66%。西双版纳州是高温、高湿、多雨、静风融合地区，基本不受台风和寒潮的侵袭，比海南岛的气候还优越。目前是中国保存热带森林面积最大、种类最多的地方，也是中国发展热带经济作物的宝地。西双版纳州是目前地球回归沙漠地带上森林保存较为完好的一块绿洲，全州森林覆盖率达63.2%，植被类型非常丰富。区域内四季不明显，只有旱季和雨季之分，雨热同季，降雨丰沛，热量充足。丰富的热区资源为发展农业和绿色产业提供了优越的自然条件。

思茅地区境内有红河、澜沧江、怒江水系的100多条支流。降水充沛，河流落差大，水能资源十分丰富。除三大干流外，中小河流上的小水电蕴藏量达620万千瓦，占云南省小水电蕴藏量的29.57%。可开发的至少有206万千瓦，年可发电51.57亿千瓦小时。澜沧江在思茅地区境内346.5公里的河段上，蕴藏有760万千瓦水能资源，占澜沧江干流水能蕴藏量的36%。除已建成的漫湾电站和正在建设的大朝山电站以外，还有即将建设的总库容为227亿立方米、有效库容为127亿立方米、装机容量为500万千瓦、年发电为223.9亿千瓦时的糯扎渡电站。

思茅地区地处北回归线附近，属低纬季风气候区，主要是南亚热带湿润气候。海拔1 400米以下的热区面积约2.53万平方公里，占全区总面积的57.3%，为全省热区面积的28.6%。广阔的热区土地，适宜种植水稻、陆稻、玉米、木薯、花生、大豆、油菜等粮油作物和甘蔗、茶叶、咖啡、橡胶、南药、水果、香料、烤烟等热带经济作物。海拔 1 400 米以下有未开垦的丘陵山地 44.3 万公顷。其中，适合种植茶叶的为 16 万公顷，适合种植甘蔗的为 4.7 万公顷，适合种植橡胶的为 1.6 万公顷。茶叶种植面积已达到 3 万公顷，产量 1 万多吨；甘蔗种植面积为 2.5 万公顷，产量 100 多万吨；橡胶种植面积为 1 万多公顷，产量 3 000 吨；咖啡种植面积为 1 700 多公顷，产量 1 400 多吨。香蕉、芒果、菠萝、柑橘、柿子、梨子等水果种植面积为 6 万公顷，产量 2 万吨。还盛产核桃、板栗、松子等干果，核桃产量已达到 1 700 多吨。思茅地区 10 个县、市都有大量竹类资源，仅澜沧江沿岸的野生竹林就有几万公顷，年产竹笋片 700 多吨，而每年竹材采伐利用仅 500 多万根。

第八章　宗教信仰

　　哈尼族在漫长的历史过程中，形成了颇具特色的宗教信仰，即基于"万物有灵"观念上的多神崇拜。至今尚未形成全民族统一的一神崇拜，大多数哈尼族的宗教观念中，灵魂、鬼和神的界线是清楚的。这是哈尼族多神信仰的三个主要对象，一切宗教崇拜活动都是围绕这三者展开的。而所有崇拜活动的终极目的，又都是为了人、粮、畜的健康、增殖和发展。

第一节　多神崇拜的产生

　　哈尼族信奉的多神教跟其他各种原始宗教一样，都经过了不同阶段的发展过程，随着人们思维能力的不断提高，社会活动范围的不断拓展，对灵魂的信仰和崇拜，发生了由简单到复杂、具体到抽象的演进过程。在灵魂不灭的思想基础上，产生了鬼的概念，与此同时产生了神的概念。在此基础上，哈尼族的宗教形成了魂、鬼、神的信仰和崇拜。由于哈尼族社会发展较为缓慢，其宗教的发展也受到了极大的制约，没能发展成更高层次的宗教，始终停留在多神崇拜的水平上。这是因为哈尼族先民经过历史性的缓慢的迁徙活动后，其社会的发展进程被打断了，社会的发展程度始终处于低层次，宗教信仰也只能停滞在原有水平上。

经过迁徙之后的哈尼族进入了哀牢山脉的崇山峻岭之中。由于这里山高林密，偏僻闭塞，交通不便，形成了封闭的地理环境，人们常常受到自然灾害和疾病的威胁，造成严重的恶果；由于对强大的自然灾害没有积极的防御能力，长期保留着对自然力的神秘感和恐惧感，只能求助于超自然的力量来摆脱眼前的困境，因此，一代又一代地重复着对魂、鬼、神虔诚的祭祀。

另外，哈尼族的村寨结构，保持了原始部落时期的许多特点，原始的信仰意识完整地延传下来，各种崇拜活动依然是神圣不可动摇的。由于社会生产力低下，生产方式落后，人们对大自然的依赖性很大，这就为原始的信仰创造了稳定的社会条件。

经过大迁徙之后的哈尼族，虽然都进入了哀牢山南部山区，但形成大聚居、小分散的格局，加之各地封建割据的原因，全民族不能发挥民族整体的力量，政治、经济文化的发展受到了阻碍，宗教也失去进一步统一发展的社会基础。

第二节　摩批及其宗教职能

哈尼族社会中的摩批是从事原始宗教祭祀活动的祭司。在不同的历史时期，其地位和作用也不同。摩批是哈尼族历史文化的保存者和传播者。

一、摩批的传说及源流

摩批是哈尼语音译，又有"呗摩""摩期"等称谓，俗称贝玛。哈尼族把摩批与头人、工匠同等看待，把他们视为社会的三种能人，认为没有这三种人社会就不能发展，人们就不能安居乐业。摩批是如何产生的呢？哈尼族民间有一则神话这样说：在很久以前，在遥远的三咪①地方，有三个神奇的蛋。一个是白蛋，一个是麻花蛋，一个是红蛋。这三个蛋母鸡抱一回，孵不出来；公鸡抱一回，孵不出来；女人来抱一回，孵不出来；男人来抱一回，也孵不出来。后来，白天太阳抱，晚上月亮抱，终于孵出来了。白蛋生出一种人来，周围出现了一片白光；花蛋生出一种人来，嘴边粘着小鸡毛；红蛋生出一种人来，周围响起突突的拉风箱的声音。三种人生下来后，仁慈的天神把他们养大成人。白蛋生的是头人，为人调解纠纷；花蛋生的是摩批，为人驱鬼治病；红蛋生的是工匠，为人打造锄和刀。哈尼族进入父系氏族社会，就已形成了一种较为完善的信仰制度。在原先的全民族成员各自从事宗教活动的基础上，有一部分聪颖、经验丰富的年长者，从众人中分裂出来，专门主持祭拜活动。这种人就是哈尼族最早的摩批。随着历史的发展，哈尼族跟其他彝语支的民族一样，历史上曾有过一段时期实行政教合一的制度。即部落的酋长由摩批来担任，这就是史书上记载的"鬼主"制度时期。在以后的历史发展过程中，哈尼族摩批从执政地位上分化出来，执掌原始信仰为主的宗教活动。在实际生活中，他们为人驱邪治病，同时较多地从事脑力劳动。由于他们无文字可借助，需付出更大的气力来总结前人的经验，保存发展本民族的历史及宗教仪式、祭词等，并言传身教，通过口耳代代相传。他们成了懂得东西最多、知识最丰富的人，成为哈尼族社会的文化能人。

二、摩批的分类

摩批分为三种类型，即"仰批""翁批""沟批"。摩批非常清楚自己属于哪一类型。哈尼族的摩批，无论哪一种类型，除了年纪很大的以外，都没有完全脱离体力劳动。三种摩批都有自己

———

① 三咪：传说中的地名，指非常富饶吉祥的地方。

明确的职责，在实施各自的职能时，按照宗教规矩互不干扰，而互为依存。在这三类摩批中，人们认为仰批最大，翁批第二，沟批次之。因而在具体进行某种祭祀活动时，翁批和沟批都须求助于仰批，请求仰批来压阵，借助仰批的神威治服鬼神。所以每当进行祭祀活动，首先要诵很长的祭词来请仰批和其他知名摩批来助阵。他们认为："十个头人一起来，没有调解不了的纠纷；十个摩批一起来，没有制服不了的鬼神。"

1. 仰批。又叫"贝玛""斯批""批玛"等，这是哈尼族社会中最高等级的摩批。他们懂得哈尼族的社会历史、宗教经典、祭祀形式等。其主要职能是送老归宗，主持哈尼族的高级葬礼活动，也主持其他难度较大神性很强的祭祀活动。当然他们也能主持低一级的祭祀活动。哈尼族宗教祭祀活动的大小，很重要的一点取决于所用祭祀牺牲的大小。最大的祭祀活动要杀水牛祭祀。这种祭祀活动，只有属于仰批的摩批才能担任。仰批的新老交替，都是以师徒相承或父子相传的方式进行的。

有些地方如元阳县果统地区，又由各个家支产生一名宗教领袖，习称贝玛，属下有若干摩批为徒，待其年老，指定一个水平高的摩批继承贝玛称号。在传承过程中，由于没有文字记载的经文，都以口耳相传的形式进行。哈尼族的宗教祭词，短的只有十多句，长的可达上万句。这样长的祭词全凭心记，而且还能全部背诵，可见哈尼族摩批具有惊人的记忆力，这也是他们受到人们的拥戴的原因之一。

2. 翁批。又叫"刹批""刹拖""擦批"，这是中间等级的摩批。一般来说翁批的知识面也比较广，仅次于仰批。他们不完全懂得葬礼的祭词，因而不能主持需要杀牛的祭祀活动。他们的宗教职能是为人求神驱鬼，招魂护魂，祈求神灵保佑山寨平安兴旺等村社和家庭的各种公祭和私祭活动。他们在祭祀活动中所需的牺牲，最大的就是猪羊，一般以鸡鸭为主，最简单的只需一个鸡蛋，就能进行祭祀活动。翁批的新老交替，也是师徒相承或父子相传。

3. 沟批。为哈尼族摩批中最低级的一种，与上述两类摩批有较大的区别。按哈尼族宗教的规矩，沟批是不进行杀牲祭祀和驱鬼求神活动的，这种摩批具有很大的神秘性。他们不是师承的，而是自己"生"来的，这过程往往是经过一场大病，或者突然发疯一段时间，病愈之后，便变成了与众不同的能通达神灵的人。他们是人间世界和阴间世界的联络人，能同逝去多年的祖先通话，传递信息。这是哈尼族宗教中的巫师。

沟批又可以分为两类：

（1）"尼玛"。这种人以中年女性居多，她们主要是通过看相、蛋卦、米卦等方式，为人问病决疑，提出在何时何地丢了魂，或被什么鬼所害，或碰上了什么神灵等，最后指出用什么方式来禳解，用哪些祭品和牺牲，在什么时间地点进行祭献等。她们只给人们说明生病的原因和解救的办法，但不做具体的祭祀活动。

（2）"尤批"。也称"叟批"。这种人以中青年男性居多。随着年纪增大，其神性也逐渐减弱，他们问病决疑的方式很特别，必须在晚上睡在床上进行。他们通过一个叫"艳莫阿麻"的神灵指引，到处寻找人的灵魂，或者寻找患者家历代去世的祖先，传达死去先人的意愿，而这个"艳莫阿麻"必须通过一定的祭献才能显现出来。因而这种人进行法事活动时，首先要搭一个新床，不能在有人睡过的床上进行，还要选定一个称为"启扣"的男性长者，在具体进行过程中，只有这人才能与他说话。这人又成为求神问卦者和尤批之间的中介、传话筒。在床的旁边安一个祭桌，上边摆上酒、茶、米、蛋、银子、稻谷等，尤批和"启扣"一起洗脚后，坐在祭桌边上，尤批诵一段简短的祭词，吃点东西，喝点酒，然后就上床，仰天而卧。约莫过了三十分钟，他

突然抬起双脚，用脚后跟敲击床板，开口大声地唱起来，跟随着
"艳莫阿麻"去寻找人们失去的灵魂，找到以后送回家中来。或
去查询患者祖宗谱系，问祖先们有什么要求，住处（坟墓）是
否满意等。然后通过"启扣"的口，把人们的愿望也传达给逝
去的祖先们。尤批也能指出，某人的灵魂被关押在何地，受什么
样的苦，需要用哪一套祭祀方法，用什么祭品去换取灵魂等。尤
批中有些人懂一点魔术、气功等，在凡人面前以神秘的面目
出现。

以上是哈尼族社会中的三类摩批，都属于宗教活动主持者和
传播者。前二者具有明显的双重性，他们同时也是本民族文化的
保存者和传播者。在一定的区域内，无论有多少村寨，某一氏族
的老人去世，必须由属于这一姓氏的摩批来主持丧礼，其他地方
的摩批不能涉足。这显然是古代父系氏族时期形成的鬼主制度的
痕迹。

第三节　对神、鬼、魂的崇拜信仰

哈尼族信仰的多种神灵中，神、鬼、魂是三个重要的崇拜对
象，各自形成了一套崇拜的形式。招魂求安、驱鬼除邪、求神保
佑仍是哈尼族多神信仰活动的基本内容。大多数地区的哈尼族，
在其宗教观念中，魂、鬼、神是分得很清楚的。有少数地区的哈
尼族，鬼和神的界线不是十分清楚，把鬼和神混为一谈。在进行
各种宗教祭祀活动时，人们对魂、鬼、神的态度是不一样的。他
们对失魂的态度是，采取好言相劝，以情感化，指明归途的方
法，想方设法把失魂招回家中来。对鬼的态度则不同，采取驱
赶、阻挡、哄骗恫吓等软硬兼施的方法来退鬼。而对各种神灵的

态度，则采取祈求、认错、奉献祭品等讨好的态度。

一、灵魂观念的产生与招魂活动

灵魂（哈尼语叫"约拉"）是哈尼族最早信仰的对象之一。哈尼族笃信有"约拉"存在，即灵魂附于每个活着的人身上。从父母为婴儿杀鸡取名之日起，人就拥有了自己的灵魂，并且灵魂的形象跟自己一样，知道自己的姓名，只是自己看不见而已。认为一个人有 12 个灵魂，这些灵魂必须经常保持完整，如果缺少了灵魂，这个人就会生病。灵魂缺得多了，人就会生重病，甚至死亡。

因而，从古到今，在实际生活中形成了一系列的招魂、保魂等庞杂的信仰方式。对一个人、一个家庭、一个寨子甚至牛马都要定期或不定期进行招魂活动。哈尼族崇魂的功利目的，就在于想获得人体的健康。这种信仰习俗渗透到生活的每个层面，影响着每个人的一生。

（一）失魂的原因及方式

哈尼族认为，灵魂具有聚散性，它可以离开人体而独立存在，人死魂不灭，所以人随时都有失魂的可能性。他们认为失魂的主要原因有以下几个方面。

1. 灵魂本身大意走失。哈尼族宗教认为灵魂跟人一样，具有七情六欲，高兴的时候会离开人体去玩耍，有的可能顺着日光到了天边，有的可能随着月光到了地角，有的可能顺着河流，把白花花的波浪当做马骑着流向远方，有的到了风景秀美的地方后乐而忘返，或迷了归途。

2. 惊吓失魂。认为人在毫无精神准备的情况下，突然听到巨响或恐怖的声音，或突然看到可怕的东西等，会失去灵魂。

3. 神灵摄走灵魂。在哈尼族的宗教中，能摄取人灵魂的神称"丛"。这些神灵多居住于高山、河流、喷泉、石崖、山洞、瀑布等地方。这些称为"丛"的神灵专门捉拿人魂。"丛"又可分为内"丛"和外"丛"。内"丛"指村寨范围的"丛"，外"丛"指村寨以外山野里的"丛"。外"丛"又可分为阳间"丛"和阴间的"丛"两种。外"丛"不但自己能摄取人魂，而且能接收内"丛"转卖来的灵魂，它又可将人魂转卖给阴间的"丛"。哈尼族认为这是十分可怕和危险的。

4. 被祖先出卖灵魂。哈尼族认为老人一旦去世，经过特定的丧礼祭祀活动，给亡魂找到了归宿之后，在人们心目中渐渐地变为祖先神，在"烟罗获"和"萨罗获"的地方，护佑着自家的后辈子孙。但是，有时因儿孙们祭祀不周等原因，祖先神也会翻脸不认人，会将自己后人的灵魂出卖给"丛"，把灵魂关押起来，企图从中获取某种好处。

此外，也还有别的失魂的可能性，如已出嫁的姑娘，有时也会把灵魂丢在娘家；安葬死者时，可能将生者的灵魂埋进墓中等等。

（二）招魂习俗

哈尼族为了自身灵魂相对稳定和完整，根据失魂的原因、方式、失魂地点等，形成了名目繁多的招魂方式。

1. 最简单的招魂活动。哈尼族在日常生活中，习惯进行一种临时性的招魂活动。这种活动不拘形式，不择地点，简单易行。自己为自己或大人为小孩子进行简单的招魂。如刚学会走路的娃娃，走路跌倒之后，大人把他扶起来的同时，要给孩子招魂："××魂回来哎！"并做三次象征性的扶起来的动作。每年开春布谷鸟叫的时候，要注意第一次听到布谷鸟叫的日子，如果是在自己的生日属相日听到布谷鸟叫唤，就要当即自己给自己招魂，懂得叫魂的人可多喊几声，一般的人叫一声"××的灵魂快回来"即可。主要是告诫自己的灵魂，不要随着布谷鸟声，飞向春光明媚、万物复苏的田野。人们怕不懂事的孩子也在自己的生日属相日里听到了布谷鸟的叫声，怕孩子丢了魂，所以每年农历二月间要选一个吉日，染红蛋为孩子们叫魂，无论听到与否都有份。此俗久而久之，在哈尼族的一些地区已形成了一个很有特色的娃娃节，并赋予了了新的内容，祝愿孩子们健康成长。

哈尼族居住在半山腰，上山种地，下山种田，路途比较遥远。农忙时节就必须住在田地的窝棚里。当农活完成回家的时候，要将自己睡过的床铺拆掉或者把铺在上面的茅草搞乱，其意为把睡在上边的灵魂弄醒，边叫魂边离开窝棚。招魂词的大意是："××的灵魂，不要留恋这里的住处，不要留恋这里的睡处。要吃鸡蛋家里有，要吃干巴家里有，要喝好酒家里有，天上的飞鸟一样打回转，地上的走兽一样折回头，顺着原路回家去，音和气一起走，身和魂一同回……"

如果孩子不小心从台阶高处跌下，把孩子抱起来之后，要立即打一瓢水来，从孩子跌下去的地方泼下去。其目的是要把吓蒙了的孩子魂泼醒，并把他喊回来附身。人们突然受到惊吓，吓了一跳的时候，会自然地说一声："回来哎!"这是哈尼族具有强烈的保魂意识的表现。

2. 具有祝福性质的招魂仪式。哈尼族在日常生活中不病不痛的情况下，也进行某些形式的招魂活动。这是具有祝福性质的为健康者而进行的。比如过年节的时候，为全家人叫魂就属于这一类。哈尼族大多数地区每年的农历十月间，第一个属龙日为年末岁首。属蛇的那天早上，家家必须杀年鸡招魂。这种招魂活动，一般都由自家人进行，或者请左邻右舍的年长者来招魂。招魂者提着鸡从大门外，边叫边往回走。诵招魂词时，要以从小到大的顺序直呼全家人的名字，逐个地请他们回家来。招魂词说："快来哎! ××快来……灵魂一个不要丢，灵魂一个不要少。旧月过去到新月了，旧年过完翻新年了；家里有送旧岁的圆粑粑，有迎新年的白汤团。快来哎! 父子一起来，母女一同归……"招魂者似乎是领着一群灵魂回来一样，经过大门、天井、石坎、堂屋门，走进家中来。每到一个地点都要介绍这里是什么地方，好像给灵魂当导游似的。最后走到火塘边，每个人灵魂都找到了自己的位置后，就觉得心安理得了。"人也够了，魂也够了，气也足了，声也亮了，新的一年里，吃饭能补身，喝水添精神了。"

另外，当妇女有身孕三个月左右时，家里要给她进行一次"获托"的招魂活动，先将1碗酒、1碗茶、1碗米、1节芭蕉心置于篾桌上，再加2个鸡鸭蛋、1个盐碗和1双筷子，分三次向孕妇祭献。具体是分活鸡、生鸡肉和熟鸡肉按顺序进行祭献。进餐时用1块白布，把那节芭蕉心包于孕妇头上。此活动不需要很长的祭词，简单祝愿母子健康，顺利生产。

其次，有些地区的哈尼族，每三年左右要进行一次"合拉枯"的招魂活动。其实质也是为全家老少招魂。这种活动要由摩批主持。所需牺牲是1对鸡、1只公鸭、2个鸡鸭蛋、1升饭米和糯米掺杂的大米，米上要放1只银手镯、3个小贝壳和1块白布以及酒、茶、盐碗。将上述东西摆放在篾箕上，置于这家人的神龛下面。招魂时，全家人按从小到大的顺序排列于神龛下面，由摩批进行祭献后招魂。整个过程，同样分活鸡、生鸡、熟鸡三次招魂。最后一次招魂时，全家人都要在家中火塘边等候，当摩批叫着魂来到旁边问"你们家的人都回来了吗"的时候，全家必须齐声回答："回来了!"至此，招魂结束，将鸡等再向祖先祭献，接着全家人吃团圆饭。

哈尼族举行这种招魂活动时，要将姑妈等嫁出去的妇女都请回来，同时还要请舅舅和其他亲戚来参加。这些亲戚来的时候，每个人都要拿一块白布和一个鸡蛋来。主人家至少要招待他们吃两餐饭。哈尼族常说："姑妈不来魂不会来，姐妹不来家景不会好。""姑妈来了家底厚，姐妹来了家景旺。"因而哈尼族非常重视这些亲戚关系。很明显，亲人们回来其实就是表示一下祝福的心愿，他们拿来的白布叫"合托哈帕"，目的是给主人家包魂用的。用这样的方法，把人们的灵魂保护起来，以此求得健康的体魄。

这种具有祝福意味的招魂活动还很多，如年轻人结婚时的招魂、人出远门归来时的叫魂等等。哈尼族的这种具有祝福性质的招魂活动，一般都需要一定的祭品和牺牲，要诵较长的招魂词，至少也要有祝词，要将灵魂从可能丢失的地方招回家里来。这样，人们就能在心理获得某种平衡和安慰，得到精神上的满足感和安全感。

3. 为病人招魂。在日常生活中，哈尼族从宗教观念出发，认为人生病的一个重要原因是丢了灵魂，于是民间形成了许多为病人招魂的形式。

（1）"德丛丛拉枯"，即招回在自家天井里失落的灵魂。举行这种招魂仪式时，在自家的院子里进行。所需牺牲一般是1只白公鸡。此外，还要3个小贝壳、1块白布，用火绳点火，祭桌上摆酒、茶、筷、盐巴等，人们认为，在天井失落的灵魂，一般都会跑到田坝里去，所以招魂的时候要从田脚的出水口处、河边的水滩上招回来。

（2）"卡丛从拉枯"，即招回失落于田间秧苗之间的灵魂。一般都是在春耕大忙之后进行，认为这段时间人生了病，可能在春耕过程中，又忙又累，灵魂滞留于田间苗棵中间，迷了归途无法返回家里来。这种招魂活动，要杀只阉鸡，诵很长的招魂词，从阴间龙王爷的谷仓里叫回来。

（3）"欧拉枯"，即招回在河水中失去的灵魂。这种招魂形式的特点是，祭祀牺牲需要1只公鸡、1只母鸡、1只公鸭、1条活鱼、1个用金竹枝做成的弯钩和9片野刺叶子。上述祭品及牺牲拿到村边的磨秋场，从那里开始招魂，边招魂边往回走。招魂结束后，鸡鸭在家中杀吃并祭献祖先。这个招魂活动，主要针对顺着河水远去的灵魂。哈尼族认为在遥远的水尾地方，有七十条江河交汇，灵魂顺水到了那里就无法回来，因而灵魂必须从那里招回来。去时可能骑着白花花的浪花去，回时叫他骑着白白的鱼回家来，祭品中加鱼的目的就在于此。招魂之前，先把野刺叶垒起来，扑在地上，然后诵招魂词，把魂从遥远的水尾地方招回家里来。招魂词描述了一个固定的路线，当中要经过许多的地方。当回到一定的地方时，招魂者用竹钩钩去一片叶子，表示灵魂回到了某个地方。当把叶子全部钩完时，灵魂已回到了自己的村边。招魂者从村寨的道上，一步一步地引回家里去。

（4）"沙拉枯"，即招回失落在阴间的灵魂。造成这种失魂的原因，认为是被祖先神出卖的，是"家祖不保，外祖不护"造成的。家祖指的是自己家中的列祖列宗，外祖指的是娶进来的女方的祖先。哈尼族认为被祖先出卖灵魂是最危险的。此招魂形式较为复杂，所用祭品牺牲较多，除酒、茶、米碗外，还需1块白布、3个小贝壳、9片刺叶、9个金竹钩、1根蒿枝树秆，上面刻上9个道道，做成一个独木梯子状。祭祀的牺牲需3只鸡鸭、1头小母猪、1条小公狗。将上述祭品和牺牲全部拿到村边磨秋场，用一篾桌面朝东方摆起来。桌边要挖一个碗口大的二三十厘米深的洞，将事先做好的蒿枝秆梯子斜插于洞中，洞口用刺叶盖起来。这一切就绪之后，就开始招魂。最先要从一个叫做"沙丛农尼尼卜"① 的地方把魂招上来。其路途必须经过从阴间到阳间，从阳间遥远的地方来到村边，再把灵魂引回家中来。在招魂过程中，沿着特定的招魂路线，来到某个地方时，须用竹钩钩开一片刺叶，来到村边时钩完全部叶子，表示从阴间到阳间的道路已打通，并请灵魂顺着梯子回到阳间。当钩去洞口的最后一片叶子时，要注意观察洞口是否有蚂蚁等小虫上来。如果有了，被认

①沙丛农尼尼卜：哈尼族宗教祭词中的地名。认为是一个阴间鬼在的寨子。

为是患者灵魂招回来了。

招魂者诵着招魂词回到家中时，同样要问："回来了没有？"家中的人必须回答："回来了！"招魂者最后说："哦！他跑在我的前边了。"

那些祭祀牺牲，除了狗以外，其余在家里杀吃，并祭献祖先。狗在大门外边杀吃，但主人家的人不能吃。

（5）"诗拉枯"，即招回在死人的场合失去的灵魂。此项活动所需的牺牲祭品是一对鸡和酒、茶、米、白布。招魂的地点在村边，有的时候也到死者的坟地。哈尼族的村寨旁边都有一个固定的地方，专门焚烧死者用过的破烂东西。认为这里是鬼出没的地方，所以须从这里招回跟着死者去了的灵魂。灵魂跟死者到了阴间，阴间有"七条大平路"，"三个红土寨子"。灵魂必须从那里逐步招回来。这条招魂路线也就是送死者灵魂到阴间的路线。生者的灵魂跟着死者灵魂到了阴间，现在要把他招回来，也要经过这条路线，只不过是方向相反而已。此项招魂要诵很长的招魂词。招魂结束后，祭祀牺牲在家中杀吃，并祭献祖先和亡者。

（6）"农拉欧拉枯"，即招回顺日月光线远去的灵魂，要把失落在天涯海角的灵魂招回来。所需祭祀牺牲祭品是2只公母鸡、3个贝壳、1碗酒、1碗茶、1碗米和1块白布。人们认为灵魂白天随着日光走远了，晚上顺着月光走失了，所以要把灵魂从遥远的天边出红太阳的地方招上来，叫他"白天拉着太阳撒下的日光回来，晚上抓着月亮撒下的月光回来"。

（7）"从罗罗"，意为宴请精灵。其实质是求神灵放魂，以便招回家中来。这个活动一般在人病重的情况下进行。届时祭献1只鸽子、1只白公鸡、1只公鸭、1只鹅、1头山羊，外加1碗酒、1碗茶、1碗米、1个槟榔、1块银子、5尺白布、3片棕叶、1枝松树。此项招魂活动与其他招魂形式有较大区别。这是宗教祭祀和一般招魂活动相结合的产物，必须由较高明的摩批进行。

其目的就是祭词中所说的一样："用碎银接命线，以好畜换人魂。"祭祀过程中，患者先后要磕九次头，体现了人们求神的诚意。

（8）"委然陪"，其意为"理顺舅甥之间的灵魂关系"。哈尼族有句俗话说："河坝不高瀑布不会长，舅舅不大外甥不会高。"这说的是舅甥之间的亲密关系。从宗教的角度看，认为两者灵魂之间也会产生某种矛盾，会直接影响外甥的健康成长。这项活动主要是针对 10 岁以下的儿童进行的。牺牲和祭品是 1 对鸡、1 只公鸭（这些须由舅家拿出来）、2 根带叶的金竹枝、1 段白线，先将竹枝插于堂屋门两边，然后再把白线的两头拴在两边的竹枝上，把门口拦起来。祭祀的时候摩批在堂屋里念诵祭词，舅舅抱着孩子在门外坐着。待诵完祭词之后，舅舅背着外甥掐断拦在门口的白线进到堂屋里来，以此表示打通理顺舅甥之间的关系，以后没有一丝一线的隔阂了，两个灵魂之间的关系已理顺，互不干扰了。

4. 为健康者保魂、固魂。哈尼族还有一种为身体健康者保魂、固魂的习俗。这种活动，不是每个健康者都需要进行。有些地方的哈尼族认为，在一年当中，不同月份不同日子出生的人，其身体健康状况不一样，灵魂的壮实程度也不同。认为在农历每月的二十八日、二十九日、三十日出生的人，其灵魂的力量较虚弱，不能强有力地附于身上，随时存在可能失魂的危险，因而必须进行保魂、固魂活动。主要形式有以下几种。

（1）"者擦"。"者"为"魂魄"之意，"擦"为"接"或"连接"的意思，即把魂魄与某种坚固的东西或某种保护神连接起来，达到保魂和固魂的目的。

"者擦"，一般在 3 岁时就可以进行。此项活动不做则已，一做就必须做够三次，中间可以相隔几年，在年龄为单数时进行，但忌讳 7 岁，且须在 12 岁之前做完。每次所需的祭祀牺牲和其他祭品的组合有一定的区别，特别是所需牺牲一次比一次多，一次比一次大，祭祀牺牲从两条腿的发展到四条腿的。第一次"者擦"活动，一般在当年的9月份进行，所需的牺牲祭品是1只公鸡、1只母鸡、1截自家织的土布（约5米长，口面为30厘米左右），另加1碗酒、1碗茶、1碗米等。先把白布的一头连续打三个结，每个结子中都要包含着谷子、玉米、荞子、豆子、棉籽、贝壳、银子等，然后摆放于置祭品的桌子上。此项活动摩批要诵较长的祭词。除了招魂之外，还要固魂。摩批通过诵祭词，把人魂与天地之间最稳固、最结实的东西联系在一起，与家庭、家人和其祖宗联系在一起，目的主要是达到保魂和固魂的良好愿望。

第二次进行"者擦"的时候，祭祀牺牲在第一次的基础上增加一只公鸭。其他祭品相同。在第一次用过的那块白布上，原有三个结子的下边均匀地再打三个结，每个结中包含的内容与第一次相同。杀鸡鸭前同样要诵祭词。

最后一次进行"者擦"活动，所用的祭品牺牲较之前两次有所增加。用一个大簸箕将1碗酒、1碗茶、1碗米、1个盐碟、1双筷子置于上边，并用一个升子装1升米放于上边，米上要放1块银子和1个鸡蛋，并要踩糯米粑粑，做成9个粑粑放于簸箕上，还要将家中代表祖先神灵的"金竹竿"放置一旁，再把前两次用过的白布拿出来，在原有的基础上接着再打三个结，结子里仍然要包含着五谷种和贝壳、银子等。至此，这块布上先后共打了九个结。这次要把布最先打结的一头挂在家中祭献祖先用的"候勾"（神龛）上，另一头拖到地上来，再联结在摆放祭品的簸箕上。此次所需的牺牲是2只鸡、1只鸭、1头小猪（有的地方还加1头山羊）。摩批诵完祭词后，接受"者擦"的人要磕头，饭后，将那块打了九个结子的白布取下来，给"者擦"的人包在头上。

最后一次"者擦"活动结束之后，当天还要到别人家进行叫做"者煞"的活动，其意思包含着祈求某种联系和福气。首先要到姐夫家去，然后到舅舅家或本家族的一家（可任选），最后到本村的主祭"咪谷"家。去的时候，只需提一瓶酒即可。每到一家，要吃一餐饭。大家对接受"者擦"的人说些吉利和祝福的话之后，就回到自己的家中。至此，对一个人的"者擦"活动就全部结束。

除此之外，哈尼族的习俗中，还有针对一个家庭的"获者擦"，针对摩批的"批者擦"，针对工匠的"克者擦"，针对村寨的"卜者擦"等等。如果针对摩批和工匠进行某种"者擦"活动时，要将他们的法器、工具拿来摆在祭桌旁边一起进行祭献。

（2）"营保保"，意为"保命延寿"，在招魂的同时，还有祝寿的含义。这项活动，有些地区仅对古稀老人进行，但有的地区可对任何年龄层次的人进行。所需的牺牲是1只公鸡、1只母鸡、1只公鸭、1片棕叶、1个芭蕉心、3个小贝壳、1种长生不死的草。举行这个活动，要把自家嫁出去的姑娘统统请回来，并且每个人都要拿一块白布或黑布，当天要缝成一个黑白相间的"花衣"给"营保保"的老人穿。并要把少许棕叶、芭蕉心、贝壳、不死草等缝在衣服夹层里。其目的是以此护身保魂延寿。对老人来说，在进餐祝酒时，大家要祝他长命百岁，第一个人祝他多活10岁，第二个人祝他多活20岁，这样一直要祝他活到120岁为止。

5. 招回死者之魂。哈尼族宗教认为，人丧失了全部灵魂之后就要死亡。很多地区的哈尼族，在死者的丧礼过程中，要将其灵魂招回家中来。主要方式有如下两种。

（1）"诗托诗拉枯"，意思是死后招灵魂，这是哈尼族丧礼祭祀活动中的一项重要内容。主持丧礼的摩批到死者家里后，首先要念诵这套招魂词。牺牲是2只公母鸡。在灵柩前置一祭桌，上边要放1碗酒、1碗茶、1碗米，还有1个盐碟和1双筷子。

摩批坐在一旁，手里捉着鸡诵招魂词。诵完招魂词，由摩批把鸡杀了，煮熟祭献死者。

人死之后，丧失的灵魂即使招回来了，也无法再附身了。但是，要通过这样的方式将失魂招回家中来，再经过丧礼的程序把它送到应该去的地方，不然那些亡魂将变成没有归宿的孤魂，也就无法护佑后辈子孙。

（2）"总甲总枯枯"，大意是招回祖先灵魂。时间是在丧礼结束后的第二天上午进行。需要1只公鸡、1只母鸡和1头小猪。招魂的地点是寨子外、寨门处和大门外几处，进行三次大声招魂。这次招魂应由死者儿子来担当，但往往一般人不懂招魂词，须由摩批代为招魂。这种招魂的目的是希望死者灵魂回到自己家里来，守护家里的神龛，守护儿孙和庄稼。这个活动还要将嫁出去的姑娘都请回来，并且每个人拿一个鸡蛋来。饭后要用刚杀的鸡腿骨打卦，看死者的灵魂是否回来了。

有一些地区的哈尼族，已出嫁的姑娘还要用背箩背一根尖刀草回娘家。尖刀草象征死者灵魂，意思是背死者灵魂去做客。

哈尼族这种为死去的人招魂的习俗，虽然形式简单，但反映了哈尼族对灵魂的特殊理解。丧礼结束之后，在人们的心目中，对死者灵魂的认识发生一种质的变化，尤其是留有儿孙的高龄老者，认为此时已成为能福佑后辈子孙的祖先了，于是便把它请回家里来。

6. 为牲畜招魂。哈尼族除了对自身灵魂的关心之外，对牲畜的灵魂也很重视。认为牛、马、猪等牲畜也具有灵魂。同样，牲畜如果灵魂不完整，体格就不会健壮，不能繁衍增殖。因而要视牲畜的具体情况，时不时地为其进行招魂活动。看到牲畜消瘦、行路艰难、毛色枯黄无光泽、身上长虫子等，认为就需要为牲畜招魂。耕牛的招魂一般在春耕大忙以后进行，而驮马的招魂是在秋收大忙季节之后进行，也有在农历十二月份统一进行的。

为耕牛招魂时，水牛要选属牛日，而黄牛则选属兔日进行；为驮马招魂选属马日进行；为猪招魂，必须选属猪日进行。为牛马招魂所需牺牲大体相同，一般为1只公鸡或1对鸡。其他祭品有9片刺叶、9根乌山草、1把嫩青草。还要安一祭桌，上边摆酒、茶、米碗，还有盐碟和一双筷。整个招魂活动中，分活、生、熟几次祭献牛马，并将几根鸡毛插在厩门框上。最后一次祭献之后，用盐、饭、鸡鸭肉少许、肉汤拌以青草、刺叶子喂牛马。祭桌上的那碗饭，必须给放牛的娃娃吃。

哈尼族魂崇拜形式是丰富多彩的，其内容庞杂而广泛，对哈尼族的社会、经济、精神有着重大的影响。

二、鬼观念的产生与驱鬼活动

哈尼族的宗教观念中，鬼在人的对立面，成了人们随时要防范的"敌人"。

(一) 鬼的由来

关于鬼的由来，说法很多，主要有以下两种。

1. 人和鬼原是一娘所生。在哈尼族谱系中，有一代祖先叫做"他朋"（有的地方叫塔婆，西双版纳地区叫汤帕），哈尼人把他称为百子阿妈。传说在他朋以前是人鬼不分的，人和鬼和睦地生活在一起。他朋不但是人的阿妈，同时也是鬼的阿妈，人和鬼都是她养育长大的，人是哥哥，鬼是弟弟。他朋养育了成百的儿女，有的生下来就成了老虎，有的成了豹子，有的成了龙，有的成了老鹰。老虎豹子满山跑，老鹰在天上飞，龙钻到水中去了，有四只脚的和有翅膀的都离开了他朋阿妈，只有人和鬼没有离开，他们在他朋阿妈的管教下，互敬互爱，相处得很好。后来人鬼之间产生了矛盾，最后闹着要分家了。人和鬼都互相指责对方，都说对方破坏了规矩。他朋阿妈生得很特别，她胸前有两只奶，背后有十二只奶（有的说只有七只奶）。前边的奶是人吃的，背后的奶是鬼吃的。但是鬼不老实，它们经常偷偷地跑来吃前边的奶，破坏了他朋阿妈的规矩。鬼越来越狡猾，经常跟在人后边，人做什么它都要沾光。从此，人和鬼因不和闹分家了。对此，在西双版纳哈尼族中有这样的传说：

汤帕是多子的阿妈
汤帕是人类的阿妈
汤帕是鬼的阿妈
汤帕阿妈啊
胸前有两只乳房
那是哺育人类的琼浆
汤帕阿妈啊
背上有七只乳房
那是专为喂养鬼的
……

人鬼分了家
鬼儿哟
背着箩箩出了门
人儿哟
带着家什上了路

鬼儿出去的时候
人儿躲在簸箕后面
悄悄看着鬼跑
簸箕的篾孔太密
鬼又跑得快
人没看见鬼影

人儿出去的时候
鬼儿躲在筛子后面
悄悄看着人儿跑
筛子的篾孔大
鬼儿看见了人影

从那时候起
人看不见鬼影
人和鬼不来往了
鬼却看得见人

鬼经常跟在人后
因此鬼可以对人作祟
因此人逢灾难都要怪罪鬼
从此鬼儿哟
永远遭人咒骂
人和鬼就这样永久分家
鸡和鹰关不拢了
虎和牛有了仇
豹和羊有了冤
大家互相争斗
世界没有了安宁①

　　自从人和鬼分家之后，互相之间不再来往了。人留家中住，鬼搬野外宿，鬼心里不满，就作祟于人。人和鬼立下誓言：从此

---

　　①《西双版纳哈尼族歌谣》，云南少年儿童出版社，1989 年。

以后，鬼话人不听，人话鬼得听。祭祀杀牲的时候，人分一份，鬼分九份，人要肉，鬼要毛。所以现在祭祀的时候，只要给鬼送去点鸡毛就可以了。

2. **鬼是人的灵魂变成的。**哈尼族宗教认为，人死魂不灭，人死魂变成鬼。无论哪个年龄的人，只要死了，其灵魂都要变成鬼。由于死亡方式的不同，所以鬼的性质也不完全一样。因而出现了善鬼和恶鬼之分。总的来说大体可分为以下几类。

(1) 刚生下的婴儿和三岁以下死亡的人的灵魂变成的鬼。这种鬼不作祟于人。他们的死就像树上的果子，未成熟之前就掉落下来一样，在地上臭了，消失了。它们不懂得害人，在它们的那个天地里，如同小鸡一样到处觅食，到处乱跑，无忧无虑地生活。

(2) 四岁以上的孩子死后变成的鬼。这种鬼一般也不害人。它们平时在村寨旁边挖土玩灰。有的哈尼族认为，这是被自家的祖先领去了，给它们去吆鸡赶猪等。所以他们对这种人死后，通过叙家谱的形式，把它交代给祖先们。

(3) 成熟的姑娘或小伙子死后变成的鬼。这种鬼不愿和祖先住在一起。它们到了一个叫做"尼得交麻"的地方，那里是年轻的鬼居住的地方。认为这种鬼会常作祟于年龄相同的人。

(4) 60岁以上的老人去世后，其灵魂也要变成鬼。但是，他们都是留下儿孙的慈祥的老人，他们的灵魂变成的鬼是善良的，一般不会去害别人，通过丧礼活动后，慢慢地嬗变为所属家人的祖先神。他们居住在"萨罗获"或"艳罗获"的地方。在那里祖先们可以看见尘世间的一切，保护着自己的后辈儿孙们。由于某种原因，祖先有时也会反目，出卖自己后人的灵魂，加害于人。它们有时住在坟墓中，有时住在家中的神龛上。

(5) 非正常死亡的人的灵魂变成的鬼，哈尼族认为这是最可怕的鬼（哈尼语称"沙诗"）。"沙诗"指的是在露天底下，没有经过亲人接气，或无人看见的情况下或者其他意外造成死亡的人。他们的灵魂将变成恶鬼，对人充满着敌意，随时都准备加害于人。哈尼族认为最先以非正常方式死亡的人是"木翁"（有的叫"吴安"），所以哈尼族把"木翁"视为"沙诗"之王，也就是恶鬼的总鬼王。以某种方式第一个非正常死亡的人的灵魂变成的鬼，就成为这类鬼的鬼王。如第一个被火烧死的人，就是烧死鬼的王。非正常死亡的人，无论年龄大小，都不能将其灵魂送到祖先居住的地方去，其名字也不能列入祖宗谱牒之列，变成无固定归宿的鬼，到处游荡。由于死亡方式的多种多样，就形成了许多不同类型的鬼王，在哈尼族宗教中形成一个鬼王谱，兹列如下。

总鬼王：木翁；

水溺死鬼王：木尼；

火烧死鬼王：木纠禾甲；

摔死鬼王：木空奎；

麂子挑死鬼王：木那；

熊咬死鬼王：木翁楼；

枪打死鬼王：明纠明早；

吊死鬼王：木空课；

雷打死鬼王：嘎尸阿者；

路上死的鬼王：牙尸阿窝；

……

以上鬼谱，在不同地区有较大变异，鬼王名称也不尽相同，但都有类似的谱系。

哈尼族宗教认为，人世间的这种非正常死亡是难免的，一旦发生了，就要进行特殊的祭祀活动，把他们的灵魂发送到特定的地方，交代给某一鬼王管理，这样一般就不会来加害于人。有些人非正常死亡后，没有经过特殊的祭祀，为其指明去处，这就造成了世间有恶鬼的存在。

（二）宗教中的驱鬼活动

随着鬼观念的不断发展，哈尼族宗教活动中，形成了许多以驱鬼为目的的祭祀活动。哈尼族的宗教关于祭鬼的形式分十二大类，称为"尼课"；每大类又分若干小类，称为"尼扎"。有句俗话说"要知尼扎有多少？九把棕丝一样多"。一个"尼扎"有一种祭祀形式，相应的有一种祭品组合，有复杂的，也有很简单的。比如：

1. 获立哈。哈尼语，其意为"泼水饭"。这是最简单的退鬼方式。人们从野外劳动回来，突然生病时，哈尼族认为可能在路上撞着什么鬼了，鬼能使人生病，但使人生病不是鬼的目的，而是通过这种手段向人骗取各种祭品，以满足它们的需要。一般认为冷死鬼需要的是衣服和火；饿死鬼需要的是食物等等。在未卜知鬼的要求的情况下，尽量什么都送一点给它，以此达到退鬼的目的。一般"获立哈"的方法是这样的：用一个烂碗或笋叶，上边放酒、肉、辣椒、毛烟、破布、炭火等，由一个人抬着在病人头上转个圈，然后拿到大门外扔掉。如果认为是比较恶的鬼所害，就要拿一只雏鸡，撕开肚肠，连毛带屎置于一个器物上，再加米饭（染红的）、骨头、米泔水、酒、辣椒、毛烟、核桃等，最后撮些炭火在上边。这时会立即放出一种刺鼻的怪味，由一个人抬着从病者旁边擦身而过，吐一口唾沫，表示鬼离身。那些祭品一定要送到村边的路口，放在一个比路面稍高的地方，让鬼来那里享用，不能乱扔。送祭品的人出门后，在家的人需把大门关起来，等到送祭品的人回来时再开门。送祭品的人回到大门时，要打一瓢冷水给他，在门外洗手后才能进到家中来。

这是一种简单的应急性祭祀方法，不需要摩批来主持进行，这种方法几乎人人都知道。

2. 出门避鬼咒。这是一种防卫性措施。认为这样做，就能把鬼吓跑，不敢近身加害于人。但这种做法只有少数人懂。念避鬼咒的时候，要边念边做抓鬼砍杀的动作。咒语大意是：

> 小尖刀，大尖刀，
> 天神明烟送我一把刀，
> 一庹余两庹长；
> 我头上戴铁壳，
> 我肚里有明灯，
> 见鬼就杀鬼，
> 见虎敢杀虎，
> 左手抓住鬼，
> 右手来打鬼，
> 一刀把你砍成三截，
> 一截破成三丫，
> 一根茅草打在鬼肩上，
> 小鬼头颅滚路旁，
> ……

3. 煞冬挡。哈尼语，意为"阻挡非正常死亡鬼"。在哈尼族的宗教祭祀活动中，这是规模最大的祭祀之一。如果出现非正常死亡事件，不进行这项祭祀活动，死者的灵魂就要变成恶鬼，时常会回来危害村寨、危害家人，所以一定要请高明的摩批来进行祭祀。

这种祭祀活动的地点，必须选在离村寨较远、看不见寨子、听不到寨中鸡叫狗吠的地方。意思是要把鬼阻止在那里，不让它回到村寨来。

这种祭祀的牺牲比较多，由以下的牲畜组成：黄牯子牛1头，2只山羊，2头老母猪，3只狗（二小一大），2只鹅，3只公鸭，1只白公鸡，2只鸽子，2只黑公鸡，2只小鸭，2只小鸡等。

其他祭品有3庹白布、2只红土锅、12个小碗，用一种树叶做9个树叶碗，用毛木树等三种树做3个木槌，用另一种树枝做成3双筷子，染一份红饭、米糠、灶灰、烂铁碎铜、白线、饭团、姜块少许。还需1把锄头、1个背箩、1床蓑衣、1把镰刀、1架木耙、1个犁头、1件死者旧衣等。

上述牺牲及祭品，全部拿到祭祀地点，先在那里用芭蕉叶搭一个窝棚，内置3碗酒、3碗茶、3碗米和3双筷，再用芭蕉树做槽引一股泉水下来。窝棚边的地上挖一个圆洞，深五六十厘米，洞口用笋壳剪一个盖子盖起来，笋盖中心挖一孔，用一根叫"比堵"的草秆戳进去，可以上下拉动，并会发出嗡嗡声，哈尼语称"甭不欧"，以此来吓鬼阻鬼。

这些全部就绪之后，摩批开始念诵很长的祭词，把亡魂送到它应该去的地方，分给它应该得的东西，用木槌把它打出去，用灰糠、烂铁碎铜撒在路上，阻止鬼返回村寨来。诵完祭词后就可以宰杀牛羊了，并要将1只小狗、1只小鸭、1只小鸡活活地拿来砍为两截，丢在路上，表示寨人和家人与亡魂一刀两断。从此，他成了鬼，与人没有任何关系了。另外，用1只小狗、1只小鸭、1只小鸡连同其他杀死的牛、羊、猪、鸡、鸭等牺牲的蹄、爪、角加上碎铜片，在东南西北四方挖四个洞，埋于地下，洞用土认真填实，以此表示阻挡冤鬼，不许它返回家乡来。

牛羊等肉煮熟后，全寨每户去一人吃肉。除了摩批的东西外，吃剩的东西和其他用具全部扔在那里，不再拿回家中来。

第二天，全村男女老幼忌日，不事生产，以此来哀悼死者。

此后，死者家接着要做三个祭祀活动。一个叫做"煞翁达"，意为驱赶造成非正常死亡的怪神。哈尼族认为家中有这种怪神，才会出现不正常死亡的现象，不把它赶走，还会有后患。

要选属虎日进行，用1只母鸡、1只公鸡、1只公鸭、1头小猪、1只公狗杀牲祭祀；祭桌上放1碗酒、1碗茶、1碗米，由摩批主持进行。最后还用灰糠、烂铁碎铜等送到村外，横撒于路上，阻止冤鬼回来。二叫"煞龙户"活动，大意是请回家中的增神。用1只母鸡、1只公鸡、1只公鸭、1头小猪、1只白母鸡，选属龙日在死者家中进行。他们认为家中出现非正常死亡事件，会把家中的保护神即增神吓跑，必须把它请回来，不然以后家景不会好，日子会难过。最后一次是"苏拉枯"，即叫家魂。用1只母鸡、1只公鸡、1只公鸭给全家每个人都叫魂，祝福大家身心健康。

至此，哈尼族针对非正常死亡现象的祭祀活动全部结束。死者不能与祖宗连谱，指明了它的去处，鬼王"木翁"就会领着它们在阴间世界里生活。

至此，哈尼族针对非正常死亡现象的祭祀活动全部结束。死者不能与祖宗连谱，指明了它的去处，鬼王"木翁"就会领着它们在阴间世界里生活。

三、神灵观念的产生与祭神方式

哈尼先民很早就出现了比魂和鬼更为抽象的东西，即某种"主宰"的观念，它非魂非鬼，这就是宗教观念中的神灵形象。如天上有"俄玛"（天神），地上有"密玛"等司管着，它们是天地的主宰者，也就是天神和地神。由于社会发展不平衡，有的哈尼族地区鬼和神的界线不是十分清楚，但多数地区是比较明确的。他们首先崇拜的是自然神，如山神、雨神、风神、雷神等。他们认为神能降福于人，也能祸害于人，同一个神灵，有时是善良的，有时是凶恶的，由于神灵具有这二重性，所以日常生活中，人们的态度是虔诚祭奉，求得神灵的欢心，得到它的保护，免受其害。在哈尼族的宗教生活中，除了具体的自然神外，还出现了许多抽象的神灵形象，如怪神、败神、乱神、战神、挤神、咒神等，在宗教观念中形成了一个神谱系统。兹列表如下：

编号	哈尼语神名	汉译神名	神　性	神　境	神际关系
1	〔pE┤〕	松神	能使二者联结不紧	阴暗的角落	属地上神
2	〔tsɿ〕	骑神	能促使家人出现乱伦行为	阴暗的角落	属地上神独立存在
3	〔ʒa┤〕	乱神	使出嫁的姑娘在娘家死亡	阴暗的角落	属地上神独立存在
4	〔tsho↓〕	雷神	毁屋劈树	蓝天白云之间	属天上神天神统管
5	〔ai┐〕	风神	使人嘴歪口斜庄稼无收	蓝天白云之间	属天上神天神统管
6	〔phɯ┐〕	麻风神	使人生灰色疮疤	村边路旁	地上之神独立存在
7	〔tu↓〕	毒神	使人猝死	村边路旁	独立存在
8	〔khy↓〕	断神	使人断骨	村边路旁	独立存在
9	〔tsh┤〕	虹神	使妇女肚肿大	江河泉边	独立存在
10	〔kʮ↓〕	肾神	使男性生殖器生病	地上	独立存在
11	〔tʃau↓〕	瘫神	使人瘫痪	地上	独立存在

编号	哈尼语神名	汉译神名	神 性	神 境	神际关系
12	〔ȵe˥〕	疮神	使人生毒疮	地上	独立存在
13	〔ɣu˩〕	勾神	使二者钩心斗角	地上	独立存在
14	〔nɯ˧〕	咒神	促使赌咒	地上	独立存在
15	〔mi˩〕	火神	能触发火灾	天地之间	独立存在
16	〔mi˧〕	烫神	使人有灼热感	地上	独立存在
17	〔te̠˧〕	挤神	使人互相排挤	地上	属地上之神独立存在
18	〔çi˩〕	绕神	缠绕裹足	地上	属地上之神独立存在
19	〔phe˩〕	放神	祖先对后人放任不管	地上	属地上之神独立存在
20	〔lɯ˧〕	滚神	触发意外事故	地上	属地上之神独立存在
21	〔pu̠˧〕	衣神	使人梦中穿新衣	地上	属地上之神独立存在
22	〔ji̠˧〕	花神	使人梦中采花	地上	属地上之神独立存在
…	……	……	……	……	……
61		太阳神	享受祭品之神	天上	属天神系统

编号	哈尼语神名	汉译神名	神　性	神　境	神际关系
62		月亮神	享受祭品之神	天上	属天神系统

　　哈尼族原始宗教中经常作祟于人的 62 种神灵，仅是整个宗教神灵系统中的一部分。这些神灵可以变换 46 种方式危害于人，人们为了自身的安全，也要有相应解脱措施，这就产生了名目繁多的祭祀形式。

　　哈尼族认为，诸多神灵中唯天上的"俄玛"为大，它是世间至上至尊的神，是无所不能的世间万物的主宰者。另外，他们认为"乌麾"神有千百只耳朵，能听清世间的任何声音；"摩咪"神有千百只眼睛，能看清世间的任何事情。"俄玛""乌麾""摩咪"有他们的天规天理，如果世间的人和动物违背了就会受到惩罚，因而人们要经常祭奉它们，讨好它们。地上诸神中，"密玛"（或"咪斯"）即地神，也是一个至关重要的保护神，人们也丝毫不敢得罪它。哈尼族认为一定的地域里，要有"密玛"司管着，这块地方才有灵气。哈尼族的村寨都设有专门祭祀"密玛"的地方。寨子没有"密玛"就不会有活力，不会兴旺，人丁不会繁衍。有"密玛"庇护，寨子才能禽畜兴旺，五谷丰收，老少康泰。此外。每户的宅基地里同样有小"密玛"保护，家里的禽畜才兴旺，老少凡事才会顺心。哈尼族为了求得寨民的安康，粮畜的丰收，每年以祭祀天地神为核心，进行一系列的公祭和私祭活动。比如：

　　1. 摩咪罗（或俄玛罗）。即宴请天神。一般一年两次，夏冬两季属羊日进行。哈尼族认为，属羊日是天神的生日，所以这天祭天神是最好的日子。这是全寨性的公祭活动，主要牺牲是 1

只红公鸡。村寨中有固定的祭祀地点，祭祀须由摩批主持进行。参加祭祀的人主要是寨老们。举行祭祀活动的时候，无论人多人少，只能安放3张桌子，每张桌上点3盏香油灯，自始至终不能熄灭。整个祭祀中不得用猪油。每桌还要摆放3碗酒、3碗茶、3碗大米、3个荷包蛋、3碗炒黄豆。同时要派人到寨子里逐户收集破布、臭蛋、臭果子、烂碗、糠灰等，收齐后用篾箩抬到祭祀地点。待鸡和其他菜都做好后，就举行祭献仪式。参与祭祀的人向天磕头，再把收集来的破烂送出村子外边去，然后返回来就地野餐。

2. 咪斯罗（或密玛罗）。即宴请地神。每年农历七月间选属猪日进行。祭祀的牺牲主要是猪、山羊、红公鸡等，每次祭祀只需用一种，用哪一种必须打鸡卦来卜定。祭祀地点一般设在神林的下方，以一棵或数棵大树为标志。年代久远的寨子，往往有千年古树，野藤缠绕，枝丫垂地，浓荫蔽日，给人一种阴森肃穆之感。祭祀时桌子上要放3碗大米、2碗酒、2碗花椒水、2双筷子、1个盐巴碟子。全村每户要来一个男性参加。参加祭祀的人，个个衣冠整齐，但不能穿鞋子，木屐也不例外，否则是对"咪斯"不尊敬，得不到"咪斯"的保护。祭品全部煮熟之后，向"咪斯"虔诚祭拜，人人磕头致礼，然后大家就地用餐。

3. 咪斯（密玛）甲哦。即请地神"咪斯"回来。哈尼族认为地神是可以到处游荡的，如果人们祭祀不周，地神不高兴，就会离村而去。因此，他们认为地神不在时，就要进行"咪斯甲哦"的祭祀活动。"咪斯"在不在，"咪斯"去哪个方向，请"咪斯"之后，是否回到寨子中来，这一切都是用鸡骨卦来卜定的。当天，全寨不事生产，还要组织数十人，敲锣打鼓地到远离寨子的山头上，朝着地神离去的方向请地神。去的时候，还要备上一匹马，这是准备给地神回来时骑的。人们站在山头上，边敲锣边喊："我们的地神回来吧，别的地方不好在，就是我们的地方好在；别村别寨不好玩，就是我们的寨子才好玩；别人的家里不好在，我们的家里才好在……"叫完之后，牵着马回到寨子里来，把它送到地神居住的地方。如果请一次地神不回来，那么还要请第二次、第三次，直到认为地神回寨子为止。那匹牵去的空马，回来时汗流浃背，那就意味着地神被请回来了。

哈尼族认为，过世祖先的灵魂是永存的，他们成了能福佑子孙后代的祖宗神。祖先神居住的地方，一是在坟墓中，二是在"萨罗获"的地方，三是在家中的"候勾"上（这是专门祭祀祖先的地方，类似神龛）。祖先之神经常来往于这三个地方，像在尘世间一样过日子。哈尼族虔诚地祭拜祖先，但在家中并无祖先的偶像，每个家庭的"候勾"就是祭奉祖先的神圣之处，过年过节时，祖先神来这里享用后人给它们的祭品。

哈尼族的许多丧礼习俗，都是祖先崇拜的具体体现。如通过叙家谱的形式，将死者和历代祖先联结在一起，把他列入祖先的行列，让它们共同福佑后人。哈尼族认为，过年过节的时候，祖先神要回到家里来，接受子孙对它们的祭奉。因而，每当这个时候，要进行各种形式的祭祖活动。祭献祖先是一件神圣的事，必须认真对待。进行祭献的人要头戴帽子，态度庄重严肃。祭献过程中，切忌把碗、筷和其他祭品弄翻或掉在地上。最先祭献家族的祖先，叫做"扎候候"。献饭由家庭主妇或男主人进行。祭品是2碗饭、2碗酒、2碗茶、1碗肉、2双筷，外加盐碟子。将这些有序地摆在托盘上，然后由祭献的人踏着碎步走向祭祀祖先的地方进行祭献。祭过之后，全家老少向祭献祖先的"候勾"磕头。祭祖用过的饭菜，必须由家中年事最高的老人先尝一口，小辈人才能食用。这些饭菜即使凉了，也不能泡汤或重新加热。有的哈尼族地区，有以生肉熟肉同时祭祖的习俗，称为"总尼尼"，其意为做红肉祭祖，认为这样祖先会高兴。这是哈尼族古老祭祀习俗的遗存。

在年节期间，还有一种祭祖方式，叫做"扎候皮"，意为送供品，直接把供品背到母亲家祭献。供品份数的多少，由对方户数的多少来确定，每户一份，不能遗漏。供品主要是些熟食品，以糯米食为主，一般是糯米饭或糯米粑粑，再加一壶酒、一小包肉。有时把肉分成生熟两小包。供品送到亲戚家后，由主人摆放在托盘上，然后端着向"候勾"祭献祖先。送供品的人，要向亲戚家的"候勾"磕头，并吃一点东西。亲戚家要给送供品来往的人一定的回礼，如一只小鸡或一个鸡蛋等。认为送小鸡是最高的礼遇。哈尼族这种姻亲间的供祭习俗非常盛行。在现实生活中，人们在节日期间互致供品、礼物，一来恭贺新禧，二来祭拜祖先，不忘自己的血缘关系。这种行为维系着哈尼族亲戚之间的和睦关系，对社会的稳定和发展起着积极的作用。

哈尼族宗教观念中，有天上神、地上神和地下神之分，此外还有祖先崇拜，均形成了各自的神灵系统和不同的祭祀形式。这种神灵崇拜习俗是根深蒂固的，具有很强的传承性，至今许多哈尼族地区尚有明显的遗存。

四、多神信仰的特点

哈尼族的多神信仰活动，几乎全民族都是统一的，大的信仰原则是一致的。对每个人来说，信仰和不信仰，都没有什么约束，不需办理任何手续，也不受教条的限制。一般来说，每个人从小就耳濡目染，认为人的生活就应该如此。长大以后，人人都会朝着这条信仰的路上走去。哈尼族的多神信仰活动中，崇拜方式主要是举行祭祀活动。而这种祭祀活动的时间、地点、祭品具有很大的变异性，没有统一的祭祀场所，在村寨范围内和村外许多地方都可进行祭祀活动，具体根据某一祭祀活动的需要来确定。总的看来，哈尼族多神信仰习俗有如下明显的特点。

1. 信仰活动中重祭品、避邪物，轻法器。哈尼族的宗教信仰活动，几乎每项都由宗教活动的主持者摩批来主持。而哈尼族的摩批很不重视驱除鬼神的法器，他们身上往往只带一把尖刀和布包。尖刀有两重含义，一是实用性，举行祭祀时用来杀牲；二是具有一定神性，认为摩批身上带有金属，鬼神不敢来侵害。而布包要通过一定祭祀活动，须由摩批的姑妈亲手缝制才行，主要用来装物品。除此之外，哈尼族摩批没有随身携带的固定法器。但是，进行祭祀活动时，他们非常注重祭品和避邪物，祭品包括所需祭祀牺牲。哈尼族举行祭祀活动涉及的祭祀牺牲有牛、猪、山羊、狗、猫、鸡、鸭、鹅等。这些禽畜中，又根据不同的祭祀形式和目的，分雌雄以及不同的颜色和大小，组成不同的牺牲组合。按规矩还不能多也不能少。祭祀天上神，一般必须有公鸡，祭祀地下神，必须有公鸭与其他牺牲组合。祭品涉及的内容很广，大致可分为食物祭品、动物祭品和植物祭品。食物祭品，也可称为供品，但其宗教含义更广泛。每当进行祭祀，都要安一张祭桌，往往把食物祭品放在祭桌上，主要有酒、茶、米、花椒水、米饭、盐碟等，还配上筷子。每件数量的多少，要根据每项祭祀的需要而定。动物祭品，指的是野外的动物，一般用在祭祀上的有泥鳅、鱼、黄鳝、田螺、虾巴虫、蜂子、蚂蚱、螃蟹及部分动物身上的器官，如象骨、鹰爪等。上述动物祭品，并非所有祭祀活动都需要，每项祭祀活动所需的只是其中的一种，最多两种而已。植物祭品使用更加广泛，几乎每项祭祀活动都需要一种以上的植物祭品。一般使用的有白栗树枝、水冬瓜树枝、松枝、蒿枝、芦苇、竹子、寄生枝、蓝靛、刺通树、棕叶、尖刀草、柳枝、芭蕉树、车前草、毛木树、火硝树、万年青树、魔芋等，还有作为避邪用的各种野刺、野姜叶、笋壳等，总数可达几十种。每种植物都可从宗教的角度，作出某种解释。哈尼族在宗教活动中使用的避邪物，除野刺、野姜叶外，还有木刀、木剑、弓箭、笋壳人、烂铜、碎铁、灰糠等。哈尼族的宗教观念认为，鬼神是怕上述东西的，因而常用来驱鬼或阻拦村寨的路口，防止鬼神进寨危害人畜。

2. 维护人、粮、畜是哈尼族多神信仰的宗旨。哈尼族宗教的魂、鬼、神信仰，相应地形成了各自的崇拜方式。而所有的崇拜活动的目的，都是为了人体的安康、人丁的增殖、庄稼的丰收和牲畜的发展，每年过了10月之后，就要进行各种公祭和私祭活动，其目的是希望来年万事顺心。据统计，哈尼族每年固定的公祭和私祭活动有30多次，除了每年的8月、9月两个月之外，几乎每个月都有一至两次祭祀活动。临时性的祭祀活动就更多了，这主要是以家庭为单位进行的。

第四节　多神信仰与社会生活

哈尼族的村寨是哈尼族社会的基本单位，其一切社会活动及社会生活，都是以村寨为基础展开的。哈尼族的社会生活与宗教信仰活动掺揉在一起，贯穿到社会生活的全过程中。以村寨为单位开展的宗教信仰活动，成了哈尼族社会生活的基本内容。

以村寨为核心的社会生活和宗教信仰活动，首先是哈尼族的村落结构最具宗教色彩。哈尼族认为村寨完整的含义，除了居住的房屋和街道外，还包括水井、寨神林、地神树、磨秋场、寨门、镇邪处等附属设施。

寨神，是哈尼族村寨的神王，一寨的人、粮、畜都是在寨神的庇护之下才能安康和发展。建村立寨之时，首先要确定寨神的住所寨神林，哈尼族称为"昂玛"或"普玛俄波"，每年都在这里进行全寨性的定期祭祀。

水井，哈尼族称"罗活"。哈尼族很重视水井的修整，他们认为水对人的美与丑有着直接关系，只有清洁的水才能养出俏男丽女来。因而绝大多数哈尼族不喝江河水和死水，要喝泉水或常流的溪水，每年对水井要定期杀鸡祭祀。

寨门，哀牢山区哈尼族现在实际不设真正的大门，许多地方设在进寨道路两旁，以路边的两棵大树为标志。西双版纳哈尼族，用比较好的木料，做成大门框形状，立在村外的大路上，上边雕有各种鸟类形象，另有木刀、木剑、弓箭等。大门两旁竖着两个用天然树桠雕成的人形，一般为一男一女。这种寨门称为"洛扎"，又称"龙巴门"，每年立一道，旧的任其倒塌腐烂。这是为了把灾难、邪恶的东西阻止于村寨外边，不让它们进寨危害人畜。

镇邪处，哈尼族称"龙最最独"。一般设在离村寨稍远的地方，每年要在此处定期杀牲祭祀，目的是为了阻止豹子、野猫、老鹰等野兽进寨危害人畜。

磨秋场，哈尼族称"丛卜"。这是哈尼村寨的象征，设在村寨的旁边。这是迎接农业保护神"威嘴""石批"的地方，每年要在这里举行多次全寨性的祭祀活动。

在上述这些地方，每年必须进行固定的公祭活动二十多次。总的说来，祭祀活动的目的是为了阻止、驱赶、抵御各种邪恶的东西和野兽的侵扰。哈尼族的这种以维护村寨安宁、繁荣为目的的信仰活动，构成哈尼族社会生活的重要组成部分，在村民中产生了一种强烈的内聚力和向心力。

家庭是社会生活的基本单位，也是进行宗教活动的最小单位，每个家庭每年须进行数十次固定的祭祀活动。很多祭祀项目，亲戚之间要互相尽某种宗教义务，如过年的时候，出嫁的姑娘必须送供品回娘家祭献祖先等。

宗教活动贯穿每个人的一生。人未生下来就要进行一些宗教活动，希望孩子顺利生产。一旦生下来，从杀鸡取名开始，整个人生历程中，要进行无数次针对个人的祭祀活动，其中，有些活动是固定的，到时候每人都必须进行。至于临时性的为个人叫魂、驱鬼、求神之类的活动就更多了。

第九章　风俗习惯

　　哈尼族有着丰富多彩、颇具特色的民俗习尚。下面的介绍因红河州、思茅地区、玉溪地区哈尼族的风尚较相近，而西双版纳地区哈尼族的习俗有较大变异，故在整体叙述之后，另附西双版纳地区哈尼族的一些特殊风俗习惯以飨读者①。

第一节　饮食习俗

一、饮食习俗的形成和发展

　　哈尼族的饮食，由食物和饮料两大部分组成。由于各地哈尼族的社会生产力发展不平衡，经济生活和文化生活水平不尽一致，饮食习俗显得多样复杂。随着哈尼族经济文化的发展，哈尼族的饮食文化也不断地丰富起来。

　　从总体上看，居住于不同地区的哈尼族，其主食的构成是基本一致的，烹饪技术、饮食方式、所食风味大体相同。可分为主食和副食两大类，每一类又由许多种类组成。

------

　　①有关材料主要参考《西双版纳风情奇趣录》（云南民族出版社，1986 年）、《西双版纳哈尼族史略》（云南民族出版社，1992 年）等书。

（一）主食的构成

哈尼族的主食类，主要由以下品种构成：稻谷、荞子、包谷、高粱和小麦（中华人民共和国成立后引进），其中最主要的为大米，因而各地哈尼族均栽种稻谷。稻谷有水稻和旱稻两种，水稻的种植面积最大，品种也比较多，是哈尼族全年消费最多的粮食品种。气候暖和，雨量充沛，海拔较低的半山河谷地带栽种部分旱稻，但由于地理、气候等条件的限制，旱稻种植面积较有限。荞子是一种早熟的小春作物，它先于山区稻谷两个月左右成熟，是哈尼山区青黄不接时最好的过渡性主食，因而，过去哈尼山区普遍栽种荞子，是哈尼族的重要食粮，有的地方每年要吃三个月左右的荞子。但是，栽荞子对森林的破坏很大，因此目前已很少种植。固定耕地，主要种植玉米和麦子，这两种作物已成为哈尼族的主要辅助粮，有的也在热区、坝区种植一部分高粱，但产量不高，主要用于酿酒。

（二）副食的构成

副食主要由肉食和蔬菜构成。哈尼族的肉食，一是家庭饲养的禽畜肉，二是狩猎获得的野生动物肉。禽畜主要有牛、羊、猪、鸡、鹅、鸭、鸽、兔、狗、禽蛋等。过去哈尼族有狩猎的习俗，有许多猎场上杀老熊逮麂子的"英雄"。每个伙子成年之后都要配一杆火药枪，这既是男子汉成熟的象征，也是狩猎的重要工具。过去哈尼族地区能猎获的野生动物有麂子、马鹿、老熊、野猪、刺猪、岩羊、松鼠、山驴、獐子、破脸狗、竹鼠、穿山甲、豹子、老虎，还有野鸡、竹鸡、箐鸡、鹧鸪、野鸭、鱼雀等飞鸟。现在许多野生动物受国家保护，不能再猎杀，为了保护自然生态环境，狩猎的习俗有了很大改变。除此而外，哈尼族还在野外获取一定数量的水产类动物食品，最普通的是鱼、泥鳅、黄鳝、螺蛳、石蚌、螃蟹、江鳅、乌鱼、扁头鱼、花鳅等。哈尼族的梯田是养鱼的最好场所，秋收时节，往往是鱼粮双丰收。另外，哈尼族每年还从野外摄取相当数量的昆虫类食品，主要有各种野蜂蛹、蝉蛹、竹蛆、蚂蚱等，这些山珍野味营养价值很高。

哈尼族地区种植的蔬菜种类较少，常吃的有青菜、白菜、萝卜、瓜类、豆类、土豆、芋头、魔芋、山药、茄子等；苤菜、韭菜、葱、蒜、姜、辣椒、草果、花椒、香菜等作料也普遍种植，目前，除自己食用外，还有相当数量用于集市交易。

除种植蔬菜外，哈尼族每年还采集大量的山茅野菜。常食用的野菜有竹笋、水芹菜、刺包头、鱼腥草、车前草、蕨菜、甜菜、鸡爪菜、四叶菜、树头菜、苦菜、野山药、百合、玉华花、柴花等。还有香菇、白生、木耳、鸡枞等山珍。

（三）饮　料

哈尼族的饮料主要是酒和茶，男子大多数都嗜酒好茶，哈尼族地区有"客人来了先敬酒"的习惯，以此表示对客人的欢迎和敬重。哈尼族用酒来源，一是在市场上购买，二是自己酿造。很早的时候，哈尼族就能够自己酿制清酒，他们以花椒、大米等捣碎之后制造发酵剂即酒药，用稻谷、大麦、高粱、荞子、包谷等粮食酿酒。哈尼族酿制的"焖锅酒"，有香醇、甜美、平和的特点，酒度不低，但不易醉人，因而备受欢迎。每当节日庆典，以能喝到自制的焖锅酒为快。

焖锅酒的制作与一般酒的制作无太大的区别，主要是所用酒药和酿酒的工艺程序有些不同。哈尼族的焖锅酒以户为单位，自酿自食，大多数地区都是由家庭主妇承担。酿制焖锅酒，以小甑子为宜，每次装十千克左右酒料，酒料装满后，中心部位留出一定空位，置一大汤碗（用来接酒）。甑子头上放一个特别的铜锅，里边装冷水，这就是冷却器。这一切就绪后，将甑子支在大锅里蒸。冷却器的水热了就换进冷水，一般换过三次水之后，一甑酒就算酿成了。这种酿酒方式，出酒时，不让酒淌出甑子外边来，而是直接在甑子里边接酒，"焖锅酒"由此而得名，哈尼语称"丛捂阿巴"。这种酿酒方法，酒在甑中，中途不能打开，无法品尝酒的度数高低，因而须有丰富的经验才能酿出醇美的焖锅酒来。纯正的焖锅酒，色微黄，泡沫细腻，经久不散，口感舒适，酒性平和不上头，香醇甜美。若将酒用土罐装好，埋于谷堆中一年左右再饮用，味道更美，哈尼族常用此酒来招待贵客。

茶是哈尼族喜好的另一种重要饮料。哈尼族的饮茶历史较为悠久，同时也是栽培茶叶最早的民族之一。过去哈尼族的茶叶加工方法较简单，把鲜嫩的茶叶采摘回来之后，在锅里翻炒杀青，然后放于簸箕中用手搓揉，到一定程度之后，自然晾干，便可贮存备用。哈尼族虽好茶，但饮茶方式较为简单，主要有以下三种，即煮茶、煨茶和泡茶。煮茶比较大众化，在人多的场合下，用铜茶壶烧开水，再把茶叶放进去，煮一段时间以后即可饮用。一般情况下，大家围坐在火塘边上，即煮即饮，喝完了再煮。煨茶比较讲究，也叫煨酽茶，老年人特别喜欢喝。煨酽茶的方法是用一土陶罐，放入半罐茶叶在火塘边烘烤一段时间，边烤边翻动，待茶叶发出一股香味之后，将茶罐从火塘边拿开，加水后继续在火塘边用微火煨煮，茶水煨至半罐左右即可倒出饮用，倒干后再加水煮数次。这种茶水汁酽、色深黄，味苦解渴，带清香味，但一般人难以下咽，必须用白开水冲淡饮用。泡茶是用开水即冲即饮。目前，哈尼族地区都有茶厂，精制茶叶随处可以买到。随着哈尼族生活的不断提高，越来越多的人喜欢喝冲茶了。

除了茶叶之外，哈尼族常用一些野生植物当茶饮用，如梭罗茶、香条茶等。梭罗茶哈尼语称"托东腊披"，其意为松林茶。香条茶是一种矮秆植物，哈尼语称"努含"，有浓烈的香味，一般在开花之后，夏秋之交采集，往往是连枝带叶带花拿回来，放在家中晾干备用。要饮用时，先将香条茶在火塘边烘烤，让其发出一股清香味，冷却后投入烧开的茶壶水中稍煮即可饮用。这种茶水，哈尼族喜欢在每年的二三月间饮用，这段时间哈尼山区属蔬菜淡季，年轻人还喜欢用来泡饭吃。

另外，哈尼族地区的水果也较丰富，不同海拔地区不同的季节生产不同的果品。哈尼山区生产各种梨、李子、杏子、桃子、樱桃、核桃、芭蕉、柿子、葡萄、橘子、柠檬等，海拔较低的山脚河谷地带产香蕉、菠萝、荔枝、芒果等。此外，每年还可采集相当数量的野生果类，如杨梅、锥栗果、野枇杷、羊屎果、无花果、**桤栊**果、刺泡果等。

二、烹饪的基本方式

哈尼族饮食的烹饪方式平时以蒸、煮、炒为主，过年过节，或举办婚礼喜宴时增加其他的烹调方法，以增加饭菜的花色品种及风味。

（一）传统的炊具和餐具

哈尼族的炊具和餐具较为简单，主要是砂锅、锣锅、铞锅、铁锅、蒸锅、木甑、竹甑、土碗、木碗、木盆、木勺、竹碗、竹盒等。这些用具除木竹制品自己制作外，其他炊具和餐具都要向周围的民族购买或以物易物获取。

砂锅主要用于煮饭煮菜，过去是一种普遍使用的炊具，煮出的饭菜能保持自身特有的味道，且养分丧失较少，但十分容易破碎，只能在家中小心使用。铁锅主要用于炒菜、煮饭、煮菜、煮猪食。而蒸锅，唯一的用途就是蒸饭。哈尼族普遍喜食生蒸饭，过去每个家庭几乎都配有一口这种锅。至于铜质锣锅使用范围就更广，利用率更高，出门赶马或在山上吃住干农活，只需提一口锣锅就能解决问题，可以先用锣锅把饭煮熟，然后拿下锅盖当炒锅，煮菜、炒菜均可，非常方便省事。

哈尼族的餐具随着经济生活的提高而变化。从前曾普遍使用过木碗、竹碗、葫芦碗、木盆等，甚至用树叶当碗用。随着集市贸易的发展，逐步过渡到土陶餐具。现在随着经济文化的发展，饮食习惯有了很大变化，炊具、餐具也有了较大的改观，已经普遍使用钢精锅，有的已使用电饭锅等，瓷制餐具盘子、酒壶、细瓷碗、玻璃杯等早已进入哈尼族普通家庭。

（二）烹饪方式

哈尼族的饭主要是煮和蒸。煮，指的是用土锅、锣锅、锑锅和电饭锅直接加水煮熟，产妇、老人喜欢吃这种饭。而大多数人喜欢吃生蒸饭，哈尼语称"和车萨"。做这种米饭，要先将大米用清水淘洗后浸泡几小时，然后把水控干装入甑中，置于蒸锅上生蒸。蒸至半熟后，把甑子抬下来，将米饭倒在一个专门拍饭用的大木盆中，这时的米饭已板结成块，再往米饭上浇开水，接着用一把木铲来回搅拌，直到所浇的开水全部被米饭吸干为止，然后再装甑，进行第二次蒸，蒸熟之后即可食用。做这种饭的关键在于浇开水搅拌，加水要适当，水多了，饭变得太软，达不到生蒸饭的目的，水太少，蒸出来的饭硬得难以下咽，只有加水适量，搅拌适度，蒸出来的饭才松软，有弹性，清香可口。这种饭由于不经过水煮控米汤，因而不会失去大米的养分，并有抗饿的特点。居住于山区的哈尼族，栽田种地都必须上山或下山，路途崎岖而遥远，劳动强度很大，因而特别喜欢吃这种比较耐饿的生蒸饭。

糯食在哈尼族主食中占有重要地位，在节庆、婚宴、诞辰、起房盖屋等喜庆场合，哈尼族一定要吃糯食。不同的场合，糯食的吃法也有所不同，如农历二月间的"开秧门"和"昂玛突"（祭寨神），吃染黄的糯米饭。制作方法是用山脚的黄饭花或其树皮煮出黄色的汤汁，用这种汤汁浸泡糯米后蒸熟即成。黄色的糯米饭，用自然的花粉色素染成，清香扑鼻，去火明目，象征着吉祥和丰收。六月节的时候，家家户户舂糯米粑粑，十月年的时候，不但舂粑粑，还做汤圆。节日期间，哈尼族有以糯食馈赠亲朋好友的习惯。

哈尼族的菜肴，大致可分为以下几种类型：居家菜式、节日菜式、婚丧菜式和祭礼菜式。蒸、煮、炒、烤、炸、炖是哈尼族烹调的主要方式。清淡、酸咸、麻辣、香臭是哈尼菜的基本风味。烹调中常用的调味品有盐、辣椒、花椒、胡椒、草果、豆豉、老酒（相当于醋），现在味精、酱油也普遍食用。哈尼族平时居家菜食较为简朴，以素菜为主，偶有鱼或猎获物。节日菜食，主要以荤菜为主，一般是猪、牛、鸡、鸭、蛋、鱼居多，配以豆腐、豆芽、竹笋、木耳、香菇、粉丝和其他蔬菜等。婚礼菜肴与节日菜肴无多大区别，但有些菜，节日期间可不吃，婚宴上却不能不吃，如凉拌魔芋、柴花、水芹菜、泥鳅等。丧宴菜肴做得比较粗糙，肉食以牛肉、羊肉为主，很多时候也宰猪。蔬菜以瓜菜为主，加其他山茅野菜等。哈尼族祭祀活动菜肴，主要以祭祀牺牲的肉为主，辅以其他一些小菜，一般菜肴不多，不能随意增添与祭祀无关的菜肴，也不能因为肉不够吃，就再杀一只鸡或鸭。在门外边举行的祭祀活动，吃不完的菜肴也要全部倒掉，不能带回家去。

哈尼族民间烹调技术不高，煮和炒是最常用的烹调方式。如青菜等蔬菜，不加油盐，水煮后用盐、辣椒、豆豉打蘸水吃，既清淡，又保持自然味道；即使肉也喜欢大块煮熟之后，切片撒上盐巴后打蘸水吃。炒菜则以素炒和插炒为主。

哈尼族的风味菜，主要有以下几种。

1. 蘸水。这是一种具有风味特点的作料、调味品，在哈尼族的餐桌上占有重要地位。主要用盐巴、辣椒、花椒、豆豉和其他天然的植物香料配制而成。遇到杀鸡等时，常用的香料有薄荷、苤菜根、芫荽、香蓼、香椿、姜、大蒜等，将上述香料洗净切碎捣烂（姜、蒜）后，再加辣椒、花椒（吃牛、羊、狗肉时）、味精等拌均匀，然后加适量的凉汤或凉肉汤。用凉汤配蘸水，可以使碗中的植物香料保持新鲜，香味持久。吃的时候，把肉块往蘸水碗中蘸一下再吃，具有清香、麻辣、鲜美的特点。还可根据所食的菜肴加减上述配料，使之更符合口味。这虽不是一道正式的菜，但哈尼族特别重视，如果没有一碗配料齐全的蘸水，肉再多也觉得美中不足。

2. 肉松。这也是一道哈尼族的风味菜式，主要原料是猪、牛、麂子等的瘦肉。首先制作成干巴，风干或在火塘边烤干均可。把干巴用水煮熟或用子母灰捂熟后，再切成二三厘米长的块，放入盐臼中，加一块姜，用石杵捣烂，捣至能分出肉丝即可。装碗后再加辣椒、花椒、盐巴、味精、香料等即可食用。肉松味道干香麻辣，可口耐嚼，是一道下酒的好菜。尤以麂子干巴为最好，哈尼族常以此招待贵客。用风干的鱼雀、黄鳝制作的肉松也别具风味。

3. 泽梭。哈尼语意为"十样东西拌在一起"。这是一道以生菜为主的凉拌菜。荤腻较重的时候，哈尼族喜欢吃这道菜（除丧宴外）。主要原料是猪、牛的精肉，另外有萝卜、葱、蒜、韭菜、苤菜根、鱼腥草、车前草等能生食的蔬菜和野菜。先加瘦肉剁细，然后放入沸汤中余或爆炒，加少许水，煮熟后装碗放凉待用，再把其他蔬菜和野菜洗净，一起用刀认真切碎后，用手轻轻地搓揉抓泡，最后把余熟或炒熟的肉、盐、辣椒、味精、酸醋、酱油放进去，用筷搅拌均匀即可装碗。这道菜新鲜清凉，解腻醒酒，适合在油腻较大、喝酒较多的时候食用。

4. 白旺。这是哈尼族杀牲常吃的一道生菜，成年男子多数爱吃。主要原料是猪或狗的血和能生食的蔬菜。制作方法，先把刚宰杀的猪（或狗）血用盆接起来，趁热用筷子不停地搅拌，使其产生泡沫，再兑入适当的水，搅匀后待用。另外割一些瘦肉、肝等，用炭火烤熟剁细，再把萝卜、苤菜根、韭菜、鱼腥草、车前草等生菜按一定比例搭配，洗净切细后连同碎肉一块儿倒入血盆中，加盐巴、辣椒、蒜泥、草果末、胡椒面等，拌匀后在盆中用手压平，使其板结成块，上面撒一些炒香捣碎的花生米，过半小时左右，就会板结成一大块。用尖刀划成若干小块之后，即可装碗食用。这道菜除其中的瘦肉是熟的以外，其余都是生的，看上去鲜红带绿，吃起来香甜味美，是烈性酒的下酒好菜。

（三）腌制品

哈尼族有腌制酸菜、酸肉的习惯，腌制品在哈尼菜肴中占有重要地位。主要有蔬菜类腌制品和肉类腌制品两种。蔬菜类腌制品有青菜、萝卜、藠头、香椿等，肉类腌制品有猪、牛、鸡、麂子、鱼等酸肉。哈尼族腌青菜酸菜，一般都要晒得很干，再回水洗净切碎。腌制时放点干饭，再拌以盐巴、辣子即可装罐。有的不放盐巴、辣子，吃时再放。这样腌制出来的酸菜比较干，长时间存放也不易变质。肉类腌制品，用炒面、盐巴、辣椒、酒等配料腌制。这种腌制品一般都是连骨带肉，经过一至二年后，骨头已酥软，放入饭上蒸出来吃，香中带点酸味，是一道很好的哈尼风味菜。腌制品还可以与其他菜肴搭配烹调使用。

三、饮食习俗及特点

哈尼族的饮食习俗丰富多彩，不同地区和支系居家食俗大体一致，节日和婚丧食俗各异。

（一）用餐习俗

哈尼族大多数地区均实行三餐制，其中有一餐吃冷饭。哈尼族大都生活在半山上，到田地里干活，路途较远。早饭要吃得早，晚饭要吃得晚，中午不能回到家中用餐，所以常用特制的竹筒或竹编饭盒（现在大多用铝饭盒）把饭带到山上吃。因而家中每个劳动力，都要准备一个饭盒，与蓑衣、斗笠相配套。中午田间用餐，一般都不要菜。大多数是在饭上放一点酸菜，再加点盐巴、辣子及豆豉，以此下饭吃。如果是天气晴有太阳，就把饭盒置于向阳处，中午食用时比较热乎，在山间吃起来别有风味。如果遇到冷天、雨天，地边又无窝棚，这餐饭会吃得非常辛苦。

（二）居家食俗

哈尼族平时生活简朴，进餐也比较随便，用餐地点在堂屋的居多。同时在火塘边、堂屋门外过道上都可以安桌吃饭。进餐可不分谁先谁后。一般家中男女劳力，早上要出工，早餐吃得早；下午收工晚，晚餐吃得晚。在家的老人和小孩就比较随意。当然，农闲的时候，则全家共同进餐。按哈尼族的进餐习俗，如果家中有儿媳或孙媳，就不能和长辈长兄同桌吃饭了。这时要另行安桌，由家中的妇女陪同就餐，即使这样分配就餐，如果家中公公在堂，做儿媳孙媳的也只能蹲着用餐，直到与丈夫另立门户，成为家庭主妇为止。

哈尼族热情好客，每当客人到来，会热情接待。哈尼族有一句童谣："客人不来菜不好。"客人来了，有条件的人家会杀鸡鸭招待客人。但哈尼族忌杀独鸭招待客人，认为这样做一是不礼貌，二是不吉利。如果只能杀一只鸭子时，一定要拿一个鸡蛋与鸭同煮，表示杀的是一对鸡鸭。有些地方的哈尼族杀鸡鸭喜欢整只清炖，同时加一把糯米同煮，这样炖出来的鸡鸭汤白肉香。吃鸡鸭肉的时候，头脚不能砍碎，鸡尾要留得大一些。进餐时，把头尾敬给客人，表示从头到尾都欢迎。客人也可把它转赠给同桌的老者，表示敬重。哈尼族有看鸡头鸡脚的习俗，如果鸡头出现睁只眼闭只眼或双目紧闭、脚爪不拢等，认为不吉利。这种情况下，主人就不会把鸡头敬给客人。

（三）节日食俗

哈尼族在节日期间，所食菜肴要比平时丰富得多，烹调方式也尽量翻新花样，增加不同口味的菜式，丰富节日生活。

哈尼族节日活动中，常常含有宗教祭祀内容，其中主要是祖先崇拜和农业祭祀活动，这些内容直接影响到节日期间的饮食习俗。节日期间，开饭前要先供献祖先，然后全家向祖先磕头，才能入席用餐。如农历七月间的尝新米节，要在饭前吃用当年新谷爆的米花。第一个要喂给狗，然后按年龄顺序，依次抓来吃，且只能吃单数，不能吃双数。一把抓着双数的要重新抓，直到一下就抓到单数为止，吃过米花之后就可开饭。

十月年期间，要吃糯米团，祭献祖先时要做三个鸡蛋般大的团，裹上豆面，向祖先祭献。然后供在供桌上。这三个团，分别代表人、粮、畜，到第三天拿来用火烤吃。

节日期间进餐时，座位安排有一定的讲究。哈尼族把正对着堂屋门，靠供桌的一方视为上席，一般让老人和客人入座。开席时，要让老人先吃，然后晚辈人才能动筷。如果家中爷爷、奶奶双全，那就要先请奶奶吃。她一时不能入席，其他人等着吃饭时，也要先撕一块肝或肉放在她的碗中，表示她已经吃过了。在这种情况下，哈尼族特别尊重妇女。

（四）婚丧食俗

哈尼族举办红白喜事，均要大宴宾客。较小的村寨，家家户户都参加。婚宴和丧宴有所区别。

婚宴，一般杀猪、鸡和鸭，由主人家大办伙食，招待前来贺喜的宾客。这种正式的请客，每桌要安排一个专门看桌的人。客人入席后，由他负责抬菜抬饭，添菜斟酒。主人家要逐桌发糖、花生、槟榔等。

丧宴一般杀牛、羊、猪、鸡，除主人家办伙食外，全村各户都要帮忙，把外村前来奔丧的人分配到各户，房东家要管这些人的吃住。吃饭时，先由一个老者，每人撕一点菜，并蘸点盐巴丢在地上，再倒点酒洒在地上，表示让死者的灵魂先吃，然后大家才开始喝酒吃菜。丧宴席上不能有白旺，有白旺等于剁吃死者的肉。

（五）野餐食俗

哈尼族常有在野外吃住的时候。如吃住在山上，不论干活或是搞祭祀活动，只要烧火煮饭菜吃，饭前都要把饭菜先敬献给锅桩石，放点菜饭在其上边，然后才能开饭。如果进行某种祭祀活动，吃剩的食物要一律倒掉，炊具和餐具必须洗净后才能带回家中。

四、饮食礼仪及禁忌

哈尼族饮食习俗中，有许多值得倡导的礼俗，其中首推哈尼族尊重老人的习俗。平时生活中，对老人的生活给予特殊的关照。青壮年人，由于劳动强度大，喜欢吃比较硬的生蒸饭，而老人吃这种饭就受不了。因此他们就给老人煮土锅饭或在蒸锅里放脚架炖饭。煮或炖的饭又香又软，非常适合老人食用。过年过节或平时杀鸡宰鸭的时候，要把鲜嫩的肝脏敬给老人吃。

餐桌上斟酒有一定的规矩，桌上人数坐够之后才开始斟酒。先从席中年纪最大的老者杯中斟起，然后依次斟给大家，最后还要倒点在最先斟的那一杯中，表示斟酒首尾相连，团团圆圆，和睦一心。开席时，要请年长者先举杯动筷，切不可小辈人先动筷吃起来。若有此种情况，要被视为毫无礼貌和教养。喜庆场合，席间有互相敬酒的习俗，但必须是年幼的敬年长的，小辈的敬长辈的，而不能相反。接受敬酒的人，一口喝下之后，同桌的其他人齐声喝彩："梭！"但是，在座的人当中，有比喝酒的人更年长者，便不能参加喝彩。

如不是喜庆场合，喝酒再多也不互相敬酒，更不能喝彩。

哈尼族在日常生活中，形成许多禁忌。如：

1. 蒸饭时，甑子若发出嗡嗡声，认为不吉利。

2. 蒸饭时，甑子中间的饭老蒸不熟，反而发黄，也认为不吉利。

3. 老鼠死在饭盒里，认为不吉利。

4. 过年期间，晒在簸箕里的团面上出现小动物的脚印，认为不吉利。

5. 吃饭时，饭桌上必须有盐碟。

6. 吃饭时，禁用筷子、勺子打小孩。

7. 冷饭和小孩吃剩的饭不能喂狗。

8. 媳妇和公公或叔伯长兄不能同桌用餐。

9. 收拾饭桌时，不能将掉在桌上的饭菜对着门口抹下地，必须用碗或手来接。

10. 丧宴上禁做生血凉拌菜吃。

五、西双版纳地区哈尼族的饮食习俗

西双版纳地区的哈尼族支系称僾尼人。僾尼人日食三餐，以稻米为主要食粮。他们喜欢吃硬饭，做饭的方法是头天夜里泡米，第二天早上把生米置于木甑内生蒸。蒸至刚上汽时，又把米倒出来加水搅拌然后再蒸，当蒸至米粒无生核时便开始食用，因此米饭硬得使人难以下咽。在一般情况下，一天只蒸一次饭，中午与晚上多是吃早上蒸好的冷饭。只有在饭不够吃时，才用锣锅重煮。

家人进餐时，男女可以同桌用饭。一旦家中来客，按照传统的习俗，妇女要重新设席在女室内就餐，只有男人可以与客人同桌进餐。进餐时的席位以靠近火塘的一方为首，首席一般都由长者坐。在男室进餐，首席由男性长者坐；在女室就餐，首席则由女性长者来坐。

僾尼人使用的餐桌是轻巧而别致的圆形簸桌。簸箕似的桌面上有着用簸条编出来的精美图案。桌子与地面接触的部分是一个圆圈，其间是一个连着一个的马蹄形桌脚，整张餐桌就是一件竹制工艺品。他们习惯用一种名叫"盒窝"的竹器盛饭。不论其家境如何，摆在桌子上盛饭的器皿都是底方口圆的竹箩——盒窝。吃饭用碗筷，但每户人家都备有几个可以当碗盛饭的盒窝。这种盒窝底呈四方形，口圆似碗，有菜碗般大小。有少数人家用它当碗吃饭，多数人家则只是在外出劳动时用它带饭并当碗使用。有些盒窝编制得十分精巧，姑娘们常把它带在身边收藏丝线、绣花针等爱物。

僾尼人食用的蔬菜品种不多，常见的多是青菜、白菜、萝卜、竹笋、瓜豆等。苤菜、姜、蒜、辣椒等作料也常当做蔬菜食用。他们食用的肉食主要是猪肉、鸡肉、牛肉和狗肉。此外他们还认识许多野生菌和可供食用的野生植物，所食用的野菜名目繁多，举不胜举。他们的烹调技术不高。做菜的方法主要是煮、炒、蒸、烤、烧、舂、炸、腌。青菜、白菜、萝卜及瓜类，主要以煮为主，较少炒吃。有些人家还会腌制咸菜。瓜豆类的蔬菜除了煮之外，还采用蒸、舂、包、烧等方法烹调。肉类多采用煮、炒、炸、烤等方法烹调。苤菜是最常用的作料，炒肉、煮肉、舂菜都少不了要加苤菜根或苤菜叶，否则，就是吃肉他们也会觉得味道不美。

僾尼人的烹调技术虽然不高，但在漫长的历史长河中形成了一套自己的民族菜谱和烹饪技术。在僾尼人举行的酒席上常见的菜有下面几种：

1. 肉粥。这种菜僾尼话叫"期玛"，酒宴上决不可少。婚嫁、盖新房、儿孙满周岁等所办的酒席都必须备办肉粥。肉粥的主要原料是瘦肉和大米，其数量按需要而定。先将瘦肉剁细，大米淘洗干净，一起加清水煮熬，并加青姜末、八角面、草果面作配料，熬至肉熟米烂即可食用。肉粥具有一种独特的香甜味，很受僾尼人欢迎。

2. 白旺。这种菜僾尼话叫"阿压鸟捏"。是宰猪杀狗时必做的菜。白旺的原料主要是质地很好的猪血、狗血和瘦肉、肝、里脊肉。宰猪杀狗时，把干净的血接入盆内兑水搅透，让血冷却凝结成稀稠适当的血块，把备好的各种肉料切成碎片炒熟。然后将熟肉与生血掺合在一起，加上辣椒粉、八角面、野花椒面搅拌均匀即可食用。白旺香味特殊，看着怕，吃着香，是僾尼人待客的美味佳肴。

3. 暴腌芭蕉心。这种菜僾尼话叫"阿罗哦切"，也是举行婚礼的酒席上常见的菜。这个菜制作简单，只需把芭蕉树的嫩心剥来切细，加上盐巴或少许稀饭拌和之后放入瓦坛内腌上两三天即可食用。暴腌芭蕉心味道与咸菜一般，在酒席上使用时必须用芭蕉叶作碗盛装。

4. 豆粉肉丸汤。这种菜僾尼话叫"加勒"。制作的原料一是瘦肉，一是炒熟的豆粉，一是苤菜根。烹调时，将瘦肉和苤菜根剁细，加少许熟豆粉和生姜末搅拌均匀，裹成丸子放在滚肉汤中煮熟即可。豆粉肉丸汤，味道鲜美香甜，是僾尼人最喜爱的菜肴之一。

5. 酸味肉。这道菜僾尼话叫"撒基切"。主要原料是牛头牛脚，或野味肉。将牛头牛脚先置于火塘上暴烧至表皮略呈焦煳状，取出泡水刮洗干净，再将皮肉剥下切成小块加盐巴辣椒搅拌，当盐巴渗入肉皮内之后，再加少许稀饭拌匀，放在坛中腌上十天半月，待肉带上酸味，即取出做汤或加油爆炒后食用。猎获野兽时，可如法炮制酸味兽肉。

6. 包烧肉。原料为瘦肉、苤菜、香蓼、芫荽。先将瘦肉剁细，加上苤菜根（或叶）、香蓼、芫荽、辣椒等作料，然后用芭蕉叶包上三四层埋于火堆内让其慢慢烧熟。这道菜香味特殊，鲜美可口，吃起来别具风味。

7. 雀肉松与雀肉酱。原料为各种鸟肉和姜末、辣椒粉、苤菜、芫荽等。先将收拾干净的小雀用竹棍夹住放在火塘边慢慢烘烤，边烤边用食油抹擦，至雀肉烤得香脆时取出切成小块，与姜末、辣椒粉、苤菜根等作料一起放在盐臼内春成细末即为雀肉松。雀肉松往往用萝卜、野芹等菜蘸吃。把雀肉松加汤液调成糊状即成雀肉酱，吃法与雀肉松相同。

8. 夹棍烤鱼、烤肉。原料为鲜鱼或各类禽兽牲畜肉。将收拾好的鱼腹剖开，把待烤之肉切成块状，每块约三厘米宽二厘米厚。在肉或鱼上抹上盐巴辣椒、花椒、八角等作料粉，用夹棍夹好，置于火塘边慢慢烘烤至熟。烘烤出来的肉或鱼香味扑鼻，脆、香、鲜三味俱全，回味无穷。

9. 苤菜春螃蟹。将螃蟹放在火塘中烧熟（也可用油炸脆），去掉背上的硬壳或腹内杂物，将蟹肉和蟹腿与苤菜根、青姜叶、辣椒等作料放在盐臼内春碎即可食用。

10. 蕉花肉。原料为芭蕉花、狗肉。将芭蕉花洗净后去掉蕊杆，取花瓣切细用盐腌渍片刻再漂洗一遍。烹调时，先将切成薄片的狗肉爆炒至八成熟，将切好的芭蕉花瓣加入肉内，炒熟即可，这道菜多是在盖新房时食用。

11. 剁生。原料多为牛肉、鱼肉和兽肉及各种作料。剁生的肉一般要选纯净的瘦肉，洗净后先用刀背敲过一遍，然后再剁成极细的肉酱，加野花椒粉、胡椒粉、芫荽及其他喜欢吃的香料拌和均匀成稠状即可。剁生气香味甜，多用其他菜蔬（萝卜、莲花白、野芹等）蘸吃。剁生分生熟两种。熟剁生多是将剁好拌好的生剁生装入铞锅内加温煮熟。熟剁生的味道比生剁生甜美，但男人一般都不喜爱，只有妇女和身体欠佳者才吃熟剁生。

12. 油炸蛹。油炸蛹又分为油炸竹蛹、油炸粽叶卢蛹等多种（竹蛹和粽叶卢蛹是嫩竹和嫩粽叶卢内生长繁殖的蛹）。这道菜只需将所获得的蛹用油煎黄至熟即可。油炸蛹喷香扑鼻，含有丰富的蛋白质，味美而又具有丰富的营养，吃后难以忘怀。

13. 蜂蛹酱。原料是带巢的蜜蜂幼蛹。先将饱满的幼蛹巢用手挤压，取出蜂蛹乳白色的汁液，然后将残渣剁细，加上辣椒粉、野花椒粉、香蓼等作料与挤出来的蜂蛹汁液一起拌和成酱即可。蜂蛹酱味鲜而甜，多用小菜蘸着食用，一年难得吃上几回。

14. 其他嗜好。僾尼人不论男女都喜欢吸旱烟。过去每个成年人都有一把竹管烟锅和一个装烟的布袋子，走到哪里带到哪里。凡是僾尼人云集的地方都是烟雾缭绕，充满旱烟的辛辣味。

烧酒是僾尼人少不得的饮料，男人们个个爱酒，并且擅长用土法酿酒。但凡杀猪宰牛、猎获禽兽都要备酒痛饮，碰上婚丧嫁娶更是一醉方休。除了在酒席上饮酒外，男人们还有背酒赶路的习惯，当爬坡赶路疲乏时便以酒解渴、解乏。如果家里有酒，有事无事也想喝上两口。客人登门更是要以酒相待。在僾尼山寨里，有肉必有酒，酒与肉从不分家。

僾尼人喜欢喝茶。他们喝茶的习惯比较特别。僾尼人家每户都有一把茶壶专门烧茶。他们用来烧茶的茶叶多数是老叶，有的甚至是带枝的鲜叶。烧茶时将鲜茶叶用火烧烤至微黄或微焦糊，然后投入壶内即将沸腾的水中，煮至沸腾而带有茶叶的苦涩味时倒出饮用。以前，僾尼人生活很苦，那些买不起茶壶的人家多用竹筒烧茶。现在僾尼人不仅有了茶壶，并且有了保温的暖水壶，喝茶习惯也从烧茶变为泡茶了。

嚼槟榔也是僾尼人的一种嗜好。除槟榔树结出的果实外，还用石灰、旱烟叶、栗树嫩尖配制成的一种食品，僾尼话称为"鲁巴"。妇女尤其喜爱"鲁巴"，她们身上时常带着一个装有"鲁巴"的盒子，走到哪里嚼到哪里，常嚼得满嘴红，连吐出来的唾液也是血红色的。据老人们说，嚼"鲁巴"不仅可以保持染过的牙齿不褪色，而且还有一种保护牙齿的作用，据说嚼"鲁巴"的人很少有牙病。

第二节　服饰习俗

一、服饰、服式的形成和发展

哈尼族历史上没有形成全民族统一的服饰。服饰是哈尼族物质文化的重要组成部分，它包含衣裤、鞋帽、服饰和佩饰。哈族的服饰与其他物质文化一样，有着源远流长的发生、发展和演变过程。哈尼族古籍中有这样的记载[1]：

> 洗好身后穿新衣，
> 去找帝孟要的暖身裤，
> 去找帕玛要的遮身衣，
> 不穿寿衣心不死，
> 不穿寿裤眼不闭。
>
> 先找树叶做衣裤，
> 到地边树上摘树叶，
> 到箐沟边上割芭蕉叶，
> 蕉叶虽大容易烂，
> 树叶太小难遮身。
>
> 鸡爪树叶摘回来，
> 核桃树叶也拿来，
> 找来山上的野姜叶，

---

[1]《斯批黑遮》，第79页，云南民族出版社，1990年。

割来山下的草果叶，
不是帕玛要的裤，
不是帝孟要的衣，
穿在前身露后面，
盖着后身前胸冷，
死去的老人不高兴，
寻找寿衣再出门。
……

　　这是哈尼族超度死者的祭词，"帝孟""帕玛"均指死者。要给死者找寿衣，最先要从树叶找起，这反映了人类远古时期树叶遮身的情景。祭词接着唱述了寻找树皮、兽皮、种麻、种棉、纺麻、纺纱、织布的全过程。这也就是哈尼族服装、服饰的形成和演变过程。人类发明服装的最初目的在于御寒遮羞，后来逐步产生了审美的观念。当今哈尼族服饰民俗的形成，与其生存环境有着密切的联系，特别是气候对服饰民俗的形成有着重要的影响。哈尼族大都生活在高山或半山上，气候比较凉爽。他们选择了吸热性强，保暖性较好的黑色作为本民族服装面料的基本色调，同时辅以藏青色、灰色、蓝色和白色，并常用紫色、黄色、绿色、红色等进行点缀，形成色彩斑斓、生动有趣的服饰文化。
　　哈尼族主要生活的礼社江和澜沧江流域，山高谷深交通闭塞，形成大聚居、小分散的居住格局。哈尼族又是山地农耕民族，不同地区的气候、生活环境有很大差异。他们生产活动的范围较大，河谷、下半山、中半山、上半山的气候各不相同，处于一种立体气候的环境之中，这对不同地区、不同支系服饰的形成有着重大的影响。这也是哈尼族服装款式多样化的主要因素。从整体上看，哈尼族男子服装大体一致，差异不很大；而女子服装，从款式到服装面料、色彩选择上有很大的差异，出现了如奕车妇女的短衣短裤，西双版纳哈尼族妇女的百褶短裙，碧约妇女穿的长衣长裙等，具有明显的区域特征。

哈尼族的服装，没有鲜明的四季特征，一般习惯于冷了加一件，热了减一件。但就全民族而言，服装式样繁多，因地区支系而异。不同年龄层次的妇女穿戴也有明显的区别。一个妇女是否成年、结婚、生育等，从她的穿戴可一目了然。

哈尼族的服饰，没有尊卑贵贱之分，没有等级观念，无论哪种服装、饰物，只要有，任何人都可以穿戴。因而，从哈尼族的服饰上只能看出贫富差异，而看不出等级差别。

哈尼族服饰的传承，与本民族历史发展有着密切的联系。目前有许多古老的服装式样已失传，特别是男性服装变异很大，近二十年来，变化更加迅速，大多数年轻人都接受了西裤、中山装、西服。相对来说，女性服装保留较完整。其传承方式，大多数以某一地区某一支系的式样传承发展。

哈尼族传统服饰的传承方式，主要以母传女、言传身教的方式进行。一般小姑娘到了十一二岁，就开始学女红、学挑花绣朵；到了十六七岁就要上机学织布、学裁剪缝衣；到了十八九岁，必须熟练地掌握纺纱、织布、染布、裁剪、缝衣、编织各种花边、绣制各种传统花饰的手艺。这是一个姑娘从母亲那儿必须学会的全部技艺。这样一代传一代，按本地区本支系的传统服饰延续发展。目前随着哈尼族妇女文化水平的提高和审美观念的逐步增强，服装的款式色彩也有了很大的变化，正在改变着过去一片黑的状况。

二、服装的基本类别和特征

哈尼族的服装类别因地区和支系而有着明显的差异。由于审美装饰用意不同，服装的款式色彩也就不一样，所以，哈尼族民间服装的自然分类纷繁复杂，异彩纷呈。

（一）男子服装、服饰和头饰

哈尼族男子服装、服饰和头饰比较单纯，朴素大方，款式大体一致。成年男子的头饰，绝大多数为黑色土布包头，少数地区也用紫色的绉纱和本族自己织成的白色土布做包头，有的在包头上插彩色羽毛进行装饰。绉纱和白布包头目前已很少使用。包头布的一端，往往是织布剩下的纱线头，经过妇女们精心搓捻成无数细条，再把它编织成精美的图案，最末端留下六厘米左右的线头，形成一束缨子。打包头时，往往将这端扣稳在右耳上方，使缨子露于耳际。

包头有长有短，长的达六米有余。打包头时，只能从左到右顺时针方向缠绕，而不能相反（给死者打包则相反）。正规的打包头方式，应该在额头正上方形成人字状，层层相叠，最后将末端塞稳于耳朵上方部位给人一种男性的高大健美感。

男子上衣有无领斜襟右衽，在右锁骨和右腋下方钉扣子。这种衣服式样，胸部保暖性较好，为岁数大的男性喜爱。还有短领对襟衣，俗称普通衣，左右两边打四个包，下大上小，左右对称。钉若干对布扣子，但其数量必须为单数。两肋下方开叉，衣角边缘和肩领部位均用零布加厚，使衣角平整和增强牢度。年轻男子穿对襟衣，往往喜欢在两排纽子上钉亮闪闪的银扣子，看上去端庄大方，朴实利索。

传统的男子裤子，裤腰、裤脚较宽大，裤裆较低，两裤脚间夹角很大，穿时裤腰要打折再系腰带。裤子一般不分正反面，可交换着穿。这种裤子穿起来宽松，便于在山地陡坡地带活动，通风性能好，穿着舒适。

历史上，很多地区的哈尼族有不做鞋的规矩，因而哈尼族妇女学习纺纱织布、挑花绣朵的全过程中，没有学做鞋的，从前还有哈尼族妇女不能穿鞋的禁忌。但人老死亡的时候，一定要给他穿鞋，才能顺利到达祖先居住的地方。过去哈尼族男子穿木屐、棕鞋（用棕丝打成的草鞋）、草鞋和布鞋（市场上购买）。

哈尼族的木屐全靠自己制作。一般是用木质较泡、轻巧的木头制作。基本式样如同一个缩小的木凳子，有前后两道平行的鞋跟，因而又有板凳鞋的雅号。其做法是根据自己脚的大小，取两块厚六厘米、宽十厘米左右的长方形木头，锯成与脚一般长，将脚踩的那面用推刨推平，另一面用锯子锯出两道坎来做鞋跟，把脚尖和脚后跟及中间部分木头砍去，形成一个凳子状。在后鞋跟两内侧和前鞋跟脚拇趾和食趾夹缝位置分别钻眼，再用棕丝或布条搓成鞋绳穿起来，用脚拇趾和食趾夹住鞋绳穿。哈尼族男性穿着木头鞋，无论上坡下坡或走山间小路，同样步履稳健，轻松自如。

（二）妇女的头饰、服装和服饰

哈尼族妇女的头饰、服装和服饰多样复杂，最具特色。与男子服饰相比，女子传统服饰保存较为完整。服饰有地区和支系的差别，又有不同年龄阶段的变异，显得更加丰富多彩。一个女子的一生，至少有三次大的头饰、服饰的变更。一般来说少女成人之前是一种装束，成年到结婚或未生育前又是一种装束。这段时期为哈尼族妇女爱美之心最强烈、穿戴最辉煌的时期。生育之后，一般都要改变装束，穿戴和饰物逐步朴素起来，原有的色彩艳丽的服装穿烂之后，不再重新制作，标志着一个女子少女时代的终结。

哈尼族妇女的头饰，包含着发型、帽子及其装饰品。哈尼族妇女一般都梳独辫垂于脑后。许多地方的哈尼姑娘，青春年少之时，对额前的刘海和鬓发有特别的修饰，剪得整齐，梳得平滑，一旦结婚成家，生儿育女之后，便把发辫盘于头上，用包头或头帕盖住。哈尼族妇女无论大小都必须戴帽，其帽子可分为三类，即帽子、头帕和包头，哈尼语称为"吴丛"。帽子主要是结婚前或未生育之前的年轻妇女使用，可分为布帽和银泡帽（俗称公鸡帽）。哈尼族妇女戴布帽的主要有居住在西双版纳的僾尼姑娘，思茅、普洱一带的碧约姑娘和居住于红河县的奕车姑娘。这些地区的布帽各有特点。僾尼姑娘的帽子最具特色，用自织的青布作面料，其形状如瓜皮帽，从帽檐往上进行圆形装饰，主要用彩色丝线、花边、银布、大银泡、彩色串珠、绣球等，有规律地一圈圈地往上装饰，帽顶和两耳上方配以彩色毛线、丝钱等制成的缨子和彩珠，再配各种耳饰，显得艳丽华贵。碧约姑娘的帽子，是用青布做成的六角帽，顺着帽檐，用大银泡钉成多块三角，中间相隔一定距离，形成上下交错的形状，正对额头上钉一个大银币，显得朴素大方。哈尼族奕车姑娘戴白布帽，用一块长六十厘米、宽三十厘米左右的漂白布，将宽面对折后，把一头缝合起来，形成一个尖顶撮箕状的长形帽，末端用彩色线锁边，少女们戴在头上飘逸洁白。其次，还有银泡帽，居住在红河地区的部分哈尼姑娘喜爱这种帽子。其形状如站立的公鸡，因而有公鸡帽之美称。帽子上边有规律地钉满细小的梅花银泡，两头的接缝处钉上梅花大银泡。姑娘们喜欢用一条彩色手巾把头发包起，在发辫下面打个结，然后将银泡帽戴在上边，显得亭亭玉立，充满青春活力。

除此之外，哈尼族妇女还有打包头和包巾的，用自制的土布，染黑之后折成八九厘米宽、三米左右长的布条带，或缝成一米左右的正方形夹层方巾，把两头对角折起来，一头对角用金线镶上正方形的方格，另一头用红色的丝线或毛线制成缨子做花边，从对折线起折成十厘米左右宽的条带。然后根据各自头的大小，整齐地缠绕成圆形，将发辫拖到头上盘好之后，把包头或包巾戴在头上。戴包巾时，一半缨子塞进包缝中，一半缨子垂到耳根，别有一番情趣。

　　哈尼族妇女一旦结婚生育之后，就要改变头饰。戴银泡帽的要改戴成方帕，哈尼语称"吴产"。头帕有多种形式，戴的方法不同，形状也不同，有的稍加装饰，有的没有任何装饰。头帕用一块六十厘米见方的黑布做成。使用的方法有多种多样，大部分是把头帕两角对折后，形成大三角形，将三角形底边正对额头，两边的角向后脑方向折拢来，并互相扣稳，形成一个三角形，戴在头上之后，脑后有一个尖尖的角，也有的折成板瓦状，覆盖于头上。

　　哈尼族妇女的服装款式较多，内涵十分丰富。不同地区形成了不同的服饰文化圈。根据各地服装的款式，大致可以分为长衣长裤类、长衣长裙类、短衣短裤类、短衣短裙类和短衣长裤类。

　　穿着长衣长裤的哈尼族主要有哈尼、碧约、峨努、糯比等分支。这种服饰穿着时，上衣至少长及大腿中部，有的甚至长及小腿部，类似满族服饰，无领短袖。为了行动方便，将衣服后摆，从中间折叠于腰部，再用腰带勒紧，前摆右衣角斜拉到右腰中部塞于腰带上。裤子长及脚脖子，最短的也要到小腿中部。这类服装款式，上衣为斜襟右衽，无领，较为宽松。在款式大致相同的情况下，也有些差异。有的是长衣长袖，且袖筒较小，如期弟姑娘的衣服袖子，不仅袖口较窄，而且用蓝、红、绿、黑等不同颜色的布料拼接起来，形成一条彩色的袖筒；有的袖子宽而短，长度不过肘，穿着时须配一对做工十分精致的只有衣袖的三分之二宽的假袖子。假袖便于更换，适应山地劳动的需要。长裤一般都是大裤脚，有的在裤脚上采用贴布镶边、钉花边、绣花等方式进行装饰。

　　穿着长衣长裙的姑娘主要有碧约、阿松、卡多、堕塔。这类服装非常宽松，上衣大都无领，斜襟右衽，两侧腋下开叉，长及大腿中部。主要用青、蓝布料做上衣，用黑布做裙子。裙子上极少装饰。如碧约姑娘爱穿蓝色上衣、黑裙子，衣服的前襟只长及心口，下方开较大缺口，露出内衣，斜襟边沿部位用花边进行装饰，看去非常朴素。

穿着短衣长裤的哈尼族有罗美、腊咪、果觉、昂倮等分支，建水、元阳的部分哈尼族也喜穿这种服装。这类服装的上衣只长及臀部，大都无领，斜襟右衽。右胸部位钉两排纽扣。在袖口、斜襟、前摆部位着意修饰。有的在上边再套一件对襟的坎肩，坎肩一般无扣，胸部用银键、银币、串珠彩线等加以装饰，使上衣连成一个整体。裤子都为大裤裆，极少有装饰，有的地区小腿部还绣制精美的护腿套。

短衣短裤，也是哈尼族服装的重要类别之一，以红河的奕车和绿春、墨江一带的白宏支系服装最为典型。奕车妇女过去穿的上衣，长及臀部，袖长宽而短，刚好过肘。两腋下开剪刀口，无领对襟，胸部形成剪刀口，左襟上有一排布扣，纯属装饰，无实用意义。内衣左下摆稍上部钉一条细线，斜拉向右腋下拴稳，即为扣衣裳。奕车妇女是唯一穿对襟剪刀领口而不穿胸衣的人，因而平时着衣，右胸部位大半袒露着。奕车妇女下穿紧身短裤，长度只及大腿根部。裤腰右侧开口，两边系上四股线，以此当腰带固定短裤。如此短的裤脚，前边还要往大腿根部折七个褶子，并用针线固定，看上去这部分略有上翘，裤脚口形成人字形。前边被提起之后，后面裤裆就紧裹于臀部，把臀部形体勾勒得一清二楚，以此为美。奕车妇女服饰干净利落，年轻女子穿着时充满一种青春活力并给人以健美之感。目前，奕车妇女已改变装束，改穿长裤。上述原来的生活服装，只在婚丧活动、节日期间偶尔穿着了。

除此而外，白宏姑娘的衣裤也较短，穿衣不遮脐，穿裤不过膝。衣裤用自织的青色土布面料制作。上衣无领圆口，向中斜襟，也有对襟的。以银币为扣，短衣胸部钉六排大银泡，每排六颗，共三十六颗，胸部正中钉有一个八角形的大银牌。衣袖较长而细，袖口部位有花纹装饰。白宏妇女的裤子本来较长，并缝成直筒裤，穿着时把裤筒倒折回来，裤便成了双层，因而裤脚缩短了一半，一般只到膝头上方。小腿上绣制精美的脚套。姑娘到了结婚年龄，要做一块长四十厘米、宽三十厘米左右的百褶布，一头系上带子，把它拴于腰上，把自己的臀部遮住，这既是装饰，也是女子成熟的象征。

布都姑娘也穿短裙，但她们的上衣比较长，一般都长过膝头，短裙基本被掩盖。少女时期，她们腰系白色或粉色围腰，极少用银泡装饰自身。

哈尼族妇女服装，其款式类别多样，显得十分丰富，无论哪种式样都是深厚的哈尼族古老文化的表现。

（三）服装的基本特征

哈尼族服装有如下一些基本的特征：

宽松，适应山区生产生活的需要。尤其是传统的男性服装最为突出，大裤裆大裤脚，上坡下坡，山地劳作活动自如。

短小紧身，具有形体审美意义。这种特征主要体现在妇女的服装上。这类衣服除传统观念和审美含义外，同样具有适应山地生产生活需要的目的。

妇女的服装具有特定的标志性。哈尼族妇女一生，根据年龄、身份的改变，要改换三至四次装束，因而从服装式样上包含许多生活的信息，从中可看出是否结婚、生育等。

山形图案及飞鸟、花卉、鱼等小动植物图案，是各地哈尼族妇女服装的基本装饰图案，是哈尼族生活环境的艺术体现。

三、服装的制作、佩饰及其他

哈尼族的传统服装，都是由妇女自己剪裁缝制的。在量体裁衣的活动中，哈尼族没有精确的尺寸观念，一般用手拃一下，或者用旧衣服照样剪裁，也能缝得合身得体。

过去，哈尼族妇女缝制衣服，全凭一根针一双手。男子服装比较素净，做起来不十分费事，但缝制妇女的服装，就不是那么轻松了。主要工艺手法有贴布、滚边、镶嵌、刺绣、挑花等。妇女服装的重点装饰部位是帽檐、胸襟、领围、袖口、衣摆、腰带、裤脚边等。各地哈尼族根据自己的传统习俗来制作服装，服装款式不一，风格图案各异，表现出各自的特色和审美观念。装饰材料主要是各种彩色布和丝线、毛线等。每种款式的头饰、胸饰、腰饰都能浑然一体，形成各自的风格，看上去纹路齐整，色泽艳丽，华美高贵，充满着哈尼山乡的气息，使人赏心悦目。

哈尼族妇女的首饰主要以银制品为主，类别有银链、项圈、耳环和各种各样的手镯、戒指等。各种彩色串珠和小贝壳，也是哈尼妇女点缀自身的重要物品。

四、西双版纳地区哈尼族的服饰习俗

西双版纳地区的哈尼族喜欢穿青色和淡黑色的衣服。男人穿大而短的大襟外衣和大裤腰、大裤脚的裤子，外衣的面襟从右边拉过来盖住整个前胸，扣于左侧，形状有些近似于古时的衫子，只是比衫子短些。上衣的扣子多是银泡或铝泡，面襟的边沿常用银片或铝片作饰物。大裤腰的裤子在胯前打折，用绳索系于腰间。成年男人习惯包黑布头巾。这种传统的装束使成年男子显得壮实、强悍。妇女穿对襟短上衣，系百褶短裙，上衣一般无领，也不钉纽扣，衣襟两边各有三根黑线用以代替衣扣。女人所穿的百褶裙长五六十厘米，系绳极松，臀部上方往往裸露在外。

关于僾尼妇女为什么穿短裙，民间流传着这样一个故事：

很早很早以前，僾尼和傣族是一家人。傣族是哥哥，僾尼是弟弟，兄弟俩分家的时候，嫂嫂和弟媳一起分共同织的布匹。分衣裳布时，嫂嫂一再谦让，把长的一匹布给了弟媳，因此僾尼妇女总是穿宽大的外衣，傣族妇女总是穿紧身的上衣。分裙子布时，弟媳一再谦让，把长的那匹裙子布分给嫂嫂，把短的那匹留给自己。因而傣族的妇女穿长裙，僾尼妇女穿短裙。

这个传说反映了傣族和僾尼妇女装束的一个特点。

僾尼妇女自小喜欢戴帽子，帽子的形状依年龄而异。孩提时期男女都戴圆形的青布小帽。至三岁时帽子才开始显出男女的区别来：男孩戴的帽子前端有一条丝线绣的花纹；女孩的帽子则镶上一条白边和一条绿条，并且装饰上彩色的帽缨。随着年龄的增长，女孩的帽子上逐渐出现了银饰品。进入青年期以后，便改戴一种特制的竹圈帽。女青年戴的这种帽子装有一个圈住脑壳的竹圈子，后脑勺上装有一个约十五厘米长的圆竹筒。这种帽子用黑布衬里，十七八颗圆形银泡子分装在前额两边的圆圈上，帽上缀有许多用丝线或彩色鸡毛编成的穗子，帽子围着许多珠串子，帽绳从耳后拉至下额拴在脖前，帽绳打结的地方吊着一串长长的彩缨或各色珠子穿成的花串儿。

青年妇女极爱打扮，她们那块乳罩式的束胸布——"腊露"上往往要镶上圆形的、扁形的大小不等的银饰品，并且还要戴银项圈。衣服的后摆上也要用红色与绿色的丝线绣上各种美丽的图案，脖子上珠串吊吊，腋窝的衣服上一边吊着一条长长的彩缨。腰间要带上两条绣着各种图案的飘带，小腿上要套上绣着花的包腿布。姑娘们的这种服饰一直要保持到进入壮年。当进入老年以后，才去掉帽子后端的圆筒，衣服和帽子上的饰品也渐渐减少，甚至完全去掉，穿一身素雅洁净的黑色衣裙。

第三节 起居习俗

一、民居的形成和发展

哈尼族村寨大都建在凉爽的上半山上，选择较平缓的山梁做寨址，也有许多村寨建于坡度较大的地方，顺坡逐级建造，形成高低错落的民居建筑群落。

从外观看，哈尼族民居建筑形式可分为如下几种：土掌房、石灰房、茅草房、瓦房和干栏式草房。无论哪种形式，均为土木结构。土掌房在哈尼族地区不很普遍，只有少数地区的个别支系建造这种民居；海拔较低，雨量偏少，气候较热的地方，喜欢建造这类民居。这种民居具有冬暖夏凉的特点。居住于上半山的哈尼族喜欢建盖石灰房。茅草房是哈尼族最为普遍的民居建筑形式，几乎所有哈尼族地区都能见到，这是哈尼族古老民居的式样之一。其屋顶又可分为单斜面、双斜面和四斜面三种，其中四斜面的民居式样，俗称蘑菇房。中华人民共和国建立前夕，一些经济较为发达的哈尼山区，已逐步建盖了瓦房，出现了几种形式合璧的宽大民居建筑。无论哪种形式的民居，一般都是土基作壁（也有用土筑墙，少数以篱笆为墙），墙壁上窗子很少，仅有的几个窗子也很小，只能起到通风排烟的作用。因而，古老的哈尼民居一般采光都非常差。这是从保温和防盗作用考虑设计的。

哈尼族的民居建筑形式，可以分为如下几种。

1. 地板式建筑。这是哈尼族早期的房屋式样，其结构比较简单。这种建筑结构，又可分为两类：窝棚式和楼房式。窝棚式房屋结构最为简单，采用土木结构，房屋整体构架低矮，梁柱均不用榫卯，直接用树桠作柱，或把脊梁抬在墙体的山尖上。四周多用筑墙或篱笆墙，使用细原木作椽子，屋顶采用双斜面，用茅草或稻草铺盖，这种住房周边不宜再盖其他配房，往往成为单独低矮的房子，且宜建在雨量较少、地面较干燥的地方。

2. 楼房式建筑。这是在窝棚式建筑基础上发展而来的。它使用了较粗大的梁柱，并用榫卯互相锁住，间架结构趋于合理，工艺水平有很大进步。一般为一楼一底，正房共分为三间，墙基用毛石支砌，墙壁用土基砌成。在古建筑中每层土基的中缝，都要横放竹竿或木条，以防贼人撬壁洞。大梁上边使用楼楞，铺以细刺竹或竹板，再铺以泥巴并弄得平整光滑。这是哈尼族的大房子。这种房子周边可适当增加配房。一般大房正前方，再使用梁柱，盖一个宽两米左右、与大房子一样长的廊檐，采用石灰平顶，哈尼语称"玉格"。它既是大房子门上的雨棚，也是一个很好的晒台。大房子左右两边盖耳房，一般为一楼一底，楼下为畜厩或柴火杂物房，楼上住人。耳房大多数是石灰平顶，与大房前边的廊檐连成一体。这种屋顶形式十分适应哈尼族的梯田稻作活动需要，是必备的晒谷场。哈尼族的耳房，不论何种形式屋顶，其高度都不能超过大房子。如果在正房的对面再建盖一幢与正房平行的厅房，那就是哈尼族的标准的四合院住房。但这种完整的住房为数不多。

3. 楼板式建筑。这种结构的住房，哈尼语称"郭着玉麻"，大意为高台大房。这是在干栏式建筑基础上发展起来的。采用土木结构，使用完整的梁柱，墙体基础用毛石支砌，上面使用土基作墙。第一层楼高约两米，一般用来关牲口和家禽或堆放柴火等杂物。二层高约两米，为起居室。从一楼的中间一格搭楼梯或砌石阶上楼。也有从正房前边的阳台上上楼的。有的地方，正房前边设有一条宽两米左右、与正房一样长的廊檐。这里向阳、明亮，是迎客和就餐的地方，也是秋收时节处理稻谷等农作物的地方。其正处为堂屋门。二层楼的楼板一般用竹板或木板铺成。为了便于更换，这种楼板不是固定的，因而走在上面会吱吱作响。三层楼较低矮，主要用作存放稻谷等作物。顶部再用楼楞、竹子铺起来，上边和泥巴封住，俗称封火楼。屋面采用两斜面或四斜面结构，用茅草铺起来即可。封火楼中常堆放稻草，作为牲畜过冬的饲料。

二、居室内部格局及习俗

哈尼族民居的建筑结构，与本民族起居习俗有着密切的联系。住房的内部格局、房间的分配、火塘的设置、供奉祖先的神龛的配置等体现了哈尼族特有的习俗。

哈尼族的住房，无论外观属于哪种建筑形式，大房子内部一般都分为三格，中间用木板或土坯墙隔开。以红河哈尼族地区的住房为例，从进门的左边一格起分别称为"明韦""昆龙""巴罗"。"明韦"是哈尼族的大房子，平时利用率最高。它是饮食起居的重要场所，是把火塘、厨房、寝室集于一体的房间。

火塘是哈尼族家庭中必不可少的。火塘周围是家庭成员活动的中心，这里是煮饭、取暖、闲谈、议事、睡觉的重要场所，同时也是祭奉祖先的神圣要地。最早的时候，火塘功用在于保存火种，无论春夏秋冬，日夜不熄。即使晚上全家人都睡觉了，火塘里也要埋进一块厚厚的树皮或硬树。次日清晨起来，扒开火塘就是一堆红红的炭火，生火十分方便。其次，火塘是取暖的地方。在生产力低下、衣被难以自给、自身御寒能力很低的情况下，火塘显得十分重要。过去，哈尼族"环火而眠"的现象普遍存在，后来就形成了在火塘边搭床就寝的习俗。

哈尼族大多数地方，不单独设厨房。"明韦"里的火塘就是烹饪食物的地方。一般在火塘后边，靠墙处打两灶，一是用来蒸饭，一是用来煮猪食。火塘里支一个三脚架或三块石头，用来支锅做菜饭。一日三餐的烹饪在此完成。从前哈尼族的灶和火塘是没有烟囱的,一旦烧起来了,满屋子便烟雾弥漫。他们认为这样能保持房间的温度,梁柱不易腐烂,还可避免虫蛀。因而天长日久,有些年代的房屋,墙壁梁柱都被烟火熏得乌黑发亮。

靠火塘的左边和右下方,许多人家各搭一张床铺,如果家中有上了年纪的老人,这是他们当然的睡处。一般左为男床,右为女床。若无老人,这里便是女主人的住处。

不同地区的哈尼族,房间的名称和布局也不尽一致。有些哈尼族在"明韦"这间房子里,靠后山墙一侧,要搭一个高约八十厘米、宽约二米、长约三米的类似北方农村的炕一样的平台,面积占整个房间的三分之二,他们称为"火铺"。"火铺"的靠后墙一侧和靠堂屋隔墙一边各铺一张床,两床头相接,形成直角。横的为男床,竖的为女床,不得混淆。这是家中老人的住处。两床前面设一个火塘,有三脚架。火铺对面的墙脚,设置一个灶,专门用来蒸饭和煮其他的食品。

"明韦"也是哈尼族晚间待客的地方。晚上客人上门,主人把火塘拨旺,并把火塘边最佳的位置让给客人坐,体现出哈尼族谦恭礼让的美德。男女客人分别由男女主人相陪交谈,当然更多的是不分彼此大家一起交谈。有远客到来,晚上坐久了,主人就要在火塘里支起三脚架,抬上土锅做饭,设夜宵招待客人,由主人相陪,在火塘边支起篾桌就餐,别有一番风趣。

即使没有客人,晚上一家人会自然地集中到这里来,大家环火而坐,谈论一天的所见所闻,议论第二天的生产生活事宜。男的抬着水烟筒,悠然自得地吸烟;女的在一旁支起古老的手摇纺车,借着火塘的光纺线,过着安详宁静的日子。

哈尼族大房子的中间一格称为"昆龙",即堂屋。这是最大的一格房间,正处开堂屋门。这里是家庭吃饭、宴请宾客、举行家庭祭祀活动的场所,也是举行婚丧等重要仪式的地方。最边上的一间称为"巴罗",面积比其他两间稍小。这里为内室,一般铺两个床位，男女主人在此间就寝，外人不得随便入内。这里同时又是保管室，存放较为贵重的东西。

哈尼族在大房子的两侧要建盖耳房，这里是姑娘、儿子居住的房间。儿子长大结婚的时候，一般情况下新房就设在耳房里。

三、起居礼仪、禁忌

哈尼族以淳朴、好客、谦恭礼让著称。对外尚且如此，对内更是注重礼仪。这在日常起居活动中也充分地体现出来。首先尊老爱幼是哈尼族的一大美德。人们对老人和儿童给予同等的关怀，在家庭里，把火塘边最暖和的床位让给老人住；晚辈早晚要给老人打水洗脸洗脚；不论平时或过年过节进餐时，要把最好的座位让给老人坐，请老人最先吃；如果杀鸡宰鸭，把鸡鸭的肝等嫩肉敬给老人吃；老人外出做客，回来较晚的时候，家里的小辈人一定要去把他接回来（或牵回，或背回来）。这种时候，老人会感到由衷的高兴，后辈人也会得到寨人的好评。

哈尼族在日常生活中，儿媳不能在公公或男方的长辈面前落座。即使原先坐在凳子上，长辈突然进来时，也必须立即主动离座或蹲着或站起来。这就是哈尼媳妇对长辈的"离座礼"，是哈尼族媳妇对长辈男子尊重的一种表示。同时，媳妇不能在公公面前梳头或不戴帽子，不能披头散发地做活计。在日常生活中，媳妇不能爬到公公住房的楼上。这一切都是出于对老人的尊重，而不是哈尼族妇女地位低下的表现。就餐时，媳妇不与长辈男子同桌，须另安桌子就餐，由家中的小姑们陪着吃饭。

有客人临门，则热情让座，并及时地更换烟筒水递给客人，请客人吸水烟筒。部分哈尼族地区有"客人进门先敬酒"的习俗，让远道而来的客人喝酒解乏，与客人边吸烟边交谈。在互相交接烟筒的时候，要注意接烟筒的方法。对方往往把烟筒、烟盒和点火绳全拿在一只手上一块儿递给你，这时，一定要先拿火绳，后拿烟盒，最后接过烟筒。否则不是烟筒掉地就是烟丝撒落，会弄得非常尴尬，是很不礼貌的举动。

客人要离开时，要真诚地挽留下来吃饭或住宿。当客人执意要走时，一定要送出大门外边。如果办喜事或过年过节请来的客人，离开时，一定要送糯米粑粑或红蛋等礼物。

哈尼族在日常生活中，形成了许多禁忌习俗。如坐在火塘边烤火时，不能跨越火塘；脚不能踩三脚架。妇女的衣服不能拿到火塘上边的火炕上烘烤。还有天边下雨出彩虹的时候不能去挑水，也忌讳喝生水。堂屋的门槛、猪食盆等不能让孩子踩，认为这样做会失去灵魂。许多哈尼族把粮食存放在楼上，家人不能穿着鞋上楼撮粮食。年轻人不能在家中唱情歌、吹口哨、吹笛子、弹三弦、弹口弦、拉二胡等。

四、西双版纳地区哈尼族的起居习俗

（一）僾尼人住深山的传说

西双版纳僾尼人居住的村寨，绝大多数建筑在高山深谷间。传说远古时候，僾尼人和傣族都居住在平坝里，他们是两兄弟。后来兄弟俩闹纠纷，有时候争山上的树，有时候争河里的鱼，有时候争坝里的田，吵吵闹闹不可开交，于是两人提出分家。在商量划分地界的时候，僾尼人因为喜欢火，主张用火划地界，火烧过的地方归僾尼，烧不到的地方归傣家。傣家爱水，不同意这个办法，主张用水来划地界，水淹到的地方归傣家，淹不到的地方归僾尼。意见不一致，兄弟俩又吵起来。后来两人同意各按各的说法办，火烧到的地方归僾尼，水淹到的地方归傣家，并杀了鸡，喝了鸡血酒发誓信守诺言。僾尼人于是放起大火，野火从坝子烧到山上，烧了几山几岭。傣家挖开堤坝，放出大水，大水淹没了僾尼烧过的平坝，但是没有淹上山去。于是僾尼迁上了高山，把平坝让给傣家居住。

另一种说法是：僾尼和傣家是兄弟俩，后来两人成了家，人口增多了，家里住不下，就决定分家。哥哥傣家喜欢捉鱼捞虾，他爱有坝子有河流有鱼虾的平地，弟弟僾尼爱上山打猎，他爱有麂子有马鹿有老虎豹子的高山老林。但是兄弟俩谁也不好意思开口，于是决定让他们养的一只马鹿和一只毛驴来为他们认建寨安家的地皮。哥哥养的是毛驴，毛驴喜欢在的地方让哥哥在；弟弟养的是马鹿，马鹿喜欢在的地方让弟弟住。说好以后，兄弟俩把马鹿和毛驴赶出家门，让他们去为自己占地皮。毛驴常常在河边吃青草，所以它在坝子里跑了一圈，就在河边站下来，于是大哥傣家分到了自己喜爱的平坝，把家安在坝子里。马鹿眷恋着青山老林，它穿过坝子跑上高山再没有回来，于是弟弟僾尼分到了山岭，把家安在高山上。从那以后哥哥傣家世世代代住在坝子里，弟弟僾尼祖祖辈辈住在山村里，两个家族各住一地，你来我往亲如一家。

民间的传说虽然不足为据，但是反映出傣族喜欢水，僾尼爱烧山打猎的居住特点。

（二）僾尼人的居俗

僾尼人居住的寨子，一般建造在树木葱茏的山坡上，他们的居屋房舍是干栏式的竹楼，这种竹楼大体分为两类，一类叫"拥熬"，一类叫"拥戈"。

"拥熬"是一种地棚式的建筑，大多建在斜坡上，较为古朴。盖房时要在斜坡上方挖出一个台阶，下方栽上树杈，在树丫杈与土台间架上木头，用竹篾笆铺成一个距地一米许的"楼台"，再在"楼台"上搭房架，盖草顶。这种草房虽然有"楼台"，但绝非楼室，它低矮，上方的屋檐紧扣着土台阶，屋内黑暗。这种"拥熬"为生活极度困难的人家或缺乏劳动力的孤寡老人居住。过去这种"拥熬"在僾尼山寨较多见，1949 年中华人民共和国成立后，僾尼人民的生活有了很大改善，住"拥熬"的人家已经越来越少，在一些富裕的僾尼山寨里，已经见不到了，尤其在改革开放后，"拥熬"基本上从僾尼山寨消失了。

另一种屋室是干栏式的楼房，叫"拥戈"，它的型制与傣族竹楼相似。"拥戈"一般建在挖成平台的宅基上，一楼一底，底室不筑围墙（与哀牢山区哈尼族的"蘑菇房"不同，"蘑菇房"筑围墙），四周设有竹木栅栏，多用于关猪鸡牛马，安放舂米的脚碓和堆放杂物。楼室则建架在四排木柱中间，房顶有盖草排的，也有盖竹片、盖瓦的。四周或围以栅栏竹板，或围以栅栏竹笆，把楼室围得严严实实，风雨不透。从前的"拥戈"几乎全是草顶，屋檐低垂，离地只有一米左右，样式十分古老。当代僾尼人已掌握了烧砖制瓦的技术，又吸取了傣家竹楼的优点，所建"拥戈"一律用瓦盖顶，栅栏围板均用板壁，并安上窗户，屋室明亮宽敞，居住十分舒适。

僾尼人住房分"母房"与"小房"。"母房"是家长或当家的兄长居住的房屋，僾尼语称为"拥玛"。"拥玛"又称"大房"，比"小房"宽大，既是家长的居室，又是一家人集体用餐、招待客人和日常起居的中心。在"拥玛"附近往往盖有一种比较低矮的平房，这就是"小房"，僾尼语称"拥扎"，有人又称其为"子房"。"拥扎"是小伙子寻找配偶和建立小家庭后的住房。儿子长大以后，均建盖"小房"，一人一间，无一例外。父母在世时，儿子与媳妇都住在自己的"小房"里，直到自己当家做主，才从"小房"迁入"母房"。

僾尼人的居室布局，"小房"是单纯的一间，"母房"则一律分为两大部分，由一板墙或竹篱墙隔为里外两间。靠近前门的一间叫"波罗则"，靠后门的一间叫"略玛则"。"波罗则"是男性成员的住宅兼客厅，由男子居住，并用以接待登门拜访的客人。"略玛则"是女性成员的住房兼厨房。"波罗则"与"略玛则"各有一专用火塘，前室为男性用火塘，后室为女性用火塘。男性用火塘很少用于做饭，多为取暖煨茶之用，过去也有室内生火照明的功能。女室火塘除取暖照明之外，还用来煮饭、煮猪食等。两室之间虽有通道相连，但男性一般不得随意进入女室。"波罗则"上方设有一间小楼，用以堆放谷物和生产生活用品，靠近门处称"伙格"，平时堆放杂物、水桶之类，遇有家人亡故，死者遗体入棺后，棺材便置放在此处，直到出殡为止。

傈尼人始终保持着男女分室居住的习惯，男孩居男室，女孩居女室，男孩一旦长大成人便搬入"子房"以示拥有独立资格，可以谈情说爱，成家立业。他住在"子房"中，从谈恋爱到结婚生子为止。父亲亡故后，当家长子迁入"母房"男室，其妻子迁入"母房"女室，分别住在父母生前居处之地，开始掌管家庭事务，履行家长职责。

男女室各开一道门，门前置有一把楼梯。来客登楼，男女有别，男宾从前门楼梯登楼进入男室，女客从后门楼梯登楼进入女室。登楼之后稍事休息，才能在室内走动。男室门前有一个阳台，由木架竹篱铺就，就是洗漱之地，也是男人做篾活、妇女轧棉花、做针线的场所。

"拥戈"干栏式竹楼的显著特点从远处一望而知，屋脊上有卡压茅草排的交叉木片或竹片。另外屋脊两端的破风板（或破风竹）交叉伸出，以作装饰，傈尼语称"巴哈吾区"，意为"房顶上像牛角羊角一样的两片木头（竹片）"。此竹片为一米至一米二三长，二十厘米左右宽，两片钉成一端各为方形或尖形，一端为弯曲状的牛羊角形状，角形一端交叉伸出屋面。"巴哈吾区"为男性象征，若一家之内无男性（不论长幼），则无这一装饰。"巴哈吾区"是建盖新房时就已装好的，若家中男性一死，此物就须取掉，这家人就不能算一户（过去有"没有男人不算家"

之说），从前派捐派款也只交一半。

（三）贺新房

优尼人有在建盖新房时举行"拥达达"，即"贺新房"的礼俗。

建盖新房是优尼山寨三件大事中的一件，因此一户盖房，全寨相帮。

盖房前，主人家先把材料备齐，到建盖时全寨男子集中起来帮助主人盖房。届时人们如同办喜事一般欢聚一地，挖宅基的挖宅基，砍柱梁的砍柱梁，凿洞的凿洞，打眼的打眼，说说笑笑，一起分享建盖新房的欢乐。新房快完工时，出嫁到外地的女儿必须带着女婿回到娘家负责设立新房火塘的工作。他们在事先做好的火塘框内垫上木板一块，又在木板上铺上芭蕉干片，挑来新土把木框填满夯实，这样，一个新火塘就做成了。火塘完工后，父母按传统赠给女儿女婿米酒一瓶、肉一份，让他们邀约朋友相聚痛饮。

新房建成后，便举行"拥达达"仪式。首先由寨子里一位年高德重的长者用饭盒端着一个鸡蛋和少许糯米饭率先登楼。长者之后是一群端着铁三脚架和锅盆碗筷的年轻人。人们进入楼室之后，由长者将铁三脚架支在火塘上，架柴烧火，把温暖和光明之神引进新房，从此，火塘里的火就永远燃烧下去，这是这家人生命、幸运和富足的象征。点火之后，便剥开鸡蛋拌在糯米饭中，分给前来贺新房的人们品尝。

仪式完毕，房主便在男室内宰猪一口，并在女室内杀鸡，着手准备祝贺新房落成食用的肉类菜蔬，以酬谢参加新房建盖的亲朋故旧和全寨乡亲父老。到时还需请"雅习"（歌手）吟唱赞歌。"雅习"的歌说古道今，先唱优尼的创世古歌，唱天是从哪里来的，地是从哪里来的，山川河流是从哪里来的，树怎样栽的，人怎样生的，房子怎样盖的，地基如何选，柱梁如何做等等。然后热烈赞扬盖新房的人们手如何灵巧，如何尽心尽力，接着又夸新房是多么漂亮，多么牢固，多么舒服耐用。直唱得人人眉开眼笑，心花怒放。这天楼室上上下下宾客如云，大人们喝前吆后，小孩子前奔后跑，从早到晚祝酒声、歌唱声、嬉笑声、欢呼声响成一片，整个村寨沉浸在欢乐之中。

多少年来，僾尼人把贺新房看成是一件至关重要的大事，据说，主人家今后生活的好与坏，与贺新房的热闹与否大为相关，因此，新房主人千方百计把贺新房的酒席办得丰盛些，尽可能把庆祝活动安排得较为热闹和欢乐，既让乡亲们喝个痛快，使友情更深一层，又能使自己住上新房后的日子如同贺新房的日子一样欢乐，年年岁岁富足丰登。对于主人的这番热情，客人们也十分领情，他们离开新房时，都要给主人留下一些礼物，感谢他的盛情款待。

第四节　婚恋习俗

一、恋爱方式

哈尼族男女青年婚前的社交活动是自由的，姑娘和小伙子一旦进入青年时期，就开始着意打扮自身，引起异性对自己的注意，同时自己也在关注着同龄的异性伙伴。这段时期，哈尼族姑娘的变化最多。首先要逐步地改变装束，如西双版纳的哈尼姑娘成年之后，原来少女朴素的圆帽上会增添许多艳丽的饰物，如彩色的羽毛、彩线编织花带、各种各样的银饰品。她们富有特色的胸衣上，缀满了大大小小的银泡和银牌。更引人注目的是，她们会在腰间两侧垂下一对绣着精美图案、以彩珠和彩穗组成的飘带，这是姑娘们进入青春妙龄期的重要标志。红河一带的哈尼姑娘，则把刘海、鬓角的头发修剪得整整齐齐的，使脸盘形成"凸"字形；头戴细梅花银泡做成的鸡冠帽，这是将要涉足情场的象征。熟知姑娘心意的伙子们，便与她们频频接触，利用赶集、节日活动、婚丧场合等社交际遇，互相认识，培养感情，为正式的谈情说爱打下基础。

哈尼族青年男女的恋爱方式，主要有以下几方面。

（一）情歌觅知己

哈尼族青年男女爱唱歌，唱情歌是哈尼族恋爱社交活动的重要方式之一。哈尼族称唱情歌为"阿茨古"。他们忌讳在家中以及当着长辈的面唱情歌。但是，上山劳动时，他们用歌声互相召唤，联络感情，品味歌中吐露的纯真情意。出工或收工的路上要唱歌；在山上劳动时隔山隔河地对歌，使劳动伴随着歌声和爱情。此外，每当夜幕降临，哈尼山乡的村边寨旁、街头巷尾，便响起了悠扬的歌声。这是劳作一天的男女青年们，晚饭后梳洗干净走出家门，在溶溶月光下，投入情场上的角逐，寻觅着自己心爱的人。此外，哈尼族的年轻人情歌觅知音的机会很多，如举行丧礼活动时，在出殡的头天晚上，许多哈尼族地区，要举行隆重的歌舞守灵活动，进行长时间的对歌、跳舞，往往闹得通宵达旦。这是男女青年广泛接触、谈情说爱的极好机会。

（二）"阿巴多"习俗

"阿巴多"意为喝酒。这是哈尼族奕车人的一种集体性的恋爱酒会。参加这种活动的人数不固定，一般在六七对以上。首先由本村的六七个小伙子推选出一个"伙子头"来，趁赶集的机会去约另一寨的姑娘，商定双方共同举行"阿巴多"的活动。按照奕车人的规矩，这种邀请一般是不会被拒绝的。双方约定时间之后，就各自回去作准备。

　　这种"阿巴多"活动，一般在哈尼族十月年后的两星期左右举行。小伙子们凑钱买或从家中拿来酒菜，备办一桌丰盛的酒宴。有时人多，要把三四张桌子接起来，摆成长桌宴。每种菜都必须上两碗，表示成双成对。"阿巴多"活动都是晚上进行。约定的日子一到，小伙子们要请一个有经验的中年男子，为他们做饭菜，再派几个得力的伙子到半路上接姑娘们。酒宴地点往往设在新盖的空房子里。这天所吃的食物，除了猪肉、干巴、豆腐、豆芽、蛋类及各种蔬菜外，还要杀一只大公鸡。把鸡煮熟之后，放于桌子的正中间，把鸡脚砍下，立于桌子的两边，然后把鸡肠子拉开连接起来，在鸡肠子的中间部位，有一支筷子把公鸡头高高地竖立起来。鸡脖子挂着两颗鸡腰子，一眼看去十分醒目。如不这样做，就会被姑娘们取笑，认为伙子们的鸡没有腰子。

　　到了晚上10点左右，应约而来的姑娘们就会到场。一切就绪之后，一男一女分开入席。参加"阿巴多"的男女人数是相等的，必须成双成对。大家入座后，气氛十分活跃，周围站满了围观的男女老少，七嘴八舌地互相逗趣玩乐。桌上每人面前有一双筷子，但全桌只有一个酒杯。"阿巴多"正式开始时，先由一个年纪稍大点的称为"知席"的男子，用一个小酒杯斟满酒，举杯深情地唱一首欢迎姑娘们到来的歌，把姑娘们唱得漂亮无比，获得人们阵阵喝彩，然后把酒杯递给坐在右边的姑娘。这时必须以歌代言，请姑娘喝酒。姑娘带着羞涩的面容，以歌对答，不肯轻易接过酒杯。这样举着杯子来回对唱，尽量发挥自己唱歌的本领，显示自己的才华。到一定的时候，姑娘接过酒杯，以同样的方式，又传给自己右边的伙子。伙子同样不肯轻易接杯，又是一轮精彩的对歌。照此，无论有多少人，每人都必须互相敬酒。敬过酒之后，作为东道主的男方还要敬菜。如此反复，通宵达旦，席间充满着欢声笑语和动人的情歌。凌晨，再把桌上食物重新烹饪加工，天亮之后，共同进餐。饭后伙子们还特意包一些食物给姑娘带走，让她们在回家的路上吃。这天往往是赶集的日子，伙子们把姑娘送到集市上才分手。过几天之后，姑娘们用同样的方式回请伙子们，届时伙子们要到姑娘的寨子去做客。至此，一次别有风趣的"阿巴多"活动才告结束。

哈尼族奕车的男女青年人，用这种方式，互相了解，增进友情，寻找自己的心上人。有了感情基础之后，就可单独约会了。

（三）象征爱情的信物

互送信物是哈尼族年轻人互相求爱的重要方式。姑娘用自己亲手编织的彩带，送给伙子做帽绳或琴带，有的把绣着精美图案花纹的布腰带送给伙子，让伙子们扎着姑娘送的花腰带，招摇过市，炫耀于人。有的哈尼姑娘用各种颜色羽毛做成一朵精美的小花，或从山中采来某种象征爱情的花，送给自己看上了的伙子，表示愿意与他相会等。经过一段时间的交往，彼此有了更进一步的了解，最终双方都觉得情投意合的时候，往往姑娘要亲手缝制一件上衣给小伙子，伙子则购买银手镯、戒指等给姑娘。这便是双方的定情物。这时男方可请媒人到女方家提亲了。

（四）宴别情人

世上不可能所有的有情人都能成眷属。过去哈尼族地区尤其如此。两个相爱甚笃的青年男女，若遭到家中父母的反对，这时爱情就有可能付之东流。这种情况多数是因女方父母反对，把姑娘另许配给他人，而姑娘又不忍心伤害父母的心而妥协。出现这种不愉快的事情时，哈尼族年轻人要举行一种特殊的仪式来结束爱情。

这种结束爱情的告别仪式，有些地方叫"转安"，也有的叫"拉哈培"，其意均为停止或放弃爱情。这种仪式须在姑娘出嫁前秘密地进行。姑娘要提前几天暗中准备食物，到时举办一桌丰富的酒席，选定一个吉祥的日子，相约在山间幽静的地方举行仪式。参加的人不多，一般是男女双方各带二至三人——自己最亲近的朋友参加。同时要请一个有经验的、能说会唱的男性长者来主持仪式。各种菜肴准备就绪之后，摆在铺着树叶的地上，大家围坐在一起，开始具有特殊含意的野餐。喝酒吃菜时，气氛难免有些压抑。即将分手的一对恋人，开始唱述他们相识到相爱的全过程，每个人都有一些难忘的回忆。最后两人唱不下去了。此时，主持仪式的长者，开始边弹三弦边唱歌，先是为他们不幸的爱情而惋惜，接着，再唱安慰的歌，最后祝福他们再寻觅到新的爱情。来陪伴的人吃饱喝足之后，又唱又跳，表达一种内心惆怅之情。到了日落西山，天色将晚时，主持人宣布两个恋人交换纪念物。先由姑娘捧出自己精心绣缝的衣服、腰带、绑腿、彩带等，亲手给相爱多年的伙子穿戴；伙子也拿出自己早已准备好的耳环、银手镯、银链、银项圈、银牌、戒指等首饰，佩戴在自己永远不能再相爱的姑娘身上，以此当做永恒的纪念。从此以后，他们之间再不能互相来往了，千般情万般爱，只能深埋在各自的心底。

目前，随着经济文化的发展，哈尼族地区的恋俗有了很大的变化，自由恋爱自定终身的事越来越普遍，这种伤感的宴别情人的仪式已基本消失。

二、联姻方式

哈尼族一年四季中，不是每个月都能提亲或结婚的，提亲联姻有严格的时间规定，一般是每年开春。种子下地之后，就不能再提亲或结婚了。如果有人违背规矩去提亲，就会被女方家以姑娘尚小、不懂事为由婉言拒绝。所以，必须到秋收季节，至少要有某种早熟的农作物收割入仓后才能去提亲。哈尼族每年农历十月为新旧年交替的时间，因而，十月年前后是哈尼族娶亲的黄金季节，一般要延续到春节后一段时间。年轻人谈情说爱则是不分时间季节的。

哈尼族联姻的方式主要有以下几种情形。

（一）**自由择偶，媒人撮合**

哈尼族青年男女，在婚前享有充分的社交自由，每个人都有选择自己心上人的机会。在较长时间的接触之后，如果双方都觉得情投意合，就可以交换信物，私订终身，然后男方告知家中的父母，并请求他们委派媒人到女方家登门提亲，最终以媒妁定亲。如果双方父母都同意，这门亲事便成功了。

（二）**父母包办**

以前，由父母包办儿女的婚姻是很普遍的，这是哈尼族社会中主要的联姻方式。这种旧的联姻方式，只要双方父母同意，不管儿女是否有感情，都必须结婚成家。这使许多有情人不能成为眷属，造成婚姻悲剧。现在，这种联姻方式已被越来越多的哈尼青年所抛弃，即使父母要过问，也只能起到牵线搭桥、提供意见、让儿女参考的作用了。

从前，有些哈尼族地区有姑舅表婚习俗。这种婚俗有两种情形：一种是舅舅的儿子，可以娶姑妈的女儿为妻，而且具有优先权；另一种是只允许姑妈的儿子娶舅舅女儿为妻，而不能相反。过去这两种情况并存，是属于父母包办性质的联姻形式。现在这类联姻形式已被年轻人放弃了。

（三）**抢婚、私奔**

抢婚是相爱已久的男女青年在包办婚姻或女方父母不同意的情况下，采取的一种特殊的联姻形式。抢婚必须在女方同意并积极给予配合的情况下才能进行。哈尼族称这种习俗为"迷回回"，其意为"偷姑娘"。首先双方要选择一个吉祥的日子，作为男方来抢婚的日子。他们定好联络暗号，然后各自做好准备，女方收拾好自己要携带的衣物等东西，到时能立即出发；男方要邀请两三个小伙子前来帮忙，同时要请一个能言善辩的男性长者一同前往，抢婚成功之后，他要充当媒人的角色。

抢婚一定要有周密计划，不能漏出半点风声。因为抢婚时一旦被发现，姑娘又会被女方的人抢回去，或三天内被找回去，使抢婚失败。这样，小伙子就不能再进行第二次抢婚了。因而抢婚的成败关系到这对恋人的终身幸福。

抢婚一般在晚上进行，男方按约定的时间和暗号接上头之后，姑娘就背上早准备好的东西，跟着小伙子上路。如果未被女方的人发觉，就把姑娘顺利地带到男方的寨子中，然后选一个安全的地方，把她隐藏起来。若在抢婚过程中被发现，女方家要派人来追赶，这时来参与抢婚的男性长者就要出来，与前来追赶的人纠缠，让伙子把姑娘带走。

一般过了三天之后，女方的人也就不会再寻找了。这时，男方家就要请参与抢婚的男性长者到女方家提亲。这种情况下，女方家看到"生米已煮成熟饭"，也不得不同意这桩婚事了。于是双方商定吉日，按正常方式举行婚礼。

哈尼族的婚姻活动中，私奔的情况也时有发生。当女方的家长不同意年轻人的婚事时，姑娘就会以私奔的方式表示抗争。私奔不经过什么手续，不举行任何仪式，自己择个吉日，携带着自己的生活用品，就跟着小伙子到了男方的家中生活。还有一种情况，就是双方父母都不同意这门亲事的时候，两个感情甚好的年轻人，双双离家出走，或到别村别寨的亲友家中居住，或跑到深山密林中，自己盖一间窝棚居住，过三五个月之后，婚姻既成事实，就会得到家庭、社会的承认，就可以搬回寨子中居住了。

（四）聘金及嫁妆

哈尼族在联姻活动中，男方都要支付一定的聘金，这是从古延传下来的习俗。过去最少的聘金为几块银元，多的达几百块银元。中华人民共和国成立后这种习俗发生了很大变化，聘金呈上升趋势，有的地方已高达几千元。一般来说，聘金多，陪嫁的东西就多，嫁妆一般有箱子、金银首饰、几套新衣、一床棉被等。无论哪种情况，也不论聘金多少，都要遵循一条原则：聘金分三次送到女方家。最后一次送聘金是在举行婚礼的当天，聘金不管多少，都要用秤象征性地称一下，表示这个姑娘体面值价。

哈尼族的小伙子，哪怕是通过自由恋爱，私订终身的情侣，也不会亲自上女方的门，而是派媒人到女方家提亲。许多哈尼族去提亲求婚，有喝小酒的习俗。因而，媒人要提一瓶酒去，在火塘边坐定后，倒酒给主人喝，并说明来意。这种提亲一般要反复二至三次，头一次一般不会爽快地答应，女方家长常推诿以自家的姑娘还小、不懂事、毛病多等表示拒绝，不肯接受媒人敬的酒，认为第一次就爽快地答应婚事，就会有把姑娘送上门之嫌，觉得有失面子。第二次去的时候，如果女方家同意这门亲事，就会接受媒人敬的酒。然后，双方共同商谈聘金、婚期等事宜。

三、婚礼习俗

哈尼族婚礼仪式丰富多彩，不同的地区和支系婚仪有诸多区别，但也有许多共同点，如吃分别饭、哭嫁、躲婚、戏弄新郎新娘等。

（一）哭 嫁

哭嫁这种婚俗的形成由来已久，至今仍然盛行，即使是两个自由恋爱成婚，结婚时仍然要哭嫁。所谓哭嫁，是边哭边歌，内容有哭别从小一起长大的女伴；哭别生养自己的父母，哭别同胞弟妹等，其中有传统的固定的哭嫁歌，也有姑娘自己的即兴发挥。善哭姑娘常常使周围的女伴、父母等也伤心落泪，陪着她一起哭唱。

（二）吃告别饭

　　许多地区的哈尼族姑娘，出嫁前三天左右，有吃告别饭的习俗，哈尼语称为"阿吾恰杂"，即煮蛋吃。即将做新娘的人，提前几天告知从小在一起长大的女伴们，何日煮蛋吃，姑娘们就会自觉地拿着一碗糯米和一个鸡蛋到要出嫁的姑娘家中来。晚上，全寨的姑娘集中到她家里，先把鸡蛋和糯米蒸熟，放在桌子上，待到满天星斗的时候，大家围坐在一起吃糯米饭和蛋。这时，姑娘们要特别警惕寨中调皮的男娃娃来抢吃（其实抢吃不是目的，来凑热闹才是真的）。姑娘们边吃边谈，祝福即将做新娘的人，婚后幸福美满。此时，对将做新娘的人来说，处在一种既高兴又伤心的矛盾之中。看着朝夕相处的女伴们，想到自己将要结束无忧无虑的姑娘生活，就十分伤感，往往会情不自禁地唱起哭嫁歌：

> 姐妹兄弟都是一娘生，
> 姐妹兄弟都是一父养，
> 为何姑娘像树叶随风落？
> 为何姐妹要离家去嫁人？
>
> 温暖的火房子，
> 是姐妹兄弟一起盖，
> 长长的梯田，
> 是姐妹兄弟一起开，
> 为何哥弟留家继祖业？
> 为何姐妹出门到别家？
> ……

女友们同样用传统的哭嫁歌"一条牯子牛长大了，叫声会传四方；一个姑娘成人，名声就会远扬；牯子牛不犁田就不值价，姑娘长大不嫁人不体面"来安慰姑娘。最后，油尽灯枯，众人方离散而去。

（三）婚礼仪式

哈尼族的婚仪多样复杂，各有特点，有着丰富的文化内涵。

红河地区的哈尼族，举行婚礼一般需要三天的时间。正式过门的那天下午，新娘家里杀猪宰鸭，宾客盈门，一派喜庆气氛。天将黑的时候，男方接亲的人来到女方家中，一般由七个或九个人组成，人数必须是单数。其中一个是新郎；一个男伴，此人必须是父母双全的未婚男子；一个媒人；还有一个负责分发糖果的人，其余便是随陪人员了。

接亲的人到女方家后，媒人要给女方父母送上最后一次聘金，这些钱无论多少，都要象征性地过一下秤，而且要把秤赶得很旺，表示这门亲事双方称心如意，姑娘嫁得体面，脸上有光。

吃过晚饭后，新娘就跑到邻居家躲起来，这就是所谓的躲婚。有些新娘躲得很巧妙，往往要动员许多人去找，把过门的时间拖得很晚。新娘被找到后，都要大哭大闹，撒娇耍赖，说嫁妆不好、讲首饰不够等。这时，往往要前拉后推，有的甚至要其哥哥或弟弟把她背到堂屋里的酒席上，才肯和新郎坐下来。

这时桌子上摆满了各种各样的菜肴。这里就座的人除了新郎和他的男伴外，一般都是年轻姑娘。由于酒席上男女悬殊太大，如果新郎和男伴不善言辞，往往要被姑娘们弄得面红耳赤。这天她们是存心要逗弄新郎的。席间，新郎和新娘要交换酒杯和饭碗。新郎站起来，端起酒杯恭恭敬敬地请新娘接过。此时，新娘也站起来，忸忸怩怩，羞涩地把头扭向一边，不肯接过杯子，周围的姑娘们七嘴八舌地要新郎叫新娘的名字等。新郎不好开口，只好说："××弟弟（妹妹）的嫂子，请接过我的这杯酒。"叫得十分亲切动人之后，新娘才肯接过酒杯，然后以同样的方式再换盖满各种菜肴的饭碗。换完之后，新郎和男伴随便吃点饭就离席，让姑娘们留下来吃饭。待到多数姑娘吃好饭后，来接亲的人就要带着新娘连夜出门上路了。这时候，新娘故意抬着饭碗不肯放下，佯装没吃饱饭。人们只好把她的饭碗抢掉，拖着她梳妆打扮后上路，新娘则借口说不让她吃饱饭，大哭大嚷不肯上路，须由其哥哥或弟弟牵着或背着她出门。新娘离开娘家时，用一个新织的背箩背一只大公鸭；带上一截新砍来的金竹竿（金竹竿无论有多少道节都要把它们打通），往里装一些肉、饭、酒等食品，两头要用房檐上的茅草堵塞；头上戴一顶特制尖斗笠，由伴娘陪同着，走在接亲队伍中间，边走边唱出嫁歌。姑娘们围着新娘，互相拉着衣裳，陪哭一段路程，把她送到半路才返回。

媒人用背箩背着鸡腿、糯米饭、酒等食物，跟在后边，他离开村子时，要受到躲在暗处的孩子们用果子等物的"袭击"。这是哈尼族的一种迎新、送亲的方式。

最后跟着七八个姑娘，高唱送嫁歌。在月明星稀的夜晚，动人的歌声传向四方，有着一种特殊的韵味。

新娘到了男方家，门口拦着黑白两股线。经过摩批洗礼后，新郎新娘要共同掐断这股线才进门，表示从今以后，他们之间没有丝毫的界线，成为一家人了。

新娘到了男方家中后，当晚要杀一只母鸡，加一个鸡蛋一同煮熟。家人把鸡蛋剥开后分成两半，一半给新郎，一半给新娘，请他们共同吃下这个蛋。然后，新娘由女伴陪着进新房休息。这天晚上新郎和新娘不得同房。

第二天一早，新娘要起来烧火做饭。天大亮后，有人陪着新娘到水井挑一担水，然后再由新郎陪着到新郎家的田边转一圈，表示去认识自家田地。

中午开饭的时候，大家斟上香喷喷的焖锅酒，举杯为新郎新娘祝福。这时在大门口，要找一个适当的地方，铺上一床红色的线毡，让新郎新娘跪在上面，分别由男伴和女伴陪同，向来往的客人们磕头致礼。磕头姿势男女有别，新娘和女伴双膝跪地，双手趴扑于地，头靠在手背上，头部盖一块黑色头巾，看不到新娘的面目；新郎和他的男伴，双膝跪地，两手直杵于地上，抬头看着来往的客人。这时候，新郎常被人们戴上用野花野果做成的五颜六色的花环，以此取乐。

与此同时，由两个中年男女提着酒壶，端着托盘，代表一对新人向客人逐桌敬酒。敬酒时女的端托盘，男的提酒壶。托盘上放自家织的一块大布，一个菜碗里装一块肥肉，另有一个银质的龙头手镯和两个酒杯。祝贺的人接过酒杯一饮而尽，然后随意拿出一些钱来放在托盘上，这些钱要分两份，多的一份放在托盘上，少的一份放在碗底下压着。敬酒完毕，新郎新娘的磕头礼才告结束。

磕头结束后，新郎新娘要给亲戚长辈们敬酒。新娘拿酒杯，新郎提酒壶，把酒杯斟满，新娘把酒杯端到长辈亲戚面前，以相宜的称呼，请他们喝喜酒。受敬的人，要说几句祝福的话，然后一饮而尽。此时四座皆齐声喝彩，随后拿出一些钱给新娘，表示对他们的良好祝愿。新娘恭敬地半蹲下，用衣襟接过钱，鞠躬表示谢意。这些拜长辈亲戚得的钱归新娘新郎所有。拜完亲友，女方便有人来逐桌发糖给客人们吃。

中饭后，新娘、媒人、女伴等一行返回娘家；晚饭后，新娘再返回夫家，至此，婚礼结束。但一般伴娘要留下一两天，陪伴新娘适应新的生活，并与新娘住一起。新郎与新娘过两天后才可同房。

哈尼族白宏人的婚礼，又有不同之处。结婚当天，男女双方的屋前，须用新鲜的树枝搭一个类似瓜架的棚子，俗称"青棚"，一般用锥栗树、柏枝树搭成。

当男方接亲的人吹着迎亲调，喜气洋洋地来到寨边，经过女方寨子摩批的洗礼后入寨，到了女方家里，除新郎的娘娘能接进屋之外，其他的人只能在"青棚"下面休息、喝茶。开饭前新娘家的人要抬热水给新郎和来接亲的人洗脚，然后在"青棚"下入席就餐。

接亲的人准备返回时，新郎要到新娘的房里，用手碰一下新娘的手，示意该出发了。新娘就跟着新郎走出屋来，从屋前的"青棚"下穿过上路。接亲的人把新娘接走后，女方就要把"青棚"推倒。接亲的人走出一段路程后，新郎要折回到新娘的家里，看望一下岳父和岳母，用一块事先准备好的毛巾，擦去两老脸上的泪花，并安慰老人几句，然后又去追赶接亲的人们。新娘来到新郎家的寨边，同样须经摩批洗礼后入寨。新娘在此重新打扮，屁股后边带上"披尺"①。到了新郎的家中，男方的人要抬一桶水给女方前来送亲的人洗脚，然后大家入席就餐，当晚在此休息，第二天正式拜堂成婚。婚礼上新郎新娘两手交叉跪地磕头，向长辈人敬酒。婚仪结束，三天后新郎新娘才同房，并有人来闹新房。

有些地区的哈尼族，年轻人结婚后新娘有"不落夫家"的习俗。如布都人，结婚时双方都备办酒席，请客人喝喜酒，新郎家中也置了新房，但新郎新娘不同房合欢，第二天，女方送亲的人又把新娘带回娘家去了，经过半年或一年之后，新娘才到夫家居住。哈尼族奕车人也有类似的习俗。奕车男女青年结婚后，女方回到娘家居住，这期间，每一轮（即12天）女方才回夫家住一两个晚上，直到女方有孕之后，才正式到男方家长住。

①披尺：一块宽三十厘米、长五十厘米左右的黑布，并用丝线绣制各种花纹图案，是白宏妇女已婚的标志。

四、婚俗禁忌与离异方式

哈尼族的婚姻活动中，包含着许多宗教礼俗，除了向祖先神灵叩拜之外，还形成了许多禁忌习俗。

属相禁忌：哈尼族一般不严格地算"八字"，但非常注重属相之间的相生相克问题。因而必看男女两方的生年、生日的属相。如果男女双方的属相碰巧属牛和属虎、属龙和属羊、属狗和属虎等就不能相配。另外，属蛇、属龙、属猪日，一般不嫁姑娘。哈尼族绝对不能在母亲出嫁的属日嫁姑娘，所以，每个做母亲的都要牢记自己出嫁的日子属什么。有的地方父母、哥弟的生日里，也不能出嫁姑娘。

数字禁忌：男女双方属相相隔七天者认为不能相配成婚。另外，哈尼族有"姑娘十七岁不过门，伙子十九岁不成婚"的传统习俗。

哈尼族的社会生活中，夫妻离异的情况也时有发生。过去，哈尼族处理离婚案的方法比较简单，夫妻之间一旦有了矛盾，经过双方的老人、亲戚调解无效，就允许离婚，一般由村寨中有威望的寨老主持离婚，即可得到社会的承认。离婚时，哈尼族有赔还聘金的习俗，如果男方主动提出离婚，女方有权提出不退还聘金，或减半退聘金的要求。男方一定要离婚时，也可不要退还聘金。如果是女方提出离婚的，男方有权要求加倍退还聘金，双方同意就可离婚。离婚后，女方一般得不到其他财产，只有自己从娘家带来的衣物和被子可带回去。若有子女，则判给女方，如果母亲再嫁，子女改换继父姓。有些地方的哈尼族，如果离婚后，女方终身不再出嫁，那么，原来的丈夫与她虽没有夫妻关系，但女方死后必须由其负责办理丧事。

离婚凭证，过去哈尼族无文字，没有立字为凭的习俗，一般都是在中证人的主持下，刻木为凭。在双方提出的条件兑现后，中证人用拇指粗的一节木头，修光后在中间用刀刻上一个道口，然后一破为二，当事人双方各持一半为凭。如果有一个孩子，无论判给哪方，领孩子的一方便多刻上一个道，表示孩子归谁领养。还有更简单的，拿一支筷子，一刀砍成两截，各拿一节为凭；也有的地方，用一根舂米的碓嘴，一破为二，各拿一半回家作为离婚凭证。

目前，随着哈尼族地区经济文化的发展，哈尼族年轻人已逐步形成了结婚去登记、离婚找法院的习惯，婚姻习俗逐步走上了法制的轨道。

五、西双版纳地区哈尼族的婚恋习俗

（一）自由恋爱，媒妁定亲

僾尼人的婚姻与恋爱是自由的，男女青年在社交活动中自由恋爱，到双方决定要结婚的时候，才由男方请媒人到女方家正式求婚，商定结婚日期和举行婚礼的有关事项，经过媒妁之后才正式举行婚礼。

僾尼的婚恋开始得早，男女青年们一跨出少年的门槛就撞进了爱情的漩涡。在十四五岁以前，小姑娘都戴圆形小帽，过了十四五岁便开始收拾打扮，把朴素的圆形小帽换成漂亮的花格子头巾，并且在腰间挂上一对绣着美丽图案、缀着丝线编成的彩穗飘带来，这对飘带是姑娘跨出少年期的一种标志，小伙子看到她挂出飘带后，便开始与姑娘接触。

男女青年谈恋爱的年龄一般在十六七岁。姑娘进入十六七岁后，便在自己的圆形帽子上装饰上各式各样的银饰品和用彩色鸡毛及各色丝线编织成的各种花卉，并在圆帽后面装上"乌丘吹喝"（用宽竹片卷成的一个圆形装饰品，上面涂有白、黄、红等颜色的圆圈，这种装饰品横装在圆帽之后），同时开始留鬓角，

胸衣上的银饰品也多了起来。姑娘们用帽子上的"乌丘吹喝"、鬓角上的鬓发、胸前的银饰品向小伙子们表示，她们已经准备挑选自己的心上人了。深知姑娘们心意的小伙子便利用各种场合与姑娘们频繁接触，正式开始谈情说爱，寻找自己中意的姑娘。

对歌，是优尼青年谈情说爱的方式之一。青年们对歌的场所一是劳动的田间地角、山林野地，一是娱乐场所。上山劳动时，相互爱慕的青年往往唱"夺恰恰"和"阿其姑"歌调吐露衷情。在青年们劳动的田间地角，往往可以听到这样的山歌：

男：春天到来桂花开，
　　花香随风飘过来，
　　有心摘朵胸前戴，
　　树高手短摘不着。
女：春天到来桂花开
　　要采鲜花过山来，
　　有心摘花要伸手，
　　搭个梯子上树来。

太阳快下山时，又会听到这样的山歌：

男：隔山隔凹唱个歌，
　　上山鸟儿要归窝，
　　归窝鸟儿停一停，
　　结个伴儿回归林。
女：天上太阳已落坡，
　　小鸟叫伴同归窝，
　　哪只鸟儿愿作伴，
　　岔路口上照个面。

……

青年们用歌声谈情说爱，通过对歌沟通感情，叩击爱情的门窗，不少青年都是以歌声为媒结为伴侣的。

节日期间，青年们欢聚在娱乐场所——"底行"（寨场）上，相互对唱，用歌声谈情。青年人通过唱歌交往。

赠送象征性的礼物，也是傻尼青年互相求爱的一种方法。小伙子看上姑娘以后，便会制作彩色鸡毛或丝线编织成的花卉或是选出一件饰物送到姑娘居住的地方去试探姑娘的心意。如果姑娘对小伙子有意，小伙子也会很快就收到一件象征性的礼物。于是双方便开始进一步交往而变成情侣。

男女双方有了感情之后，常常在夜间幽会。多情的姑娘决心与小伙子幽会时，便会利用出工或收工相遇之机将一串自己亲手用彩色鸡毛和丝线编制成的花穗儿送到小伙子手里。小伙子接到礼物之后，便收拾打扮一番，在夜幕降临之后带上"区哩"（竹笛）或"当宏"（三弦琴）去与姑娘幽会。幽会往往在姑娘家的竹楼下进行。小伙子来到姑娘家的竹楼附近或吹竹笛区哩，或拨动三弦琴当宏，让乐声传递信息，把坐在竹楼上等待会面的姑娘招下楼来，一起坐在昏暗的竹楼下依偎着谈情说爱，互许终身。

对于男女青年的幽会，女方父母往往会进行干涉。父母见女儿走下竹楼之后，便会破口大骂前来与自己的女儿幽会的小伙子，指责小伙子品德不好，勾引姑娘，并用恶语驱赶小伙子赶快离开自己的住地。碰到这种情况，小伙子并不惊慌，也不生气，因为女方父母的叫骂多是一种做作，他们对小伙子的驱赶，并非实意，只是想用叫骂来证明自己疼爱姑娘，不想让姑娘过早地出嫁而已。因此傻尼青年情侣们常常在长辈的骂声中幽会谈情，他们对长者的叫骂，常常暗自发笑。

热恋中的傻尼青年男女经过一段时间的交往，双方感到情投意合之后，便会用交换饰物来定情。定情时，女方要把一件自己亲手缝制的、面襟上绣着美丽图案的上衣送给小伙子；决意娶到这个姑娘的小伙子也会将银手镯、银项圈或是银饰品交给姑娘作为信物。尔后，姑娘还会将一对亲手绣制的"脚章"（裹腿布）送给小伙子。到此男女双方才算是正式定情，准备结为夫妻。

在定情之后的三天内，小伙子要通过亲戚朋友把自己寻找到未婚妻和准备结婚之事正式向双亲报告，请父母媒妁定亲。与此同时，姑娘也要通过亲戚把自己已经决定了的亲事转告父母，使父母对媒人的登门事先有个准备。

男方父母知道儿子找到未婚妻的消息后，便会商讨权衡，如果同意这桩婚事，便着手备办礼品，在亲友中挑选一位能说会道的人为媒人，背上一壶米酒到女方家登门求婚。

登门求婚通常在夜间进行。媒人登门之后，女方父母一般都不会轻易答应这桩婚事，否则别人会以为他们是在往外推女儿，女儿出嫁之后会被男方亲戚耻笑。因此求婚之事通常都会有些周折。媒人登门时，女方父母或有意装睡，或不饮媒人送来的酒，或借故姑娘年轻不懂事而婉言推脱。所以媒人要不厌其烦地几次登门，破费口舌，反复劝慰，直至女方父母收下求婚酒表示允或是明确表示不愿让女儿成亲为止。

媒人到女方家登门求婚时，不能随便声张。如果走漏了消息，女方的亲朋好友便会趁机找麻烦，出媒人的种种洋相。如把媒人带着去求婚的酒壶偷藏起来，或是端上大菜碗，甚至端起洗脸盆来向媒人讨酒喝等，并且借机嘲笑媒人小气，或嘲笑男方小气，不愿多备办米酒热情接待亲戚朋友等。那些不善言辞的媒人，往往在这种场合下大出洋相，只有能说会道的媒人才能战胜嘲弄者，为男方争得光彩，使女方父母折服。

在女方父母被媒人说服而喝了求婚酒之后，男方还要择个好日子，请媒人背上一个煮熟的鸡蛋、一包糯米饭到女方家去商定结婚的日期和具体事项。媒人登上女方的竹楼之后，要将背着礼物的筒巴（挎包）挂在男女室之间的隔板之上，待女方父母取下礼物之后，才能开口商谈婚期。这天，女方父母应宰鸡置酒热情招待媒人，并且要讲一大通客套话，指责自己的女儿不懂事，不懂礼貌，不勤快，多嘴，毛手毛脚等等。总之，要多讲女儿的缺点毛病，一点也不提女儿的优点。就是女儿漂亮得如花似玉，也不能说出一个好字来。据说此刻多讲女儿的毛病，她出嫁之后才不会受到男方亲友的挑剔，相反地倒会使男方亲友看到姑娘的许多优点，而自然而然地受到男方的赞扬。经过几次商谈之后，男女双方便动手备办礼物，准备给儿女举行婚礼，让他们结为终身伴侣。

（二）迎亲、送亲及婚礼

婚期来临之日，新郎家要组织一支迎亲队到女方家去迎接新娘；新娘家也要组织一支送亲队送姑娘出嫁。这一天男女双方都要备办酒席招待自己的亲朋好友。

新郎家的迎亲队由新郎家的亲戚和寨里最活跃的一批青年妇女组成，其中应有一名歌喉圆润、知识渊博的"雅悉"（歌手）参加。迎亲的人穿上最新的衣服，妇女们还要带上各色鲜花，把自己打扮得跟新娘一样漂亮。他们带上米酒，由新郎的一位年长的亲戚带领着到女方家里去迎接新娘。如果女方与男方不在同一寨子，迎亲队在走出本寨的龙巴门后，便要放声高歌。歌的内容各式各样，有唱史诗的，有唱祝贺歌的，也有即兴创作唱自己参加迎亲队去迎亲的心情的。下面这首歌便是迎亲调中的一种：

猎人扛着枪出山去了，
猎人心中想着的是马鹿麂子的肉。
种田人拿着镰刀下地去了，

种田人心中想着的是地里的金谷；
我们穿上新衣走出了寨子，
我们要去摘一朵鲜花，
把欢乐与幸福送上新郎的竹楼。
……

迎亲队把新娘接出她居住的村寨时，"雅悉"同样要唱欢乐的歌：

哦——喂——
想打猎的碰上马鹿了，
想吃米的收到新谷了，
想喝水的找到水了，
想柴火的砍到柴火了，
想采花的采到花了，
想采蜜的采到蜜了，
向日葵结子了，
黄瓜上架了，
桃子结果了，
李子结果了，
新人接来了，
有好日子过了。
……

有的"雅悉"则会这么唱：

太阳当顶的时候，
我们唱着歌走出寨子；

太阳落山的时候，
我们接回一个新人；
当日头重新升起的时候，
她将开始一种新的生活。
……
新娘呀，
你竖起耳朵听一听，
林中的小鸟用歌声祝福你；
新娘呀，
你睁开眼睛瞧一瞧，
路边的花儿摇着头儿在欢迎你；
新娘呀，
你迈开步子快快走，
后边等着你的是欢乐与幸福。

　　迎亲队里的"雅悉"边走边唱，唱歌时用一个手指塞住一只耳朵，仿佛他的歌是专门唱给新娘听似的。他的歌声常常能使新娘破涕为笑，使迎亲队里充满欢乐。

　　新娘家的送亲队人数不多，参加者多是新娘的女伴。这群女伴扶着头蒙红布的新娘，依偎在新娘的身边。其中二人为新娘背着礼物及衣物。新娘家的礼物是一个猪头、三块圆月似的糯米糍粑，还有一对鸡翅膀，这些礼物一直要背到新郎家中，送给新郎的父母。

　　迎亲与送亲是一件欢乐与愉快的事情，但一路上仍然会碰上许多麻烦事。常见的麻烦事一是被野草结成的绊脚绳绊倒，二是会遭到从草丛中飞出来的牛屎马粪和稀泥土块的打击。迎亲和送亲的人往往会因此而变成一个泥人。这两件麻烦事是姑娘所在村寨的小伙子们特意做的恶作剧。做这些恶作剧的青年们，有的是与新娘有情，有的是新娘的好友，他们看到她变成别人的妻子（特别是变成外寨青年人的妻子）之后，心里充满惋惜之情，于是便结伙躲在路边，用绊脚绳绊迎亲送亲的人，并且用牛粪马屎稀泥土块打击他们，以此表达对新娘的挽留心情。所以，迎亲、送亲的人在欢乐中仍需保持警惕，留意防备从路边突然飞来的袭击。

新娘被迎来之后，新郎的父母要在自家门前迎接新娘，此时新娘才能揭去盖在头上的红头帕，认公婆，让公婆牵住双手跨进家门。新娘登门时，新郎要主动回避，离开自己的竹楼躲到亲戚朋友家去，这叫"躲新娘"。新娘认过双亲之后也要离开公婆家的竹楼，到邻居或亲戚朋友家休息片刻，这叫"躲新郎"。新娘在躲新郎时，应换下从娘家穿来的衣裙及饰品，换上公婆为自己准备好的衣裙及饰物，然后才返回家去与新郎举行结婚仪式。

结婚仪式在女室举行。新郎新娘按照仪式主持者最玛的吩咐，同坐在女室的火塘边。最玛将预先准备的米酒姜茶摆在新郎新娘的面前，然后将一个熟鸡蛋交给新郎，由新郎转交新娘，新娘应从身后反手接住鸡蛋，然后再交还新郎。新郎便将鸡蛋剥开分为三份，一份给仪式主持人最玛，一份给新娘，一份留给自己。最玛手握鸡蛋念祝词说："一个鸡蛋只有一个黄，一对夫妻只有一颗心，今天吃下同黄蛋，天长日久不分心。"念完之后，三人用蛋蘸上米酒与姜茶同时吃下肚去，这时客人们便齐声欢呼表示祝贺。

吃过鸡蛋之后，仪式主持者最玛又端出一只预先煮熟的猪脚，吩咐新娘先尝尝肉味，再交给新郎把猪脚吃完。至此结婚仪式全部结束，新郎一家便忙着摆设酒席招待前来祝贺的亲朋寨友。酒席分设于男室与女室内，男客在男室就座，女客在女室就座。男女室内各有一桌主要的席位，用以招待舅父舅母和男女长者。开席时，新郎新娘首先要将"鸡八鸡昨昨"（一种装在竹筒内煮的肉）摆在长辈们面前，专供长辈食用。

当宾客开始饮酒用菜时，新郎新娘双双前去敬酒。敬酒的秩序是先敬舅父舅母，次敬长辈，然后敬其余宾客。在敬酒时，客人们往往用酒回敬，新娘新郎不能推辞，应饮入嘴里，再吐在预先准备好的干毛巾上。

在婚宴上"雅悉"还要唱祝贺歌：

> 两只鸟同飞进一个窝，
> 两条鱼同游进一个塘，
> 同林鸟同出同归，
> 同池鱼永不分离。

举行婚礼这天夜里，新郎家里人不散，席不散，让人们尽情欢乐。谁要提前离席，主人家还会请"雅悉"唱挽留歌：

> 莫嫌米酒不醇，
> 莫嫌饭菜不香，
> 请你莫嫌板凳硬，
> 请你莫嫌碗筷脏，
> 不要离开饭桌，
> 不要放下酒杯。

听到挽留歌，想离席的客人又会坐下来开怀畅饮。

婚礼这天，新娘的迎亲队一般都不到新郎家赴宴。新郎家要专门安排一些亲戚到女方家赴宴认亲。

在有些地方，还有着一种象征性合床的习惯。象征性合床在寨场上举行，当迎亲队把新娘接进村寨来以后，首先来寨场上停留片刻，举行象征性的合床仪式。送亲的人把新娘的行李打开铺在寨场上，让新郎与新娘共同在铺开的行李上躺一会儿，人们唱一阵祝贺歌，然后再送新郎新娘到家里去举行婚礼。

第二天，新婚夫妻还要举行一次砍柴烧火的仪式。那天一早，新郎带上柴刀，新娘背上背篓到山上去砍回三根干柴，让新娘放在火塘里把火点燃。举行过烧火仪式，新娘才能在新郎家里生火做饭。

第三天是新娘回娘家的日子。这天，新娘便带上丈夫回家去看望父母，让丈夫认其父母，并让丈夫向父母表示感激之意，感激他们为自己养育了一个好妻子。

如果已婚夫妇与别人发生性关系，便会受到人们的谴责唾骂，寨内居民便可结伙到他家去宰杀家禽、家畜，用毁灭家产的方式对其实行惩罚。

按照僾尼的传统习俗，不是已婚夫妇不许生育。未婚姑娘一旦怀孕之后，便应立即结婚。如果一时找不到情人，她的父母便不惜钱财为她找寻丈夫，千方百计地要在她生育前嫁出家门。如果婚前生育，那就会被人们视为罪人而赶出寨子，婚前生育的妇女不仅受人歧视，而且还要受罚，只能住在龙巴门外，而且难以找到丈夫。

（三）抢亲与离婚

从前僾尼人中一直沿袭着古代遗留下来的抢亲习俗。

抢亲有两种情况。一种是男方家长相中姑娘之后，不经媒妁，也不让男女双方认识交往，便组织一帮小伙子把姑娘偷抢回来，由男方家长或亲戚主持让他们举行结婚仪式结成夫妻。这种抢婚不与男女双方商量，女方既不知晓，男方也不明白，结婚仪式悲多于喜。婚后有感情融洽、白头到老的，但多数是感情不好，不欢而散的。

　　第二种抢亲是对封建礼教的一种反抗。这种抢亲是在自由恋爱的基础上进行的。男女双方互相爱慕，有着一段甜蜜的恋爱史，恋爱着的双方将自己的心愿告知了家长，男方已备礼物请媒人到女方家反复登门求婚，但女方家长百般阻挠，不愿成全女儿的婚事。儿女们为反对长辈对婚姻自由的束缚，双方便一起合谋抢亲。

　　抢亲，男女双方都心甘情愿，男方父母亲戚也参与出谋献策，只是瞒着女方父母，时间、地点都由男女双方事先商定。

　　抢亲那天，男方邀约几个知心朋友埋伏在事先定好的抢亲地点（多是背水的或上山下地的岔路口）。女方按预约或借故背水，或借故上山砍柴、下地劳动，千方百计摆脱父母的控制，走到指定的地点去让她心爱的人"抢"走。

　　当姑娘出现在指定的地点时，小伙子们一拥而上，摘掉她的背篓，接过她的工具，拉住她往男方家奔跑。满心欢喜的姑娘，此刻要佯装挣扎，并拼命大哭大叫，要让寨里的人知道她被人抢了。有时还要大声呼救，引父母来追赶争夺，导演一场有声有色的闹剧。女方父母听到呼救之后，虽然心中明白事情的原委，但仍须手持棍棒佯装追赶，做点样子掩人耳目。

　　姑娘被抢走之后，往往送到男方的亲戚朋友家藏一两天。事毕之后，男方需要再次请媒人到女方家去求一次婚，把姑娘已被抢到男方的事公开告诉女方父母。女方父母见"生米已成熟饭"，不便再干涉阻挠，虽然心中有气，也只好同意这门亲事。亲事说完之后，男方家便杀猪宰鸡，正式为儿子举行婚礼，促成这件恩爱姻缘。

　　傈尼人虽然历来都实行自由恋爱，但离婚仍然是一种普遍的现象，结婚之后，如果女方不育，常常导致感情破裂而造成离婚。另外，男女之间生活不协调等也是离婚的重要因素。

　　离婚容易而又简单，有的夫妻一吵架便分开居住。按照传统的习俗，离婚要报头人批准，并要给头人送八个银元的礼。离婚时需看是否生有儿女，若生有儿女，男方得出几块银元给女方作养育儿女的酬劳，儿女全归女方抚养。其次还要看谁主动提出离婚，主动提出离婚的一方一般都要给对方几块银元，然后再举行一个简单的离婚仪式。仪式一般要杀一只鸡或者煮一个鸡蛋，共同在饭桌上吃最后一餐饭。吃饭时，饭桌中间放一块木柴把男女双方隔开，象征夫妻从此割断关系。

如果因夫妻结成深仇而离婚，要杀一只白鸡，并把鸡扯为两半丢给两方，以此发誓决裂。

第五节　娱乐习俗

哈尼族是一个能歌善舞的民族，在日常生活中，特别是在重大节日里或有突然的喜事降临，他们都善于用歌唱和舞蹈来反映生活和表达思想感情。

哈尼族把唱古歌称作"哈巴惹"，吟唱哈巴，多在节日良辰、丰收庆典、宴请宾客、新房落成等喜事临门之际进行。如开天辟地、民族繁衍、历史源流、伦理道德、四季天象、农事生产等等均可入歌，哈巴实际上是哈尼族人民传授历史知识、生产经验、传统文化的教科书。演唱哈巴，是哈尼族人民生活中不可缺少的娱乐活动，因此，每一个哈尼人从小就聆听本民族这一神圣的传统文化，使哈尼哈巴一代一代往下传，一直沿袭至今。

人们在山野里劳动时，多唱"阿茨"即山歌。"阿茨"多为情歌，人们疲劳时，用高亢的山歌唱出对情人的思念和爱恋之情，而当山那边的情人听到"阿茨"后，又合以"哦嗬嗬"的回声来回报山这边的情人，表示我听到了。哈尼人触景生情，出口而歌，不仅自娱，也让别人得到欢乐和美的享受。

哈尼族地区素有"歌舞之乡"的美称，哈尼族许多富有特色的民间舞蹈，是娱乐的另外一种形式。哈尼族称舞蹈为"腊阿色"或"哈色色"。

哈尼族民间舞蹈可分为娱乐性舞蹈和祭祀性舞蹈。娱乐性舞蹈多在逢年过节、结社集会、男女青年社交活动等场合跳，主要反映哈尼人的生活情趣和审美观念，表现节日庆典欢乐、活泼、热烈的情绪和气氛，具有广泛的群众性。这类舞蹈主要有"乐作""腊阿别""鼓舞""白鹇舞""竹棍舞"等。祭祀性舞蹈多在各种祭祀的场合跳，气氛庄严肃穆，动作稳沉缓慢，主要反映哈尼人对自然现象的神秘莫测、祈求神灵保佑以及多神崇拜的心理。这类舞蹈有铓鼓舞、莫搓搓舞、木雀舞、棕扇舞等。

除歌舞以外，骑磨秋、荡秋千、摔跤、打陀螺等传统体育活动，也是哈尼族主要的娱乐形式。儿童们则以玩"母鸡守蛋""豹子抓猪"等游戏取乐。

哈尼族的诗歌、音乐、舞蹈三位一体，有机结合。凡是诗歌体裁的作品，都可以通过歌唱反映出来，有时伴着舞蹈表现出来。可以说，诗歌是音乐舞蹈的内容，而音乐舞蹈是诗歌的表现形式。

此外，哈尼族的栽秧号、栽秧鼓、栽秧歌，既是生产劳动的娱乐，又是古老民族文化传统的传承。

栽秧号，哈尼语称作"车尖"，即催发庄稼的意思，是哈尼族男子喜欢吹奏的形如唢呐的一种乐器。每当撒秧到栽秧结束这段时间，每寨都要选择两个中年人站在高高的田埂上对着田野不停地吹奏栽秧号，一直吹到栽完秧过"苦扎扎"节（六月节）才停止。当听到田间的栽秧号时，寨里的人们便擂响栽秧鼓，鼓声传得很远很远，表示预祝来年丰收。

栽秧歌是红河南岸的哈尼族在栽秧时唱的一种歌。这种民歌，在哈尼山乡很流行，它曲调高亢，节奏自由，感情深远，多用衬腔，有行云流水的韵味。

按照哈尼人的传统习俗，每当春耕栽秧时节，一个或几个寨子要推举出一个公认的歌手，专门负责唱栽秧歌。歌手不参加栽秧，但得到优厚的报酬。人们一边栽秧，一边听唱歌，那清脆嘹亮、委婉动听的歌声在田野中飘荡，使栽秧的人精神焕发，干劲倍增。栽秧歌不但唱出了干劲，还唱出了人们对五谷丰登、幸福生活的向往。

高亢委婉、旋律优美的栽秧歌这样唱道：

> 哦嗬——
> 流水哗哗在渠里奔跑，
> 秧苗刷刷在田中长高，
> 一串汗珠，一曲秧歌，
> 歌声唱绿田里的禾苗。
>
> 哦嗬——
> 欢乐的歌声飞满山坡，
> 如海的绿秧环抱梯田，
> 无数的牛羊茁壮成长，
> 座座高楼耸立在村庄。
> ……

勤劳朴素的哈尼族人民，不仅善于开垦梯田，而且能因地制宜，让层层梯田生长出金黄的谷米，座座山坡长出翠绿的茶叶，同时在生产在娱乐中传播知识和文化，栽秧歌就是这一文化特色的体现。

第六节　丧葬习俗

一、丧葬习俗的形成与发展

哈尼族有句俗话："一个人一生三次新。"指的是人生的三次重大的礼仪活动，即诞辰礼、婚礼和丧礼。

丧礼这一特殊的人生礼仪，是人生旅途的最后终结。哈尼族普遍存在着一种"轻生重死"的观念，所以，对老年人的丧礼十分重视，活着的时候，省吃俭用，不畏清苦，而死时丧礼却办得铺张隆重。

哈尼族丧俗的形成与其普遍信仰原始宗教、祖先崇拜有着密切的关系。"人死魂不灭"是哈尼族最基本的宗教观念，认为人的死亡是灵魂与肉体的分离，声与气的脱节。人体亡故之后，灵魂还像死者生前一样继续过着某种形式的生活。留下子孙儿女的老人，正常死亡之后，其灵魂有一个特定的居住地点，与历代亡故的先人们在一起，死者的灵魂与社会和其后人会发生密切的联系。一定的时间之后，那些过世老人的灵魂，在后人的心目中逐渐升华为"祖先神"，并具有多种神性，可以给后人带来福祉，也可以降祸于人，死亡现象被涂上种种神秘的色彩。为了避祸求福，于是形成了许许多多的安抚灵魂的习俗，而且较集中地体现在丧礼活动中。

由于人死亡年龄的不同，死亡地点和方式的不同，就形成了不同的丧葬祭祀方式。随着哈尼族宗教信仰活动的发展，同时也受到周围其他民族丧俗活动的影响，哈尼族的丧葬方式日渐复杂化了。

二、丧葬方式及特点

(一) 几种葬式

从古至今，哈尼族各支系中，形成了多种丧葬方式。主要有火葬、土葬、水葬、树葬等。其中火葬和土葬，主要是成年死者的葬式。现今哈尼族盛行木棺土葬方式，但仍然有少量的其他丧葬方式。

1. 火葬。这是古代哈尼族普遍实行的一种葬式。据乾隆《开化府志》卷九载："窝泥丧无棺，吊者击锣鼓摇铃，头插鸡尾跳舞名曰洗鬼，忽饮忽泣三日，采松为架，焚而葬其骨。祭用牛羊，挥扇环歌，拊掌踏足，以铓芦笙为乐。"在当今生活中，火葬已不是主要的丧葬方式，但在某些特殊场合，许多支系仍在实行火葬。碧约人非常忌讳非正常死亡，如在野外冷死、饿死、摔死、被野兽咬死、被枪打死、被水溺死、被火烧死、吊死等，遇到这种情况，就采取火葬的方式。卡多人将未满20岁死亡的人视为短命，用篾笆裹尸焚烧。有的正常死亡的人，埋葬之后，村寨里接连出现许多异常现象的时候，也要把它挖出来，重新进行火葬。有的人死亡的日子不好，认为不吉利的时候，就把棺材抬到基地，摆在露天底下半年甚至更长的时间，再把棺木打开，看尸体是否已腐烂，如不烂就要将尸体抬出来进行火葬。

2. 土葬。木棺土葬是当今哈尼族最普遍实行的葬式。哈尼族对死亡有一种特殊的表达方式，人死不说死，而说"回去了"。他们认为人生在土地上，死了，是要回归土地的，灵魂将生活在"达沃"（即阴间）的地方。"达沃"就是在地下，实行土葬，坟墓就是进入"达沃"的通道。土葬对坟墓赋予了许多内涵，认为坟址及周围的地理环境，对死者后人的福祉有着直接的影响，因而，坟的后山要有坚实的靠山，左右两边要有山脉环抱，才会人丁繁盛、六畜兴旺；正面要开阔，后人才会前程似锦。坟墓的门向不能正对尖山、河流、悬崖、村寨等，否则对家人不利，对其他村寨也不好。土葬大多数要留坟头，立石为碑，有些地方还有立碑刻字的习俗。

3. 水葬。这一葬式，对成年死者是绝对不用的。有些地区偶尔对夭亡的婴儿使用这一种葬式。一般用草席包裹之后置于河中小瀑布下石洞中，外边有流水相隔，目的在于使其与家人永远分开，让河水将其冲到天涯海角，希望以后不再发生此类事情。

4. 树葬。这种葬式也只用于夭亡的婴儿。一般用布、草席包裹之后，送到村寨外边较远的地方，找一棵大的树，把它放在树桠上。哈尼族认为，这种婴儿的死亡，就如同树上的嫩果，未成熟就掉落下来，应让他像烂果子一样臭在树上。

现在，无论哪一年龄段的死者，除个别特殊情况外，一般都实行土葬了。

(二)"莫搓搓"葬礼

哈尼族的丧俗活动大致可分为四种等级。所谓等级，主要是对丧葬的隆重程度而言，根据杀牲的多少、祭祀活动的繁简、祭词应用的多少来划分。

最高等级的葬礼，哈尼族称"莫搓搓"。这种葬礼花费巨大，因而只在少数富裕人家举行。要举办"莫搓搓"葬礼，除了具备经济条件外，死者必须是德高望重的高龄老者，其家庭人员也必须为三代以上同堂者。

"莫搓搓"葬礼，灵柩在家中停放的时间较长，短则一个月，长则半年左右。丧家利用这段时间做各种祭祀。这种葬礼活动，须准备大量的祭品和各种不同的牺牲。在停枢期间，丧家要杀牲祭献，每一轮举行一次众人参与的守灵活动，哈尼族称"莫裳"，其意是为老人守灵。他们认为参与"莫裳"活动的人会得到老人的福泽。前来参与"莫裳"活动的人都是周围村寨的男女青年，他们得知要举办"莫搓搓"消息后，一到进行"莫裳"的晚上，就打扮得漂漂亮亮的，抬着三弦、笛子等，朝丧家的寨子走来。到了丧家看一下灵柩或磕一个头，就到屋外弹三弦，唱歌跳舞。这是年轻人谈情说爱的好机会。对前来"莫裳"的人，主人家不招待酒饭，但要蒸好一甑糯米饭给他们吃。

"莫搓搓"葬礼杀牛较多，至少在十头以上。每杀一头牛都有名称和含义，而且有的必须成双成对。杀牛的地点及牛肉的分配方式都不同。具体情况是：称为"欧龙说布"的一头黄牯子牛，在院子里宰杀；"达沃次"即拖到阴间求福的牛（一头公黄牛和一头公水牛），则在房子后边宰杀。"莫搓搓"葬礼正式举行仪式时要把后山墙打通，灵柩从墙洞移至房后，此时须杀两头牛。杀献给"欧龙"神的一头叫"白水布"。儿子的祭牛两头，孙子的祭牛两头，如有重孙还得杀两头；如果参与丧礼活动的人上千，还要杀一头牛，意为千人送给死者的牛，称为"统略"。

丧礼期间，要把在天上、地上、地下、土里的大小野物，凡是拿得到的都要拿一个来，放在灵柩前祭献。一时拿不来的动物，也要口头上告诉死者都有了，表示所有生灵都向死者致哀。

祭献死者的食品，除了酒饭肉烟之外，还有植物性食品，如各种蔬菜和山茅野菜，包括水果和野果，凡是能吃的都要拿一点来祭献。动物性食品，除了家养的以外，还要有各种山珍海味，能拿到的尽量拿来，据说必须有 72 种，但实际上找不到那么多。欠缺的食品，也要口头告诉死者，那些东西也献上了。

棺木上还要刻画各种符号：天地、日月、万年青树（包括 12 根树枝、13 条树根、360 片叶子）、梳子、篦子（梳理日月光线用的）、大海（鱼、龙等）、人像（三个，一个为鬼王，一个为人的祖先，一个为长生不死的人）。死者生前用过的锄、犁、耙等劳动工具，还有在丧礼中祭奠死者的牛、羊、猪、鸡全部要画上。这些图，只能画在棺木左侧和前后两头，死者头部的位置不能刻画。

挂魂幡。哈尼族举行"莫搓搓"葬礼，还要做一个魂幡。魂幡的内容包括白土布、木梳、篦子、日、月、蝉、鹰、长方形的木片。以上除白布外，均用刺通树破成。再按上述顺序，依次用绳子串起来，拴在一个长长的竹竿上，将竹竿插于房子前面，竹竿稍向房后倾斜，让竹竿上的东西翻过屋顶，垂于房后。挂魂幡的竹竿，必须有 27 道节，不能少，也不能多。如果没有足够长的竹竿，可以两根接起来。

跳"莫搓搓"舞。这种葬礼活动前后需要进行五天时间，其中有三天在规定时间内要跳"莫搓搓"舞。首先由主持祭祀的摩批在死者的灵柩旁关起门来跳舞，跳了三圈之后，打开房门跳出屋外来，带着众人跳。摩批头包白孝布，一头拖地，腰间拴白带子，两头也要及地。这时跳舞的人分成两人一组，绕着死者的房子跳舞。跟在摩批后边跳舞的是两个有孙子的妇女，后边跟着跳的是死者的家人、死者的家门、本寨人、外家人及其他前来奔丧的人。舞跳得浩浩荡荡，热闹非常，有的拿着棕扇，有的拿着毛巾，踩着锣鼓的节拍，围绕着死者的房屋。一般是先从右边绕房跳三圈，再从左边绕房跳三圈，最后一次"莫搓搓"舞结束时，就要立即出殡。

在丧礼期间，死者儿子每人还要抬一块黑布、一罐酒、一箩谷子，供奉于灵柩前。有几个儿子，就要抬几份，按从大到小的顺序摆放，数量一个比一个少；布是把染黑的布搭在横杆上，形成波浪状，每杆布起伏的波状必须是单数。"莫搓搓"葬礼较为复杂，耗资巨大，目前，哈尼族地区已很少举行这种葬礼。

三、丧葬礼仪

（一）哀牢山地区哈尼族的丧葬礼仪

1. 守护接气。哈尼族老人重病时，必须随时有人守护，最忌讳老人在无人在场的情况下断气。老人断气时，长子要用左手拉着袖子伸到嘴边接气，然后把气象征性地送进里屋，放于米箩或柜子里。之后要给死者口中含银子、姜、蒜、酒等。不能让其下巴脱白，两个脚拇指要用线拴在一起。此时，必须杀一只已开叫的白公鸡，并在旁边立即点上一盏油灯。

2. 净身穿寿衣。老人断气后，趁身体未完全冷却，要给死者净身、理发、修面。净身的水不能用河水、塘水，必须用泉水，烧水忌用铁锅，而用砂锅，拌与黄饭花树叶搓洗。然后穿上寿衣，戴上各种首饰。穿戴时有些动作要与活人相反，如包包头时，不能按顺时针方向包裹，而必须相反。首饰限于金、银、玉器等，忌用铁、铜饰品。衣物布料只用土布，有的地方用机织棉制品和缎子。寿鞋只用布鞋，忌用塑料鞋、胶鞋等。

3. 装殓盖棺。哈尼族有的人死前不习惯做好棺木，但可选好树木。有的地方超过 60 岁的老人，就可特意将棺木做好备用。如果老人去世时没有现成棺木，就要立即组织人到山上砍树，做成棺木抬回来。

装殓之前，棺木要用火苗燎过，意为把生者的灵魂赶出来。然后垫上棉花和布，垫在棺内的布必须是单数。装棺时，死者的长子抬头，其他人依次抬身子、脚等。尸体装入棺木后，其头和身子一定要弄正，否则认为死者难以福佑子孙。有的尸体入棺后，亲属们每户还要拿一截土布盖在上边。有些地方的哈尼族，死者生前的情人也可拿这种布来盖。无论多少，这种布的数量必须是单数。

盖棺时，必须杀一只鸡祭献。如果死者是女的，要请舅家来过目，并请他们钉棺。钉棺忌用铁钉，一般在棺盖上先打洞，再用竹钉或木钉钉牢。

4. 守灵祭奉。装棺前后，都必须守灵，在此期间，绝对不能让狗、猫、老鼠从尸体上或灵柩上边跳过。灵柩边的油灯要长明。丧礼期间，早上要为死者打洗脸水，把水烟筒放在灵前，点上烟请他吸早烟。早中晚三次献饭。家人在灵前磕头致哀，晚上还打洗脚水，放于灵前，表示请死者洗脚。

5. 报丧。首先以放三响土炮为报丧信号，家门或邻居好友就会主动聚拢到丧家。丧家必须派人去外寨的亲友那里报丧，因为他们即使听到自己的亲人去世了，但未正式有人来报丧之前，都不能哭泣。去报丧时必须两人同行，如人手不够，非一个人去不可时，这个人手中必须拿一根木棍，以此表示有两个人。报丧的人来到后，必须杀一只鸡，至少要煎一个蛋，支起饭桌来吃一顿饭。吃饭时上座必须空出来，碗筷酒饭样样摆齐，意为让死者的亡灵就座。吃饭时，把出殡的日子告知亲戚，请他们到时前来吊丧。

6. 奔丧。所有接到报丧的亲友，须在出殡的头一天晚上就到丧家奔丧，哈尼语称"嘎扣最"，意为各路亲友聚拢。各路奔丧的亲友，一般都要鸣枪放鞭炮，吹着号，敲锣打鼓，有的赶着牛、羊、猪等前来祭奠，也有的把猪杀好抬来。丧家要把这些前来奔丧的人，安顿在本寨人家中住宿，寨人都乐意帮忙。奔丧的人带来的牛、猪、羊和其他钱物，丧家要登记造册，到这些人家有丧事时要如数还回。

有些地方的哈尼族，舅家的奔丧队伍到来时，所有的孝男孝女们，都要到寨边跪地迎候。那里事先要摆凳子，让舅家的人休息。还要打洗脚水来，由孝子亲手给舅舅洗脚，然后背进家里来。对他们要给予特别照顾，经常问寒问暖，送烟倒酒，以烤肉招待。

奔丧队伍送来的牲畜，宰杀祭奠后，大多数肉在丧礼期间由他们食用。

7. 杀牲祭奠。哈尼族举办丧礼时，最简单的丧礼也要杀牲见血，而且必须是四条腿的。出殡的那天早晨，摩批念诵祭词后，就可杀牛。丧礼上杀的牛，角、耳、蹄、尾必须完整无缺。牛杀死后，牛身上倒上稻子、大米，放上一些银币、贝壳等。摩批还要念很长的祭词，要把牛赶到龙王的金山、银海、粮仓中滚一趟，然后从那里披金戴银地赶回来。这期间，孝男孝女们跪在牛前，拉开衣襟等着。诵完祭词后每人用衣襟接点牛屎回家去，存放起来。如果牛死后不拉屎，就要挤压牛肚使其拉屎。他们认为，这牛屎是死者给后人的福祉。

牛肉的分配方式较为古老，不同的地区有许多差异。主要的那条祭牛称为"牙总"，其肉分配有一套俗定的规矩。首先要给摩批四对半肋骨，要连皮带肉一起割下。还要将从四条腿上割下的四块肉，以及三分之一的牛肠子给摩批。分给丧家已嫁出去的妇女们一条牛腿，无论有几个人，由她们自行分配，各自带回夫家进行祭献。砍下牛脖子，连骨带肉，给死者的亲属分享。给做棺材的师傅五条肋骨，给打制杀牛刀的铁匠师傅一条肋骨，给第一个动刀剥牛皮的人一条肋骨和大肠头，给死者的舅舅五条肋骨，给死者的舅子两条肋骨，给死者孙子的舅舅一条肋骨等。这些肉各自带回家中祭献。其余的肉要分给寨人，招待前来奔丧的客人。如果杀牛在三条以上，牛肉分配规矩则有所不同。

牛肉分光之后，牛头牛脚要供奉于灵柩前，然后用头脚肉招待前来帮忙的人。丧礼结束之后，有的哈尼族把牛角完整地砍下来，悬挂于大门上或房屋的后墙上，表示纪念。

8. 选坟址。部分哈尼族村寨有公共坟山，有的则无，没有公共坟山的，要先用鸡卦卜定大致的范围。具体的坟址，又以扔蛋的方式来选定。一般是让死者的长子来扔蛋。扔蛋的方式，不同地区有所区别。有的将鸡蛋举到齐眉高，然后松手让其自由落下；有的手拿鸡蛋垂下双手，松开手让鸡蛋从腿边自由落下；也有的举以齐耳高处再放下；还有的把手伸到脑后，将鸡蛋从背后放下。无论用哪种方式，蛋摔破即认为是死者喜欢在的地方，就可在那里挖墓穴。如果蛋不破，用同样的方式，再到其他地方扔蛋，直到蛋破为止。

个别地区的哈尼族是扔一铁块来定坟址。死者的后人，手拿一块铁，站在公共坟山的某一位置上，用力将铁块扔出去，铁块落在哪里，哪里就是死者喜欢在的地方，就在哪里挖墓穴。

9. 叙家谱和指路。这是哈尼族正规丧礼活动不可缺少的重要内容之一。各地的哈尼族都有一套形成很久的以连名形式承传的谱系。这是民族发展的历史，也是家族发展的谱系。哈尼族举行丧礼时都要叙家谱，哈尼语称"次苟"。其目的在于让死者的灵魂知道自家的谱系，并请它沿着这个谱系的链条去寻找自己的归宿，与历代逝去的祖先生活在一起。

叙家谱，由主持丧礼祭祀活动的摩批进行。叙家谱的方式和次数，不同的地区有所差异。如红河地区的哈尼族，根据丧礼祭祀的需要，至少要叙八次家谱，盖棺、杀牛、给死者叫魂的时候都要叙家谱。有时从最古老的一代祖先逐步往下叙，一直到死者本人为止；有时从死者的名字开始，一直念到最古老的一代祖先为止。这样反复念诵，认为这样做就能使死者熟知自家的谱系。

丧礼的最后一项活动，就是要给死者指明道路。有些地区的哈尼人要指两条路，一条是阳间的道路，一条是阴间的道路。阳间的道路，指的是哈尼族的祖先从遥远的地方，逐步向南迁徙的艰难历程，主要背诵《普嘎纳嘎》、《哈尼阿培聪坡坡》等经典，从传说中的"诺马阿美"出发，经昆明等地，来到滇南目前哈尼族聚居地区，使死者知道祖先的由来。

所谓阴间的道路，是人们想象出来的一条通往阴间的路径。途中会遇到许多意想不到的情况，同时，要过许多猛兽的关卡。

摩批在指路过程中，帮助死者亡灵，指明它应走的道路，教它如何过关，最后把它送进阴间的第九道大门里，认为那里是死者历代亡故的先人居住的地方，也是人神的交界处。作为人的摩批不能再往前去了，他要从那里转身叫着自己的灵魂返回阳间。

10. 出殡送葬。哈尼族的出殡习俗，不同地区各有特点。有的出殡时，死者的家人要绕房转三圈，边走边洒酒，丢一些切碎的熟肉等，同时喊"唉——"并说"不是我们赶您走，是您自己要走的"等。出殡启动灵柩时，必须由死者的大儿子先动手，并且要抬头部，其余的儿子依次往下抬。抬到院里之后，由死者的舅家人给死者砸烂一个碗，碗中有饭、一串烤肉、酒、辣椒等。砸烂这个碗之后，才能正式出殡。有些地方则没有砸碗的习俗。有些哈尼族出殡时要进行"过棺"仪式，即死者的后人，绕棺三圈后，面朝家门，排成单行跪在地上，让棺木从他们的头上抬过。这样往复三次。认为小时候不懂事，在老人身上拉屎拉尿，是有罪过的，以此表示谢罪。有的哈尼族要抬着灵柩绕死者的房子三圈后才能抬出去。个别地区还有骑棺送葬习俗：把灵柩移至村子外边之后，用结实野藤绑上两根竹竿，作为棺材的抬杠，当重新启动棺材时，死者较年轻的女儿、孙女、外孙女等（限女性），就会争先恐后地爬到灵柩上骑着，让抬棺木的伙子们抬着走。走过一定的路程之后，抬棺的人们就把她们拉下来。这一是因为太重抬不动，二是忌讳骑到墓地上去。她们以骑棺的形式，向死者表示眷恋和惜别之情。

11. 下葬。以扔蛋方式确定坟址之后，就可以挖坟坑（有的老人生前自己选好坟地，并挖好坟坑）。坟坑挖好之后，须用树叶扫去留在坟坑里的足迹，有的还用茅草火把燎一下，把生者的灵魂赶出来，不然会跟死者一起埋在里面。有的在坟坑底部铺上木炭，再喷上一些酒。有些地方坟坑用砖瓦砌起来。棺木送入坟坑前，坟坑里要放两根蒿枝秆，一干一湿。填土埋棺时，要将湿的那根抽出来，并说"活的出来，死的留下"。最后由死者的儿子，用锄头在棺木上敲三下，表示向死者最后告别。土填满后，大多数地区的哈尼族要垒坟头，并立石为碑，最后要杀一只鸡祭献坟头和后边的山神石。

哈尼族的随葬物较少，一般都不与棺木一同埋入地下，而是将其放在坟头上或坟边。常随葬的有土锅、茶罐、烟筒、烟盒、碗筷、杯子、木盆、弓箭等，大都是死者生前用过的东西。如果有些东西是完好的，还要将其捣烂。

安葬结束，回家的时候，要由摩批点一把香给所有到坟地的人叫魂，边叫边往回走。到了寨边，砍一些刺条拦于路上，再用干草点着火，人们一一跨火而过，以此表示祛邪。回到家中要用姜水等洗手脚。所有的工具当天均不能洗净。

有些地方的哈尼族，出殡后的第二天，要用两只鸡和一头小猪叫死者的灵魂，其意为请死者在天之灵福佑活着的人们，要将死者出嫁的姑娘请回来参加。叫魂时首先应由死者的儿子叫几声，然后由摩批代劳。因为普通人是不懂整套招魂词的。这天，参加的人每户送来一个熟鸡蛋，然后一同进行祭祀。进餐时，各自剥开自己的蛋吃。

有的地方的哈尼族，从安葬的当天晚上开始，就到寨边或到坟边烧一堆火，表示给死者烤火。一般连续烧三个晚上，有的则要烧十二三个晚上。

哈尼族有一种不成文的规矩，无论谁家有丧事，寨人都鼎力相助。家中死了人，难免十分哀伤凄凉，此时，寨民们会主动地到丧家做伴、帮忙，有的去砍柴，有的去找菜，有的去砍棺木。一般情况下一两天就能准备就绪，为丧家排忧解难。

如果丧家经济上有困难，也可以向寨人和亲友借债。但这种借债形式，不算利息，不定还期。这种债务须在债主家中有丧事的情况下才能归还。因而这种债务关系，往往会拖得很长，有时前辈人的债务，要由第二代、第三代人来归还。

举办一次丧礼，丧家在外寨的亲友都要来奔丧，上百人的奔丧者至少要吃住两天，这全由丧家自己解决是不行的。此时，全寨人都要伸出援助之手，把奔丧的客人分散到全寨各户食宿，减轻主人家的负担。奔丧者带来祭奠死者的牛、羊、猪、鸡等肉，祭献死者后，他们住哪家就在哪家共同食用。主人家还要购买酒、菜招待客人，这些费用丧家不必支付。哈尼族认为一个人的父母是不会经常死的，但一寨人的父母就会经常死，今天你帮了他，以后他也会帮你，形成了一种民族群体互助意识。

（二）西双版纳地区哈尼族的丧葬礼仪

僾尼人将人类死亡分为两大类，一类为"湘西"（非正常死亡），一类为"约木约再西"（正常死亡）。认为非正常死亡者不能到祖先居住地共享阴世之福，他的形与神（灵魂）都消失了；正常死亡者则只是骨肉消亡，灵魂却到祖先居住的大寨子去生活了，那里的一切与现实生活中一模一样，只不过活着的人看不见罢了。"湘西"与"约木约再西"在葬式上有着严格的区别。

1."湘西"葬式。"湘西"指那些不能寿终正寝的人，不论丧家多么有钱有势，这样的人一般不能抬回村寨，否则会带来不吉利。

"湘西"葬仪极简单，一般分三种类型：

第一类称"洛八阿西"，指被野物咬死，被水淹死的人。如被淹死，则从淹死人的河里捧一捧水，大步前行，手中的水在哪里漏完，尸体就安葬在哪里；被虎豹野物咬死的，则从被咬死的地点起，量出九庹的距离，即为安葬地点，方向不限。"洛八阿西"葬仪中，牺牲献祭必须杀一只狗，别无其他。

第二类称"目晓能独"，意为祭祀猝死的人，如斧子砍死的，刀杀死的、枪打死的等等。这一类可以抬回寨子举行简单的仪式，也可以不抬回来。有条件的，仪式还可以搞得隆重些。葬仪与正常死亡的人相同，所不同的是，把尸体抬到"洛扎"（即寨门，过去曾称为"龙巴门"）时，须杀一只鸡先行祭献，然后方可抬回家中。

第三类称"阿习那西"，即害天花病死的人，此类情况若发生在村寨外，不可抬回家中，在什么地方生病，即在什么地方搭一个临时窝棚将其隔开来；若在家中生病，则趁其未断气时抬出寨外，搭一个窝棚隔离起来，直到他断气。以上两种情况均须在人死后连人带窝棚一起放火烧掉，不举行其他葬仪。

这三类死亡给人们带来巨大的恐惧，其葬地人们平时不敢去，上祭也简单，尤其天阴下雨时人们特别畏惧"湘西"，认为这时它们会乘风雨大作之机前来向活人讨东西吃，讨衣裳穿，因此这时要用冷饭冷菜祭献（将这些东西丢出去）。

"湘西"人家均受到村寨人们的歧视，被认为不吉利，男婚女嫁时，双方都要问家族中有没有"湘西"，若有，姑娘难嫁出去，小伙子则难讨到媳妇。

2. "约木约再西"。"约木约再西"与"湘西"相反，一般指年高德劭、子孙满堂、享尽天年的人的死亡。普通意义上，"葬仪"僾尼语称为"搓西独"，"搓西"为"人死亡"，"独"为"埋葬"，"搓西独"泛指一切丧葬，但是，也用来称呼正常死亡者的丧葬。

"约木约再西"葬仪分六等：

第一等为最高等，僾尼语称"洛仙"，丧者年在40岁以上，有男性子女，有较多财富，请得起大贝玛（祭司）的。送葬要两条水牛（一公一母）和一匹马。水牛杀翻献祭；马则拉到坟前，经贝玛念诵送魂经，此马则会扬蹄飞奔，不知去向，再不会返回村寨来。

第二等葬仪僾尼语称"吉果"，丧者年在40岁以上，有男性子女，有财富，请得起大贝玛，送葬杀牲为两条水牛（一公一母）。不要马。

第三等僾尼语称"阿略牙"，意为"给死人牛"，与一、二等相同，但不要马，要一头母水牛。

第四等僾尼语称"阿牙密"，意为"给死人猪"，头几个条件与上相同，但不要马和牛，只要两头猪（一公一母）。

第五等僾尼语称"松碧"，意为给只有女性子女的亡者发丧，献牲为一头母猪和几只鸡，葬在集体公坟圈内。

第六等僾尼语称"然猫麻俄"，意为给尚未取名的死婴发丧，此等葬仪十分简单，不用棺木，而用撮火灰的"哈莱打八"，即一个长约三十厘米的粗竹筒（一端口部削薄，竹节打通）制成的用具（平时也可用来撮室内的垃圾）盛装尸体，装殓前用布将小孩尸体包好，然后装入"哈莱打八"送出埋葬，无其他仪式。

应当说明的是：

（1）此六种葬仪虽然是"约木约再西"葬仪，但第六等婴儿早夭不能算正常死亡，但也列在此类中，因此它的界限相应地不那么严格。

（2）祭牲中除"洛仙"中的马以外，其余各等祭献均为杀牺献祭。

（3）猪和鸡是每一等级中共用的祭牲。

（4）所用的牛和猪，公牛和公猪宰杀祭献后由丧家与寨人分享，母牛和母猪称为"列雀"，意为"陪伴死者上路的牲畜"，丧家不能食用，须分送村寨中不同姓的人家吃。公牛和公猪在安葬死者那天宰杀。

（5）第五等"松碧"因丧家没有男性，须当天安葬不可过夜，同时将房头屋角上的"巴哈吾区"取掉，以示此家无男人。

（6）选用牺牲很讲究干净与不干净，牛、马、猪要看其脚蹄缺不缺，断不断，尾巴断不断，毛色白不白，角秃不秃，炸裂不炸裂，不缺、不断、不白、不炸裂的为"约肖"（干净），否则为"麻肖"（不干净）；鸡则以长白毛、花毛、脚毛者为"麻肖"，黑鸡、黄鸡为"约肖"。

各等葬礼所用时间：

洛仙	为期 15 天
吉果	为期 7 天
阿略牙	为期 5 天
其他	为期 3 天

这是一般规定，实际上一、二、三等三至七天即告结束，四、五、六等葬礼在三至五天内也已结束。若逢农忙时节，一、二、三等葬礼可在家中停尸一二十天，甚至一两个月不等，但装殓的棺材要砍回来，装殓入棺后，将其置于屋内一个叫"伙格"的固定地点，直到出殡发丧之日止。

另外，习俗对女性葬礼有特殊的要求，又分为以下三种：

（1）女性 15 岁以后还没有结婚就死亡的，称为"密奴卓玛西"，15 岁到结婚前的女性服饰有三种变化，一为少女期服饰，一为待婚期服饰，一为结婚期服饰，"密奴卓玛西"则以第三种服饰为其丧服装殓。

（2）年龄不计，凡已婚男女死亡的，称"帕玛从仙西"，按成人常规丧礼安葬。

（3）离过婚，又回到娘家的女性死亡，称"密俄密东"（直义为"离婚的女人"），这是最不吉利的，必须迅速处理，不砍棺材，不行葬礼，不杀猪鸡牛羊，不许尸体在家中过夜，立即用"必吹锅色"（必吹树的根岔）拖出去，严禁进入公坟范围。

3. 葬礼过程。葬礼俗称"摩翁江"或"西翁江"，从死者断气之时就开始了。

死者断气后的第一件事是报丧，但若逢亲戚本家有要事正在进行，可暂不报丧。有人问到死者，不能说他死了，而要把他当活人看待，待办完所有大事，再去报丧。报丧以号啕大哭来通报，听到报丧之声，所有的亲友及寨人立即停止自己的活计前来帮忙。

第二步是用一股黑线把死者的大拇指并拢拴在一起，然后请祭司贝玛来叙家谱，一般从"松米窝"开始念起，一直念到死者本人，然后解开黑线，放开两拇指。

第三步是洗澡。先由长子、长媳开始，再到次子、次媳妇等等，依年龄长幼为序，由子女们现烧一盆热水，抱着死者的身体洗浴，然后换上丧服。

第四步裹尸装殓。此前先用一块红绸布盖在丧者脸部，习称"瓢卡"，然后以黑布裹尸，习称"摩夺"。之后，抬到正门左边的"伙格"位置上。接着，现杀一只"约肖"的鸡请几个人吃一顿饭。饭前在尸体前放一张桌，将食物每样取一点放在桌下边祭献死者，天天如此，直到下葬之日为止。来帮忙的亲朋好友和寨人每人必须送一包礼品，包内有一包草烟、一点茶叶、一个鸡蛋，用一股黑线、一股白线、一股红线缠绕在包外。包法有严格规定：用芭蕉叶两张展开，将礼物放好，左右两边折拢，将叶柄一端（下边）朝上折拢，最后将有叶尖的一端折下来，盖在表面上，再用诸色线缠绕扎好，这是"摩翁江"或"西翁江"的礼物。风俗规定，凡不吉利的礼物，都用这样的包法，凡吉祥的礼物则相反，即叶尖在下，叶柄压在面上。

第五个步骤是砍棺材，僾尼语称"伙洛德"，"伙洛"即"棺材"。"伙洛德"分两天进行，头一天找树，在下午日头偏西时去山上找。要找树形标直、无虫蛀、树头未遭雷击打的。树种一般要求"压隆阿波""隆波阿波""伙拖阿波""陆阿波"，这几种树最为老人们喜欢用。树找好后，可以当天砍回来，也可以不砍（一般规矩较严的不砍）。砍树时，要赶一头二三十斤或四五十斤重的猪到树林里杀翻，并在当地煮吃。吃毕，将树抬回村寨。

棺材用一棵树干做成。将树干从中砍断，一截做"伙洛阿玛"（母棺材，即棺材底），一截做"伙洛阿波"（公棺材，即棺材盖），就着原木砍出三个坨坨，一个在棺盖头，一个在棺盖中间，一个在棺盖尾部。在头部的一坨砍成牛角羊角的样子，称"伙洛吾区"，即棺材角，若材料无法砍出牛角羊角的样子，则另做一个装上。

砍棺材时还要砍两棵"色如"（抬棺材的木杠），与棺材同时抬回村寨。

与此同时还须砍回"明尼藤"（鸡血藤）来，以作捆抬棺材之用"色如"，"明尼藤"为平时家中不用之物，地里可用，而抬死人时必用，因此又称"鬼藤"。棺木返回寨子时人人争着来抬，以为这样可以得福气。

另外，规矩限定所有用刀平时不能扛上肩头，而人死砍棺材时必须把刀子扛在肩上，人们抬着棺材，扛着刀子前呼后拥回到寨门前，抬头的人要大咳三声，通知寨内的人，听见这三声咳，小娃、孕妇、与死者同辈的人都要躲藏起来，不能与棺材相见。寨内其他人则须全体出来，和丧家人迎到寨门。长子媳妇身穿白色筒裙，走在众人前头，全村人员跟随着她，边走边哭，然后众人簇拥着棺材直到丧家。

第六，与此同时要做的一件大事是，凡杀牛献祭的人家，要请贝玛来杀牛。先到山上找一棵红毛树，做拴牛桩，立在丧家的"波卡"（大门）前面，然后将牛拴好，由两位贝玛坐在牛的下方，手执杀牛祭刀"腊越夺"（贝玛专用法器之一），诵念各种驱神避鬼的咒经和开引发送亡灵的祭经。其中多半要哼念以下这样的句子：

　　　　天是有九层的，
　　　　地是有九层的，
　　　　人死不是到别处，
　　　　人死是到祖先在的那里去了。
　　　　祖先的在处，
　　　　像活人的在处一样，
　　　　那里也是一家一户地在，
　　　　那里也是一村一寨地在，
　　　　那里也要栽田种地，
　　　　那里也会得吃得喝，
　　　　那里也会有欢有喜，
　　　　去，回到祖先的大寨子去！

　　两位贝玛前面放一把刀、一杆梭镖（剽牛用的）、一把"眉芊草"、一把"打纳"草（即黑细蕨蕨菜，这种草在丧葬场必须用，意谓"活人死人分别的草"）、一种叫"莱吾乃"的草。行祭时，贝玛将三种草各选三棵摆在前面，把三棵"打纳"草立起来，然后念家谱。从"松米窝"开始念，一直念到丧者大名，就将"打纳"草中的两棵向丧家房屋方向扳倒两棵，表示活人与死人从这里永远分开了，死者可以安心地上路了。

　　贝玛诵念的时间有念一天一夜的，有念两天两夜的，经过念诵，拴在木桩上的牛不会动了，魂也不在了，有的牛甚至浑身颤抖，人们认为这时是死人来牵牛了，有人甚至说，这时只要用手指一下牛，牛就死了。一般程序是，贝玛念毕长长的祭词，然后用梭镖将牛刺死，便认为它已被死者牵走了。

　　第七，这一切准备完毕后，要举行"请舅舅"仪式。届时由数人排着队，扇着扇子，由丧者之子领头到舅舅家请他前来帮忙主丧。其固定格式是先由外甥唱《请舅舅词》，主要内容是外甥报告办丧事的情况，如何为死者求医找药等。舅舅盘问死者生前生病时的情况及子女是否尽了孝心，是否准备好丧礼中应该准备的一切等等，之后舅舅到丧家主持发丧。

第八，装殓供祭，办丧事时，村寨各家都来人帮忙，丧家将前来帮忙的姑娘分成一组，指派她们做背水、拾柴火、舂米等杂活。姑娘们一面做活，一面在一位叫"厄赫玛咕"的姑娘带领下吟唱悼念亡者的丧词，形式为"厄赫玛咕"领唱，众人合唱，内容是叙述亡者一生的道德功劳，尽情赞美他，带有欢送他上远路的意味。来帮忙的小伙子也被分派各种活计，他们也分成一组，在一位称为"克德洛"的小伙子带领下吟唱亡者的一生业绩。他们的吟唱依一定格式进行："克德洛"手执一片三十厘米左右长的木片（习称"克德打巴"），上用木炭画着古老的文字符号（或图画符号），这符号严格依照一定标准来画，木片的一面叫"克德"，一面叫"陆德"，其义艰深难解。其余无事可干的小伙子，则一面吟唱一面打牛角牌（用牛角片制成的一种牌），消磨漫长的夜晚。

妇女的一个重要工作则是指派专门的两个人来弹装殓时使用的棉花，称为"刹腊伯"，其责任是将一堆棉花弹松软，弹好后交给丧家"刹汤汤"（抿棉花）。

"刹汤汤"是装殓过程中极为重要的一环，棺材抬回家中后，须用棉花仔细装裱里层，先由长子长媳用小刀把棉花贴到棺材壁上（又称"伙洛汤"，即抿棺材），然后以年龄长幼为序，由家中后辈逐一将棉花往棺材壁上抿，再由近亲诸人抿，最后凡前来帮忙的人都来抿，为亡者装饰最后的栖身之所，以此来表示对他的孝顺和尊敬。凡抿棉花的人，都认为这样做可以从亡者那里获得福气。

"伙洛汤"后，即由长子率先装殓，装好后将亡者的衣物、陪葬物品渐次装入棺内，衣物要新的，鞋子要布鞋。陪葬物很多，常将又深又大的"伙洛阿玛"装得满当当的。装殓后将"伙洛阿匹"盖好，将棺材抬到男子火塘下方的"伙格"处放好。棺材上盖一张小篾笆，棺前摆一张桌子，桌上点一盏油灯，日夜不熄，派人终日看守。

装殓毕，杀一只鸡。选鸡时白的不要，花的不要，脚上有毛的不要，杀好煮好后献祭。献祭时，在桌上摆碗若干，鸡头、翅膀、鸡腿、茶水、姜、酒各一碗。诸物备齐后，在桌上放饭盒一个，桌前摆凳两条。此前须砍"谷楚鲁玛"草一捆，将叶子切碎，铺撒在桌上，然后，长子坐在凳上念"告别词"，主要内容是叫死者不要留恋人世，安心到祖先那里去。

在祝念过程中，祝念者将桌上各碗中的东西分别取一点向棺材丢去，每样必须丢三回，接着众人又按顺序祝祷几句，这即是"吃分离饭"，僾尼语称"伙阿扎俄"，从此即认为死者已真正亡故了。

若亡故的是女性，则要查看她嫁到男方家时，男方是否付给女方家奶水钱。奶水钱僾尼语称"烟当削"，一般付三个半开。未付奶水钱的，要杀一只鸡补办手续，不论这位女性是奶奶、妈妈还是媳妇，一律要还"烟当削"，否则这位女性直到亡故时仍不被男家承认是他们家的人，他们认为，不还"烟当削"，这个女人的肉是买过来了，骨头没有买过来。

第九，送葬。送葬先要选择坟地。安寨定居时就选择一块地作为本村寨的公共坟地，称为"隆标"。坟地范围是一开始就定下的，不能扩大。这是一片神圣的土地，公坟地界内的任何一棵草、一棵树、一块石头都不能随便动，猪鸡牛马严禁入内。"洛仙""吉果""阿略牙"三等葬仪的人必须葬入"隆标"内，其余则不受此限。

葬地要顺着从里向外选，最先死的人，即第一个葬入公坟的人的坟叫"隆标沙本"，第二个埋的人不能在他的坟之上（依山势而下），第三个人又不能超出第二个人，这样依此类推。选坟地时，由当家人（老人不去）拿一个鸡蛋和一把米，用芭蕉叶包好（包法如前述之"西翁江"或"摩翁江"礼物包法），到了公坟地界，打开包，朝前撒三次米，然后把鸡蛋丢到地下，若鸡蛋破了，表明死者愿意葬于此地，葬下去会好；若鸡蛋不破，就再选一块地，直到鸡蛋破选好坟地为止。之后挖出一人深的坟坑，准备安葬。

第二天，出殡送葬。抬棺的是本家的人，由长子抬头，这时来帮忙的亲朋好友和寨人也来抢着抬，认为能抬一抬可得福气，棺材必须从寨门"洛扛"抬出去，经过"洛扛"时，抬棺材的人要大咳三声，这时全寨人都要躲起来，各家大门要关起来，不说一句话，日常生活一律停止。直到安葬完毕，出殡的人回来才又恢复正常。

送给亡者的东西在装殓时放进棺材里，装不完的大东西，如桌、凳、黑挂包、被盖、衣物等等，统统都要拿去，同时用干刺竹制成一个火把点着，表示为死者在黑夜里照路。

出殡队伍到了"隆标"后，即行"把纳"，把火把丢下，意谓给死者休息一下，喘一口气然后安葬。

出殡途中，棺材须脚朝前，头朝后，安葬时，要把棺材脚朝东方，头朝西方，这是极其严格的规矩，古话谓之"则西吾独诺多，搓西吾独诺嘎"，意为"牲口死头朝太阳出那方，人死头要朝太阳落那方"，这样牲口就会多多地出来，人也会多多地发展。棺材上捆着的"明尼藤"必须全部拿掉，然后将棺材平平地放进墓穴。

盖土时，第一把土由长子用衣裳兜着撒上去，然后是长媳，再依长幼之序撒土。

埋好后，砍一根一米多高的枝丫插在坟前，把送给死者的黑筒包挂上，将给他的烟锅、烟盒等等各种小件物品放进包里；给

他的背箩、桌、凳、锄头、刀等等大东西放在枝丫旁边，出殡队
伍就可返回村寨，安葬仪式即告结束。回寨路上规定，不论有何
种响声，任何人不准往后看。送葬人员回到村寨，要到丧家吃一
顿饭。

第十，第二天要进行"叶涅隆"，即家族内的祭祀，为期一
天，所有亲戚停止生产劳动。

安葬后的第二天天一亮，要派两个人到"隆标"那里去，
看一看有没有什么受到破坏，如野兽来抓来拖、人来偷东西之类
——有钱人家送葬礼品很多，有的有近二十套新衣服，会被小偷
偷走。若无此类情况发生，就把那根枝丫扳倒，然后回来。第三
天，照样派两个人去看，到"隆标"那里就可以了，不一定到
坟前。第四天早上，照样派人去，派去的人愿到"隆标"那里
也可以，不愿到，只要到寨门那里望一下也可以。

到此，丧葬仪式全部结束。

以下几点是葬仪中应当遵守的：

1. 凡是亡故者，本家人必须在田里划出一小块送给死者栽
种，当然实际栽种的是活人，但是这块地上成长的庄稼属于死者
而不能收割，任其在田里烂掉，意思是死人收走了。这块地称
"亚必必"，意为"分出去的份地"，平时用小竹竿插起来，围成
一小块，以后也不种。若遇这块大田转卖，卖出去后，买主可以
栽种。

2. 葬仪过程中，家中的金银可以拿出来摆在阳台上晒，称
为"蒲芊俄洛"（晒银子），以此显示丧家的富有。

3. 人亡故后，本家的也好，外家的也好，一个人也好，两
三个人也好，要有一个富于演唱才华的人专门坐在尸体旁边哭
唱，称为"搓美美"。此人男女皆可，专唱亡者在世时的生平事
迹、德行为人等等，实际是叙述一个傻尼人的人生历程和对他的
怀念，哭唱者的哭唱并不悲伤，家中的人才是真正的大放悲声，

哀痛难禁。

4. 葬仪过程中，无论家中人也好，来帮忙的人也好，所有珍贵的装饰品都拿出来穿戴，葬礼的全过程实际上充满欢乐的气氛。对于本家来说，比所有的节日更为热闹，他们认为这样丧者才喜欢，因此越热闹越好。

5. 死者亡故后，会吓着活人，因此要叫活人魂，称"西拉枯"。为防止妖魔鬼怪在办丧事时侵害于人，凡参加丧礼筹办的人，都要用线穿三片生姜戴在肩上避邪，称"撮孜"，习惯认为姜（包括野姜）味道辣，鬼怕闻。

6. 葬礼结束后，在一个月内，选一个好日子，丧家杀一头猪，请寨中老人赴宴，酬谢寨人的帮助。晚上，家中的人（一般是舅舅）请一位外人帮叫魂，为安魂之意。

四、丧葬禁忌

1. 忌讳老人在无人看守的情况下断气而未能接气。

2. 忌猫、狗、老鼠等从尸体或棺木上边横过，必须随时有人守灵。

3. 孝子在服丧期间不理发、不剃须、不戴帽。

4. 服丧期间夫妻不同房，丧家的年轻人不谈情说爱。

5. 棺木上一律禁用铁钉、铜片等。

6. 夫妻同葬一块坟地时，妻子的坟必须埋在其丈夫的左边。

7. 丧礼活动期间，禁止吃生肉、生菜、凉拌菜。

8. 吃丧饭的时候，斟酒不能首尾相接。

9. 丧礼活动期间的食品，必须在那几天内吃完，吃不完的要丢弃，不能留下以后吃。

10. 抬棺的竹竿，一般丢在坟边。过一段时间，若竹节上长出芽来，认为不吉利，要把棺木挖出进行火葬。

11. 如果死者牙齿还完整，要拔掉一颗才能装殓入棺。

12. 如果死者生前身上留下子弹头、假牙，必须拿掉之后才能安葬。

13. 出殡那天如果是自己的生日属相，但又不得不去时，身上要装一个铁核桃或铜片等，以此避邪。

14. 当月内不能打猎、掏螃蟹、捕鱼、摘野菜、采鸡枞等，不可做客，不可参加村寨的集体性活动，如上新房、婚礼等等。

15. 当年内本家不得嫁娶婚配，不得盖新房。

第七节 时令与节日习俗

一、时 令

勤劳勇敢的哈尼族，在漫长的历史生活中，不仅积累了丰富的生产经验和科学知识，而且创造了自己的时令历法。

哈尼族以十月为岁首，一年分三季，每季四个月。三季即冷季、暖季和雨季。冷季称"常塔"，即云雾弥漫、天寒地冻的意思，相当于汉族夏历的秋末与冬季；暖季称"翁夺"，即春风送暖、万物复苏的意思，相当于汉族夏历的春季与初夏；雨季称"搓塔"，即天气湿热、五谷青黄的意思，相当于汉族夏历的夏末与初秋。

随着历史、文化的发展，除少数地区沿用旧的历法之外，大部分哈尼族地区已使用夏历。有些节日如"扎勒特"（十月年）多在夏历初冬十月间过，又如"苦扎扎"（六月年）多在栽完秧后夏历五六月间进行。

哈尼族生产的时令多以物候计算。如山野的攀枝花开了，田边的布谷鸟叫了，是哈尼族耕田撒秧、烧荞地的日子，于是，人们根据花开、鸟叫准备春耕生产。又如"卡侬阿玛"鸟叫的时候，是梯田的谷子快黄熟了，于是，哈尼人就准备修整通往田间的道路，准备秋收的工具，迎接又一个丰收年。

二、节　日

哈尼族节日繁多，主要的有农历三月的"黄饭节"、六月的"苦扎扎"、七月的"新谷节"、十月的"扎勒特"、十二月的"嘎汤帕"节等。

1. 黄饭节。多选在农历三月栽秧前属猴或属鸡的日子，一般持续两天。节日期间，家家户户舂糯米粑粑，染黄饭，染红蛋。节日里最有趣、最热闹、最隆重的时刻是接媳妇回婆家过节时的礼仪。按照哈尼人的传统规矩，过完"黄饭节"就下田栽秧，媳妇是栽秧的能手，必须让媳妇愉快地过节，然后去栽下来年丰收的秧苗。因此，过节前夕，本村和外村的媳妇们都各自回娘家去。要过节时，由男人到岳父母家去接媳妇回家来吃团圆饭。当媳妇到来时，全家人要在门口放鞭炮迎接，媳妇给来迎接的弟妹们分送从娘家带来的粑粑和红蛋。孩子们则把红蛋放在用棕叶编的挂兜里，挂在胸前，表示吉祥幸福。

接媳妇的礼仪完毕后，全家人和邀来的客人一起吃摆满丰盛佳肴的团圆饭。热情的主人一边殷勤地给客人敬酒，一边向客人讲述一年的生产计划；客人们喝得高兴时，唱起预祝主人来年丰收的祝福歌，宾主在热烈而欢乐的气氛中度过愉快的节日。

2. 苦扎扎。这是一个较为隆重的节日，时间在农历六月间，又叫"六月年"。节日期间，在各村寨的村头或村子中心选择宽敞的草坪作为欢度节日的娱乐场地，并在那里支好磨秋、大鼓、秋千。

青年人穿上五彩缤纷、绚丽鲜艳的服装，成群结队地聚集在磨秋场上骑磨秋、荡秋千，欢度节日。骑磨秋，是哈尼族特有的体育活动，也是有趣的娱乐活动，那些艺高胆大的小伙子，往往成为姑娘们爱慕的对象。

三天的节日结束时，全寨的人穿着节日盛装到磨秋场上，有弹着三弦、吹着竹笛的青年人，有身戴叮当响的首饰的姑娘们。全寨老人聚集在场上喝酒，男女青年们围起来载歌载舞，尽情欢跳，哈尼人优美的扇子舞、竹棍舞、钱棍舞、乐作舞圈子越跳越大，交织在一起的鼓声、巴掌声、三弦声、呼喊声在寨子上空回荡，欢度节日的哈尼人沉浸在狂欢中。

3. 新谷节。农历七月间，哈尼山上层层梯田、坡地里的各类作物相继黄熟，每年到这个时候，哈尼族就要过一次别有风趣的节日——吃新谷。

吃新谷，大都喜欢在属龙日进行。"龙"在哈尼语中有"多起来""增添"的意思。

吃新谷那天，天麻麻亮就要到田里连根拔回一蓬稻谷。这蓬稻谷不是随意乱拔，而是有选择的，一定要拔单数。稻谷背回来以后，暂时栽在近家的水井或菜地的水沟边上，这就是背新谷。

这天背谷的人，在往返途中，无论遇到生人或熟人，一律不打招呼，不讲话，这是为了避免在交谈中说出不吉利的话来。所以一般天一亮就背回新谷了。

下午是吃新谷。先把鸡杀好，这只鸡多数人家都喜欢杀阉鸡，这是人们希望这一年的生活像阉鸡羽毛一样美丽、丰满。同时，要把这一年栽下的各种瓜豆蔬菜统统拿来尝新。席间，一家人欢欢乐乐，有说有笑，谈论这一年的庄稼长势，展望来年幸福生活及准备秋收的事宜。

4. 扎勒特。这是哈尼族最大最隆重的节日，习惯在农历十月间进行，故又叫"十月年"。十月是哈尼族的岁首，也是丰收的季节，十月年欢乐而热烈，家家户户舂糯米粑粑，酿制香甜的焖锅酒，杀猪宰羊，欢度节日。

"扎勒特"的第一天，所有的哈尼寨子都打扫得干干净净，男女老少穿上崭新的民族盛装。节日里，小伙子们昼夜敲响挂在寨边鼓架上的大鼓、铓锣，悠扬的鼓声传得很远很远，表示寨子富裕兴旺。

节日里，每一个寨子都要举行一次全寨性的街头酒宴，哈尼语叫"姿八多"（即互相轮流敬酒的意思）。这是"扎勒特"欢乐而热烈的场面。

"姿八多"小的村寨是全寨聚拢在一起，大的村寨则分成两三片，分两三天进行。每片轮流做东道主，其他片去做客喝酒联欢。轮着做东道主的人家，各户要办一桌酒菜，抬到街上摆起来。酒宴摆好后，全村男女老幼自动聚拢来，十个八个自愿组合成一桌畅饮，全寨人充满了团结友爱的气氛。

5. 嘎汤帕。这是僾尼人庆祝新年来临的一个节日。过"嘎汤帕"的时间，有些地方定在元旦期间，有些地方定在春节期间。传统的"嘎汤帕"大多在农历春节。

过这个节时，僾尼人家有猪宰猪，有鸡杀鸡，舂糍粑，祭家神，置办丰盛的酒席庆祝新年来临。过节期间人们可以尽情娱乐，青年男女们穿上新衣服邀约着去游山。除了上山采野花，摘野果，男人们无论大小都要做一个陀螺，普遍开展打陀螺活动。这次过节和汉族过春节一样，是一次家人大团圆的节日，也是农忙前夕开展娱乐活动的节日，过罢节便准备工具开始一年一度的春耕。

6. 耶苦扎。这是在农历六月间一个属牛的日子举行庆祝活动的节日。这个节日是为了纪念僾尼人民传说中的灭害虫的英雄阿陪明耶而定下来的。相传，在很早很早以前，僾尼人居住的地方发生了一次可怕的虫灾。当时，人们杀鸡求神，宰牛祭祀，求救于天神、地神、山神、树神。鬼献了，神求了，害虫却天天有增无减，山地里那些绿油油的秧苗眼看就要被吃光了。就在这个时候，有个名叫阿陪明耶的老人想出办法毒死了害虫，保住了庄

稼。阿陪明耶死了以后，人们不忘他的功绩，按照偭尼父子连名
的习俗取阿陪明耶的最末一个"耶"字为头，定下了"耶苦扎"
这样一个节日，并且把这个节日定在栽插结束、秧苗发绿的农历
六月间，以此来纪念灭虫老人阿陪明耶，预祝五谷丰登、六畜
兴旺。

"耶苦扎"为期四天，节日期间除杀猪宰牛办酒席以示庆祝
之外，还要举行打秋千、跳歌等娱乐活动。当节日即将来临之
时，全寨男子满怀喜悦地云集在一起备办节日期间的娱乐用品。
小伙子们带上柴刀斧头从深山里砍回又高又直的栗木，扯来十几
米长的红山藤，挑选一块开阔地搭架起一架又高又结实的秋千。
男孩子们忙着修陀螺，搓打陀螺用的细麻绳。妇女忙着蒸糯米
饭，舂糍粑，备办吃食。节日来临之日，每家每户都要备办一桌
酒席，一家人欢欢乐乐地吃上一餐，然后去参加娱乐活动。

这一天，无论男女老少都要云集到秋千场上。据老人们说，
"耶苦扎"节打秋千能消灾免难，所以男女老少都要到秋千架下
来，争着打秋千。不能荡秋千的人，也要争着在秋千板上坐片
刻。按照习俗，打秋千时要举行一个简单的仪式，由龙巴头主
持，先摘来三片红泡果叶子、三片红毛树叶子、三棵茅草铺在秋
千板上，荡上三次之后，龙巴头又踏着秋千板象征性地荡上几
荡，大家才开始打秋千。现在偭尼山上已经没有龙巴头了，但开
始打秋千时，仍然得由一位德高望重的长者出面主持仪式。长者
往往一手端酒杯，一手拉着秋千绳咏唱：

> 旱谷打苞了，
> 秧苗泛青了，
> 虫子不要来吃谷叶，
> 老鼠不要来吃秧苗。
> 黄豆开花了，

　　农活松闲了，
　　快来打打秋千，
　　把灾害全部荡掉。

　　唱完歌，把手中的酒洒在秋千架旁，预祝打秋人平安快乐，接着抓住秋千绳荡上几个来回，然后便让人们相互簇拥着打秋千娱乐。青年们打秋千时，暗暗地展开竞赛，看谁的秋千荡得最高，荡得最远，谁的秋千荡得高，人们便会向谁欢呼、敬酒，把他当做英雄看待。

　　夜晚，男女青年们还会在寨场上欢聚，或跳冬八喳，或跳竹筒舞，即兴创作，放声高歌，傺尼山上处处充满了节日的欢乐。

　　7.合夕扎。"合夕扎"直译为"吃新米饭"，按其意，应称作新米节，在每年的秋收前夕过。这个节日有些地方不叫"合夕扎"，而是叫"约普墨切"，叫法不同，过节的内容却完全一样。当秋风送爽、稻穗翻金浪之时，傺尼人便开始过一年一度的新米节了。

　　以前过新米节，龙巴头家首先把自家地里的黄谷收回少许碾米做饭，摆设酒席请村里的乡亲们到自己家里尝新米饭。席间人们只是象征性地吃一点饭，喝几口酒，吃几片肉，然后便用歌声对龙巴头进行颂扬：

　　你家的米饭香得让人流口水，
　　桌上的米酒香得让人心醉。
　　鸡汤甜进了心窝，
　　猪肉肥得冒油，
　　这样好的饭菜哟，
　　一年也难得吃上一回。
　　……

人们尽情地唱赞美的歌，从吃的饭唱到住的楼，从酒席的丰盛唱到龙巴头的富有，直夸得龙巴头满面笑容，满脸生辉。

在龙巴头家尝过新米饭之后，各家各户都从自己的地里收回一些新谷碾米做饭，杀鸡置酒请朋友亲戚到家里来尝新米饭，欢度新米节，过罢节日便动手开镰秋收。

质朴诚实的优尼人非常注重待客的礼节，逢年过节，客人光临，无论是高山的瑶家，河坝的傣家，或是城里来的汉族兄弟，只要你踏上优尼人家的木梯，殷勤的主人就会起身让座，酒宴上摆满丰盛的菜肴，总是让客人坐上席，先给客人斟酒。优尼人的待客礼仪，不仅是文明的象征，而且对于加强各民族之间的团结和友谊，都起到了积极作用。

第八节　生育习俗

一、生育习俗的形成

哈尼族的生育观念具有浓厚的迷信色彩，妇女怀孕被认为是很神秘的事，有的认为妇女怀孕是天神"欧户"给的。哈尼族妇女惧怕生双胞胎、多指、缺嘴、秃耳等畸形婴儿，认为这是一种被称为"鲁达"的怪神作祟的结果，人们为了避免生下不正常的婴儿，在怀孕期间采取一些宗教的手段进行禳解。如当妇女怀孕三个月之后，要给她举行一次"合托"的招魂活动。此活动要备下列祭品：1碗酒、1碗茶、1碗米、1只母鸡、2个鸡蛋、1节芭蕉心、1个盐碟子和1双筷子。除了鸡外，全部按一定的程序摆在桌子上。这只鸡分活鸡、生鸡肉和熟鸡肉三次向祖先神位和孕妇祭献。进餐的时候，用一块白布将芭蕉心包于孕妇的头上，然后摩批或家里的长辈向孕妇祝福。这样的招魂活动，不是每个孕妇都要做，招魂的目的就是希望孕妇在孕期有个好的身体状况，孩子孕育正常，将来能顺利地生产。

哈尼族妇女孕期没有特殊的保胎措施，孕期始终都参加体力劳动，挖地、砍柴、背柴是常事，直到临近分娩还上山下田干活，因而有时会把孩子生在地里或路上。

哈尼族妇女分娩一般不到医院，而是在自己家中生产。民间没有专门的接生婆，而是由自家的婆母，或请邻居中有经验的妇女来接生。生孩子一般都在孕妇自己的卧室里，或在长辈男子看不到的地方，生产时要烧热水给产妇用。

分娩的方式较为特别，一般不在床上躺着分娩，而在房间的地板上、火塘旁边，铺一床蓑衣，再从房子的楼楞上吊下一条绳子来，让孕妇双手拉着绳子，半蹲于蓑衣上边生产，或者由接生的人从身后抱住孕妇，让她半蹲着在蓑衣上生产。有的地方不用蓑衣，而用稻草，这样软和一些。

婴儿坠地后，哇哇哇啼哭为最好，如不哭，就要拿一铜盆，在婴儿的旁边敲一下，惊吓他使他哭出声音来。哈尼族认为，婴儿坠地，最先哭出的三声有着特别的含义，第一声告诉天和地，他来到世间了；第二声告诉人们快来将他抱起来，一生要拥有足够的粮和畜；第三声告诉人们他要享寿百岁。这最初的三声哭得好坏，与其一生的祸福有关。

孩子生下之后，接生的老人用剪刀剪去脐带，也有用锋利的竹刀夹去的，然后给婴儿用温水洗澡，一定要把胎脂等脏物洗干净，然后用父母的旧衣服或被子等包起来。哈尼族很多地方有这样一种习惯，生第一个孩子时，事先不能备好小衣、小裤、包巾、抱被、背单等物，待孩子生下来后才能着手去添置这些衣物。生第二胎时，可以用第一个孩子用剩的衣物。

哈尼族产妇的月子期一般为一个月以上，个别的只有十几天，到时候用金针草煮的药液洗澡就可以去参加较轻的劳动。坐月期间产妇的床搭在靠近火塘的地方，便于取暖。床铺要搭成斜坡状，产妇睡觉时身体斜靠于床上，这样，体内的脏物容易排出来，便于恢复体力。

哈尼族非常重视婴儿胎盘的处理，不同地区处理的方式不一，但有许多共同点。如胎盘不能乱扔，不能让它发臭，不能让狗、蛆虫等来吃，最好的办法是埋起来。有的埋于堂屋门背后，男孩的胎盘埋于左边，女孩的胎盘埋于右边。盖土时要先撮些炭火倒进去，再用土填实。以后一连几天，要在上边浇开水，防止虫子去咬食。有的用火把它烧成灰再埋起来，也有的在火塘边挖一个洞埋起来。

哈尼族十分重视婴儿名字。他们认为如果孩子生下来不赶快取名，鬼就会来取名，然后就会被鬼领去，孩子就养不大了。因而，接生的人看看是姑娘还是儿子，就随便叫一个名，以表示人已经取过名了，鬼拿不走了。如果是姑娘就说"生得个拿鱼的"，如果是儿子就说"生得一个挖田的"等等。这本身并不是名字，但是起到了一个打记号的作用，以后还要正式命名。

二、生育礼仪

婴儿降生后，首先向外公外婆报喜。这大体有两种形式，一种是由女婿抱一只鸡到舅家报喜，生男孩的抱母鸡，生女孩则抱公鸡，无须说明生男生女，一看鸡就知道生男或生女。第二种是煮一锅糯米饭，杀一只母鸡，砍一只鸡大腿和糯米饭包在一起，加一壶酒送到舅舅家去，祭献祖先，并告诉他们哪天生了一个姑娘或儿子。

有些地区的哈尼人家婴儿诞生之后，就在大门边上挂一枝锥栗树枝或在门头口横放一截湿棍子，懂得其含义的人一看就不会进门。婴儿出生三天内，一旦有人进门，孩子就要拜其为干爹或干妈，请他给婴儿取名。干爹或干妈要给孩子一定的礼物，主人家要给亲家包一包有鸡腿肉在内的糯米饭带回去。以后过年时，孩子的父亲要送酒、肉、糯米粑粑到孩子的干爹家祭献。

哈尼族给孩子取正名（主名），要举行一定的仪式。时间一般是出生后第 3 天到第 9 天之间，选单日进行，最迟不超过第 11 天。取名的那天将婴儿第一次抱出屋外见天日。有些哈尼族有做吉祥物给孩子的习俗，男孩子做一个弓弩，希望长大之后能狩猎，女孩子砍一节竹筒，系上带子，希望长大之后能拿鱼摸虾，仪式完毕后把这些东西放在楼上保存起来。

取名时，首先要通知亲友邻居们前来参加，尤其欢迎十岁以下的孩子光临，主人家要杀一只鸡，蒸糯米饭和煮鸡蛋招待客人。

前来贺喜的人，无论大人小孩都会拿一个鸡蛋来，作为送给婴儿的礼物，这实际上是大家给产妇在月子期间吃的营养品。主人爱用糯米饭拌一些煮熟的鸡蛋，捏成碗口大的饭团，来者每人给两团，大家用手捧着吃。

取名之前，要请一个八九岁的孩子，在院子里举行模拟劳动的仪式。婴儿是男孩，就请一个男孩来表演挖田的动作。先让他扛着锄头，背着干粮，带着劳动时穿的衣服，从家中走到院子里，用木棍在地上划出一个方块来，表示是田。然后穿上劳动衣服，进到"田"里，用锄头象征性地挖田。挖完之后，又回到屋里来。婴儿是女孩，就请一个女孩子表演砍柴或撮鱼的动作。同样拿着背绳或篾笼等劳动工具，到院子里捡些棍子，捆起来带回屋里，或在"田"里，用篾笼撮"鱼"，象征性地捡几根棍子在竹筒里背回来。这是希望孩子长大后勤快，热爱劳动。

模拟劳动结束后，主人家用鸡肉、糯米饭、酒等祭献祖先，向祖先报告又添了一个新人。然后由孩子的母亲把孩子从屋里抱出门外，交给取名字的老人。老人坐在饭桌旁边，先拿一点蛋黄让婴儿舔舔，再用蛋擦他的手板心和脚掌，认为这样做，孩子将来手脚不会开裂。老人经过慎重考虑后，给孩子取出一个满意的名字。有时对所取名字，要作简要解释，并祝愿其健康成长。前来贺喜的孩子们，边吃糯米饭边争着叫婴儿的名字，使家中充满喜气。

哈尼族命名有一定的原则，每个人都要有一个正名，而且必须是父子连名，但不允许后辈人的名字与前辈人的名字相重。

三、命名习俗

哈尼族取正名必须遵循一个原则，那就是父子连名制。哈尼族男子的正名，死后要列入祖宗谱系，因此，父子必须连名，以便代代相连，便于记忆。所谓连名就是父名的最末一个字作儿名的头一个字，如博龙（祖名）——龙者（父名）——者沙（儿名）——沙鲁（孙名）——鲁斗（重孙名）——斗仰（曾孙名）——仰嘎（玄孙名）等。

哈尼族取名，一般以双音节居多。古时候哈尼族没有姓，因而取名不考虑姓氏问题，平时喊名字也不必带姓。除正名外，很多人还有一个至两个以上的名字，但平时只叫其中的一个名字。除正名须是父子连名外，其他名字可根据不同的情况命名，不须连名。

其他名字的命名，有根据婴儿生下来时的形态命名的。如根据婴儿生下时脸朝地或脸朝天、脐带挎脖子、发笑、拉屎尿等情况命名，他们认为这种名字是与生俱来的，如脐带绕脖子，取名时必须带一个"挎"字或谐音字等。

也有根据婴儿出生日的属相、地点和事件命名的。婴儿出生的那天的属相，可作为取名依据；如果孩子是在路上生的，其名字一定要带"路"字；当婴儿出生时，村寨中有婚事或丧事的，那么也要取一个与婚、丧有关的名字。

还有根据取名人的行业或辈分命名的，如摩批、木匠、铁匠、奶奶、爷爷、舅舅等，给孩子取与他们的职业或辈分有关的名字。

还有一种情况，有的人家以孩子名义在山间小路口用几根木头搭一座桥，以桥的名义给孩子命名。认为这样做是积功德，能儿女双全等，具有求子的含义，认为有了儿子的能引出姑娘来，有了姑娘的能引出儿子来。

哈尼族取名时所用的字眼，大都具有一定的含义。男名多用有"发展""增添""富足""兴旺""富有""稳固"等含义的字眼，女名多用有"带领""萌发""俊俏""勤快""伶俐"等含义的字眼。名字里寓含着美好的愿望。

孩子到了一两岁的时候，如果身体不是很好，经常闹病，那么，哈尼族有为孩子请干爹取名的习俗。请干爹有两种情况，一是请有一定身份的人，如铁匠、木匠、老师、医生或摩批等取名。二是到大路上等干爹，方法是要给孩子取名的人家，带着锅碗用具，提着一只鸡到村子的某一条路上，拾三个石头支起锅来，生火杀鸡，煮糯米饭，在这个过程中，第一个朝村里走来的人，就是孩子要等的干爹。一般来说，来人都乐意为孩子取名做干爹。

四、生育禁忌

1. 妇女生下孩子之前，忌讳缝制小衣小裤、准备尿布等。
2. 孕妇不能到别家参加婚丧活动，也不能攀摘果树果子。
3. 有的地方临产妇七天内不得出门，不得与他人说话。
4. 严禁乱扔胎盘，以免其发臭或被蛆虫吃。
5. 如果生儿子，产妇在月子期间禁食猪油。
6. 忌讳说婴儿漂亮，只能说可爱。

7. 将婴儿背出村寨时，额头上要擦点锅烟灰或鞋底灰，一是表示孩子已有记号，二是表示孩子是肮脏的，鬼神不会要。

8. 丈夫在外，听到妻子生下了孩子时，不能空手回家。生了姑娘要戴一朵花回家，生了儿子，手中要提一根棍子回来。

五、产妇的饮食

产妇在月子期间的饮食比较简单，从营养学的角度讲，是不十分合理的。很多地方的哈尼族生男孩的时候，在月子期间不让吃猪油，认为男孩子将来要进水中挖田，容易得一种称为"昂古"的病，其实那是一种泌尿系统的疾病，与猪油无关。

产妇月子期间的饮食，主要是大米饭、鸡肉、鸡蛋、咸鸭蛋、开水和菜汤，也适当地煮红糖蛋吃，在糖蛋和菜汤中加适量的草果、胡椒粉。有的地方产妇不吃白鸡肉，很少吃鸭蛋，偶尔吃一次，也要用土碗加少量水和胡椒粉、盐等，把鸭蛋打在里边，用炭火烧熟吃。

目前，随着哈尼族社会经济文化的发展，已逐步打破了产妇生儿子不吃猪油的常规，产期的饮食也日益合理化。

第九节　祭祀习俗

一、祭祀的种类和特点

哈尼族每年都要举行名目繁多的祭祀活动，有对村寨以外的自然神的祭祀，有对村寨范围内的村社神的祭祀，还有以家庭为中心的祭祀等等。由于祭祀对象和目的不同，又可分为多种方式进行。每一种祭祀形式，都有其固定的祭祀地点、专门的祭词和特定的祭品组合。这些习俗都是自古延传下来的，每进行一项祭祀活动，都必须严格遵守古规，不得随意增加或减少。哈尼族的祭祀活动，不做则已，一做就必须杀牲见血，供奉神灵，表示诚心。所需的牺牲，要根据祭祀对象和目的，选配品种、公母、颜色等，最后要把牺牲献给某一种神灵享用。

二、对自然神的祭祀

（一）山神祭祀

哈尼人世世代代生活在大山里，山下修造层层的梯田，山上栽荞种包谷。山是他们生存繁衍的地方。他们认为高低不同、形状各异的高山具有某种神性，把自然界的山神秘化、人格化。人的病痛、苦乐、粮食的丰歉常与山联系在一起。他们认为有些山是被一定的神灵司管着，如果得罪了某山上的神灵，轻则可使人们的庄稼颗粒无收，重则能危及人的生命。所以哈尼族崇拜某座高山，就是崇拜司管这座山的神灵。居住在山周围的人们都要定期杀牲祭祀，祈求山神不要施威发怒而要赐福于人们。

以红河县架车阿姆山的祭祀为例，可以看出哈尼族祭祀山神的一般情况。

红河县阿姆山海拔2 500米，山上覆盖着茂密的原始森林，遮天蔽日，常有毒蛇猛兽出没其间，人进去常常会迷失方向，每当刮风下雨，常常雷电交加，更增添了神秘恐怖之感。当地哈尼族称阿姆山为"米最"，即山之王。阿姆山周围有许多哈尼族村寨，村民对阿姆山无不虔诚祭奉。据统计，参加祭祀阿姆山的有数十个村寨，近2 000户人家。这些村寨从东、西、南三个方向朝阿姆山祭拜。各处祭祀的时间不尽一致，有的一年一祭，有的三年或五年一祭。祭祀的方法是，各祭祀点的村寨联合起来统一进行，也有各村分别祭祀的。祭祀牺牲要打鸡骨卦来卜定。一般情况是1头黄花牛、3只鸡（一公二母）。各村分散祭祀时，一

般用 1 只山羊、3 只鸡（仍是一公二母）、1 甑糯米饭。集体祭祀
时须到固定的地点进行，祭祀时间在农历六月间选属羊日进行。
当天男女老幼不从事生产，不做针线活，把准备好的黄花牛赶到
祭祀地点，由摩批主持祭祀。祭牛杀死之后，剥皮开膛，将牛肉
全部剔下，但整个牛骨不能散架，牛头及四条脚也不砍下来，然
后将整个牛骨架扶起来，如活牛一样头朝阿姆山站着，远远看
去，就像一头活牛遥望着阿姆山。祭献牛肉之前，先用树枝搭一
个祭台，上铺松花树叶等，然后摆 3 碗牛肉、3 碗饭、3 碗酒、3
双筷。首先由摩批和主祭人朝祭台、阿姆山方向磕头，然后参与
祭礼的人纷纷向阿姆山跪拜磕头。尔后，大家一起在山上就餐，
祭祀即告结束。

哈尼族祭祀山神的目的在于祈求山神保护人、粮、畜，不要
发生风灾、水灾、雹灾、虫灾、兽灾、瘟疫等灾害，希望五谷丰
收，六畜兴旺，寨民安康。

（二）水神祭祀

哈尼族认为水神能给人们带来可怕的祸害，因而，水神成为
哈尼族崇拜的对象之一。他们尤其崇拜寨中的水井神，每年以村
寨为单位，要给水井进行"罗活索"的祭祀活动，有清扫水井、
祭奉水神之意。各地对水井的祭祀时间和次数不尽一致，有的一
年一祭，也有一年两祭的；有的在农历三月间进行，有的在农历
七月或十一月进行。祭祀的牺牲是 1 只大红公鸡和 1 只麻花母
鸡，此外还要 1 根松枝、3 棵苤菜、3 棵韭菜、3 棵黄豆苗，并
加 1 棵带树叶的刺竹。这些东西插于水井边上，由摩批主持祭
祀，须背诵一定的祭词，祈求水神保护寨中美丽的井塘，流出清
甜的泉水。

"罗活索"属于村寨的公祭活动，由寨中的老年人参与进
行。待把鸡煮熟之后，由摩批将鸡之肝、肠、头、爪等各部位的

肉掐点放于水井边，供奉给水神。参与祭祀的人向水井磕头，并在井边用餐。

（三）对日月星辰的祭祀

哈尼族崇拜日月星辰，但具体的祭祀形式比较少。日月崇拜主要表现在日食和月食的观念上。认为发生日食和月食是不吉祥的事，发生日月食，是鬼狗吃日月，人们会自觉地鸣鼓击盆，奔走呼叫："鬼狗别吃日月啊！赶快放开它，我们没有日月不会活！"他们认为，发生过日食的月份是不吉利、不干净的，所以忌讳在这个月内进行婚娶等喜庆活动，即使原来已定好的也要改期进行。

哈尼族常把人和星辰联在一起，认为天上有多少星星，地上就有多少人；地上死了一个人，天上的星星就要陨落一颗。所以，当看到流星掠过头顶时，就意味着地上已死了一个人，这时人们至少要吐一口唾沫，表示忌讳。哈尼族有祭星辰的习俗。祭祀星辰的牺牲和祭品是 1 只红公鸡、3 碗酒、3 碗茶、3 碗大米、3 盏油灯，把祭品摆在簸箕里抬到天井里或在晒台上，必须看得见天。首先要献活鸡，人们朝天磕头，把鸡杀死后，加 1 个血碗，进行生祭，最后加 3 碗饭、3 双筷，连同煮熟的鸡肉一块儿祭献，称为熟祭，并再次朝天磕头。这种活祭、生祭、熟祭并存的现象，是哈尼族古老祭祀形式的一个特点。

三、村寨神祭祀

村寨是人们赖以生存繁衍的场所，哈尼族的村寨，一般是由几个血缘家族杂居组成。他们认为村寨除了居住的房屋以外，还应包括水井、寨神林、祭地神处、磨秋场、寨门、镇邪处等地方，这些地方是村寨祭祀的重要地点。每个村寨年年都要进行以阻止、驱赶、抵御各种鬼怪和灾难为目的的祭祀活动。这种以维护村寨公共利益为宗旨的宗教祭祀活动，在村寨成员中会产生一种自觉而强烈的内聚力和向心力，使人们自觉地维护宗教的秩序，并最大限度地恪守宗教的职责。

哈尼族固执地沿袭着祖宗传下来的古规，以村寨为核心，每年都要进行一系列的宗教祭祀活动。其目的在于祈求村寨的繁荣兴盛、寨人的平安与增殖、粮畜的不断丰收。

（一）嘎煞煞

"嘎煞煞"每年必须进行一次，其大意是驱送邪气，在农历十月间属猪日进行。由摩批主持祭祀，全寨各户须有人参加。祭品是1头母猪和1只母鸡，另外还要找9块木炭、9个白石子、1片芭蕉叶。全村各户要准备灶灰、谷糠、碎铁、铜片、烂布等，用笋壳或烂碗装着送到祭祀地点，表示把灾难邪气送出来。中午每户有一人自觉地来到祭祀地点，把猪鸡杀好煮熟，到场的人每人先尝一点。其余的生肉按户头平均分配，各自拿回家煮熟，全家每人都要吃一口，当时不在家的人也要留一点给他。祭祀的时候，摩批要念祭词，然后将木炭、白石子等祭品一同用芭蕉叶包起来埋于地下。认为黑的木炭不变白，白的石子不变黑的话，邪气就不敢进寨子来。

（二）哈　最

"哈最"意为镇纠纷神。哈尼族特别珍视寨人的团结和睦，他们把某些事物对立的双方视为一切纠纷的根源，村寨不团结，家人不和睦，认为是纠纷神作怪的结果，因而每年都要进行一次驱赶镇压纠纷神的祭祀活动。农历十月岁首时，为了在新的一年里全寨老少能够和睦相处，要进行镇纠纷神的祭祀活动。这要选属虎日，由摩批主持进行。这天，全寨忌日，不事生产，针线、摘菜、梳头等活动也都必须停止。所需祭品是1个鸡蛋、1个鸭蛋、5尺白布、3颗缝衣针、红黑线各1段、1根小草、1根小竹笋、猪擦鼻痒时掉落的 1 小撮土、山沟里两边相对滑坡的土 1 撮、两棵互相摩擦的树皮 1 块、两头抵架后双亡的牛皮牛角各 1 片、1 节竹筒。摩批对着上述祭品念过祭词后,再把 3 颗针插入 2 个蛋中,然后把所有的祭品全部装入竹筒里,埋于泉水边或磨秋场地下,以此镇纠纷神。

(三)昂玛突

"昂玛突"即祭寨神。哈尼族每个村寨都有一处寨神林,那是哈尼族寨神居住的场所。哈尼族视寨神为村寨最大的保护神,每年农历十一月或二月间进行祭祀活动。主持祭祀的人称为"咪谷"或"普司",他是寨神意志的代表者,人神之间的中介。"咪谷"或"普司",一至三年内要改选一次。"咪谷"必须由儿女双全、妻子健在、没有受过枪伤兽伤、为人正直的人担任。祭祀寨神的当月,他不能参加丧葬活动,禁止吃黄鳝、螺蛳、病死的家畜肉等,以表示对寨神的尊重。

祭寨神一般选属牛或属龙日进行。一大早家家都要做糯米粑粑,而且每家必须做一个直径约三十厘米的圆形大粑粑,再做一个碗口大小的粑粑,放于大粑粑上边,用托盘端着朝寨神林的方向祭献。中午,在"咪谷"的带领下,人们赶着猪,提着鸡,抬着锅盆等到寨神树林中,开始进行祭祀活动。先把猪、鸡放在中心祭祀处,象征性地给猪、鸡"净身",进行活祭。由"咪谷"向寨神祈祷之后,就动手杀猪鸡。有的地方猪毛用稻草火烧干净,再刮洗。猪、鸡弄干净后,加一个血碗,向寨神进行生祭。随后,从猪脖子上割下一块肉,连同二只鸡肉一起煮熟。其余的猪肉按户头平均分配,各家带回去祭献。寨神林的中心祭祀处立一块长方形的石头,前边再铺以石板,形成一个小小的平台。这具有两层含义:一是象征村寨像石头一样稳固不可动摇,二是寨神在此享受寨民的祭奉。祭祀寨神时用白线或白布围绕一圈，把这块祭祀中心的石头围在中间，祈求寨神尽心地护佑寨民。猪、鸡肉煮熟后即进行熟祭。祭品一般是 3 碗茶水、3 碗酒、3 碗肉、3 碗黄糯米饭、2 只筷子，将其有序地摆在托盘上，由"咪谷"抬着到中心祭祀处祭献，同时向寨神祈祷："尊敬的寨神呀，请你好生保佑寨民，一天劳动的成果够九天吃，一年劳动的收获够九年用，吃不完喝不尽，年年都有余。让寨民吃得香，睡得稳，老少安康，六畜兴旺……"随后，大家向寨神磕头。熟祭后，把煮熟的一部分肉拿出来，给参祭的人在寨神林中吃，余下的拿回"咪谷"家。

此外，有的哈尼族村寨在"咪谷"家中养着一只白公鸡，哈尼语称"普鲁阿哈"，即寨神的鸡，它象征着寨神在村中四处游荡。这只公鸡不能杀，不能卖，如果意外地病死了，便认为不吉利，必须立即续上。

（四）嘎突突

"嘎突突"意为拦路，在农历六月间，属猴或属虎日进行。地点在村外的道路口，主要祭品是 3 根水草、3 个木刻、3 把木刀、1 条茅草绳、1 只麻花母鸡、1 只公山羊、1 块小竹篱笆、1 把小弓箭，箭头须朝外。祭祀活动由摩批主持，全村各户来一男性参加。山羊杀死之后，把羊皮完整地剥下来，并用木棍把羊皮撑开，用草绳拴着横挂于道路的上空，绳子的两端拴在路旁的树上。以此阻止鬼怪病魔，祈求人畜安宁。

（五）迷 却

"迷却"即镇火神，于农历十二月属蛇日进行。他们认为蛇日为水日，水能克火。所需祭品是 1 只母山羊、1 只花母鸡、1 筒芭蕉树、1 棵蓝靛树、白石子和黑木炭数个。由摩批主持，在村边进行。祭祀结束的时候，将芭蕉树挖空，然后将羊角、羊耳、羊蹄、鸡爪、靛叶、白石、黑炭依次装入芭蕉树中，最后把它埋于泉水边。哈尼族认为火灾之所以发生，是因为从蓝天白云之间出来的火神作怪的结果，所以采用这样的祭祀方式，来降服火神，企图避免火灾发生。

四、家庭祭祀

（一）罗　和

"罗和"意为请回增神。在哈尼族语中"罗"这个音有增添、多起来的意思。哈尼族认为世间存在着一种能使人的粮畜增添的保护神为"罗阿玛"，意为增神。还有能助人省衣省粮的神灵，称为"艳阿玛"，意为省神。哈尼族认为如果家中有增神和省神保佑，那么一家人钱财用得省，粮食不浪费，日子会过得顺心，因此，每年家家要进行一次请增神、省神的祭祀活动。一般在农历十一、十二月选属龙日进行。祭品分为1只白母鸡或鸡鸭3只，祭献时加3碗米、1碗酒、1碗饭、1碗茶水。摩批要念长篇的祭词从地下到地上，又从地上到天上，到处寻找增神和省神，最后把它们请回到家里来福佑家人。

（二）尼轰突

"尼轰突"即驱除众鬼神的意思。许多哈尼族地区，十月年过后，必须进行这项祭祀活动。一般选属猴或属虎日进行，认为这是硬日子，能克住各种鬼神。祭品分为三组，可自行选择其中一组，一般是通过打鸡骨卦来确定。具体为1只白母鸡、1只公鸡、1只普通鸡、1只鸭或者1条狗、1头小猪、1只鸭、2只鸡等。地点在自家的院子里进行。摩批要念诵很长的祭词，利用哄骗、恐吓、讨好等方式，把哈尼族原始宗教观念中的所有鬼神，逐一驱赶到它们应该去的地方，使它们不能来危害人畜和庄稼。

（三）咳　坡

"咳坡"即祭败神的意思。哈尼族认为一个家庭中禽畜养不好，是因为败神作祟的结果，所以新年伊始，家家户户要请摩批进行一次打败神的祭祀活动。最多的祭品是 1 头公山羊、1 只白公鸡、1 只黑母鸡，由摩批带着到寨后最高的山头上进行祭祀。这些祭祀牺牲，一般家人不能食用。

五、西双版纳地区哈尼族的祭祀

西双版纳地区的僾尼人信仰万物有灵的原始宗教，以为冥冥之中有种超自然的"精灵"在主宰一切，这种精灵还未形成"鬼"与"神"的严格区别，只是有着善与恶之分。对于强有力的天神、地神及保护村寨的寨神"扎米玛"和家族神"密索多"（祖灵，通常以一篾片为代表供奉屋内），他们定期祭祀，以求福祉和保佑。而对于给人们带来灾难和疾病的各种恶神，则献祭讨好，并请祭司作法驱赶它们。在他们看来，这种超自然的力量是十分可怕的，但也是可能通过祭祀和巫术制服的。这种宗教性的祭祀活动一般称为"龙"，凡"龙"之日为忌日，不事生产。僾尼人一年之中固定性或临时性的祭祀甚为频繁，每年有固定的"龙"日。此外，凡看到、听到或认为不吉利或不可思议的事物，就需"竜"，以此来消灾免难。

主持全寨性宗教祭祀活动的人叫做"最玛"（又称龙巴头），这在过去是村寨中权力最大的首领性人物，他集宗教领袖与政权首领之职于一身，村寨内外的大事皆由他掌管。"最玛"不是世袭的，通常由寨人公推选出。被推选的人必须具备以下几个条件方可担任：

1. 成年男子，家中儿女双全。
2. 家族成员中没有被老虎豹子咬死咬伤的。
3. 家族成员中没有生过双胞胎、怪胎和畸形婴儿的。
4. 要精通全套宗教礼仪和民族文化、历史。

"最玛"的威信很高，权力也大，受到人们的尊敬和拥护。

他与寨人有一定的经济联系，每年人们要在他的田中举行栽插和收割的宗教仪式，寨人都去无偿地帮他干一天活，收割前各家各户要轮流请他吃新米饭，打得野兽也要送他一点肉。作为回报，他在祭"红石天"（祭祀逝去的前任"最玛"）时需杀一头猪宴请全体寨人，他一年之中有相当多的时间和精力花费在宗教祭祀活动中。

与宗教祭祀活动有关的还有祭司贝玛，这一职务由师徒相传，担任者都是男性，一般主持诵经驱魔、开路送魂等重大祭祀活动。僾尼人主要的祭祀活动有：

1. 红石天。僾尼语意思是"祭最玛"。老一辈"最玛"死去后，后任"最玛"杀一只猪祭献他的灵魂，并宴请全寨老人。老人们届时盛装赴会，在一起讲古说今，咏唱酒歌。年轻人的活动则是男子集体撵山，妇女下河捉鱼。举行"红石天"有固定的日期，时在农历二月。

2. 洛扛翁。僾尼语意思是"建竖寨门"，又称"竖龙巴门"。"洛扛"（寨门）是进入村寨必经的大门，竖在村寨边的主要路口上，每寨有一道大的两道小的"洛扛"。"洛扛"门框有用树桠搭的，有用木柱凿洞眼穿做成的，门框两边有木雕裸体男女像各一个，也有栅栏作围，把村寨围护在栅栏范围之内，这是寨内寨外的明显标志。

竖寨门是重大的宗教祭祀活动，因为寨门"洛扛"的作用虽然是围护村寨，防止虎豹豺狼和外地闲杂人员及不祥之物进入村寨，但有更深的含义。这就是以寨门为界，划出人和鬼及恶神的势力范围，寨门内是人主宰的世界，其外是鬼怪恶神的领地。因此，僾尼人视寨门为神圣不可侵犯的圣物，具有威慑鬼怪的力量。另外，寨门也划出了这个村寨的合法权利和义务范围。僾尼人认为，住在寨门里的人，除了可以得到寨神保护外，还可以得到同寨人的帮助，当然，他也承担着一份对这一村寨应尽的义务。离开了寨门的范围，也就离开了寨神的保护和寨人集体，将成为一个孤独无靠的人。

"洛扛翁"竖寨门为一年一次，时间一般在农历三月份。竖寨门时，全寨各家都要宰杀鸡禽，舂糍粑粑，先在各家各户举行祭神活动，然后由"最玛"带领着到寨边去做寨门，并将新寨门竖起来。

寨门高两三米，横门上安放着木雕的鸟、兽、人等各种雕像。新门竖立后，并不废弃旧门，而是每年在旧门外增建新门，所以古老的村寨常常有一长列通道式的寨门，形成一种奇特而雄壮的景观。

竖寨门是最盛大的宗教祭祀活动，全寨男子不分长幼一律参加，一起去砍树，一起做门框、修栅栏，把寨门栽牢。精于雕刻的匠人，还会用树木刻出男女偶像分立门框两旁，把守护村寨的责任寄托在它们身上。寨门两侧的栅栏上还要插一些专门削出来的篾花片作为装饰物。

竖寨门时，"最玛"要念诵祭词，一般必念这样一段："门外是山，门内是寨，请洛扛把灾难挡在门外，把疾病挡在门外，保佑我们的村寨无病无痛，四季平安。"竖寨门时，如果外寨派人送来酒肉，那是表示相互友好，两寨便会结成盟友，相互支援，患难与共。

一般村寨祭祀的日子，寨门上便会插有一块竹篱笆，表示此刻寨内有要事，寨门紧闭，任何人不得出入，违禁者将遭受严厉惩罚。

3. 切卡阿必罗。僾尼语意思是"栽种谷子的年节"，这次祭祀实际是祭谷种神，时间在农历三月山谷下种前夕。当山地犁耙完毕，准备下种的时候，"最玛"带领寨里的男性长者，拿着一对鸡、两瓶酒、少许谷种来到寨内一个叫"阿波罗活"的泉边，或在某个水潭边举行下种前的祭祀。人们首先打出泉水洗浴谷种，然后杀鸡祭献谷种神和水神，祈祷这些神灵保佑谷种得到雨水的浇灌，顺利发芽生长。祈祷完毕，寨内青年便涌上前来打水相互泼洒祝福。

"切卡阿必罗"前后两天，夫妻不同房，年轻人不能"串姑娘"，禁止砍柴、理发，人们认为违禁者他家的庄稼将遭殃。

祭祀后第三天开始下种，这天男女青年穿戴一新，一起去为"最玛"栽种，"最玛"则备办酒席招待。下种时，男青年凿坑，女青年点种，边栽种边唱歌，你追我赶展开竞赛，山地里歌声飞扬，处处洋溢着春播的欢乐气氛。

"最玛"的地种完以后，全寨开始抢种，凡能下地的人统统下地，每户人家都要抢在地神打开大门的时候把种子播下地去，否则错过节令，地神把门一关，种下的庄稼就长不出来了。因此人们起早贪黑，力求在三四天内把种子全部种下。

下种结束又要举行一次祭祀，傈尼话叫"寄节朗"，意思是请求地神让刨开的泥土合拢，让挖伤了的蚯蚓养伤复原。这天全寨停止一切劳动，男人上山打猎，女人下河找菜，不然干脆在家中静养。

4. 沙沙康。傈尼语音译，意思是"杀虫祭"，又叫"别我捏"（捉虫子），时间在农历五月。此祭分两个阶段进行。第一阶段是祭山神和树神，届时寨人在"最玛"的带领下，在一棵名叫"朱察朗阿波"（山神树）的大树下宰一头猪供祭。"最玛"祈祷唱道：

> 种地时砍了树，
> 请树神不要见怪呀！
> 下种时动了土，
> 请地神不要见怪呀！
> 我们用酒肉供献神呀，

请神灵保护庄稼不受灾！

唱祈完毕，全寨人在山神树下分享全部供品。

第二阶段，次日人们到自己的田地里象征性地举行一次捉害虫活动。人们把危害庄稼的土蚕捉上几条，别的害虫也捉上几条，用树枝夹起来插在寨门上，祈求寨门神帮助消灭害虫，一边插一边念道："请神灵把土蚕赶出去，把害虫撵出田地去，使地里的庄稼不要受灾害！"

5. 乌拉拉。偎尼语音译，又叫"卡耶"，即祭祖，在农历八月间举行。"乌拉拉"时"最玛"要选一头牛作祭品，并指挥全寨人举行剽牛，在剽牛场上祭神。然后将牛肉分到各户，每家又杀一只鸡供奉祖先。供的鸡脚和翅膀不能吃，要砍下来放在火塘上方的竹箩内，意思是给回家"探亲"的祖先们做上楼下楼的拐杖和扇风乘凉的扇子，让祖先们万事顺心，快快乐乐地回家享受后人供的祭品。

6. 约拉皮娄。偎尼语音译，意为"撵鬼出寨"，又叫"丫基基"或"朱可朱涅铁"。时间在农历八月。在举行仪式的前几天，各户捉一只鸡，在自家的男女室门口各拔下三撮鸡毛，然后杀鸡祭鬼，意思是给鬼先打个招呼，人们要赶它们了，同时献一只鸡给鬼做拐杖，好让它们逃亡。正式撵鬼的头一天，全寨出动修理村寨四周的道路，以便让鬼逃跑得快一些。人们认为这样做对迎接收割季节来临大有好处。赶鬼那天早上，太阳刚刚冒出头，全寨人就鸣枪击鼓，人声鼎沸，到处呐喊撵鬼。男人们先在家中挥舞着事前准备好的刻有花纹、涂有鸡屎的木刀到处做砍杀状，意为把鬼逐出家门，然后又在寨内舞刀吼叫，把寨内恶鬼赶出寨门，最后把一块事先备办好的小簏笆送到寨外，象征鬼已逃遁出寨了。

从前偎尼人的"竜"极其繁多，凡属羊日要"竜"，个别地方虎日也要"竜",死了人、新户迁入、豹子进寨叼猪、野鸡飞进寨、风把树枝刮进寨、母猪生两仔、水牛烂角、黄牛掉尾、狗在寨外生仔、火灾、地震、生双胞胎、打雷、下冰雹、刮大风等等,都要"竜"。

过去人们认为最大的不祥是生双胞胎或六指(六趾)或畸形婴儿,以为这种小孩会带来灾难,出现这种情况要做九天的大"竜"

总之,种种鬼神如重重枷锁套在僾尼人脖子上,严重影响了生产和生活。1949 年以后,人民政府对有些危害极大的祭祀活动和"竜"作了限制,如 1956 年西双版纳州人民政府作出决定,不准杀害双胞胎及缺嘴、六指婴儿,违者依法处理,制止了封建迷信造成的恶劣事件。

第十节　巫占习俗

一、巫占习俗的产生和发展

哈尼族有句俗话:"哈尼打卦不止,汉人写书不停。"把写书与卜卦同等看待,这是有历史原因的。哈尼族过去没有自己的文字,不能准确及时地积累前人的生产、生活等各方面经验,文化积累十分有限,无法正确解决现实生活中遇到的许多问题,于是企图用宗教的手段来解决实际问题,特别是对未知事物的判定,均采用巫占的方法,企图以巫术的力量支配事物,判定真假是非。比如要上山打猎的时候,事先要请有经验的老者或摩批卜卦,看看能否有收获,再决定是否去打猎。随着社会的发展,人们思维活动也不断复杂化,他们把巫术占卜活动应用到生活的各个方面。自己的东西遗失或家中的牲畜走失了,想判定是否还能找回来，也要占卜一番。偶尔也碰上卦意显示能找到，加上执著尽心去寻找，碰巧失而复得的，因此，人们对占卜的相信程度不断提高，形成了巫占习俗的不断发展。后来，哈尼族把巫术活动引到医学上，巫术治病盛极一时，如以招魂、驱除鬼神、咒语施法、祈求祖先神灵许愿等方式治病。因而，巫术活动更有其广泛性和神秘性，巫师的地位也随之提高，成为人们生活中不可缺少的一类人物。在哈尼族社会中，最初的巫师是以治病救人的面目出现的，与头人、工匠相提并论，成为哈尼族社会中的三种能人之一。

二、巫占类型

哈尼族的巫占习俗可分为两大类型，即巫术占卜和巫术诅咒活动。无论哪种类型，具体进行巫术活动的时候，都必须具备规定的祭品、祭祀场所和咒语，由巫师来具体实施。

（一）巫术占卜

哈尼族的占卜主要有以下几种：鸡卜、草卜、猪肝卜、羊肝卜、米卜、蛋卜等。过去，人们在日常生活中，每当碰到三灾六难、出门经商、上山打猎、民族械斗、打官司等，都要进行各种形式的占卜。

1. 鸡卜。可分为鸡骨卜、鸡头卜、鸡脚卜、鸡血卜等。其中能进行鸡血卜的很少，目前已基本失传。

（1）鸡头卜。现宰整只鸡煮熟，砍鸡肉时鸡头不能砍烂，鸡头与鸡脖子联结要完整。鸡脚也不能砍碎，从腿关节处完整地砍下来。一般情况下，看鸡头鸡脚卜不必事先念咒语，在餐桌上把鸡头拿在手中观察即可。据巫师介绍，鸡头上至少有 12 个卦意显示。

先看鸡眼，略睁开眼为好，闭眼为不好。鸡嘴上下合拢齐整为好。剥开鸡头的皮子，观看整个头盖骨的颜色，光滑洁白，无裂缝者为好。如果鸡鼻孔上方、头顶上、后脑壳等地方有红点、颜色发暗均属不好。头盖骨大面积发紫、额头发红为凶卦。再把鸡的双眼球轻轻地挑去，观看两眼窝之间的隔膜。如果隔膜通透明亮，上边中心处有一个针尖大的孔为好，要是隔膜厚实，不明亮，中间无孔者为不好。婚宴上杀的鸡出现这种情况，便被认为这门亲事不能长久。如果隔膜的一侧发红，认为结婚后婆媳关系不好，不久媳妇要另立炉灶。另外，拔出鸡的上嘴骨，可得一个丫字形的骨片，从舌头上可以拔出一根昆虫触角似的软骨，观察其颜色和整齐弯曲程度来断定好坏。

（2）鸡脚卜。用刚煮熟的鸡脚卜卦，一对鸡脚有许多卦意可以显示。主要是观察鸡爪的形状，按其四指的弯曲、开合、偏斜程度来解释卦意。如果前三指自然弯曲，高低基本一致，后指自然地在掌心中间，通常被认为是吉卦，是团结、和睦、生财的象征。如果四指向外散开，毫无靠拢之趋向，被认为是涣散分裂的征兆。

（3）鸡骨卜。这是民间最盛行的一种占卜形式。用鸡股骨卜卦。哈尼族平时杀鸡的时候，都把鸡股骨剥出来，涂抹灶灰后存放起来，因而家中随时都有鸡骨。打鸡骨卦时，先找出一对鸡股骨来（必须是一只鸡的骨头，不能弄错），同时要削好数根细竹签。卜卦一般分为念咒、插签、释卦三个步骤。哈尼族打鸡骨卦，打卦的摩批首先要拿着鸡骨头放于嘴边念咒语。卜卦的目的不同，所求之神不一样，念的咒语也有所区别。要办何种事，就求何种神，如打猎卦求猎神，做生意求交易神等。咒语一般要先念总咒，然后根据具体事情，念分咒。如打猎卜鸡骨卦的咒语大意如下：

祖先松咪窝开始养鸡①，
祖先松咪窝开始养鸭，
鸭骨不打卦，
鸭骨无灵性；
鸡骨来打卦，
鸡骨有灵性。

打卦先念咒，
再卜鸡骨卦，
用母鸡的骨来卜卦，
用公鸡的骨来打卦，
要卜上山打猎卦。

鸡在哪里生？
鸡在哪里长？
鸡在寨边树丛生，
鸡在门外灰土里长。

鸡虽然死了，
鸡骨不会死；
鸡气虽然断了，
鸡骨气不会断；
鸡眼虽然闭了，
鸡骨眼不会闭；
鸡肉虽然朽了，
鸡骨不会朽。

———————————

①松咪窝：传说中的哈尼族始祖之一，从他那代开始饲养禽畜。

鸡骨生来有洞眼，

无眼不用针来戳，

有眼不用蜡来封，

一人来把鸡卦打，

众人来把鸡卦看。

外边的竹签对骨沟，

里边的竹签要齐整，

五签的好卦显出来；

外签对入骨沟处，

猎人后边跟财气，

财气后边好运气，

……

念完咒语，把鸡骨的凹面用刀刮干净，使鸡骨上的洞眼显露出来。然后用准备好的竹签，顺着骨眼插入，竹签的歪斜、偏直情况随其自然，不得人为改变其角度，有多少眼，插多少签，不能遗漏。最后根据竹签与鸡骨两端的夹角、竹签的歪斜程度来释卦。鸡骨卦可分为吉卦、一般卦、凶卦三种，其卦式有无数种。不同的地区、不同的人，打鸡骨卦有很大的变异性，同一个卦，可能作出不同的解释，因而具有较大的随机性。

释卦时，必须将两只插好签的鸡骨并拢在一起观察。如果左边的骨头上，外端的竹签正对着里边一端的骨节凹窝处，认为是吉卦。象征着猎物进入夹沟，便于围堵，必获无疑。若是左边骨头的外端上，出现两签并排向外倾斜，好像斜插着一双筷子，准备搛肉吃，也认为是好卦，打猎会有收获。

2. 草卜。在哈尼族的日常生活中盛行。草卜用的草有稻草、

席子草和茅草三种，卜卦时由前来卜卦的人拿来。若是为生病的
人卜卦，草一定要让患者摸过，或让其在枕头下边靠一会儿，然
后把草拿给打卦的摩批。打草卦分念咒、掐草、释卦、送签等步
骤。摩批拿着草，先念咒语。大意如下：

啊——
摩批用草掐卦了，
稻草长在田地上，
根须扎进深土里，
根上长出稻秆来，
秆上长出稻叶来，
叶背叶面挂露珠，
枯叶黄叶垂地上。

我呀什么都不知，
草呀什么都能知，
摩批只有两只眼，
草呀睁着千只眼，
摩批只有两耳能听，
草呀长着千耳能听。

土里长的稻谷草，
不该用的别来讨，
想用什么请告知，
别给摩批出笑话，
别给摩批灰溜溜，
……

念毕咒语，摩批从中抽出三根草来，再分别念咒。卜定哪一种鬼神所害，就要念哪一种咒语，答应鬼神的某种要求，给予某种祭品等。若要卜定是否饿鬼作怪，所念咒语大意是：

啊——
路上饿死的人，
野外饿死的人，
是不是饿了来要饭吃？
是不是渴了来要水喝？

如果要吃喝，
稻草折三折，
三段一样长，
三根一样齐，
待到街子天，
买只红公鸡，
好生祭献你，
……

摩批把三根草掐头去尾，弄得一样长短。然后分别把它折三折。如果三根草三折之后一样长短，就认为是这种鬼所害，就要兑现咒时许下的诺言。如果草三折之后不一样齐，表明不是这种鬼所害，要另找其他鬼怪，如吊死鬼、摔死鬼、淹死鬼、枪打死鬼、野兽咬死鬼等等，许诺的祭品也要不断变化，如小鸡、小鸭、鸡蛋、鸭蛋、饭团、白线、破布等。每卜定一种鬼，就掐一次草，直到三根草掐得一样齐为止。如果大多数鬼怪都问过来，草仍然掐不齐，便认为不是鬼神作怪，应找其他原因。

3. 猪肝卜。一般不会专门杀猪看猪肝卦，但在过年过节、重要的祭祀活动、婚丧等场合杀猪的时候，必定要看猪肝卦。猪肝卦十分复杂，一般比较高明的摩批才能释卦。整个猪肝划分成两大区域，即里和外，里表示村寨以内，外表示村寨以外。每个区域又有许多名称表示特定含义。根据每一个部位上的颜色、纹路、深浅、多少、长短等来卜定好坏。首先从整体上观看，如果整个猪肝是灰色的，那么认为要特别注意火灾，村寨可能要发生火灾。如果猪肝特别鲜红，或猪肝上有红点或白点，可能会出现非正常死亡现象。如果是紫肝，村寨中可能有某种疾病流行等。此外，从猪肝上还能卜定发财或破财。若是婚礼上杀的猪，还能预卜将来第一个孩子是男或女，甚至还可预卜到近期天气的阴晴情况等。

其他占卜形式，如米卜、蛋卜等，各自都有一套理论和具体操作程序。

（二）巫咒活动

巫术诅咒活动，主要建立在"语言魔力"崇拜基础上，所有巫术活动，都必须通过语言来实施。巫术活动诅咒的对象是鬼神、自然界中的某种事物以及认为对自己构成某种威胁的人等。哈尼族的巫咒活动与原始宗教的祭祀活动，往往交织在一起，显得更加复杂而神秘。

哈尼族常用巫术来避祸消灾和治病。按巫术的方式，可分为防卫性巫术和进攻性巫术。防卫性巫术，主要是针对个人、村寨、家庭的安宁而进行的，达到消灾免祸的目的。对一个人来说，日常生活中可能受到各种伤害，这种伤害可能是自然的，也可能是人为的巫术伤害。因而在受到伤害之前，要进行某种巫术活动进行禳解。如果认为是人为的巫术伤害，就要弄清楚施行巫术的人，然后由巫师请天神、太阳神、月亮神等帮忙，进行防卫性的巫术措施，或反击性的巫术，排解对方造成的巫术伤害。这种巫术活动，要借助某些祭品和祭祀牺牲，光凭咒语往往是难以奏效的。

对一个村寨来说，为了寨人康泰和睦、五谷丰收、禽畜兴旺，要进行多种形式的防卫性巫术活动。如有针对寨人和睦相处的镇纠纷神活动，有针对村寨避免火灾的镇火神活动等。这些活动既是一般的宗教祭祀活动，也是一种巫术活动，人们企图用巫术的力量来控制寨人之间纠纷的出现和火灾等灾害的发生。哈尼族认为一个村寨的人，应当和睦相处，邻居之间、家庭成员之间，经常吵架闹纠纷，那么村寨就不会兴旺发展。而某种纠纷的产生，认为是纠纷神作祟的结果，因而，必须在纠纷发生之前，举行一定的仪式镇住纠纷神，最好的办法是用巫术手段将其埋入地下，不让它出来搬弄是非，哈尼语称"哈总总"。咒语大意是：

　　　　××寨的人们，
　　　　选择吉祥的这一天，
　　　　要镇住天上来的纠纷神，
　　　　要镇住蓝天上来的纠纷神。

　　　　寨中不许有纠纷神的踪迹，
　　　　寨民中不许有纠纷的隐患，
　　　　寨头的"嘴麻"① 跟前不给闹纠纷，
　　　　寨中的摩批跟前不给闹纠纷，
　　　　和睦的邻居跟前不给闹纠纷，
　　　　同族门宗跟前不给闹纠纷，
　　　　一家姐妹之间不给闹纠纷，
　　　　亲密朋友之间不给闹纠纷。

①嘴麻：管理村寨行政事务调解纠纷的人，属哈尼族三大能人之一。

用不到田水中觅食的白鸭，
用不到火塘边扒灰的白鸡，
把纠纷的苗头镇住了，
把纠纷的来路堵塞了，
把纠纷神埋入地下了，
……

这种咒语比较长，每种可能产生纠纷的情况都要说道，并将这种可能性进行禳解。最后将祭品埋入地下，表示纠纷神已被镇住了。这类巫术活动，可以针对一个家庭进行，也可以针对一个人进行。

过去，巫术治病在哈尼族地区盛行，特别是某些无名的病痛，认为是某种鬼神作祟的结果，用巫术的方法，念咒语把病神赶走，达到治病的目的。如有的巫师赤脚踩烧红的铁块，然后用他踩过红铁的脚去踩患者的痛处，以此方法来治病。巫师在踩烧红的铁块之前，必须念特定的咒语，大意如下：

管水的石蚌姑娘，
守水的螃蟹姑娘，
一天背九次水来，
泼到摩批的脚上来。
水冷，
冰厚，
吹气，
吸嘴，
大石蚌，
有！

布咕噜①，

咕布噜，

唰！

地下龙王送水媳妇，

龙王的霜被盖上来，

天上天神欧户姑娘，

天神的冰被盖上来。

霜上火不会燃，

火上水霜盖！

疼痛时停止，

灼烫时发凉，

要去踩红铁了。

……

念毕咒语，巫师用其脚后跟去擦烧红的铁块（不能死死地踩在上面），可以看到皮肉被烧得冒白烟。据说巫师只觉得有点灼热感，并不觉得烫。到一定的时候，巫师的脚立即移到患者身上，踩住其疼痛的部位，往往患者觉得巫师的脚烫得难以忍受，大声怪叫。这样做的结果，有时也能使病情好转，可能是一种特殊的热疗在起作用。

日常生活中，发生食物中毒，身上出现无名肿痛，鱼刺、骨头等卡脖子，到山上劳动时喝生水，不小心让蚂蟥钻进鼻子里去，孩子的头上生黄水疮等，有时也用巫术的方法配合治疗。巫术治疗每种疾病，都有一套完整的咒语，而且认为每一种疾病，都是受某种神灵作祟而致，要通过咒语将作祟之神灵驱走。蚂蟥钻进鼻子里时，很难拿出来，往往要进行"阿竹呀"（咒蛆虫）

①这是打水时发出的声音。

的巫术活动。巫师让患者坐在自己跟前，他一手端一碗清水，一手拿着一根燃烧的柴火，先含一口清水喷于患者身上，再用柴火在他身上比划九圈，然后开始念咒语。咒语的大意是：

阴间龙王的虫，
太阳神的红嘴虫，
月亮神的黑嘴虫，
你离开了可活命，
你不离开就丧命。
十分火急了，
万分火急了，
不断的草用锄挖，
不动的石头用棍撬，
不懂年月过日子的虫，
你快离开人体吧。

三百五十种家禽要来啄你，
三千五百种野兽要来吃你，
要把你吃掉了，
要将你咬碎了。

其他成千上万虫不吃，
专吃住在人身上的这个虫，
小虫咬死，
虫蛋咬烂，
赶快离开人体逃命吧。

这人的血肉是苦的，

泥土的血肉是甜的，
快吃泥土的血肉去；
这人的血肉是涩的，
水的血肉是甜的，
快吃水的血肉去；
这人的血肉是苦的，
石头的血肉是甜的，
快吃石头的血肉去；
这人的血肉是酸的，
草木的血肉是甜的，
快吃草木的血肉去。
是树洞里的虫，
快回树洞去，
是草丛中的虫，
快回草丛中去，
是石洞中的虫，
快回石洞去。

人的身上虫迹不让有，
人的身上虫蛋不给留。
太阳神的红嘴虫，
月亮神的黑嘴虫，
白天抓着日光回，
夜里抓着月光去，
跳跃着的火苗要来烧了，
虫子烧死虫蛋烧烂了，
……

此外，哈尼族认为还有一种进攻性的巫术，这种巫术可控制对方，使人发疯、生病甚至把人置于死地。因而，人们对此有一种畏惧心理，把它称为黑巫术。其实这种巫术是愚弄人的把戏，并不会真的奏效。

（三）巫占习俗的特点

哈尼族的巫占习俗，与其宗教信仰活动交织在一起，因而具有广泛的群众性。它具有以下显著的特点：

1. 占卜活动的公开性。哈尼族有句俗语："一人打卦，众人看卦。"如打鸡骨卦时，由巫师念咒插签后，大家可以互相传看，也可以根据自己的经验，作出不同的解释。

2. 巫术活动的隐秘性。纯巫术的活动，一般人很少知道，也不容易理解。巫师对咒语采取保密态度，尤其是所谓进攻性的巫术，不轻易进行，更不对外泄露。

3. 哈尼族的巫占习俗活动，除了有不同类别的咒语外，必须借助各种祭品、祭具和祭祀牺牲，其中包括家中养的禽畜、山间的动物植物等。

4. 部分巫术活动要将祭品和巫术诅咒对象的象征物秘密地深埋于地下，企图以此达到施术的目的。

第十章　伦理道德

第一节　家　庭

哈尼族家庭是一夫一妻制的小家庭，父亲是一家之主，事情无论大小都由男子说了算数。一个家庭的财产继承权一般由男子来继承，如果没有儿子，姑娘可以招赘，入赘的女婿像儿子一样对待岳父母，可以继承女方家的财产，不受舆论的歧视。

如果一个家庭子女众多，不论长子还是幼子，都可以和父母分家，另居一处，自立门户。不过一般家庭，总有一个儿子即使结了婚有了子女也和父母吃住在一起，负责赡养照顾老人，直至老人去世。

哈尼族仍保持大家庭的特点，已婚兄弟多半居住在同一家庭，已婚子女的住房盖在大房左右或前后，称为"仰然"（小房子），在一起吃饭。长兄为家长，负责管理生产、钱物等家事；兄长的妻子则负责全家内务，如饲养猪鸡、煮饭做菜等。在大家庭里，长媳（"克玛阿尤"）或大嫂（"阿楚"）责任重大，起着主妇的作用，安排全家生活。

如果长子成家后即搬出另立新房，离开父母单独成户，祖业大房则由最小的儿子享用，但赡养父母的责任由大家分担，老人去世由大家送葬。哈尼族家庭大多是团结、和睦的。

按照哈尼族的风俗，人生只有三件大事，即出生、婚嫁、死亡，对于这三件事，都要办得热热闹闹。但离婚对于哈尼族来说，是一件很不吉利的事情，因而大多数都不愿诉讼到司法机关或到有关政府部门办理离婚手续。村里的同族人也不愿做调解工作，认为主办了离婚会带来不幸，因此，只好请村里高龄的男性老人（称为寨老）或无儿女的、公众认为胆大的人出面承办。处理离婚的办法很简单，用一截红花树木破为两半，男女各拿一半，即为离婚。或者将红花树木一破为三，男女和证人各执其一。这种离婚办法表明双方永世不得翻悔并永不往来。

随着经济、文化的发展，哈尼族的家庭和婚姻关系亦发生变化，许多家庭进入了现代化，生活不断提高；许多结婚、离婚手续已按《婚姻法》办法办理。

第二节　亲属关系与称谓

哈尼族支系称谓繁多，但现今哈尼族不同的支系称谓反映着各支系之间相互区别而又始终隶属于哈尼族这一"人们共同体"的情况。支系内部全体成员共同崇奉一个明确的父系始祖，大多数支系称谓源于支系始祖名，以铭记始祖创世立业、繁衍人丁的伟业。父子连名制是识别世系延续的形式。父业子承，一代一代繁衍生息。

在一个哈尼族家庭中，爷爷称"阿波"（寨人称年高者亦叫"阿波"），父亲称"阿达"或"阿把"，母亲称"阿玛"，儿子称"然永"，女儿称"然迷"。

哈尼人对老人都有专门的尊称，从不直呼其名。凡是做了爸爸妈妈的人，亲戚朋友都不唤他的名字，一律改称"某某阿达"（某某的父亲）、"某某阿玛"（某某的母亲），以示敬重，并有祝福之意。

哈尼族人民尊敬长辈，对同辈友好，对下辈热爱，讲究文明礼貌的美德和传统一直沿袭至今。

第三节　家庭伦理与道德

哈尼族人民历来保持着一种尊老爱幼、重礼节、守信用、和睦相亲的美好风尚，这种风尚在哈尼族的家庭生活中也充分体现出来。

哈尼族家庭中年高岁长的祖辈、父母、族亲长辈都自然地担负着继承传统、教育后代的重任。老年人以继承传统、启迪后人为己任，言传身教，深入浅出，潜移默化。他们或在皎洁的月光下，或在温暖的火塘边，讲述哈尼优美的故事传说，陶冶孩童的心灵；或在节日庆典场合，在酒宴上吟唱娓娓动听的"哈巴"（传统歌）、"独打"（古规道理），传授生活经验和生产知识。因此，哈尼族从小就懂很多规矩。老年人在社会活动和家庭生活中享有崇高的威望，敬老风尚自成传统，世代相传。

哈尼族家庭平时取名是父名在前，子名在后，以承袭父子连名制并表示父辈受尊重。身边若有年纪稍大的人，后生绝不能跷二郎腿，否则，被认为是无德、失礼的表现。哈尼族老人处处受尊重，平时在家里，儿子、媳妇、孙儿、孙女总要拿最好的食品孝敬老人，吃饭时让老人坐上席，晚辈坐在两旁和下方，还要格外煮出小土锅软饭让老人吃。

哈尼族不论家庭经济如何，子女都有赡养父母的义务，即使是分家自谋生活的子女，也自觉履行赡养父母的义务，否则就要受到社会舆论的谴责。分开生活的每户子女每年要向父母敬奉一定数量的粮食，以报父母养育之恩，不让父母为生活担忧。

哈尼族很重视老人的诞辰，父母长辈生日，同族晚辈和外村亲戚都要抱着鸡（出嫁的女儿抱着鸭），提着用芭蕉叶包着的糯米饭前来祝寿。在一阵阵祝寿歌声中，全家举行隆重的仪式，称"者查"，即接祖根，这是一次欢乐的家庭节日。这一风习被作为宝贵的精神财富代代承袭。

第四节　社会伦理与道德

哈尼族生活在平等、团结、友爱的大家庭里，有自己对于人生、道德、社会伦理等方面的传统教育。

哈尼人向来以热情好客著称，不管你是哪儿来的客人，当你进入哈尼人家里，全家老少就会起身让座，殷情的主人就会双手捧来一碗香甜的焖锅酒，请你喝第一口酒，表示对客人的热情和敬意。当你接过酒碗一饮而尽，主人便喜笑颜开，马上从火塘边提出茶罐，给你倒上一杯浓茶，热情地跟你攀谈，慢慢地，哈尼人赤诚的心和爽朗的性格会深深地铭刻在你心中。

哈尼人在路上碰见行人，即使素不相识，也会互相打招呼，对较老的人称"阿波"（爷爷），对中年人称"达达"（叔叔），对比自己稍大的称"阿果"（哥哥），对小孩子称"然谷"（小兄弟）……总之，见到不同的人有不同的称呼。对老年人、中年人都不直呼其名，大都只用代称。

在哈尼族居住的地方，家具什物、农活工具放在野外田棚里，牛马白天黑夜都可自由自在地在山上吃草，水碓里的米任其在碓窝里舂着，无需派人看管，也无人去偷摸。如果谁在林子里找到一棵好木材，他只要在这棵树上砍个"×"作记号，这棵树也就不会再有第二个人去砍了。

哈尼族民歌中唱道："一寨子人挖平一座山，打好土基来砌墙；一寨子人砍倒一棵树，劈掉树枝做大梁；一寨子人同烧一座窑，烧出砖瓦盖新房。"这是哈尼族盖新房过程中团结友爱、互帮互助的写照。在哈尼族村寨里，哪家要盖新房，只要跟大家商量，事先定好日期，全寨人就主动去帮他家打土基、抬木料、砌墙、上梁，直至盖好房顶，粉刷好墙壁，让他家搬进新居。新房落成的当天，主人邀请参加盖新房的人喝新房酒，歌手们边喝边唱，高唱贺新房的歌，表示祝贺。

在农业生产活动中，哈尼族还保留着具有浓厚原始互助色彩的团结精神。如挖田、春耕栽插大忙、抢节令夺丰收，他们以村社为单位，或互相邀约，劳力相当的男女青年自愿组合，在村社内轮流为各家做农活。男劳力一般互相换工干犁田、耙田、挖地等重活；女劳力一般做栽秧、薅锄等轻活。秋收也是互相帮助割谷、背谷等。劳动中做哪家的活计，哪家就准备晚餐招待，这餐饭无论哪家都做得非常丰盛，让大家辛苦之后吃得愉快。

哈尼族居住的山区，沟深坡陡，雨季受大雨冲刷，一些田间道路容易崩塌或被泥沙阻塞；加上土壤肥沃，雨水多，路旁的茅草荆棘生长快，一到夏天往往掩盖了道路。为了方便秋收背粮运草，所以秋收前，以村寨为单位组织修整田间道路，这是哈尼族历史上留下的好规矩。近几年来，随着党的农村经济政策的贯彻落实和农村社会主义市场经济的发展，骡马不断增多，人们用骡马下田驮运，节省劳力，减小劳动强度，因而修整田间道路，大家的热情更高，家家出工，人人出力，条条道路又宽又平。

路不拾遗，非我之物不取，团结互助，有难相帮的精神，是哈尼族文明高尚的象征，深受世人称赞。

第十一章　天文历法

第一节　天文历法的产生与发展

一、对天文的认识

　　哈尼族对辽阔空间中的天体知之甚少，天文学的知识很有限，尚未形成系统的天文学理论。对于天体的构成和运行现象，仅有一些带着神秘色彩的宗教解释。如天有九层，每层都有不同的神灵主宰着；地上有多少人，天上就有多少星，地上的人死去一个，天上的星就要陨落一颗等。对于天体结构，只知道"奴玛"（太阳）"巴腊"（月亮）"阿沟"（星星）等名称，并给少数几颗星取了哈尼语星名。他们把晚上最先看到的那颗明亮的星星叫"克木"，把清晨看到的那颗最明亮的星星叫"说木"，还有"哈玛然社""索司董甲"等。古代哈尼族计时手段落后，他们常观察上述天体位置的变化，来掌握季节或昼夜时间的变更。一般白天看太阳移动位置的距离，或看自身站立时影子的长短，晚上看月亮和星斗移动的位置，或以公鸡啼鸣次数来断定时间。

二、历法的产生与发展

哈尼族通过以下神话传说解释历法的起源：

1. 神送年月日。哈尼族民间有这样的传说：在很古的时候，哈尼人不会分年月日，他们的日子十分难熬。听说在遥远的"许余"地方有人会分年月日，于是有一个聪明的哈尼人便到"许余"地方去要年月日，这里有千千万万的年、月、日，一个叫"拉约克玛"的神给了年份，一个叫"同锐阿若"的神给了月份，并且还给了轮和日。哈尼人从此得到了干净纯洁的年、月、日和轮。从这以后，哈尼人也能从日算到轮，从轮算到月，从月算到年，也过年过节了。

2. 神树定历法。传说，从前有一个名叫捡收的姑娘，挂着一根拐棍出远门，当她来到一口泉边时，觉得口渴难忍，于是把拐棍插在水边，自己低下头去喝水。她喝够水，准备继续上路的时候，去拔水边的拐棍，但拐棍却已生了根，拖前拉后都拔不起来了。不久，这根拐棍长成了一棵遮天的大树。捡收姑娘顺着这棵树上了天，离开尘世成了神，世间却变成一片黑暗，分不出昼夜，看不出季节，上山劳动都得点火把，地边的果树不会开花结果，地里的庄稼也不会成熟。于是人们请来了许多动物，对这棵神奇的大树进行调查，才知道这是一棵遮天的大树王。人们弄清了它的枝、叶、根等有多少之后，便邀约汉族、彝族、傣族等许多民族，经过千辛万苦，合力砍倒了大树王，世间才又恢复了光明，大地变得一派生机勃勃。此时，上了天的捡收姑娘告诉人们：从此以后，可以根据大树王来定年、月、日和轮。大树有12根树枝，一年便定为12个月；大树有360片叶子，一年便定为 360 天；大树有 30 条根，一月便定为 30 天。后来，人们将大树砍成 12 截，一轮日子就定为 12 天。

3. 民间长诗反映的节令。哈尼族民间流传着许多反映农事节令的叙事长诗。这实际上就是哈尼人心中指导农事活动的历法。如《虎珀拉珀卜》（年月起始）、《伙坡拉坡》（翻年翻日）、《斯奴捡奴》（草木萌发）等，都是内容丰富的节令歌。这些长诗根据周围草木的枯荣、鸟啼蝉鸣的变化详细地反映了一年之间的节令变迁，指明应该安排什么农事活动，提醒人们不要粗心大意误了农时。这对于生产、生活有着重要的指导意义，因而民间称这种节气歌为"哈尼通书"，亦即历书。

第二节　现行历法及特点

一、现行的历法

哈尼族的现行历法，与其他历法有较大区别。一年分 3 季，每季为 4 个月，全年共 12 个月，每月为恒定的 30 天，全年为 360 天。余下 5 天作为过年时间。年、月、日以十二生肖命名，其推算方法完全与农历一致。全年三季的名称为："从塔"即冷季，约为农历的十月至次年二月；"窝夺"即暖季，约为农历三月至六月；"热翁"为湿热多雨季节，约为农历七月至十月。季节之间的交替，没有准确的时间界限，往往要观察树木的发芽开花、蝉的鸣叫、候鸟的来去等现象来判定季节的变化。

二、农历十月为年末岁首

哈尼族把新年安排在农历十月间，其名称不尽一致，有的称"扎特特"，有的称"扎勒特"，有的称"年收扎"，也有称"嘎通通"等，虽然叫法不同，但其含义都是过年的意思。由于在农历十月间过年，因而又有"十月年"之称。农历十月是哈尼族新年和旧年交替的月份。哈尼族称这个月为旧年月，实际上也是新年的头一个月。按照哈尼族的传统习俗，新年和旧年交替的时间是每年农历十月间的第一轮属兔和属龙两日进行。兔日为旧年最后一天，相当于汉族的大年三十；龙日为新年的第一天，相当于汉族的正月初一。可见哈尼族的历法，既不与农历一致，也跟阳历有别。新年不是固定安排在某月某日，与历法脱节。他们只认定农历十月份的头一轮属龙日为新年的第一天。所以，一般情况下，哈尼族过新年的时间，在农历十月十二日以内的日子里，具体看当年农历的情况而定。按哈尼族的传统习俗，无论在这个月的哪一天过年，过年的当月即为新年的第一个月。如今年为鸡年，按传统习俗农历十月初五（属兔日）、初六（属龙日）应为哈尼族的新年。属兔这天为年三十，属龙这天应为正月初一。哈尼族虽把属龙这天视为新年的第一天，但并不把这天当做这个月的初一。日子的推算仍与农历一致，应为初六。哈尼族过完"扎特特"就算翻年了，因而每年农历的最后三个月就成了哈尼历法的头三个月。年年如此，周而复始。

三、月序的安排

哈尼族历法月序的安排，是把农历十月作头一个月，依次往下排列。各月都有固定名称，但不同的地区对各月份的称呼有较大差异。如有的地方称农历十月为"户余巴腊"即新旧年交替的月份。后边依次为"年收巴腊"即新年的月份；"司余巴腊"即种子、虫子处于休眠静止状态的月份；"者腊巴腊"即籽种萌动生长的月份；"白若巴腊"即冬眠的虫子蠕动，从冬眠中苏醒的月份；"察奥巴腊"即籽种拱土的月份；"咪梯巴腊"即栽种的月份；"福生巴腊"即栽种结束，开始休闲玩耍的月份；"库麻巴腊"即过"苦扎扎"节的月份；"农生巴腊"即薅锄结束休闲的月份；"署纳巴腊"即田地里苗棵茂盛深黑的月份；"署普巴腊"即田地里庄稼成熟而明亮的月份。另外有的地方对月份的称呼采取简单的办法。如对农历十月称为"户余巴腊"、十一月称为"户收巴腊"即新年新月，之后就称三月、四月……直到九月份一年结束，农历十月份又是第二年的开始。也有的按每个月的物候或农活来定月份的名称。如农历十一月份，哈尼山上的苦樱桃开始开花，把这个月称为"爱腊"；农历二月份，许多地区哈尼族要染红蛋、黄饭进行祭祀活动，称这个月为"活收巴腊"等。哈尼族历法的月序安排，以及各月的名称和含意列表与农历对比如下：

农历	哈 尼 历			注
	月序	名　称	名　称	
十月	一月	户余巴腊	户收巴腊	
十一月	二月	年收巴腊	爱腊	
十二月	三月	司余巴腊	着腊	
正月	四月	者腊巴腊	迁腊	
二月	五月	白若巴腊	昂腊	
三月	六月	察奥巴腊	库腊	农历十月间，第一轮属兔属龙日为新年旧岁交替时间。
四月	七月	咪梯巴腊	石腊	
五月	八月	福生巴腊	习腊	
六月	九月	库麻巴腊	威腊	
七月	十月	农生巴腊	泽腊	
八月	十一月	署纳巴腊	署纳	
九月	十二月	署普巴腊	署普	

四、关于节气和节令

　　哈尼族历法注重每个月的节令变化。根据什么树开花了，哪种蝉叫了，来确定该做什么农活，没有形成严密科学的节气概念，一般也不去引用农历的二十四节气。因而实际生活中，哈尼族对每个季节的更替没有确切的时间界限。

　　哈尼族大都居住在海拔 800 ~ 1 800 米的山区或半山区，各地的节令差异较大，都需要根据自己所处的地理环境和气候来安排农活，因而不同地区的农事活动时间不完全一致。所以各地很多传统节日时间也就难以统一了。

第三节 属相纪年、纪月、纪日

哈尼族的历法观念中，没有明确的天干地支概念，因而也不使用干支纪年法。现有的十二生肖观念，也不是严格意义上的地支，而是代表十二地支的12种属相，即：虎、兔、龙、蛇、马、羊、猴、鸡、狗、猪、鼠、牛。千百年来，哈尼族就是用这些属相来纪年、纪月和纪日的。

哈尼族的属相纪年，与我国现行农历上的地支纪年是一致的。但是，由于哈尼族没有天干地支的观念，无法使用干支纪年法，也无从推算六十甲子。使用属相纪年法，每十二年一个轮回，往往造成纪年的混乱现象。

哈尼族的属相纪年法，每年到农历十月即算翻年。因而，每年农历的后三个月，就是哈尼历第二年的头三个月。如猴年的十月、十一月、十二月，对哈尼族来说已成为鸡年的一月、二月、三月了。在这三个月内生的孩子，哈尼族即认为是属鸡年生的了。

哈尼族也有属相纪月的习惯，这与我国古代地支纪月是一致的。如正月为虎月，二月为兔月，后边依次类推。又把各月份分为公月和母月，即正月为公月，二月为母月，也就是单月为公，双月为母。日月分公母，纯属宗教的需要，与哈尼历法本身计时日无关。

现行的公历在哈尼族民间几乎无人使用，平时均用十二属相纪日。哪天要办什么事情，都以属相日来表示，如某个人要在属

牛的那天晚上结婚等。十二属相的周期较短，为了表示更长些的
日子和更确切的时间概念，哈尼族有采用"轮"的习惯。十二
属相的一个周期为一轮。有了轮的时间概念之后，使用属相日子
的范围扩大了许多。如预定办某件事情，说明时间是在下两轮的
属马日，那么只要记住约定当日属相，就能很快推算出中间还有
多少日子。

　　哈尼族历法是顺应古代哈尼族生产、生活需要而产生的，是
在一定的政治经济制度下，由多方面因素促使而形成的。虽然这
个历法很不完备，但在某些方面显示了自己的特点。目前，随着
哈尼族社会经济的不断发展，更加需要准确的时日计算系统，越
来越多的哈尼人已用农历了。

第十二章 文学艺术

第一节 民间文学

　　哈尼族的民间文学源远流长，丰富多彩，生动而深刻地表达着各个时代哈尼族人民的理想和追求，描画着他们的心路历程。哈尼族文学只以口耳相传的形式，通过歌唱、讲述流传至今。历史上，可以说所有的哈尼人都是作家、诗人和艺术家，他们都会唱式样繁多的诗歌，都会讲优美动听的故事，但其中，以祭司贝玛的知识最为广博，广大的贝玛群是哈尼族文学的主要承传人和创造者。

　　民间文学形式分两种，一是歌唱体，又分别以"哈巴"（古歌，又称酒歌）和"阿茨"（山歌、情歌）的调式，歌唱着五彩缤纷的内容；二是讲述体，以散文的形式自由地讲述着各类神话、传说、故事。由以上两大类型的文学所构成的民间文学，是哈尼族文学的主脉，作家文学的兴起只是本世纪五六十年代以后的事。广大哈尼族人民世世代代是在民间文学的熏陶中成长的，民间文学中的生产歌指导着他们一年四季的生产，生活礼仪歌规范着他们的行为和礼仪，节日歌指导着他们的节日庆典活动，宗教祭祀歌导引着他们的四时祭祀，情歌引领着他们的爱情生活，如此等等，哈尼族的民间文学是哈尼人民生活不可稍离的经典，是他们的百科全书，也是他们用心灵酿制的蜜。

一、哈尼族文学的产生和发展

哈尼族没有传统的文字，无法通过古籍稽考文学起源。对这一问题的探索，只能通过与文学有关的许多艺术品类的形成及对整个意识形态远古阶段状况的研究来追溯。

有一则神话是关于哈尼族最早的上层建筑的代表三种能人——头人、贝玛、工匠的产生、逃亡及请回的有趣描述，对我们认识文学艺术的起源提供了契机。其说在远古之世，天神俄玛的三块大田里长出了三种神奇的庄稼，结出三种神奇的种子，吃过三种种子的人，变成了三种职能不同的能人（一说是由三个神蛋变成），这就是主掌村寨行政大权的头人，执掌宗教仪典驱魔祛病大权的贝玛和执掌打制生产工具技艺的工匠。三种能人来到哈尼村寨，各领其职，使哈尼族社会大大进步了。但是村寨中一些贪婪的无赖看见三种能人干活少而报酬多，认为他们没有什么了不起，纷纷起而效尤，懂理不懂理的，也在那里摆起公案判案，会念不会念的，也在那里摆起香案驱鬼，会打不会打的，也在那里支起铁炉打铁，结果村寨一片混乱，坏人扰乱社会秩序得不到惩罚，大鬼小鬼进寨作祟得不到祛除，田里杂草长得像大树没有锋利的砍刀砍倒。人们发现大事不妙，于是深刻认识到"没有头人，寨子不稳，没有贝玛，人病倒没有人帮拉起（治病），没有工匠，田地不会耕"，他们经过千辛万苦，又把"三种能人"请回村寨，使其执掌大权。

这两则神话的文化内涵，是关于人类历史上第一次脑力劳动和体力劳动分工的形象表述，也即是汉文典籍上大书特书的"乃命重黎，绝地天通"的命题，它们具体地描绘了远古之世"人人为巫"即没有专职上层建筑职能人员（头人、贝玛、工匠），人人可与神灵打交道（自由上下天庭）的时代，到有了上层建筑的专职职能机构和人员、人神交通断绝时代的过程，也就是专职"巫史"形成的过程。

从神话记忆可以见出，哈尼族对自己先民经历过的这个历史时期印象是深刻的。哈尼族历史上有过一个巫风大盛的古代，在那样的时期，巫术的思想、情感、意识和表现这些的仪轨，便是彼时为主导的上层建筑意识形态，而最早的文学艺术都是在此基础上发展起来的。

哈尼族还有一些十分原始古朴的舞蹈，如建水坡头的"铓鼓舞"，显然并非为审美而作，而是以模仿狩猎农耕动作，以获得猎物与农作物丰收，喧天的铓鼓是为了上达天庭以保佑风调雨顺和出猎有获。这就是舞蹈艺术作为古巫仪轨的表现。

在这里，我们听到了与诗歌有关的节奏的产生，即铓鼓"咚——嗡！咚——嗡"的声调重复形成的节奏韵律。

另外，我们从哈尼族歌调的特点中也可以发现诗歌的起源。哈尼族"哈巴"的衬词多是"萨咿"为起始，其类有——

①萨！

②萨咿！

③萨啊咿！

④萨啦啊咿！

⑤萨啊咿哎！

⑥呃瑟嘞呀啊咿！

⑦索呃索拉咿索！

⑧索呃索拉咿西里里索！

⑨萨拉比德额呀啊咿！拍拉比德额施德！

⑩萨拉格索于塞比多！也多格索于婆比扎！

⑪萨拉比德萨多布居克施窝呃！拍拉比德萨咪布居囹诺格呃！

这些衬词都是溢美夸赞的虚词，意思是"合啦""对呀"

"是这样的""太好啦""太美啦"之类。

在所列 11 项衬词中，有 8 项以"萨"起头（①②③④⑤⑨⑩⑪），其中又有 5 项以"萨咿"起头（或"萨……咿……"，②③④⑤⑨），有 2 项为"萨"的变音"索"起头（⑦⑧）。在哈尼语中，"萨"是"肉"的意思，"咿"是"下去"的意思，从这层语音的意义，我们可以知道，"萨咿"实质是对狩猎时捕获到猎物的兴奋呼喊。"萨咿"（深山围猎一般将野兽围进深菁使其难以逃窜故有"下去"之意）的原意，就是"围到猎物（肉）了"的呼喊，今日狩猎前祭猎神的哈巴中，依然以"萨咿"作为起始的呼唤。这个情况恰是远古巫术在狩猎时的运用。行猎前呼唤"围到猎物了"，在先民思想中似乎就可以变成现实中的事。这就是巫术以语言力量控制自然的方式，经过经年累月的变迁，最后凝聚为虚词，用作歌吟庄严事物的歌调哈巴的专用衬词。而后面的一系列复杂缀词，如"萨拉比德额呀啊咿！拍拉比德额施德"等，表达的只是一种意绪，是真正的虚词，中心还是"萨咿"，这是狩猎时代先民们对"美好"（猎到野兽为美好之事）观念的遗传变异。

哈尼族主要歌调哈巴一般以"萨咿"作引句专用衬词和段落、歌尾的听众应合虚词（即民间所称"萨咿是哈巴"），这两个简单的重复，构成了饱和着丰富意绪的韵律和格律，成为哈巴歌调，亦即哈尼族古歌的艺术结构特点。当然，我们不能认为"萨咿"本身就是哈尼族的诗歌，诗歌除韵律、格律外，主要还须有意境，但是它已具备诗歌的一些基本要素，如情感、韵律、格律等等，可以说，它已是古代文学最早的形式诗歌的萌芽。

从此我们可以看出，哈尼族的诗歌最初是起源于古巫的歌舞和咒词。

在此基础上，哈尼族先民早在狩猎、采集和原始农耕时代就产生了自己的文学，它们就是为了打到猎物唱的"献猎神歌"、为了采到果实唱的"献树神歌"和为了作物丰收唱的"祭谷神歌"之类的原始巫祝歌咒，这些歌咒跨越了几千年历史，一直流传到今日。

这是哈尼族文学的发轫阶段。此后随着先民们思维的进一步发达，人们开始探究自己生存的自然环境，因为这是他们衣食之源，也是他们生活的空间，于是一大批创世神话和古歌就产生了。在这些文学里，他们追问天地的形成，日月的出没，万物山川的由来，甚至人类自身的由来。这些由无数短歌咏唱的神话，随着先民们社会组织的渐渐严密，活动的范围渐渐扩大，到后期凝结成一部部系统吟唱的、长达数万行的壮丽神话古歌，其中最有代表性的是长达 28 000 行的《窝果策尼果》、《奴局策尼局》（又译作"十二奴局"）等。

伴随着民族大迁徙活动，哈尼族又在此基础上创造了记忆、描述迁徙历程的迁徙歌和迁徙传说，在其中歌颂自己祖先的丰功伟绩和英雄壮举，这些短歌又结晶为整体、系列描述民族迁徙史的长篇迁徙史诗，其中最著名的是《哈尼阿培聪坡坡》、《雅尼雅嘎赞嘎》、《普嘎纳嘎》、《哈尼先祖过江来》等等。此后由于社会逐渐安定，哈尼族在滇南哀牢、无量大山中过着开辟梯田、男耕女织的生活，便产生了表现这一时代生活的《虎珀拉珀卜》、《不愿出嫁的姑娘》等现实色彩浓烈的作品，以及一系列与各种节日庆典相配合的风俗礼仪歌，大量的、生动形象地反映生活的故事、传说、歌谣。五六十年代开始出现以汉文写作的诗歌、小说作品，哈尼族开始有了自己的文人创作，八九十年代则产生了一批有一定质量和影响的小说、诗歌、散文，一批极具潜力的中青年作家作者如雨后春笋，不择地而出。同时一支以本民族学者为主体，兼有各兄弟民族学者参加的文学、文化学研究队伍业已形成，其成果在海内外有所传播。这些，标志着哈尼族文学逐渐走向成熟。

二、古典文学中的代表作品

（一）创世古歌《窝果策尼果》

这是一部广泛流传于哀牢山南段地区哈尼族群众中的古典长歌，是哈尼族文学史上的第一座高峰。"窝果策尼果"（以下简称《窝果》）意为"古歌十二调"，有"公开演唱的，不怕害羞的"亦即"庄严典雅的"意义，全歌之名实含经典权威的内蕴。现在介绍的是元阳县著名歌手朱小和演唱，卢朝贵翻译，史军超、杨叔孔采录，史军超整理注释，云南民族出版社 1992 年出版的《哈尼族古歌·窝果策尼果》，此歌曾获 1995 年云南省人民政府文学艺术奖励基金会一等奖。

《窝果》内容着重阐述哈尼族各种风俗礼仪、典章制度的源起，即古典文化的发生学内涵。共分两大类上下篇。

上篇总名《烟本霍本》（神的古今），共 12 章。叙述太古之初，巨鱼生出 7 位大神，分掌天地日月海洋和人类，最高天神俄玛生出万神，万神创造了天地万物。然而万物虽存在而缺乏生机，于是神们杀神牛以补其不足：神牛头化为天，肉化为地，皮化为地表，左眼化为月亮，右眼化为太阳，上门牙化为北斗星和启明星，下门牙化为火石，牛血化为沼泽，舌化为闪电，岔肠化为银河等等。在此天地万物间，人类、牲畜、庄稼有了神奇的发轫。人类从雷击起火进而掌握用火，从动物飞禽学习采集果实，学会围猎野兽。然后叙述祖先们如何发明水稻，开田种谷，安寨定居。接着叙述天地之神纷争，天神以 7 个太阳 7 个月亮曝晒大地，大地几乎被熔化，地神发动洪水与之抗衡，洪水淹没天庭，人类几乎灭绝，劫余的一对兄妹只好成亲繁衍人类，生育出 72 种人，他们是今日各族的远祖。人类共祖塔婆为避免后代再遭洪水烈日之难，仿远古天神杀牛补天地故事，编篾牛杀之祭神，从此天下安定人烟繁盛。此时一位妇女手植一杖于龙潭边，瞬间长成一棵遮天蔽日的巨树，世界陷入黑暗。天下各族共同砍伐巨树，树倒而重见天日，人类能够正常耕作，并请天神种植年轮树，从此学得历法，指导农耕生产。

下篇总名《窝本霍本》（人间的古今），也是12章。叙述头人、贝玛、工匠作为三种有特殊本领的人进入哈尼族社会，深受人们欢迎并报酬丰厚。村寨中一些贪婪小人以为三种能人少劳而多获，起而效尤，摆公案审事，设祭坛驱鬼，支铁炉打铁，结果争论纷起，鬼怪作祟，工具不治，社会混乱，疾病丛生，生产衰败。人们由此认识到哈尼族离不开3种能人，于是千里迢迢，追回逃到远方的三种能人，尊重权威，敬奉神灵，优待技术人员工匠，村社方始安定发展。于是兴作了最盛大的宗教仪典"昂玛突"以祭祀村寨守护神昂玛，并健全了一年十二个月中的各种风俗礼仪，婚丧嫁娶的规矩也由此固定，说唱歌舞的艺术也从此起兴。人们学会了金银铜铁锡等金属的冶锻，学会棉花、烟草的种植，有了街子以作贸易聚会。最重要的稻作农耕也形成严密的制度，由《翻年歌》作为指导生产的经典，社会生活于是蒸蒸日上。全歌最后一章《哑罗多罗》（多吃多喝）叙述一个生动有趣的追回金谷娘的故事作结，表达了作为农耕之民的哈尼人的美好祝愿，希望各位同胞丰衣足食，平安快乐。

这部古歌规模宏大，结构严谨，连续演唱下来费时7天8夜，在整理出版时删除了大量重复的内容和歌节，仍有28 000行之多。在这样一个庞大的篇幅内，展现了哈尼族先民对自然景观、人类自身和历史演化的朴素认识。哈尼族古代社会的生产劳动、宗教祭典、人文规范、伦理道德、婚嫁丧葬、吃穿用住、文学文艺等等，都以瑰伟绮丽的面貌出现。因而这首古歌可称哈尼族艺术化的百科全书，历代哈尼族人民也是依循它来教化风俗、规范人生的。

《窝果》气势雄阔，风格遒劲，具有融汇古今，包举天地的壮丽之美。语言古拙而蕴藉，意境奇伟而繁丽，想象超迈而自然。读着它时时使人为哈尼族伟大雄浑的襟抱，高远卓越的人生追求，改天地换日月的伟力所感动；时时使人感受到哈尼人对生活与生命的热爱、对创造与劳动的欢欣。

歌手的演唱具有极大的权威性。不演唱《窝果》中的内容，相应的仪典就无法进行，该项活动就须中止。如不演唱《然密克玛色》，婚礼就不能举行，不演唱《诗窝纳窝本》丧礼就不能进行。这些歌的演唱不但阐释了所进行活动的来源和发展，而且使该项活动在神灵和祖先那里挂号报到，取得这些神圣的认可而具有合法性，这正是《窝果》具有的不可替代的社会功能。所以《窝果》是与哈尼族社会共同存在、共同生长的花朵，它吸吮着民族生活的乳汁而开放，又十分具体地影响着民族的生活。

（二）长篇迁徙史诗《哈尼阿培聪坡坡》

此诗（下简称《聪坡坡》）是流传在红河南岸哀牢山地区的一部长篇迁徙史诗，1986 年云南民族出版社以哈尼文汉文对照本出版，演唱者朱小和，搜集翻译者史军超、卢朝贵、杨叔孔、段贶乐。

《聪坡坡》凡 5 500 行，系统地描述了哈尼族从诞生、发展到迁徙各地直至今日所居之地的路线、历程及各迁居地的生产、生活、社会状况以及与其他民族的关系，包括各次重大征战等等历史状况。这是迄今所知的叙史最周详、描摹最工细、情感最饱满、气势最宏大、篇幅亦最长的迁徙史诗，堪称哈尼族文学史上的顶巅之作。《聪坡坡》一经发表，即在民族文学界尤其是史诗学界引起关注。

史诗从哈尼祖先的诞生开始叙述——远古之世，遥远的北方有个叫"虎尼虎那"的高山，它是天神杀翻神牛造天地时用粗大的牛骨造成的，这里红黑两色的巨石堆积成山。山梁两边流淌着两条大河，一条叫"厄地西耶"，意为"金水流淌"，一条叫

"艾地戈耶"，意思是"银水流淌"。"虎尼虎那"高山森林密布，动物蕃茂，大自然生机勃勃。77 万年之后，虎尼虎那大水里种出了人种，他们是水里的一些浮游生物，随波漂荡。后来的人种上了山冈，在老林里"发芽"，走起路来歪歪倒倒。最早的人种是布觉和勒父子俩，布觉像田螺，身背硬壳，腊勒像蜗牛，嘴里吐出稠浆。第二对人种是母女俩，她们走路如拥挤的蜜蜂在蜂房里忙碌。第三对人种是阿虎和腊尼，行走如蚂蚁排成行。3 对人种的行走各不相同，一对用手走，一对用屁股蠕动，一对如今人站直腰杆。这是一些神奇的人类。

到了第 23 代祖先塔婆开始把"世人"生养，她从头到脚各个部分都生出了人，哈尼是她最钟爱的，出生在肚脐眼里。这象征着哈尼生活在半山区的凹塘里。后来他们向猴子学会采摘果子，向螳螂学会制作树叶衣，向鹦鹉学会说话，并学会了用火、打猎、捕鱼。但是"虎尼虎那"高山食物渐渐稀少，为了生存他们向食物来源更为丰富的"什虽湖"迁移。

这是第一章的叙述，可以看出，《聪坡坡》仍然受创世古歌和宗教祭词的影响颇深，哈尼祖先的诞生本身就是一个神话，甚至他们的诞生地"虎尼虎那"高山也是一片神奇。

第二章讲哈尼祖先来到"什虽湖"边后，狩猎经济发展到很高的层次，"尖尖的山脊上，哈尼的围猎声如雷响，成群的豺狼野狗，跌进了深深的陷阱，成队的野猪麋鹿，被利箭射穿了胸膛"。他们把捕捉到的野兽豢养起来，形成原始的畜牧业。这一事业的发明人是一位叫遮姒的姑娘，由于她的丰功伟绩，"遮姒姑娘人人敬重，件件大事和她商量"。另外一位姑娘遮努则发明了更为不凡的事业，"她摘来饱满的草籽，种进最肥最黑的土壤"，"草籽发出了粗壮的芽，草籽长出了高高的秆。当树叶落地的时候，黄生生的草籽结满草秆，先祖们吃着喷香的草籽，取名叫玉麦、谷子和高粱。"这即是原始农业的肇始。由于这两位女性的创造，使哈尼先祖的物质生活资料大幅度增长，她们成了财富的象征，哈尼语里"遮"就是"财富"之意。

然而，祖先们用火不慎，烈火焚烧了山林，生态受到破坏，水土流失，什虽湖"大湖露出了湖底"，农作物无法生长，"栽下的姜秆变黑，蒜苗像枯枝一样，谷秆比龙子雀的脚杆还细，出头的嫩芽又缩进土壤"。食物来源断绝之后，哈尼先祖离开了"什虽湖"，来到南方的群山之中一个叫"嘎鲁嘎则"的地方。

"嘎鲁嘎则"是"阿撮"人的地盘。"阿撮"，哈尼语意是"傣族"，史诗里的"阿撮"就是傣族的先民百越民族。他们与哈尼和睦相处，"好客的阿撮拿出竹鸡竹笋，远来的哈尼拿出玉麦酒浆，两处人像火塘一样热情"。哈尼于是在这里居住下来，与"阿撮"人进行了很多交流。他们在这里住了两代以后，阿撮头人因自己的女儿死亡，"咒骂哈尼人带来不祥，发誓要把哈尼撵走，像把麂子撵下山冈"。哈尼的"七十七个老人出来说话：'和和气气地来和和气气地走，不要把眯细的眼睛变成睁大的眼睛！喜喜欢欢地来喜喜欢欢地去，不要用抬酒碗的手去抬弓箭棍棒！"于是他们迁出"嘎鲁嘎则"向南而行。而走时，"哈尼没有把阿撮的好意遗忘；挖一蓬竹背上呵，让哈尼不管走多远，都有嘎鲁嘎则的竹林遮太阳"。所以哈尼族每到一地都要栽竹，竹子成为哈尼族居域的标志，哈尼族贝玛在念诵殡葬祭词时必敲一个特制的竹筒，以表示对"嘎鲁嘎则"的怀念，而如果不敲响竹筒，贝玛的全部诵念将不能通达鬼神之听。

第三章专叙哈尼族来到南方的一个山洼平地"惹罗普楚"。史诗对这个地方充满激情的回忆，唱道："老牛忘不记它的脚迹，白鹇忘不记找食的草场，麂子忘不记出生的岩洞，哈尼忘不了惹罗——那头一回安寨定居的地方！那头一回开发大田的地方！"因为正是在这里，哈尼族祖先正式完成了农耕稻作文化的创立，成为规范意义上的南方的半山稻作民族，因而这歌句也成为广泛流传民间的格言。

"惹罗"的哈尼语意为"大雨倾盆",哈尼祖先把这里命名为"惹罗普楚",是因为这里雨量充沛,土地肥沃,适宜半山水稻耕作。哈尼祖先第一次建成了自己的"普楚",而且形成了下遗千年的建寨制度:选寨基要立三颗贝壳,以卜神意吉凶,三颗之数,"一颗是子孙繁衍的预兆,一颗代表禾苗苗壮,一颗象征六畜兴旺"。海贝这百越民族的用物成了哈尼族的神物。然后杀狗祭神,以划定村寨的范围,等等。哈尼祖先也在此完成了至今尚在施行的农耕制度:因地制宜,在半山开挖梯田,并形成了梯田耕作为核心的耕作制度和以梯田为本的精神皈依。"大田是哈尼的独儿子,大田是哈尼的独姑娘",这大田(梯田)给了哈尼吃和穿,它承载着哈尼族人的全部希望和理想。

在"惹罗普楚",哈尼族的社会制度也形成了:"寨里出了头人、贝玛、工匠,能人们把大事小事分掌。"这就是政权、宗教权、工艺科技权三权合一的哈尼族社会形态,也是近现代仍在实行的社会制度。

然而若干年后,瘟疫降临到"惹罗普楚",人们只好忍痛离开了这民族发祥之地,南迁到"诺马阿美"。

第四章叙述哈尼先祖在"诺马阿美"的情况。

"诺马阿美"意为"诺马河环绕着的美好地方",这是一片冲积平原,沃土平旷,水源丰足,适宜稻作生产。

史诗把"诺马阿美"视为神奇之地。离开"惹罗普楚"以后,祖先们为寻找好地历尽艰辛。有一天空中飞来一只大雁,"它的声音像雷鸣,扇起翅膀像闪电",哈尼跟着它去,大雁忽然"嗖"的一声扎向地面,变成一块肥美的平原——两条湍急的河水环绕着平展的坝子,两河好像大雁的双翅,平原宛如大雁的身子。先祖们把这里叫做"诺马阿美",意为"黑色大水中的平原"。

先祖们决定渡过湍急的"诺马"河到平原上去。这时恰逢河水最大的七月,过河时,负责保管"字书"的贝玛一不小心,"字书"被巨浪吞没,从此哈尼族遗失了自己的文字,所有的经典全靠贝玛的心记口传。

哈尼族在"诺马阿美"按照"惹罗普楚"的模式安建村寨,开发大田。在这里,他们选出"四个能干的头人,轮流把诺马掌管,最大的头人叫乌木,哈尼都听从他的指点"。乌木带领哈尼在两条河"矣玛"和"吾玛"边种下竹林,划下哈尼的地盘,又立起四个巨大的石墩,用来代表四个大寨,形成了祭寨神的规矩。他们把水稻耕作发展到相当高的层次,"头年过去,一棵包谷收三包,二年过去,一蓬芋头挖五背,三年过去,一穗红米收九碗。开出大田,公鸡伸长脖颈啼鸣了,母猪也拖着肚子哼哼,黄牛水牛也爱挑架,哈尼夜里也不爱翻身"。在这里"哈尼阿妈第一次把小娃在诺马生下,哈尼阿爸第一次把衣胞埋在诺马山边,哈尼在诺马兴旺发达,好像雨后的竹笋冒尖"。在这里,"头人、贝玛、工匠"的制度进一步完善,头人里形成"乌木"——"大头人"——"小头人"的阶层。

这时候商业贸易也开展起来,"诺马阿美"以物产丰富美名四扬。东方来了"腊伯"民族的大队马帮,"用五彩丝线交换哈尼的红米,又用亮亮的金银来换哈尼的白棉",南方也来了"摆夷"民族的牛帮,"叮咚的牛铃整天不断","哈尼的客气和财富,被各路马帮越驮越远"。

这时来了一个"腊伯"的小伙子,利用哈尼乌木的好心,来乞讨哈尼的牛马,他狡猾地牵走小牛小马,结果母牛母马思念小儿,也跟着去了。他又用甜美的语言哄得乌木把女儿嫁给他,通过妻子,他分走了大片良田,并把象征统治的"权帽"和"绶带"也偷偷拿去,他成了"诺马阿美"的大富人。

老乌木去世后,他欺负小乌木年轻,没有经验,竟然以"权帽"和"绶带"要挟:"我的兄弟你要听好,诺马不是哈尼的地方,阿哥的在处不够,快领着你的族人到下方!"小乌木自然不肯,他就提出和哈尼比赛,"请天神说话帮忙"以裁决"诺马阿美"究竟归谁所有,小乌木缺乏经验,便答应了。他们先在诺马河上燃放烟火,看谁的烟火漂得远,小乌木把燃烧的大树放进河里,很快被水淹熄,腊伯把干牛屎燃着,结果漂得最远,他赢了。接着又比谁的箭射得上岩石,小乌木的箭被岩石挡落,腊伯把箭头涂上蜂蜡,箭粘在岩石上,他又赢了。这样两族间的矛盾日深。后来又在山上划分地界,腊伯以石为界,哈尼结草为界。秋高草黄的时节,腊伯放火烧草,哈尼丢失了地界,土地被大片侵占。这样两族终于爆发了战争。腊伯武器先进,哈尼难以抵敌,"哈尼的竹刀啊,挑不破腊伯的肚皮,哈尼的竹箭啊,穿不透腊伯的胸膛","水急的诺马河,漂起数不清的死人死马,宽大的诺马坝,哈尼睡平倒光"。为了保存民族实力,哈尼只好离开了大好家园"诺马阿美"向南迁徙。

第五章叙述他们来到"色厄作娘"的情况。"色厄"是"色"这个地方的"大水"(湖、海),"作娘"是"大坝子"。大理洱海地区古称"斯榆","色"与"斯"哈尼语音义相同,且民间亦称大理为"色隅",即是洱海之滨的大坝子。哈尼在这里与当地的"哈厄"人相处融洽,但是他们刚刚把家园建好,生产发展,哈厄头人来说:"不是哈厄变心变肝,做客也有散席的时候,哈尼歇饱了力气,应当去找自己的家乡,得威水里再没有你们的鱼虾,佐甸山脚你们再不得栽秧!"为了避免战争,哈尼只好退出"色厄作娘"。

第六章叙述哈尼祖先在"谷哈密查"的生活情况。除《好地诺马阿美》一章外,这是史诗最重要的一章,因为这是民族命运的转折点,在这里爆发了哈尼族历史上规模最大的战争,哈尼族的损失最为惨重。此章共 1 700 余行,几占全诗的三分之一,是全诗的高潮所在，也是最富艺术感染力的篇章。

"谷哈密查"意为"埋藏兵器的地方"，哈尼族为了表示与当地民族"蒲尼"友好，把兵器埋置于地下。"谷哈密查"即今昆明地区。此处是云南高原最大的坝子，水土丰肥，是稻作农耕的理想之地。哈尼族在这里"开出块块大田，一年的红米够吃三年，山边栽起大片棉地，一年的白棉够穿三年"。"先辈的规矩一样不少，哈尼又把新事增添；谷哈有大大的红石，蒲尼背来炼铁，哈尼学会烧石化水，也学会造犁铸剑"，"谷哈成了哈尼的家乡，哈尼在这里增到七万"，"哈尼寨子天天长大，谷哈坝子占去一半"。但是因哈尼是后来的，"哈尼手杆再粗，也是罗扎（蒲尼头人）的帮手，哈尼脚杆再硬，也是罗扎的跑腿"。罗扎为了让哈尼永远做蒲尼的奴隶，采取怀柔政策，把女儿马姒扎密嫁给哈尼头人纳索。

纳索是著名头人扎纳的儿子，他英武出众，"宽宽的肩膀比岩石还硬，千斤力气藏在粗粗的腰杆，圆圆的眼睛有数不完的主意，直直的鼻子表示他的忠心赤胆"。他的妻子就是哈尼族历史上的大英雄戚姒扎密，她是哈尼族第二大寨头人之女，文才武略过人，忠心协助丈夫管理民族大事，在人民心目中享有崇高的威望。

蒲尼头人罗扎对哈尼的美好家园早有觊觎之心，趁哈尼二月祭寨神缺乏提防，率兵马把纳索包围起来，勒令哈尼向蒲尼进贡猪鸡牛羊粮盐布匹，而且要在哈尼的神山兴建蒲尼的神庙。正当他逞威之际，戚姒扎密率领哈尼前来解围，她早已识破罗扎的野心，暗中已有防范。她劝告纳索："小鸡和老鹰不能共一林，黄牛和豹子不能共一圈，快快带着哈尼走吧，趁着罗扎还没有动手，快快带领哈尼搬吧，趁着哈尼没有死人，不要贪图好在的谷哈，到别处兴建哈尼的家园！"但是纳索在马姒扎密的甜言蜜语之下，听不进这些忠言。果然，罗扎向哈尼宣战，哈尼只好挖出埋藏已久的刀枪，和蒲尼开战。

战争的场面十分惊人："七沟七箐的哈尼来了，九山九岭的哈尼来了，像淌山的十股大水，汇合到谷哈平原。""打了，一娘生的兄弟姐妹！打了，亲亲的哈尼后人！树多多的山上也打了，树少少的山下也打了，草旺旺的坝头也打了，草稀稀的坝脚也打了，浑浊的河尾也打了，清清的河头也打了，不打的一处也没有了！不打的一日也没有了！"

战争之初是争夺"叙纳罗"坝子，这是谷哈平原"最平最宽""最肥最软"的沃土。虽然哈尼拼命搏斗，但终因人少武器落后，只好退回大寨。

晚上，纳索召集众位头人开军事会议，戚姒扎密发现马姒扎密窃听，就把她赶走，然后提出自己的计划，头人们一致赞同她的妙计。清晨浓雾弥漫的时候，哈尼大寨寨门大开，罗扎带领兵马冲杀进去，突然听见如雷的吼声："浓雾里亮起了千百双怪眼，数不清的魔鬼冲到面前，魔鬼生着一对尖角，轻轻一挑人死马翻；魔鬼还有阿爹阿妈，多多的小儿在中间，爹妈的吼声又闷又老，小娃的叫声又亮又尖。""蒲尼的大队被魔鬼冲散，像羊群被豹子遍山赶撵，三个人里头，一个被挑死踩死，一个被烧伤烧烂，还有一个——被吓得脚酸手软！"这就是女英雄戚姒扎密布下的"火牛火羊阵"。

但是心怀叵测的马姒扎密却把这一机密透露给罗扎，每当哈尼要放出"火牛火羊"（牛羊角绑上尖刀和火把），她就在寨堡上晾晒大红被单，罗扎知道就不来进攻，她收起被单就通知罗扎可以进攻，这样蒲尼又打了胜仗，而哈尼则受到了重创。

戚姒扎密劝告丈夫要提防马姒扎密，纳索大头人仍然警惕性不高，说："箐里的花蛇好瞧，心肠又毒又狠，我只爱马姒的样子，心肠我不喜欢。"他准备用祖传的神奇本领战胜敌人，就到最高的"木朵策果"山去砍制木人。

纳索在山林中造出七百个木人，他施展法术，用食指上的血在木人的眉心一点，木人就会会喊，又在手脚上一点，木人手脚就会抓会踢，又在心口上一点，木人就会说会笑，他依靠木人打败了蒲尼。

马奴扎密又把木人的秘密放在花鞋里送出去，蒲尼识破了机密，把木人全部烧死，哈尼又复失败。

纳索愤怒了，他要杀死马奴扎密，但这时戚奴扎密却劝他赦免马奴扎密，认为杀死马奴扎密无补于哈尼族的失败，而且马奴扎密已怀着纳索的孩子，不如退出"谷哈密查"以保全民族的脉息。但纳索暴怒已极，不听威奴扎密的话，执意要与蒲尼血战到底。

戚奴扎密这时表现出一个大战略家的气魄，命令哈尼把纳索扛走，她宽恕了马奴扎密的罪恶，并与她推诚相待。威奴扎密义薄云天的行为感化了马奴扎密，她从此和哈尼一条心，马奴扎密的儿孙和戚奴扎密的儿孙（后来成为两大支系）世世代代永修睦好。戚奴扎密度时量势，决定了哈尼族撤出"谷哈密查"的战略，带领哈尼向滇南迁移。

这次迁徙是哈尼族一次历史大转折，它形成了哈尼族在滇南各地的广泛分布，尤其形成了以红河南岸为主要聚居地区的民族分布。

第七章叙述哈尼族迁出"谷哈密查"后，经"那妥"（今通海县）、"石七"（今石屏县），南渡红河，深入哀牢腹地，开辟不毛，兴建家园的情况。

戚奴扎密早派人找到一个叫"那妥"的地方可供哈尼居住，但是他们来到这里不久，蒲尼人也跟着搬来了，哈尼族不愿再发生战争，又离开"那妥"，迁到"石七"地方。

哈尼在"石七"居住较久，在这里建成了有名的大寨"纳罗普楚"，他们"搬开黑亮的石头，把大田开到山上，引来清亮的泉水，栽出绿绿的稻秧，到秋风吹起的时候，山上山下一片金黄"，用辛勤的汗水把"石七"变成富足的地方。但因"石七"的蒲尼人多势众，又来抢夺哈尼的地盘，戚姒扎密决定再行迁徙。为了保存民族的生力，她把"七十寨哈尼"分散开来，让他们向四面八方迁移，自己则带领一支队伍南渡红河来到哀牢山区。纳索大头人在迁离"石七"途中，为掩护哈尼的大队，与前来追赶的蒲尼战斗，壮烈牺牲。

　　史诗到了尾声，专叙属于戚姒扎密率领下的一支"艾乐"（昂倮）（歌手所属支系）的情况。史诗中说，一只神奇的白鹇飞来引导迁徙的队伍，把哈尼带到哀牢山水源丰富、草木茂密的"尼阿多"（又称丫多）地方，哈尼把这里建成了江外（红河南岸）"挂头名的好地"，并把哈尼的传统古规一一施行完善。由"尼阿多"为据点，渐渐"大寨生出小寨，小寨生出新寨，……哈尼寨子布满哀牢山，像数不清的星星缀在天上"。最后叙述了各个家支是如何分出，一直讲到歌手朱小和本人所在的洞铺寨如何形成，还讲到哈尼与彝族怎样友好相处，等等。

　　这部史诗具有巨大的科学性和很高的艺术性，它对研究哈尼族历史、文化、社会、科技、军事、生产、生活均有不可替代的文献价值。学术界将它与汉族《诗经》中《生民》、《大明》、《文王》等迁徙史诗比较，发现它远远超过汉族史诗。又将它与英雄史诗的代表作荷马史诗《伊利亚特》、《奥德修记》比较，发现二者之间存在着重大差异，因而据此提出英雄迁徙二体并列的史诗分类学。因此，这部史诗是中华民族文学宝库中的瑰宝，也是世界史诗学界的奇珍。

　　（三）长篇迁徙史诗《雅尼雅嘎赞嘎》

　　这是一部流传在我国西双版纳地区和缅甸、老挝、泰国哈尼族一大支系雅尼人中的长篇迁徙史诗，其意是"雅尼人的迁徙史"（下简称《嘎赞嘎》）。这是哈尼族迁徙史诗系列中的又一杰作，在文学史上有着重要的地位。它是《哈尼阿培聪坡坡》的姊妹篇，规模和气势虽不及《哈尼阿培聪坡坡》的宏伟有序，但却有着神奇诡谲的旨趣和跌宕多姿的情节，是哈尼族文学宝库中又一颗五彩斑斓的宝石。

西双版纳僾尼地区与缅、老、泰三国北部地区聚居着数十万哈尼族，国内部分称为"僾尼人"，民族自称"雅尼"和"阿卡"，与境外称谓相同，他们是隋唐之际，由昆明经元江、红河、思茅迁徙而去的，境外部分则从西双版纳地区渐行迁出，《嘎赞嘎》就是这一历史的曲折反映。多少年来，雅尼人唱着这部流传了千年的壮丽史诗走过了千里万里的历史长程，当他们在磨难中遭受摧挫时，是《嘎赞嘎》鼓荡起他们奋斗的意志，当他们在困境中惶惑时，是《嘎赞嘎》指引了他们前行的方向，《嘎赞嘎》是雅尼人心灵里永不枯萎的力量之源和长照暗夜的光明之灯。

西双版纳地区和缅、老、泰三国的各个哈尼族村寨，几乎都有专门唱《嘎赞嘎》的歌手，不但老人们会说会唱，年轻人也耳熟能详。目前出版的本子是勐海县格朗和哈尼族乡帕真村公所的著名歌手批二演唱，由施达、阿海翻译的云南人民出版社1992年出版的本子，它曾在西双版纳人民广播电台哈尼语节目里播出，得到国内外哈尼族广大听众的公认，是一个较为成熟的唱本，曾荣获1995年云南省人民政府文学艺术奖励基金会二等奖。

《嘎赞嘎》共七章，其中三章（第二、三、四章）是史诗的重点，围绕着迁居地"加滇"大幅度展开——从寻觅理想之地"加滇"，到开发、建设"加滇"并在其地建立政权，完善一系列典章制度，直到"加滇"政权的衰落和哈尼的离去。"加滇"之前的第一章是关于人类诞生的神话和传说。第五、六、七章叙述雅尼人离开"加滇"之后在滇南及东南亚各国的迁徙情状。

（四）祭祀总词《黑遮其洼夺》与《斯批黑遮》

哈尼族民间广泛尊奉着一部名为《黑遮其洼夺》的宗教祭祀经典。《黑遮其洼夺》直义为"鬼帐一万句"，释义为"凡是不懂的，向它问就懂"，或"请神退鬼万言大词"。其内容之广博囊括了哈尼族社会、文化、历史、宗教，包括文学艺术的全部古典精粹，凡举宗教祭祀之辞，无不出于其中。此经典虽称万句，实则远出其数，可称为哈尼族祭典总词。

全词分为：《总词目》、《察批黑遮》、《斯批黑遮》。

1. 《总词目》包容了哈尼族所有重要的意识形态方面：宗教思想、历史沿革、部落迁徙、生产技艺、社会生活、风俗习惯、文学艺术等等方面的要目。如古歌大集《窝果策尼果》、《十二奴局》、长篇迁徙史诗《哈尼阿培聪坡坡》、《普嘎纳嘎》等均在其列；《哈尼阿培聪坡坡》在其中只有十一句话，对其内容作精辟简约的概括，其他篇章亦大体如此。

2. 《察批黑遮》，意为退鬼祭词。凡正常或非正常死亡、疾病、灾祸及种种不祥所由生之鬼魂和巫术，均有专条祛除。其数"有三把头发那么多"，大体归为《尼扎策尼扎》（驱除鬼魔口功十二路）和《哈扎策尼扎》（防卫口功十二路）两大类。

3. 《斯批黑遮》意为殡葬祭词。这是《黑遮其洼夺》中最有价值的部分——除社会历史宗教之外，更有其文学价值在。"斯批"意为主持葬仪的贝玛，《斯批黑遮》即为他们开祭发表的主要经典，无此经典，葬仪则无法进行。

此处介绍的《斯批黑遮》系红河县洛恩乡贺然村贝玛赵呼础、李七周演唱，李期博、米娜翻译的哈尼文汉文对照本，云南民族出版社1990年出版。此唱本辑入了《斯批黑遮》中最重要的内容，共分五篇，计有5000余行，是目前出版的最完整的本子，下简称《斯批》。其内容如下：

第一篇叙述贝玛阿波在家中高卧，猛听枝头乌鸦啼鸣，预感灾祸将临，原来是两位客人前来请他去主持丧礼。贝玛阿波于是拿出祭司的身份，整顿打点一番，行前占卜出门的吉日，为了增强驱魔赶鬼的力量，他又呼唤远古著名贝玛的名字和各个民族中声名赫赫的祭司之名，充实了自己的精神武库之后，他精神百倍地前去主丧。

第二篇首先叙述了自然界万古不移的规律——无论天地、日月、星云、神灵等巨物，或鱼虾、虫蟹等等细类，乃至村寨、铓锣等等住所和用物，无不经历孕育、诞生、成长、衰老、死亡的过程，人类也不免于此。其中用近 2 000 行的篇幅，细腻地演绎了世上"最先死亡的人"帝孟的人生历程，这帝孟实际是个"死亡者"的代名词，其人生也是一个平凡的哈尼人的人生。这精彩的过程，是用帝孟的孕育、出世、找童年伙伴、恋爱、找媳妇、结婚、衰老、生病直到死亡的几个小节来完成的。它构成了《斯批》的叙述中心，也是一组哈尼族的人生风情诗。

这部分从妇女月经的来历讲起。妇女月经的由来，是一件神秘的事情，古时因日月打架，太阳打出了血，血滴在月亮上，又掉到地上，又被猪拱到，沾在猪身上，狗咬猪又沾在狗身上，鸡啄狗，又沾在鸡身上，妇女踩到鸡尿，又沾在妇女身上，于是有了月经。然后叙述男女交媾，妇女怀孕，怀上了帝孟，十月之后，帝孟出世了。接着叙述命名礼。帝孟成长，找到一个与他同年出生共同成长的小姑娘为童年伙伴，两人长大到了青春期，开始爱恋谈情，享受着甜蜜的爱情生活。后来帝孟到了成亲年龄，就按照习俗到各村寨寻找媳妇，找来找去，还是只有与自己青梅竹马心心相印的姑娘最好，于是两人结为连理，这位姑娘就是"最先出嫁的姑娘"，亦即天神烟沙之女。婚姻生活甜美又漫长，最后帝孟衰老了，得了重病卧床不起。人们按习俗上山打来马鹿肉，煮出马鹿汤给他吃，谁知病情反而加重，终至死亡。人们于是为他穿寿衣，找棺木，行寿礼。

　　第三篇叙述贝玛主持之下丧礼的进行，他要求死者不要带走人、粮食和牲畜而要保护他（它）们，他为死者招魂，以免他变成山野之鬼。他告诉死者，人世间的牲畜和粮食不干净，要到天神那里去挑选才是吉祥如意的。然后他为丧家献祭驱魔，以免妖魔鬼怪趁丧事期间入侵。出殡前一天晚上，贝玛又念诵"磕竹筒词"，"哆哆"的竹筒声直达天宇让上天听见，竹筒是尊贵的，它是神灵和人类的用具，又是吉祥的，竹笋节节长高象征着哈尼人家兴旺发达。贝玛又为死者找来纸花，五彩缤纷的纸花装点着丧仪，象征着神洁与美好。

　　第四篇叙述贝玛为了挽回死者的生命，走遍四面八方去寻找起死回生药，但是因为起死回生药在远古的时候被太阳月亮拿去了，人间已无这种药，死者的死亡是无可挽回了。既然如此，人们只好向死者庄重告别，不仅人们告别，死者生前所用的一切用具，劳动过的田垄，栽种过的庄稼，饲养过的鸡鸭猪狗牛马，都一一和死者告别了。

　　第四篇专辟《寻找祖先的足迹》一大节，叙述哈尼祖先的迁徙史，把哈尼人的兴起、发展、磨难，在各迁居地的生产、生活，与外族的关系、争战等一一细述。也即是把迁徙史诗《普嘎纳嘎》简述一遍，以便亡者记起祖先的历程。贝玛又为死者指示到达祖先安居之地的路径，他细心告诫死者，这是一条充满艰险的路，途中鬼魅四伏，一不小心就会给它们抓去。他作为一个熟悉门路的向导，导引着死者一程程去到那亡灵的归所。

　　第五篇叙述出殡之仪。死者家属绕着自家房子转三圈，还要把棺材抬出，放在房屋后面临时搭的一个布棚里停柩一天，前来悼念的众多族人与本寨的人们在死者院中通宵达旦对歌、赛歌、舞蹈狂欢，以此方式表示守灵。贝玛吟唱《鸡叫天亮》祭词，祭词中吟唱了公鸡叫太阳的神话，意谓今天是人们与死者最后共聚的一夜，公鸡叫天亮后，最终离别的时刻就要到了。然后是出殡之礼，死者安葬的当夜，所有前来祭悼的亲友都要离开丧家，贝玛唱《客人离开词》。死者在世时有"增神"和"省神"保佑，"增神"是财富之神，可使财富增添，"省神"是节约之神，可使财富节省，但死者亡故会吓跑二神，贝玛专诵《请增神词》招增省二神返宅。死者安葬后第二天，设一田祭，请亡魂饮宴，因为大田是死者劳动一生的地方，他在此进最后的一餐，可保佑生者安好。丧礼结束，要行"理家园"之仪，一家的老人亡故，宛如篱笆散了架。需要新编织整理，人们才能过正常的生活。此时贝玛唱《重理家园词》，祛除各种凶兆不吉，祝福全家平和安详。

到此，《斯批》祭词诵毕，全部丧仪结束。

《斯批》是一部熔宗教、民俗、人生、社会历史等重要内容于一炉的文化大集，是研究哈尼族传统文化的宝贵资料，其科学价值远在文学价值之上，但其中也不乏优美动人的篇章。

（五）哭葬歌《密刹威》

《密刹威》是一部广泛流传在哀牢山哈尼族聚居地区的长篇哭葬歌。"密刹威"的意思是"女人哀痛的哭声"。死者安葬前夜，由专门哭唱《密刹威》的女歌手"嵯威威玛"在丧家通宵达旦哭唱此歌，主人视其声望大小水平高低给予相应的报酬。本家守灵男女和一应亲友一般哭而不唱，但座中有善歌者，也可和"嵯威威玛"举酒对歌。

《密刹威》对于非正常死亡（凶死、暴卒）者不唱，专为正常死亡者而歌，故歌名虽为痛苦之声，实则哀而不伤。因为死者可到"祖先大寨"去享受美好的生活，非正常死亡者为孤魂野鬼，不能与祖先前辈相聚，那才是真正的悲哀。

《密刹威》通常分三类："搓莫刹威"是哭老人，"搓达刹威"是哭年轻人，"然谷刹威"是哭小娃。女歌手在哭唱中以女儿哭老人、平辈哭朋友、长辈哭小娃等丧家女性身份哭唱，其中以女儿哭老人一种最为特殊。它按去世的程序，死者因病久治不愈，终至殒命，然后叙述死者的人生经历，兼及他的道德品行、家庭人口、五谷丰歉、牛羊生灭，以及对族人贡献大小、祭献礼仪等等。声调悲切，情感真挚，闻之声莫不鼻酸。但一段哭唱毕，歌手却谈笑风生，若无其事，倘有现场录音，还欣然要求播放，让她与守灵者一同欣赏。听众中为之动情者也往往将泪水一抹，称道起歌手的能耐。这说明《密刹威》已非寻常的悲哭，它有更深广的社会功能和文化意义。

此歌的价值还在于它完整地记载了哈尼族的社会生活画面，集萃了传统科技文化的方方面面，以及各种事物发生、发展、演变的历程，因此容量很大，通常有数万行之多。譬如找祭品之一的《献鸡》一节，就有500余行，详述人类如何将野生鸡驯化成家鸡，普通鸡又如何成为送葬祭品的"圣鸡"的过程。又譬如《造酒》一节，也详述了人类对发酵品的发现，从中如何酿制成食用酒的过程，等等。这一切，都是哈尼先民的文化造作和科技发明。因此，《密刹威》可视为哈尼族传统科技文化的大荟萃。

此歌具有独特的调式特点，全歌音调低沉悲凉，行腔悠长低回，每句起始均用"嗯——哼欧！嗯——哼哼""嗯哼——欧！嗯哼哼！"的哭声调，立即使人进入悲哀凄怆的意境中。据说这一调式具有可将全部亲情哀悼灌入死者耳中的神奇功能。

（六）翻年歌《虎珀拉珀卜》

在哀牢山哈尼族聚居地区，广泛流传着一首农事节令歌《虎珀拉珀卜》，简称《虎珀》，每村每寨，每一个哈尼人都十分熟悉它，因为它是最普遍地指导人们一年四季生产劳动的农事大典。

哈尼语中，"拉"是"到来""演变""递进"；"珀"指"树叶"；"卜"为"翻动"；"虎珀拉珀卜"直义为"一年四季日子的交替和历书的翻动像风吹动一片片树叶"，习称"翻年歌"，有的地方据其内容又翻译为"四季生产调"。不同地区的翻年歌称呼不尽相同，又有称"伙及拉及"的。风格、内容也有若干异趣，有的直接铺陈一年四季的农事活动和节令更替，有的在此基础上大加演绎，不但细细吟唱每个月份中应当进行的生产劳动，而且以种种优美的神话传说解释节令和农作的由来。但不论哪一类，都是优美动人的诗篇和画卷。

《虎珀》从一年的岁首十月逐月演唱节令的更替、物候的变迁和哈尼人在本月应当从事哪些重要农事活动，进行何种相关的祭典等等，一直唱到年末岁尾。它具体地指导着哈尼人的生产活动，起着农事大典的作用，哈尼人民非常钟爱它，精心打磨加工，使其成为一首动人情怀又切实有用的生产歌。

歌中唱道——

> 讲了，
> 年轮树发到十月这枝，
> 哈尼翻年的时候就到了；
> 十月是哈尼一年的岁首，
> 像一条大路的起头，
> 一年的日子要上路了；
> 十月是一年的根根，
> 像藤子最粗的下边，
> 一年的日子要爬起来了。

接着唱十月是辞旧迎新的月份，哈尼没有历书怎么认日子呢，就是到山上看野樱桃是不是开花，野樱桃红花满树的时候，就是哈尼过年的时候了。

歌中唱到翻年规矩的来历，是"先祖哈赫乌欣"，帮人做活干满一年得不到报酬，要求主人按日子算给他工钱，这样就开了翻年计日的头。

十月过去冬月来到，这是霜雪漫天的月份，天神打开霜雪的大门来到了人间。如果不这样，麻蛇盘起来就会有七层板凳高，旱蚂蟥会有老母猪大，这些害虫不冻死，人和牲畜、庄稼就难以生存。

腊月是冬季最后一个月，是准备迎接春天的月份，报告时间的"木刻"是天神饲养的三对春鸟，即"唧唧本本鸟"、阳雀和布谷鸟。在冬春交接的时候，唧唧本本鸟来到哈尼山寨把春天将临的信息告诉人们。

春天的第一个月是正月，这是万物萌动的时节，姑娘小伙子春心荡漾，小娃娃打着陀螺玩耍，强劲的春风把江边河坝的黄沙吹上天空，把三层高天的脸也蒙住了。这时哈尼要过正月年，杀猪做汤圆献神，并放响土炮，向天神报告哈尼过上了欢乐的日子。阳雀鸣叫的时候，哈尼开始挖水沟备耕，并着手犁田耙地，开始了辛苦的大田耕作。

二月的报信使者是布谷鸟，这时哈尼开始捂种下种，举行盛大的宗教祭典"昂玛突"祭寨神，祭典期间年轻人纵情欢乐，谈情说爱。人们充分休息好，准备投入一年最忙的春耕栽插季节。

三月是最忙最紧的月份，哈尼男男女女老老少少全副身心扑在大田里，男人像土狗一样翻拱着烂泥，高声吆喝着肥壮的水牛来来去去地犁田耙田。秧苗已经长齐田埂，栽秧的时候到了，秧姑娘嫁到大田伙子家里的时候到了。哈尼勤劳的姑娘媳妇在大田里排开阵势，你追我赶赛栽秧，这是她们争名气的时候，她们巧手挥过，大山的千百层梯田被染出一层层翠绿。气势雄伟的栽秧歌"咿——咿——"地响遍山山岭岭，这歌声里充满深情，充满厚爱。她们在这栽插季节把爱情和秧苗一同栽下，等到秋天稻谷金黄的时节她们将把金谷和爱情的甜蜜果实一同收获。

四月是哈尼欢乐的月，栽秧完毕，人们回到自己的寨房里，辛劳了一月的耕牛过完"牛纳纳"（牛休息节），就让它们上山悠闲地吃草去了。四月是姑娘伙子打闹开心的月，伙子们弹着三弦吹着巴乌走来，姑娘们拍手跳着舞走来，他们欢聚在一起享受着青春的美好时光。男人们的事是看田水，姑娘媳妇的事是砍柴采猪草放牛。

五月要薅秧，哈尼的大田里不能留下一棵杂草。这是农闲时节，人们可以放宽心休息、干杂活。五月也是饥荒的月，各家的媳妇，要把撮米的瓢管好。

六月是哈尼过六月年的月，是哈尼和天神一起过年的月。六月的谷子已经打苞抽穗，砍完埂草祭过谷神，六月的"苦扎扎"（六月年）就来到了。哈尼扳翻壮牛，杀牛祭天神献祖先。欢乐的六月年里，人们尽情欢乐，走亲串寨，为秋收大忙准备精神和力气。

七月的大田一片金黄，哈尼辛苦了一年终于丰收在望。天神派粗门大嗓的知了来通报哈尼准备秋收。这时的主要任务是修理道路，以备收割时使用。接着是繁忙欢乐的秋收。

八月里哈尼举行丰收祭，告诉祖先和天神自己获得了丰收，一年平安如意。八月是哈尼睡得最安稳的月，也是天神和祖先最喜欢的月。

九月是年尾巴上的月，哈尼要去挖荞地，要去挖大田，老人带领全家人坐在火塘边安排来年的活计。勤劳的哈尼就是这样一年接一年，度过了百年千年的时光。

（七）悲剧叙事诗《不愿出嫁的姑娘》

哀牢山地区的哈尼族社会长期处在封建领主制度之下，妇女在社会中的地位十分卑微。婚前的恋爱生活虽是自由的，但婚嫁的决定权在父母。尤其明清以来，随着商品经济逐渐渗透进古老封闭的哈尼族社会，买卖婚姻逐渐兴起，并发展到十分普遍的程度，青年女性如同牛马牲口般被父母当做商品出卖。正如一首《哭嫁歌》中所唱："在四角四方的篾桌上，爹妈媒人的几句话，卖断了姑娘的一生！"买卖婚姻甚至形成了制度，凡有婚嫁，必有礼钱，这礼钱分成三份，一份是阿妈的奶水钱，一份是阿爸的盐巴辣子钱，一份是阿哥阿嫂领妹子的辛苦钱，三份礼钱须用戥子当面过秤，婚姻变成赤裸裸的金钱交易。在这样的制度下，许多姑娘婚前连自己的丈夫也未见过一面，就被迫出嫁。这毫无感情基础的婚姻必然是痛苦的。对被出卖的女性青年来说，人格受到了最大的侮辱，造成了终生的不幸。

面对这悲惨的命运，许多有血性的姑娘愤然作出反抗，她们通常采取的做法是逃婚，即逃回娘家，或亲戚家，或与心上人相约着逃到远方帮工为生。买卖婚姻的普遍性造成了逃婚姑娘反抗的强烈性，在其间上演了不知多少人间的悲剧，出现了不知多少反抗封建婚姻制度的烈女子——这倔强不屈的斗士。

广大妇女在遭遇不幸之际，有苦无处诉，有冤无处申，唯有到文学艺术中寻找安慰。更兼她们个个是能歌善舞的好手，就出现了一大批倾吐心声、呼唤同情、反抗压迫的婚嫁歌，如《哭婚调》、《哭嫁歌》（其中又有《哭爹妈》、《哭哥嫂》、《哭小伴》、《哭情人》等等），这是新婚之际新娘的悲哭，反映着她复杂矛盾的心情，大量现实存在的不幸婚姻使她在新婚之际已经对婚后的幸福生活产生幻灭。反映婚后悲惨遭遇的有《苦婚调》、《苦情调》、《狠心的公婆》等等，反映逃婚生活的有《逃婚姑娘》、《逃婚调》、《逃到远方卖帮工》、《帮工调》等等。这些诗歌一经某个人唱出，马上就会流传开来，并得到众多歌者的丰富和加工，使它们成为一首首具有一定韵律的感人至深的歌代代流传。这些诗歌中，始终贯穿着一个主角——遭遇不幸婚姻的姑娘，其中的佼佼者，就是敢于挺身反抗的逃婚姑娘。

本章介绍的长篇悲剧叙事诗《不愿出嫁的姑娘》（哈尼语

《麻依诺乌然密》）是高冀根据云南省民族民间文学红河调查队1959 年 3 月在元阳、红河等县搜集的材料，和魏其祥、李家有搜集的《哭婚调》、《苦婚调》，并参照《帮工调》等材料整理而成的，1979 年发表于大型民族民间文学刊物《山茶》第 1 期。

全诗计有 1 800 余行，分《轻女》、《卖女》、《逼嫁》、《结婚》、《受苦》、《怨愤》、《逃跑》、《自由》八个部分，以女主人公自述的方式展开。

女主角从爹妈生下她来就加以歧视开始叙述。她哀怨地唱道（大意）——

　　姑娘生来就得不到爹妈的喜欢，生下孩子，爹妈首先就要来看是男是女，是男孩，爹妈笑得合不拢嘴，生下女孩要都不想要。生下儿子，爹妈赶忙拿干净布包好，天天热水洗澡，生下女孩十天还不拿布包，不煨一点热水洗。对儿子爹妈又哄又抱，对女儿动不动就咒就吼。直到七八岁，爹妈还不给做衣服，直到大了才给一副耳环，才给一块布缝衣裳。

　　姑娘长到十四五，年纪还小，媒人就像老黑熊伸出爪子来抓，天天骑着马来说媒。爹妈不管姑娘愿嫁不愿嫁，不管姑娘年纪小不小，只贪人家的田块大钱财多，就把女儿卖，得了卖女儿的礼银心里笑开了花。

　　卖了女儿，爹妈忙着瞧日子，在腊月属马日要把女儿出嫁。姑娘不愿出嫁，对他们说，你们种谷米拾野菜把我养大，我愿留在家中服侍爹妈一辈子，等爹妈年纪大，背不动水时我来背，砍不动柴时我来砍，生病我服侍，家务事我一人担。但是爹妈说，姑娘是别人家的，不能留在家中。姑娘说，我年纪小身子瘦，干不动婆家的活，爹妈说，迟早也要嫁，还是嫁去吧。姑娘说，我害怕公公婆婆，他们拿眼睛望我，我不知往哪里躲，哥哥说，礼银已收下，不去不得了。姑娘说，听说男人脾气坏，动不动就打，哥哥哄她不会打不会骂。姑娘说，我在家也不吃现成饭，我和哥哥砍柴割草共一处，栽田种地共一丘。阿哥听了很恼火，强词夺理地说，我能犁田耙地铲埂草，这些活计你们姑娘做不好。姑娘反驳他犁田耙地铲埂草是男人的活计，挖地栽秧打谷子是我们女人的活计，我们的活计你一样做不好。说了许许多多的话，爹妈没理找理，阿哥无话找话，总之要逼姑娘出嫁。

　　胳膊扭不过大腿，姑娘强不过爹妈，姑娘只好和自己从未见过面的大男人结了婚。男人家是富人家，富人家心肠坏规矩多，不准她在男人面前走动，不准同公婆一起烤火。弱小的姑娘要干大人的活计，鸡不叫要下箐底背水，背完三转水天才发灰。姑娘力气小，水筒大，水筒摔烂了，公婆要打要骂。姑娘身子轻，踩不起碓，公婆给她背上娃娃，脖子上加两袋碎石子，把她累得昏倒在碓上。公婆吃肉又喝酒，不给姑娘吃饭，姑娘拿起筷子，公婆把筷子打掉，姑娘端起饭碗，公婆把饭碗夺去。姑娘在公婆家受尽了折磨，这样的媳妇根本不是媳妇，纯粹是奴隶，这样的夫妻根本不是夫妻，纯粹是生儿养女的工具。姑娘忍受不住这苦难，刚想逃跑又被抓回来，被丈夫拖进牛厩打得半死，从此虐待更加深重。

　　姑娘又长了几岁，生了小孩，待遇仍没有一点好转，在公婆家她孤零零，没人帮助，没人同情。她想去投河，又怕被人看见捞起来，想吃毒药，又怕被人发觉救醒，于是饱受摧残的姑娘决心逃离公婆家，活不做他家的人，死不做他家的鬼。

　　半夜三更姑娘向娘家逃跑，山高林深路遥，漆黑的夜里摸不着路，高一步低一步地走，白天大路不敢走，哪里坡陡哪里走，三天三夜没喝一滴水，三天三夜没吃一口饭。来到河边水急浪又高，姑娘急得直跺脚，亏得船夫同情她的苦情，把她渡过了河。她历尽千难万险回到娘家，谁知爹妈阿哥不理她。她的汗水还没干，还没开口诉苦，狠心的爹妈却要叫她回婆家，阿哥也瞪着眼睛朝她骂！姑娘一颗心碎了，眼中的泪流干了，她昂起头，挺起胸，头不回地走出娘家门，决心做鬼也不向他们来求情！

　　倔强的姑娘下了狠心，依靠自己的力量找生活，她到别处去帮工度日子。在帮工生涯中遇到一个长工，他们穷人同情穷人，苦命人心疼苦命人，两人相恋相爱，结成夫妻，过着虽然艰苦，但是自由自在的生活。

　　长诗讲述了一位遭遇悲惨的姑娘和她逃婚反抗命运找到幸福的过程，成功地塑造了一个为争取自由人格而不屈斗争的逃婚姑娘的形象，为哈尼族文学增添了新的内容，此诗具有很高的艺术价值。

三、著名的贝玛和歌手

　　哈尼族民间有一大批能够演唱、讲述大量作品的著名贝玛和歌手，他们是哈尼族的民间文艺家，他们中较突出的是朱小和、杨批斗、罗雍姒（女）、陈阳则、马蒲成、刀模收、普金打、车国忠、李起然、卢万明、杨罗斗、李开明、白学硬、张牛朗、李遮鲁、赵呼础、赵呼周、李七周、李书周、涂伙沙、白祖博、李克朗、吴文生、李龙遮、李热斗、批二、阿蒂、阿大、车朗、金尚鼎、李小五、白自宾、杨伙吉、涂黑仰、龙浦才等等。

下面介绍他们中较为出名的几位：

1. 朱小和（1938—）

元阳县攀枝乡洞铺寨人，是一位名满元阳、红河、绿春、金平四县的大贝玛和大歌手、著名的哈尼族民间文艺家。

他是一位传奇式的人物，素有"摩批哈腊"之称（"贝玛中的老虎"，意为贝玛中本领高强的人），哈尼族文学史中那些素享盛名的鸿篇巨制，很多都出自他的口。如大型创世古歌《窝果策尼果》、长篇迁徙史诗《哈尼阿培聪坡坡》、《普亚德亚佐亚》和大批著名神话传说，如《神的古今》、《神和人的家谱》、《塔坡取种》、《候波与那聋》、《俄妥努筑与仲墨依》、《遮天树王》、《动植物的家谱》、《英雄玛麦》、《人老不死药》、《头人、贝玛、工匠》、《红石和黑石的岩洞》、《都玛沙莪》、《摩批》等等，都是他演唱、讲述的。这些作品整理发表后，有许多被译成英文和日文介绍到国外，如《英雄玛麦》、《塔坡取种》等。有些则被港台杂志介绍，如他演唱的长篇迁徙史诗《哈尼阿培聪坡坡》，被台湾权威杂志《大地》介绍给台湾和世界数十个国家的读者。由于这些卓越贡献，他被吸收为云南省民间文艺家协会会员，担任云南省歌谣协会理事。十来种权威辞书词典介绍过他，如《中国现代民间文艺家辞典》、《中国各民族宗教与神话大辞典》、《中国少数民族文学古籍举要》等等。他演唱、讲述的许多作品多次受到重大奖励，如《窝果策尼果》荣获1995年云南省文学艺术创作奖励基金会一等奖。许多作品被学术界系统研究，并为新的学术观点的形成提供了重要依据，如《哈尼阿培聪坡坡》成为迁徙史诗在史诗分类学上的代表。由于这样的实绩，他成为哈尼族文学史上的重要人物。又由于他对哈尼族传统文化艺术知识掌握的博大精深，曾多次被荷兰、美国、日本等国的学者如汪

·莱欧·格索、保罗·刘易斯、汉森、图克、曾红、欠端实及台湾中华少数民族文学暨艺术研究会常务理事彭达烟等人类学、语言学、艺术学专家采访，并在国外报刊上予以介绍。

2. 杨批斗 （1913—1988）

元阳县黄草岭乡树皮寨有名的老贝玛、老歌手，是一位学识渊博的老人，穷其一生的精力深研了哈尼族传统文化的底奥。甚为可惜的是这位老人过分保守，采访者多次向他调查，但所获甚微。他留下的作品不多，但却篇篇精彩。如有名的神话《那突德取厄玛》（"有盐的大海"之意，发表时名为《祖先鱼上山》），在不长的篇幅中展示了原始思维的内核。他还演唱过一些非常有价值的创世史诗，如长篇创世古歌《十二奴局》和迁徙史诗，讲述过一些精彩的神话传说。这些作品语言简洁，风格古拙，文化内涵十分深远，一如这位长者的为人。

3. 卢万明 （1921—）

元阳县胜村乡全福庄人，老歌手。1958年云南省民族民间文学红河调查队就采录过他演唱的许多新民歌。

卢万明是"老歌手"而不"老"，他的创作激情始终如一。中华人民共和国成立初他和元阳县老歌手张颇惹等一起创作新民歌歌颂哈尼人的新生活，"文革"中却因此被关进"牛棚"遭受审查批判，罪名是搞封资修、搞"四旧"。"四人帮"被粉碎后，他在元阳县文化馆馆长杨叔孔等人的热情帮助下，针对农村许多哈尼族妇女仍然处于严重包办婚姻压迫下的情况，根据他本人居住的寨子——元阳县胜村乡全福庄一位妇女的真实遭遇，创作了叙事诗《古卑姑娘》，此诗是新时期老歌手的代表作，在群众中反响很大。卢万明用自己的诗歌干预生活，吐民间之心声，解百姓之忧愁，得到人们的尊敬和热爱。由于他的杰出贡献，1981年云南省民间文艺研究会成立，他被遴选为理事。

4. 李遮鲁 （1928—1993）

红河县乐育乡坝美村人，老歌手，多次参加过省、州、县的民歌演唱会，并到北京参加过国庆观礼，这一殊荣是因他对哈尼族文化的系统掌握和精彩演唱所得。他演唱过很多作品，如长篇创世古歌《十二奴局》、叙事长诗《妥底玛依传歌》等。

5. 张牛朗 （1920—1984）

红河县人，贝玛、歌手。多次主唱过长篇传世古歌《十二奴局》。

演唱过重大作品、对哈尼族文学贡献突出的还有：

批二，演唱过长篇迁徙史诗《雅尼雅嘎赞嘎》；

阿蒂，演唱过长篇创世古歌《天地人鬼》；

阿大，演唱过长篇创世古歌《阿培阿达埃》；

车朗，演唱过长篇英雄史诗《迁徙悲歌》；

赵呼础、赵呼周、李七周、李书周，演唱过长篇殡葬祭词《斯批黑遮》、创世古歌《木地米地》、《检收姑娘》、《三种能人》、长篇迁徙史诗《普嘎纳嘎》；

罗雍姒，演唱过长篇哭葬歌《密刹威》；

龙浦才，演唱过新神话史诗《阿波仰者》；

杨伙吉，演唱过长篇迁徙史诗《阿波仰者》；

普金打、陈阳则，演唱过长篇创世古歌《奥色密色》。

四、著名的民间文艺家和专家学者

哈尼族有一大批不辞辛苦奔波在哈尼山寨进行搜集调查田野作业、认真翻译整理、苦心编辑出版和呕心沥血深入研究的民间文艺家和专家学者，正是由于他们长期的、艰苦的、有独创性的工作，才形成了哈尼族当代文学欣欣向荣的景象。

他们中较为突出的是：史军超、李期博、阿海、毛佑全、卢朝贵、阿罗、赵官禄、白祖额、朗确、施达、门图、高和、阿流、杨定国、白碧波、白玉宝、李克忠、白茫茫、李永万、李永林、卢保和、杨柳、哈腊、罗格、白金明、杨羊就、李泽然、张志华、白克仰、张佩芝（女）、阿嘎、陈窝娘、白金山、白波龙、刀建国、白居舟、高自学、车金明等等。

下面介绍其中较有影响的几位：

1. 史军超（1946—）

红河县人，云南省社科院民族文学研究所研究员，研究室主任。他是一位成果累累的学者，在学术界有一定影响，其主要学术建树是：

（1）论述了哈尼族的远古神话系由一个庞大完整的家族系统组成，世界万物与神灵人类各界间与种内均由父子连名和母子连名的血缘链联结，因而出现了神的家谱、人的家谱、动植物的家谱，传承古代文化的祭司贝玛也有了师徒连名加父子连名的世系谱牒。这一发现足以推翻前贤对中国神话是杂乱星散不足与希腊印度神话媲美的说辞。

（2）论述了哈尼族的迁徙史形成了一大迁徙史诗群落，它们证明迁徙史诗在史诗分类学上与英雄史诗相并列而存在，从系统上说，英雄史诗应是迁徙史诗的子系统，这方面，《哈尼阿培聪坡坡》是代表作。

（3）证明了哈尼族古典文学在若干方面毫不亚逊于汉族古典文学，哈尼族迁徙史诗就远胜于汉族先民周人迁徙史诗，其中，对女英雄戚姒扎密的描绘就足以与《诗经》中的名篇《硕人》相媲美。

（4）厘清了哈尼族的族源系西北南下的诸羌部落与南方北上的夷越民族的融合，其文化系夷越稻作对诸羌游牧的更替而成的新型半山梯田稻作，哈尼族的梯田稻作是半山农耕文明的最高典范等重要学术命题。

此外，他对哈尼族的茶文化为世界茶文化源头之一的研究、对泛图腾主义的非是的研究、对洪水神话系统内涵和神话的整化思维的研究等等，都有发见而为学术界重视。他对佤、傣、彝等民族文学、艺术、文化亦有研究，是一位学识广博颇有建树的文化学者。

以上的调查和研究，已形成四百余万字发表。

其成果多次受到国家、省级政府、学术机构和报刊的奖励、转载、评介：

《沧源崖画与佤族文学》一文获1982年云南省民族民间文学优秀论文奖；

《故事·历史·人生——中国和日本故事文学比较研究》一文为《中国人民大学报刊复印资料》复印，为《全国高等学校文科学报文摘》等刊物摘登；

《滨海文化与高原文化的嫡裔——哈尼族迁徙史诗研究》一文获1993年云南省首届文学艺术创作奖励基金会三等奖；

《神话的整化意识》一文获云南省政府1979～1989年社会科学优秀科研成果三等奖；获全国民族文学理论学会1989年优秀论文奖；

搜集、整理、注释之大型创世古歌《窝果策尼果》获1995年云南省第二届文学艺术创作奖励基金会一等奖；

大型专著《哈尼族文学史》被纳入中宣部、文化部、国家民委、中国社科院联合下达的国家"七五""八五"重点课题，受到学术界高度评价；

著作《云海中的奇婚女性——云南民族女性文化丛书·哈尼族卷》获第十届中国图书奖，列为云南省政府向第四届世界妇女大会献礼书籍。

搜集翻译整理的长篇迁徙史诗《哈尼阿培聪坡坡》产生广泛影响，深受文学界、文化学界的好评；

文著有的为日本、美国、港台书刊、出版机构刊载、出版。

有鉴于此，1996 年台湾"中国古典文学研究会"邀请其赴台参访交流，并被台湾"中华少数民族文学暨艺术研究会"聘为顾问。

曾被《中国当代青年名人大辞典》、《中国文学家大辞典》、《中国文化名人大辞典》、《中国现代民间文艺家辞典》等十余种辞典介绍过。

2．李期博（1944—）

红河县人，现任红河州民族研究所所长、副研究员。他是一位勤勤恳恳从事田野调查而且收获丰盛的学者。他做了大量组织联络协调工作，组织成立了红河州哈尼学学会并担任该学会会长，培养了一批哈尼族文化与文学的年轻学者。经他翻译、整理的作品主要有：长篇殡葬祭词《斯批黑遮》（哈汉对照本）；长篇创世古歌《木地米地》；长篇创世古歌《检收姑娘》；创世古歌《三种能人》；长篇迁徙史诗《普嘎纳嘎》；长篇风俗歌《斯奴检奴》；风俗歌《出嫁歌》等。其中《出嫁歌》获 1977～1981 年云南省民族民间文学优秀作品奖，《斯奴检奴》获 1993 年云南省首届文学艺术创作奖励基金会三等奖。

3．阿海（1941—）

勐海县格朗和哈尼族乡人，曾任西双版纳州民族事务委员会副主任。他投入了大量时间、精力，在西双版纳地区培养了一批热心于哈尼族文化艺术的人才，同时进行了大量搜集、整理、翻译、编辑、出版工作，现在已出版的《西双版纳哈尼族民间故事集成》、《西双版纳哈尼族歌谣》等文学集子和著名的长篇迁徙史诗《雅尼雅嘎赞嘎》都是在他的组织领导下完成的，这些书出版后受到广大哈尼族群众和专家、学者们的欢迎，是一批很有价值的作品。

4．施达（1953—）

勐海县人，现在西双版纳人民广播电台哈尼语部工作，和阿海共同搜集、翻译了迁徙史诗《雅尼雅嘎赞嘎》，对这部哈尼文学中的名篇，他们倾注了十年心血。这一长诗制成文艺节目在西双版纳人民广播电台播出后，受到哈尼族群众包括缅甸景栋、泰国清迈等地区哈尼族的公认和赞赏，此书 1995 年荣获云南省第二届文学艺术创作奖励基金会二等奖。

5．卢朝贵（1947—）

元阳县人，现任元阳县政协文史委员会主任。精于哈尼族古籍的翻译，且富于浓厚的哈尼古典韵味，哈尼族文学史上的许多著名作品都出自他的翻译，如大型创世古歌《窝果策尼果》、长篇迁徙史诗《哈尼阿培聪坡坡》、《普亚德亚佐亚》、长篇哭葬歌《密刹威》、迁徙短歌的代表作《哈尼先祖过江来》，以及一批价值很高的神话传说，如《神的古今》、《神和人的家谱》、《遮天树王》、《天、地、人的起源》、《塔坡取种》、《英雄玛麦》、《俄妥努筑与仲墨依》等等，其中《窝果策尼果》荣获 1995 年云南省第二届文学艺术创作奖励基金会一等奖，《英雄玛麦》、《塔坡取种》等被日本、美国等学者译成日文、英文在国外加以介绍。

6．阿罗（1956—）

汉名钱勇，红河县人，云南省民间文艺家协会副主席、副编审。在长达十多年时间里，利用各种条件编辑出版了《哈尼族民间故事》、《哈尼族神话传说集成》、《哈尼族节日》、《绮丽的山花》、《木人克沙》等书，其中《哈尼族民间故事》是哈尼族第一本文学集子。他同时又搜集整理了许多民间文学作品，突出的有风俗叙事诗《妲耶与央才》，此诗荣获 1993 年云南省首届文学艺术创作奖励基金会三等奖。曾被收入《中国现代民间文艺家辞典》。

7. 赵官禄 （1941—）

红河县人，现任《云南民族报》副总编、副编审。长期从事民间文学的搜集整理，已出版长篇古歌《十二奴局》、民俗歌《斯奴检奴》、《打猎歌》、长诗《妥底玛依传歌》等，其中风俗歌《斯奴检奴》荣获 1993 年云南省首届文学艺术创作奖励基金会三等奖。

8. 毛佑全 （1935—）

红河县人，红河州民族研究所副研究员。曾发表了数十篇神话传说、民间故事和民族风情散文，对宣传哈尼族文化起到了很大作用。90 年代后期主要从事民族学、民俗学研究，现已出版论著《哈尼族文化初探》、风情集《奕车风情》、《哈尼族》、《哈尼山乡风情录》等书。

9. 门图 （1960—）、高和 （1944—）

门图是勐海县人，现在勐海县民委古籍研究室从事文化工作。高和是勐海县人，现在勐海县残联工作。他们俩长期坚持不懈地进行哈尼族文学的搜集整理研究工作，对西双版纳哈尼族和与之毗邻的缅甸哈尼族（阿卡人）的文化、历史、文学均有较深的了解。他们的作品除在《西双版纳哈尼族歌谣》和《西双版纳哈尼族民间故事集成》中选辑多篇外，另有《僾尼风俗歌》专集，由香港创意出版公司出版，书中分婚恋、生活、劳动、祭祀、丧葬五篇系统地介绍了僾尼的风俗歌，是一本很有价值的民间文学作品集。

第二节　作家文学

哈尼族作家文学的出现是在改革开放以后，近十年来展现出可喜的势头，它标志着哈尼族文学结束了没有作家文学的时代，迈进了新的发展阶段。

这个历史性进步的大幕，是由朗确拉开的。20 世纪 70 年代末，这个生活在西双版纳哈尼山寨没有受过多少教育但迷醉于哈尼族所有古歌、故事、传说、童谣的高小毕业生，第一个拿起笔，描绘自己生于斯长于斯欢乐与痛苦于斯的哈尼山寨的生活，从此如溪泉汨汨流淌写出数量众多的散文、小说和诗歌作品。他的辛劳获得了认可，1981 年，散文《茶山新曲》获得第一届全国少数民族文学创作奖，这是哈尼族作家获取的第一个全国性文学大奖。从此如堤坝拉开了闸门，哈尼族作家获得了一系列文学界的重大奖励——

1985 年，艾扎的短篇小说《金凤花》获第二届全国少数民族文学创作奖；

1990 年，诺唅的散文《太阳》、存文学的短篇小说集《兽之谷》获第三届全国少数民族文学创作奖；

1992 年，存文学的小说集《神秘的黑森林》获第四届全国少数民族文学创作奖；

1995 年，存文学的文学创作获中华文学创作基金会庄重文学奖；

1990 年，黄雁的小说《无量的大山》获云南省 1987～1990 年优秀文学创作奖；

1993 年、1995 年，哥布的诗歌《我在山谷独坐》、诗集《母语》获云南省第一、二届文学艺术创作奖励基金会三等奖。

下面介绍几位较为著名的作家：

1. 存文学（1952—）

普洱县人，是一位创作量颇丰的作家。代表作是长篇小说《兽灵》、小说《神秘的黑森林》、短篇小说《狗队》等，中短篇集子《兽之谷》包括了《火之谷》、《雾之谷》、《兽之谷》、《绿光》、《狗队》等五个中短篇小说，此外还有十几个中短篇小说和散文，这些作品多次获全国及省级文学奖。

存文学的小说足以跻身于全国小说创作的行列，他的作品给人以厚重感和力度感，这与他多年来哈尼山寨峡谷老林中的生活积累和个人的气质有关。他自幼生长在哈尼山上，对那里的民情风俗了如指掌，大学毕业后又到哈尼山教学多年，更丰富了他的生活素养。他感受到哈尼人与生养他们的大自然的相融互补关系，体验到一种与寻常文人或都市人完全不同的生存方式，这使他为之激动，催促他用笔把它写出来。

存文学峡谷小说的价值在于他为中国当代文学注入了一种新的生命状态——对现存生命状态的否定之后的幻想中的将来的生命状态或追溯远古的（但又不同于远古的）生命状态，这就是人与自然的相融、相谐、相依、相存。

他的长篇小说《兽灵》叙述了滇南玛格拉峡谷三代猎人的生活史和命运史：敦嘎、嘎斯、斯飘是峡谷里赫赫有名的三代猎人，他们仰赖大森林为生，森林是他们的肥田，是他们的谷仓，那里的野牛、野猪、老熊、豹子是他们衣食住行的来源。在世世代代的狩猎生活中，他们与大森林仿佛有了某种默契，森林提供了他们生活之所需，满足了他们当英雄做好汉的心理，而对他们要求的回报是对森林的爱护和对野兽的保护。先人们这样做了，但是，随着时代的演变，子孙们却逐渐变了，对野兽的捕杀越来越泛滥，武器越来越精良，规模越来越大，人与大自然的契约被破坏了。于是，自然开始惩罚人类。这部小说精彩地描写了这种报复是怎样一点点一滴滴最后直至降临灭顶之灾的过程。这就是玛格拉峡谷最有名望的猎王敦嘎家祖孙三代人的命运史。爷爷敦嘎英雄一世，他的枪口下不知吞下了多少剽悍凶猛的大兽，但在晚年的闲暇中射击了一只死麂子就神秘地死去。儿子嘎斯则因滥杀猴群和野猪，在山林中被自己支下的铁夹夹住，也被报复的猴子推下的岩石砸伤、被野猪咬死。孙子斯飘走得比父祖更远，他不但使用了新式的猎枪而且使用了大规模捕杀动物的捕兽网，最后在与一头野牛的较量中死去，而且大森林用几场暴雨几阵暴晒几根藤蔓就把他的尸体消灭得无影无踪。

在存文学的小说中，我们看到了大森林的形象。大森林是无语的，但它却能倾诉，它的语言需要人们用心灵解读。大森林是静谧的，但它一旦行动起来则是恐怖的。这森林形象是存文学营构的心灵幻影，但也是真实森林的写照。

2. 哥布（1964——）

元阳县人，现为《红河文学》编辑。

哥布以诗歌创作为主，先后出版了诗集《母语》、《少年情思》和散文集《遗址》、《空寨》等，间有小说散文若干。

他的诗歌是一曲曲放牧青山、流云、清泉、鸟声、草语和鸡啼、牛鸣、碓响的短笛，每首诗都极短，在数言只语中表达着清新隽永的诗意。

他的诗是由对母族焚心的爱恋燃烧出来的火花，一闪，但很亮。他对民族的传统有天然的依恋，虽然对哈尼族的底蕴没有更多的探讨，但他知道这个民族为世界和中国的文化作出了她独特的贡献，他也希望通过自己的诗作像那些创作了辉煌史诗和古歌的先祖，为自己的民族也为世界所有的人做一点事。他在诗集《母语》后记里说："让先祖高兴，让族人高兴，让父母高兴，让朋友高兴，让所有善良的人高兴——这是我的愿望。"

他的文学道路很笔直。他直接从民间山歌野调走向现代诗，所以他的诗也像民歌一样直率坦诚。他想到的、看到的、听到的，他都真实地写。

哥布的诗在我们这个急剧转型的时代格外显得可贵。市场经济带动了不可避免的社会伦理道德系统的重新构架，在商品意识的冲击下，一方面人们看到了新的多元化的世界，对生活有了多种选择，一方面大批的舶来意识把人类心灵深处贪婪、自私、侵掠、唯利是图等等魔鬼从禁锢它的瓶子中打开，它们在神州大地上空扇动着黄金的翅膀呼啸而过，造成了社会传统道德体系的坍塌，大批的人们眼皮上不是贴上了人民币，就是嘴唇上盖上了官印，张眼唯钱是望，开口唯权是讲。铜臭、权臭如滚滚污黑的脏水横流，大批的人们巴望一夜之间把牙齿都露出来以便吞噬他们的同事、朋友、亲人，甚至妻儿父母。哥布站在哀牢山的岩石上，唱着真纯的歌，有良知的人读到它，会为自己一些龌龊的想法而羞愧，它可以感动他们，使他们爱自己的母亲、父亲、朋友、邻人、不相识的人，爱他们家乡的河流、山峦、树林、鸟鸣、鸡啼，爱一切美的东西。

3．诺晗（1956—）

汉名李永万，元阳县人，曾在昆明市文联任专业作家。从1980年开始创作，发表过散文和中短篇小说上百万字，是一位用功很勤的作家。已出版散文集《火塘边的神话》、《蕨蕨路》、《留在二十世纪末的脚步声》，散文《太阳》选入《中国当代散文选》、《当代散文百家》等集子，《山间又响马铃声》编入全国统编教材全日制小学语文课本第十册，选入《记叙文选评》。曾获第二届全国少数民族文学创作奖、国际和平征文二等奖等多项奖励。

诺晗发表过不少小说，但其创作以散文为主且较有特色。他的散文清新明朗，具有哀牢山丁冬山泉般的韵味。他受哈尼族传统文化的影响很深，但不像哥布那样直接来自民间文学，而带有较大的创作性。他把对母族、母亲、母亲之山的眷恋融进诗意的散文意境中。他热衷于描写哀牢山哈尼山乡的一切人和事：父亲使用几十年的火镰，母亲背了一生的背篓，与小伙伴们撮鱼拿泥鳅黄鳝的嬉笑，山间小道上丁零丁零的马铃声……都在他的散文里给予温柔的抚摸。因而他的散文带有几分女性的羞怯和细腻，带有几分隐隐作痛的快意，潜入读者的心灵。

4. 艾扎（1956—）

汉名李永林，元阳县人。早年曾在元阳县文化馆，从事民间文学调查整理工作，后调红河州文联，现任《九龙池》主编，曾发表过几十个中短篇小说，在哈尼族文学工作者中有一定影响。

艾扎的边地小说散发着浓重的红河峡谷的气息，红河的江流、山冈、森林、草果栽培地、马帮、赶马哥、哈尼勇敢英俊的小伙子、傣家美丽温情的姑娘、瑶山妹子……甚至盗墓贼等等，统统收摄在他的笔下，构成了红河流域各民族共生共居共同交流发展的社会风情长卷。他的特点在突破了专写哈尼一族的格局，在很多小说中描写了哈尼族与其他民族的关系，如获1985年第二届全国少数民族文学创作奖的短篇《金凤花》、《红河水从这里流过》等等，描写了哈尼赶马哥与傣家姑娘的爱情、傣家姑娘与外来汉族民工的爱情等等，作者力图勾勒出红河两岸立体化的多侧面多层次的生活状态。

5. 黄雁（1963—）

墨江县人。自幼在无量山里长大，后考入西南民族学院中文系，毕业后在思茅地区党校任教，发表了很多散文和中短篇小说，是有一定创作实力的哈尼族女作家，小说《无量的大山》曾获云南省1989～1990年优秀文学创作奖。

黄雁的作品一如她的性格，多愁善感又野性十足，有一种山野的美丽。她善于从大山中生息的哈尼人浑厚的品格中提炼出纯净的人性美，再用浓重的色彩加以描述。如《无量的大山》中被如山的妒忌封锁在山中的爷爷，老猎山上被陈旧的风俗困惑得几乎丧失人性的人们（《樱花泉》），在对神树这传统的冲击中相恋而死的情侣（《天火》），甚至一些简洁的短篇散文（如《野樱花》）中，无不渲染着古老厚重的色彩。

6. 史军超（1946—）

在文化研究的同时进行文学创作，以中长篇小说为主，现已发表《翡翠朱雀》、《蓝眼》、《荷花魂》、《走私女人》等四部长篇和《魔鬼阳台》等中篇及散文多篇。他的作品经常围绕一个激烈冲突的事件在跌宕起伏的情节中展现人物鲜明又复杂的性格。他恪守古典作家蒲风的名言"情节是性格的历史"，把描写人物性格放在第一位。为此他常常隐去具体的时间、地点、民族，造成审美上的抽离感。他的创作与其他哈尼族作家有不同的风格。

7. 朗确（1946—）

勐海县人。曾在山区粮管所工作多年，现在勐海县政协工作。发表过数十篇散文和小说，搜集整理过大量的民间传说故事，其中散文《茶山新曲》获全国首届少数民族文学创作奖和云南省文学创作优秀作品奖，民间故事《小鸡报仇》获云南省民族民间文学奖。

朗确是一个把生命投入哈尼族文学事业的人，早在60年代，他看到傣族老歌手康朗甩、康朗英创作的长篇抒情诗《流沙河之歌》和《傣家人之歌》，就想到，傣族有自己的诗人，哈尼族为什么没有自己的作家？于是他就在粮管所的仓库里，一边扶着板秤拨着算盘，一边写作，创作出新民歌《心窝里激荡着金水河的波浪》发表在《西双版纳报》上，由此开始了创作生涯。有为民族文学献身的思想境界，他成为哈尼族获得全国少数民族文学重大奖励第一人就不是偶然的。

朗确的小说和散文一如他的性格，稳健、朴实，深挚的感情永在平静的描述中潜行着。他总是用多情的目光凝视着自己民族的所有生活，所有的人物和事件与风情，他笔下有《姑娘寨的女村长》，有各种各样的《山民》，有《痴情女》、《野女》和《傻尼野丫》，有《寡妇桑娥》和《歌手的妻子》，还有《阿波搓当的遗嘱》和《院里的蛐蛐声》等等（以上均作品名）。他描绘了一个独特的偡尼人的缤纷世界。

朗确善用白描手法，短篇小说《歌手的妻子》和《院子里的蛐蛐声》很能代表他的创作风格。

除前面介绍过的几位外，哈尼族作家、作者还有冯德胜、陈曦、莫独、艾吉、白茫茫、施达、明追（女）、门图、车明追（女）、王家彬、李少军、李克山、李雄春、罗理诚、明珠、钱颖、卢文静、李松梅等等。哈尼族作家作者们用赤诚的爱恋和辛勤的汗水耕耘着文学的沃壤，创作出一批有一定质量的小说、诗歌、散文和报告文学作品，这些作品曾在《人民文学》、《当代》、《十月》、《萌芽》、《边疆文艺》、《大西南文学》、《滇池》、《云南日报》、《个旧文艺》、《红河文学》、《思茅文艺》、《版纳》等省内外报刊上发表，还有一批作者在多家出版社出版过作品集和单行本，有的并在国外和港台报刊上发表过作品，许多作者的作品曾多次获全国和省内外文学奖。

这些作者的创作构成了哈尼族作家文学多姿多彩的面貌。

在全国性报刊发表过50多万字作品，出版有系列风情小说《远方有个世界》，四次获文学奖，被《中国当代青年作家名典》、《中国少数民族作家大辞典》收录的冯德胜（1961—），就以热烈的感情和圆润的笔致叙述了《家窝窝里的故事》和《山窝窝里的故事》。

发表过散文集《怀念远山》和诗集《沾着青草味的乡情》的陈曦（1963—）和艾吉（1964—），创作样式虽然不同，却有共同的情愫和文学观点。他俩都是离开哈尼山到城市里工作的青年，外面世界的现代文明给予他们的都是相同的感受，人与人的隔膜使他们倍加怀念生养他们的哀牢山。于是陈曦苦苦怀念远山，艾吉在心底久久回味那沾着青草味的乡情。陈曦的怀念使他拾掇起昔日生活中的事物，当时那些不经意的日子现在格外显得珍贵、亲切而惹人心眼。

出版过小说散文集《没有栅栏的地平线》的白茫茫（1963—），绿春县人，云南大学法律系毕业，曾从事过教学、教研、民族语文编译、行政管理工作，现在云南省人大常委会工作。1985 年开始创作，有散文、小说、文艺评论三百余篇发表。他的小说和散文弥漫着忧郁浪漫的气息。与许多年轻作者一样，他也以白云眷恋山峦一样的情怀苦恋着自己的故土。其创作特色在善于从司空见惯的生活琐事中发掘哈尼人心的独具之美。

在忧郁与浪漫一点上，生活在西双版纳偎尼山上的明迫（1962—）与白茫茫颇为相近。这位富于浪漫才情的女作者曾发表过多篇散文和小说，使其在哈尼族作者群中占有一席之地。她的作品往往营构出偎尼山寨浓重的神秘色彩和山林气息，一切的故事和诗情都在此氛围中弥漫延展，如小说《山洼里有一座茅屋……》就是这样的作品。

发表过报告文学集《哈尼弄潮女——市场经济大潮中哈尼妇女十杰》的王家彬（1957—），也是一位很有个性的作者，他独辟蹊径，在报告文学的花园里埋头耕耘。他的目光始终注视着哈尼人的现实生活，因而他的笔总是触及到哈尼人切实的苦与乐，这使得他的报告文学集成为红河州向第四次世界妇女大会的献礼之作。

哈尼族作者们正在文学的长程里跋涉，整体而言，作品的不成熟、欠功力是明显的。作为创作主体心性的修炼、学识的积累、眼界的扩展、不同文化的借鉴等等都还大有加强的必要。但只要不中止、不旁顾、抱一而为之终，哈尼族的文学大著终能问世，哈尼族的文学大师必出现于他们中间。

第三节 艺 术

哈尼族艺术是哈尼族人民心灵和激情的结晶，是其文化造作中最为上乘之品。无论在滔滔滚滚的红河之滨还是大波迭起的澜沧江之岸，抑或登上巍巍古哀牢的峰巅还是走进重重无量山的深谷，耳畔回荡的不是雄沉浑厚的"哈巴"歌声，就是激越高亢的"阿茨"对唱，你目之所及的一切，从童话般一幢幢整齐排列在山腰凹塘的蘑菇房到热闹街子上姑娘大婶们巧手精制的剪纸、挑花、刺绣，凡是吃、穿、用等日常生活器具，以及习俗礼仪中的种种道具神器，更不用说青春恋爱中情侣们相赠的种种信物和吹的、弹的等等乐器，处处触及的都是哈尼人民艺术的生产品，它们是那样富于魅力，匠心独运，使你立刻堕入一个艺术大世界中，为这些美妙的事物所感染。

下面从音乐、舞蹈、建筑、雕刻、纺织刺绣、工艺制作几方面作一介绍。

一、音 乐

哈尼人的一生是与音乐相伴的一生，仅流传于民间的歌调就"有三把头发那样多"。

（一）"哈巴"与"然密必"

在节日盛宴中，产生了在篾桌前边饮边歌的歌种"哈巴"，因民间有"酒是打开歌喉的大门的钥匙"的说法，故又习称"酒歌"。"哈巴"因地异名，有"拉巴""窝活""炯腔""咿帅""扎慈哈巴""扎慈拉巴""扎慈也格""扎慈哟阔"（以上红河地区）和"萨咿"（西双版纳地区）等等称呼。

"哈巴"是广泛适用于一切民俗场合，被认为是可以在任何时候任何场合任何听众面前公开吟唱而不必忌讳和害羞的歌种。它的演唱内容极多，诸如人类起源、民族历史、生产知识、处世哲理、习俗来历、宗教信仰等等，无所不包，被认为是哈尼人教化风俗、规范人生的"大百科全书"。它一般分为"十二奴局"或"二十四窝果"，"十二""二十四"都是概数词，言其极多。"奴局""窝果"是篇章、路数，如已出版的《窝果策尼果》①（"窝果"二十四章）即是，其篇目有《烟本霍本》（神的诞生）、《俄色密色》（造天造地）、《查牛色》（杀查牛补天地）、《毕蝶凯蝶则蝶》（人、庄稼、牲畜的来源）、《湘窝本》（开田种谷）、《雪紫查勒》（采集狩猎）、《普祖代祖》（安寨定居）、《虎玛达作》（年轮树）、《直琵爵》（头人、贝玛、工匠）、《昂玛突》（祭寨神）、《厄朵朵》（洪水泛滥）等等。这繁多的内容可供不同场合的需要而吟唱。

"哈巴"在演唱调式上一个最显著的特点是首句的引词和副句的赞词。引词为歌手起始句用词，各地有不同形式的引词，如"萨——""萨咿——""萨啊咿——""萨咿——萨""萨拉啊咿——""厄瑟勒亚啊咿——""索厄索拉咿西哩哩索"。最长的甚至有"萨拉比德萨多布居克施窝厄"等等。这些虚词都是引发歌吟的衬词和叹词，多为"太好呀""好极啦""合啦""实在喜欢呀""让他兴旺呀""是这样的啦"等意，表达一种热烈的情绪。歌手吟毕一段，或吟唱到高潮之际，听众会不约而同地举酒应和，热烈赞道："萨——萨！"或"索厄！索拉咿！索！"这往往是对歌手吟唱的夸奖或对歌中内容的呼应，如"唱得实在合啦""是这样的呢"等等，往往歌者和听众随吟唱节奏高潮的起伏跌宕心心相印，同声相呼，同气相求，场面气氛极为热烈、

---

① 《哈尼族古歌》，云南民族出版社，1992 年。

投入。

　　吟唱"哈巴"时，不论歌手如何威名显赫，起首总要有一段谦词以示虚心，这是哈尼人传统美德的体现，也是造成歌手与听众融洽气氛的形式。如《窝果策尼果》开头就有这样的词句（虽然歌手朱小和是哀牢山区名声远播的大贝玛）：

　　　　萨——咿——萨！
　　　　讲了，亲亲的一娘生的兄弟姐妹！
　　　　唱了，尊敬的一寨的阿波阿匹！
　　　　请听我把先祖的古今来讲，
　　　　请听我把哈尼的窝果来唱。
　　　　今晚的火塘凑足了九山的栗柴，
　　　　红红的火光把蘑菇房照亮。
　　　　……
　　　　亲亲的兄弟姐妹，
　　　　我不能跟远古的诗王来比，
　　　　我不能跟热地方贝那的玛厄并提，
　　　　我的智慧只有他的小手指甲那样大，
　　　　我的记心还不到他的一半；
　　　　我也不能跟多娘高山的诗王来比，
　　　　多娘的诗王是嘎天和嘎昌；
　　　　……

　　大段的谦词之后，才是本歌内容的展开。
　　由于"哈巴"是在喜庆年节场合吟唱的，每段歌节之后听众常常加人伴唱助兴，使这类歌种具有主唱伴唱的节律和自由多声部的形态，而且在不同时节、场合选唱不同内容，更使"哈巴"吟唱贴人心怀。如新米节或尝新节时吟唱"哈巴"《活息扎》①：

> （领）萨咿——
> 一年有着（啰）三百六十五天，
> 十三天一轮永不变；
> （阿）按日（墨）计算（啰）一轮到了（是啰），
> 按轮计算就到月份，
> 呃萨咿！
> 按月算去就到一年（贝呀）。
> 一年（啰）要过三个年，
> 一次不到三回献。
> 萨咿！
> 不是秋季吃团（过年），
> 不是夏季（一回）六月的年。
> 哈尼休息拿来新谷，
> 谷穗挂在房间（瑟厄德）。
> （众）萨——咿！

表现出经过一年的辛勤劳作，时序入秋，漫山金黄，丰收在望，人们心情的激荡和欢乐，一种劳动创造的成就感与自豪感油然而生。

在一般性的节年聚宴中，都要唱叙造天造地、始祖诞生等等"哈巴"，下面这支《天黑天亮的歌》② 就是其中之一，唱式是两人对唱：

---

①红河县歌手演唱，李元庆记录。
②红河县歌手演唱，李元庆记录。

（甲领）：是呀，让他幸福（咿勒）！

　　是呀，给他兴旺（仰德）！

　　让天亮的曾是哪个（阿玛德）？

　　让天亮的是有一个（仰德）。

　　让天黑的曾是（百勒咪嘀约然）哪个（阿玛德）？

　　让天黑的是有一个（仰德）。

　　大的阿哥兄长在上，

　　老的阿爷年高寿长。

　　（众）萨——萨！

　　（乙领）：是呀！让他幸福（咿勒）！

　　是呀！给他兴旺（款德）！

　　让天亮的：

　　天边白色姑娘脱把（嘞德）！

　　让天黑的：

　　最先生的老祖舍撤（嘞）。

　　相爱的伙伴亲如兄弟（阿玛），

　　你我相处父子情谊（嘞）。

　　（众）萨——萨！

　　哈尼族任何时候都不忘对前辈先祖和伟大神灵在血缘亲属关系上的认同，大家都来自同一个时代（洪水荒年、天黑天亮等），来自同一个祖先，彼此任何时候都有着先天的亲缘关系，因此都是"亲亲的一娘生的兄弟姐妹"（此为"哈巴"中最常用的开头语）。这样，在"哈巴"悠扬的歌声中，民族团结了，信心增强了。可以说，哈尼族千百年来就是用"哈巴"把所有的成员紧紧相连的，因此，"哈巴"也成为各地哈尼认祖归宗、结亲访友的标志，"哈巴"一出口，十代百代不见面的弟兄就相知相识了。

这就是"哈巴"的礼仪规范作用、愉悦身心作用、知识传授作用、道德教育作用、民族内聚作用。

嫁姑娘讨媳妇，这是人生欢乐喜庆的最盛大场合，在此场合不但演唱"哈巴"，而且要唱叙婚姻娶嫁的来历、变迁等一系列神话、传说、故事、礼仪等等内容。为适应这一庞大文化系统的需要，便产生了"哈巴"的特殊种类"然密必"（嫁姑娘），或称"然密必克玛色"（红河地区，意为嫁姑娘讨媳妇）、"呀密衣"（西双版纳地区，意为嫁姑娘）。

"然密必"调式与一般"哈巴"并无二致，但内容、气氛、情绪及表达的效果却别有天地。它包含以下这些内容和形式：

苏密衣（出嫁去。出嫁者、亲友可唱。红河地区）

密威威（姑娘哭。出嫁者唱。红河地区）

呀密衣乃威（出嫁姑娘哭。出嫁者唱。红河地区）

呀密威（姑娘哭。出嫁者唱。西双版纳地区）

活恰恰杂（吃离别饭。出嫁者与女伴唱。红河地区）

约却瑟赫（伙伴送行。女伴唱。红河地区）

汁多日（喜酒歌。歌手主唱。红河地区）

阿拉答（贺喜歌。歌手主唱。西双版纳地区）

等等。还有实施礼仪、祝福新婚、道德说教、倾诉别情，乃至求索礼品、发泄怨恨等。"然密必"能够满足婚嫁礼俗中不同角色的人们的种种要求。

如元阳县歌手朱小和唱的"然密必克玛色"：

萨——咿——萨！

讲了，亲亲的一娘生的兄弟姐妹，

听我把远古时候嫁姑娘的古今来讲！

……

庄稼下种的古今不讲出来，
大田里收不回一捧的庄稼；
牲畜下种的古今不讲出来，
畜圈里不会有一根牛毛；
世人下种的古今不讲出来，
大地上不会有人的影子；
嫁姑娘讨媳妇的古今，
是哈尼最好听的古今呵！
嫁姑娘讨媳妇的古今，
是先祖最难得的古今呵！①

然后唱叙了天神怎样开了婚嫁的头，一对小伙伴从小如何在一起玩泥巴、做家家、放鸭子、砍柴、背水；长大成人后，又怎样谈情说爱，直到情投意合、媒人说亲、父母哥嫂如何定夺婚事、婚礼、新婚蜜月、生儿育女的过程。在现实生活里，人们也是依照这一套规范来做的。

（二）"贝玛突"和"密刹威"

这是在祭祀祈祷与丧葬礼仪中产生的两种歌调。前者主唱人是贝玛，他同时是祭仪的主持者，因而叫"贝玛突"（贝玛祭）或"摩批突"。后者是丧仪中专司哭唱丧歌的"嵯厄厄玛"（女哭丧人）或亲友（女性）演唱的。

哈尼族奉行万物有灵的原始宗教，神灵鬼魅之多，难以尽数。为适应对各路神鬼祭奠之需，"贝玛突"的内容就异常庞杂了。从种类来分，大体有以下四种：

———————————
①《窝果策尼果》，第16章。

第一种"涅突"（祭鬼神），又分：

　　昂玛突（祭寨神）

　　伙别呀兹（砌破家）

　　活拖拖答（保家庭）

　　扭杂吉（驱逐房屋之邪鬼）

　　厄梭布（祭水井，又称罗活索）

　　布都衣（驱退出去）

　　那跌（撵鬼）

　　阿伙伙（吓蚂蚁）

　　……

第二种"苏拉枯"（叫魂），又分：

　　如拉枯（叫心魂）

　　约哈枯（叫身魂）

　　拉库枯（叫大人魂）

　　热拉枯（叫小娃魂）

　　西拉枯（叫死人魂）

　　伙拉枯（叫家魂）

　　卡拉枯（叫五谷庄稼魂）

　　……

第三种"游批"（贝玛睡觉，指贝玛躺在床上进入神灵附体状态），又分：

　　游批（贝玛睡觉）

　　阿乌如（走入地狱）

　　阿乌游（睡地狱）

　　密爬嘎（游荡阴间）

　　阿乌勒（躺下边）

　　……

第四种"斯批突"（贝玛祭祀死人），分60套丧歌，如果60章全部唱齐，则为最高葬礼，其余各等葬礼则从中选择若干套路演唱。

"贝玛突"所吟唱的内容总括起来称为"黑遮其洼夺"，即"祭词一万句"（此处"一万"也是言其极多，实则不止万句）。"黑遮其洼夺"之下大体分一般性祭祀用的"察批黑遮"与专为丧葬祭祀用的"斯批黑遮"两类，现已出版的有《斯批黑遮》（云南民族出版社1992年版），凡1万余行，75章，有"孕育万物""婚恋""丧葬""惜别"等等。此书全面概括了哈尼族社会历史发展的轮廓，描绘出哈尼先民们劳动生活的图景和他们的观念形态。

演唱方式以贝玛主唱，众人应和；给家人叫魂时，则由亲属打和声。"斯批黑遮"个别套路的演唱有助手打和声。

葬仪中最有特点的歌种是"密刹威"即哭丧歌。因其以悲怆的哭音"嗯－哼哼"为起始句，故又称"嗯哼哼"。

"密刹威"的特点除歌手为女哭丧人外，必须且哭且歌，以歌代哭，宣泄悲痛，悼念亡者。女歌手必是训练有素、肚才八斗的能人。她虽以亡者女儿的身份（或未亡人身份）哭丧，但内容所及广博深厚，且是哈尼族文化中一大系统。它历数父母生前建家立业的辛劳、养育儿女的恩德及如今别离之痛等等，音调悲戚，情感真挚，随着每句起首的"嗯哼"之声，在场的人们无不涕泪泫然。如元阳县"嵯厄厄玛"罗雍姒演唱的"密刹威"：

嗯哼——欧！
嗯——哼哼！
萨咻——
在这吉祥的兔年，

　　　　在这陪伴老人回归祖籍的夜晚，
　　　　我真怕那戴着七层红冠的雄鸡叫醒太阳啊，
　　　　我真怕那明亮的启明星驱散黑暗啊！
　　　　嗯哼哼！嗯哼哼！

　　然后唱她怎样告别自己的丈夫，叫他哄好孩子，因为她要到别家去唱"密刹威"。再唱到了丧家，看到种种丧具，于是逐一唱来，锅瓢碗盏、鸡猪牛羊、棺木丧桌、发丧人群等等，当然重点是唱叙丧者生前的功劳品德。这所有的事物都唱毕，往往要几天几夜，如杀牲献祭的一只鸡，则要从鸡的诞生唱起。鸡原来是野生的，先祖们将其逮来加以驯化成家鸡，鸡又如何下蛋抱蛋，如何具有唤醒太阳的威力等等，极尽其详。所以，"密刹威"实际是哈尼族的知识大典及一个哈尼人人生历程的记述。

　　有趣的是，当每一段歌哭完结，歌手却神情一变而为谈笑风生，甚至有人还要求将她演唱的录音播放一遍，人们边欣赏她的歌哭，边称道她的才华。死亡如果是在寿终正寝的人身上降临，哈尼人认为这不是悲哀而是欣慰，因为他可以摆脱尘世的劳累，到祖先大寨安享他应得的欢乐，在这一观念之下，"密刹威"的歌哭实际变为一种程式，整个丧仪也变成生者们团聚的一种盛会了。

　　（三）"阿尼托"和"然谷纳差昌"

　　这是两种哄小娃、领小娃的歌，"阿尼托"是"哄小娃的歌"，"然谷纳差昌"是"小娃玩（游戏）的歌"。"阿尼托"一类摇篮曲在大多数民族中以母亲为唯一的吟唱者，而哈尼族则不仅有母亲，而且有父亲、叔伯、爷爷、奶奶的"阿尼托"，还有同辈儿童的"阿尼托"。由于演唱者身份不同，歌中对被吟唱的小娃的希望和抚慰也是不同的，当然目的都是哄小娃安睡，倾注对幼儿的抚爱。

"阿尼托"的曲调悠长、低缓、温柔，多为舒缓的慢板，如元阳县歌手罗贝德唱的《心肝哟，睡吧》（李永林等记词）：

> 呃呃呃呃——
> 睡吧，心肝（哟哦）睡吧。
> 不打（哟）心肝（唉），
> （培儿呃呃呃！）阿乖是（哟）乖（哟）；
> 不骂（唉），你是心肝宝贝。
> 睡吧！

"然谷纳差昌"是儿童游戏歌，歌咏方式是边舞蹈、边唱歌或边拍掌边歌唱，有齐唱也有对唱。它的创作者和传授者是成年人，演唱者是儿童，当然也有儿童自编的。这是儿童娱乐身心的方式，也是一种特殊的文化教育方式，其内容极广泛，包括万物形成、生活趣事、生产习俗、山野放牧、社会组织等等，远比一般童谣儿歌广博，俨然构成一个大体系。当然这一切都是以适合儿童游戏的方式、旋律、唱词结构形成的，从而有效地达到寓教于乐、娱乐身心、联谊友情、启迪心灵、承继传统的作用，同时体现着哈尼族对后代的深情与期望。

著名的有"阿迷策""巴拉拉独德"等。如元阳县卢朝贵唱译的"阿迷策"（李元庆记）：

> 姑娘（啰）唱，
> 唱的（啰）饱，
> 饱的（啰）好，
> 撒把（啰）灰；

好谷子睡倒，

扶起让它好；

好是地神给，

地神开大地，

大地饭碗多；

作料吃的动物，

动物吃的草木，

草木吃的藤条。

……

（四）"阿茨"

即山歌，唱山歌叫"阿茨咕"。山歌因在山野中唱，与在聚宴桌前吟唱的哈巴严格区分开来，因起始引句的衬词不同，又有"萨咿是哈巴，咿乌是阿茨"（"哈巴"以"萨咿"起首，"阿茨"以"咿乌"起首）之说。

"阿茨"分劳动歌与情歌，但二者常紧密相连，即在劳动中歌唱爱情，在谈情中歌咏劳动。其中又以白天和夜晚、对唱者距离的远近等因素的不同分为大声放歌的"茨玛"、中声徐唱的"罗白"和小声低吟的"茨然"。演唱方式则有独唱、对唱、齐唱、主唱伴唱、弹唱等种，其中也常出现自由和谐的多声部状态。无论是咏物言志的山歌"阿茨"、插秧时唱的"栽祝阿茨"，还是情侣相依时低吟浅唱的小声"茨然"，都是为了适应人们的不同需要而制作的，即为了抒发情愫、愉悦自我、振奋精神、劳作助兴，或相互探情、表达爱慕，或激发感情、分享欢乐，乃至显示才能、增进了解、建立爱情、达成结合。"阿茨"正是以这些独树的功能备受男女青年们喜爱，成为他们社交和歌舞场中的好伙伴。

阿茨有以下别称：

拉拨机（相爱歌。元阳县）

波嵯拉巴（生人的歌。绿春县）

阿期（恋歌。西双版纳地区）

……

大声放歌的"阿茨"（茨玛）有：

莪祝阿茨（栽秧调。红河地区）

觉巴多巴（高山矮山相恋。元阳县）

活巴阿茨（"那边"相恋。红河县）

巴莱（找伴。红河县）

玛达（大山歌。绿春县）

……

中声徐唱的"罗白"有"茨鸠鸠""多格"（说话）等。

小声低吟的"茨然"有：

多甲（说话。红河县）

初夺（夺情人。红河县）

八威威夺（相爱咒语。元阳县）

吴吉坡昌（夜歌。勐腊县）

约的（低语缠绵。勐海县）

如红河县歌手杨居洛唱的"阿茨"《话不要忘记》（李元庆记录）：

（领）（阿德德哎！阿乃哎！阿乃哎！）

那个（把那阿）巴乌好（哟）听（列格施哎），

（阿哎）舌簧（哎）不要失去（呗）；

伙伴直笛（哎）好（哟咧）听（罗托哟咧），

竹子（咧呃）塞头不要失去（呗）；

伙子（啦）说话（呀咧）好听（衣阿哎唉），

嗓子不要失去（唰白）；

伙子（啦呃）唱的不如知了好听！（哎咪的哎），

话儿可别（哎）忘记（阿唰唻）。

（伴）：阿德！阿德！阿德白！

（五）"罗作"调

"罗作"是哈尼族喜好的集体舞蹈形式，"罗作"调为其舞歌。

歌舞被广泛用于人们的各种社交场合，舞歌是这一功能的催化剂，俗有"不跳罗作脚杆痒，不唱罗作嘴巴痒"之说。

"罗作"调一是给舞蹈助兴，二是调节舞蹈节奏快慢。其特点是边舞边唱，并伴以乐器，其中又有男女对唱、齐唱、主唱伴唱几种形式。"罗作"歌舞的功能，于节日则增添欢乐，于葬礼则淡化悲伤，于社交则男女同乐。其内容除鼓动歌舞热情外，与情歌有较多联系。就类别言，大体有以下几种：

罗作（舞歌。红河地区）

波罗撮（波罗舞歌。元阳县）

博从都厄（敲竹筒舞歌。勐腊县）

咚博撮（咚博舞歌。勐腊县）

得博撮（得博舞歌。勐腊县）

戛萨撮（爱乐舞歌。勐海县）

平时不同年龄层次的人使用歌调时各有侧重，老年人和壮年人多用"哈巴"，青年男女多用"阿茨"和"罗作"（但在集体情恋的"阿巴多"场合相邀对唱时，则"哈巴""阿茨"兼用），儿童则用"阿尼托""然谷纳差昌"等。另外，随着时代的发展，古老的歌调内容也发生了新变化，中华人民共和国成立后产生了一大批唱翻身解放的"哈巴"和"阿茨"。尤其近年来，随着改革开放的深化，这些古老调式唱出了新声。

比如：

"哈巴"——《白天黑夜的歌》

1 = C　6/8

罗 给衣　　德　　咪 克克 衣 咱

阿 塔 厄 觉 衣　　　　勒

咪 巴 巴 咱 格 巴 咪 卜 脱 巴 愁 来

咪 克克 衣 咱 阿 上 鱼 莫 于

舍 撒 搓 莫　　　德 （众）

萨　　　萨！

——李荣光记录

歌词译意：

"萨啦啊咿！让天亮的是有一个，让天黑的是有一个，让天亮的是那天边洁白的脱巴姑娘，让天黑的是那天上的老人舍撒阿波。"

"密剎威"——《亲爱伙伴心上的人》(搓达剎威)

1=C　♩=一拍　悲痛欲绝　哭声贯穿

（曲谱以此重复，下略）

歌词大意为：

"亲爱伙伴心上的人（唉)！今日分开了再也不见你身影。我这来看你呀，不见你的面（呀），亲爱伙伴心上的人（唉），只有一对手镯空留我身边（唉)。"

（许克周唱　李元庆记录）

"阿尼托"——《姑娘俏》(阿迷策)

1=G　2/4　稍慢幽静地

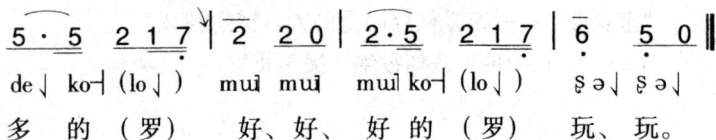

多　的　（罗）　好、好、好的　（罗）　玩、玩。

（红河县老博新寨唱法　李元庆记录）

《竹子尖会弯下来》(茨玛)

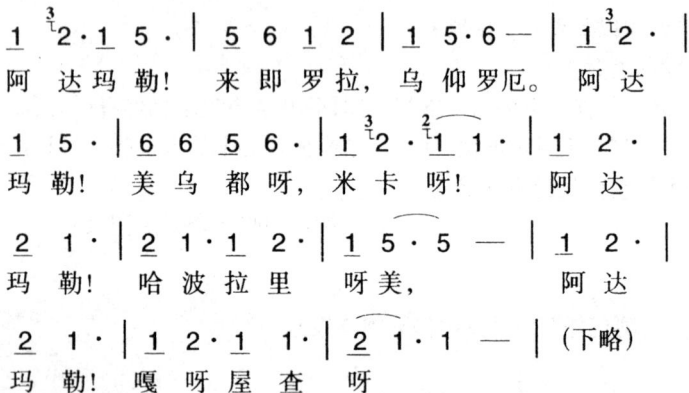

歌词译意：

"阿达玛勒！竹子尖尖会弯下来，在风中摇摆，手伸长会朝里弯过来，心爱的姑娘，我们一起玩吧，你快回来！"

（李荣光记录）

"罗作"——《不跳罗作脚杆会痒》(罗作)

1 = G $\frac{2}{4}$

5　6　5　5 | 5　1　6　1 | 5　4　2　5 :‖

(语音)	lo↓	tso↓	ma↓	tshu↓	a↓	khə↓	si↓	ja↓	(tsɗ	SE↓	tsɗ)
(直译)	罗	作	不	跳	脚杆		痒	有	(作	赛	作)
(意译)	不	跳	罗	作	脚杆		会	痒	(作	赛	作)
	lo↓	tso↓	tshu↓	lo┐	a↓	khə┐	ma↓	si┐	(tso┐	SE↓	tso┐)
	罗	作	跳	来	脚杆		不	痒	(作	赛	作)
	跳	起	罗	作	脚杆		不	痒	(作	赛	作)

(红河县磨勺乡李萨厄唱 李元庆记录)

"罗作"——《跳铓鼓》(得博撮)

1 = ♭B $\frac{3}{8}$

5　3 | 3　6 | 5　3 | 3·　3· |

(语音)	də┐	po↓	tsho↓	(E┐)	də┐	po↓	tsho↓
(直译)	鼓	铓	跳	(哎)	鼓	铓	跳
(译配)	跳	铓	鼓	(哎)	跳	铓	鼓,

3 2 | 1 6 | 6 1 5 3 |

dɤl po↓ ma↓ tsho↓ mɯ↓ ʅ↘ al kɤ┤

鼓 铓 不 跳 要 时 脚 杆

不 跳 铓 鼓 脚 杆 就 会

6 2 | 2 · 2 · 1 6 |

na↓ ȵa┤ (Eʅ) dɤl po↓

疼 会 (哎) 鼓 铓

痒 疼 (哎) 鼓 铓

6 2 | 1 6 | 6 · 6 0 0 ‖

tsho↓ (Eʅ) dɤl po↓ tsho↓

跳 (哎) 鼓 哎 跳

鼓 (哎) 跳 哎 鼓。

歌词大意为：

"跳铓鼓（哎）跳铓鼓，不跳铓鼓头脑就会昏（哎），跳铓鼓（哎）跳铓鼓。"

（勐腊县黑桑唱　李元庆记录）①

配合丰富多彩的歌咏和舞蹈，作为抒情表意、宣泄心灵情感的工具，哈尼族还创造了许多富有特色的乐器。如弹拨乐器有大三弦、小三弦，吹奏乐器有四弦琴、牛腿琴、笛子、大巴乌、响篾、树叶、策简（以木头制作形同唢呐的乐器）、哩噜（草秆制作的乐器）等，打击乐器有铓锣、牛皮鼓、镲等，弦乐有二胡等。响篾、小三弦以其优柔、缠绵、细腻，适宜抒发内心幽深的震颤而为姑娘们喜爱，笛子、巴乌以其热烈、奔放、活跃，便于

---

①本文"音乐"一段主要参考李元庆《哈尼哈巴初探》（云南民族出版社，1989年）、李荣光《哈尼族民歌概述》资料本。在此一并致谢。

表达炽热的情感而为小伙子们所钟情。

大巴乌是哈尼族特有的乐器，传统大巴乌用直径约为三厘米的竹子做原料，长四十厘米左右，开有六个孔，吹奏口侧内安上铜质簧片，吹起来音色雄浑优美，音域宽广深沉，把哈尼人大山般宽阔豪迈的情感和深厚的胸臆抒发得淋漓尽致。元阳县俄扎乡、绿春县戈奎乡的哈尼青年，在谈情说爱时常用大巴乌、三弦、笛子伴奏，听来格外动人心弦。由于大巴乌的音色优美，音质纯正，表现力丰富多彩，音乐界许多专家被其吸引，纷纷前来学习。云南省歌舞团的音乐家将其加以改造，器身除竹子外，加以金属装配，簧片也进行改装，大大提高了大巴乌的品质，使其音量扩大，音质提纯，音色更美，由此获得国家艺术大奖。其吹奏的哈尼大巴乌节目不但在国内音乐界广受欢迎，而且在国际上获得好评，几度应邀到巴黎、东京、旧金山等地演奏。

叶号（哈尼语称"墨基"或"墨毕"）也是哈尼族独特的吹奏乐器，它是女性表达情爱的传情之具。传说从前哀牢山中一个美丽的哈尼寨子有一对相恋的青年，后来敌人入侵家园，小伙子为了保卫乡土，奋身杀敌战死，姑娘来到他们相会的小溪旁追悼情人，满腔哀痛无法表达，便顺手摘下一片姜叶凑近唇边，她的气息冲动姜叶，发出了颤颤声响，宛如她战栗深情的心灵之声，于是她制作了叶号，使心声完美地宣泄而出，从此，那低回、委婉、如泣如诉的叶号声就萦绕在哈尼的山巅和林间。哈尼族女性心智性巧，她们用所居之地丛生多种植物之别，摘取一片野姜或芭蕉叶，通过适当的口腔气流变化，使树叶发出不同的音阶，左手在号口或捂或扇或抖，使叶号产生优美悦耳的颤音；右手手指在号口起落闭合，使这声音产生不同音色的变化。有了这些吹奏法，叶号曲调就变得动听优美；吹奏时或如高山急流一泻而下，或如晚风过林徐迂委婉，完全可依心情的变迁而不同。旋律以级进和三、四度跳进为主，起伏徐疾与哈尼语的自然语势相近，叶号适宜表达青年女性心灵的欢跃和情感的缠绵。

二、舞　蹈

　　哈尼族不但能歌，而且善舞，舞蹈在哈尼族生活中无处不在，婚丧娶嫁离不开舞蹈，节庆祭典离不开舞蹈，可以说一个哈尼人自他出生之日就面对着舞蹈——生儿育女的舞蹈是碗舞；长大择偶谈情的舞蹈是罗作舞；直到他寿终正寝，送他到"祖先大寨"去的也是舞蹈，而且是更为繁杂隆重的舞——扇子舞、刀叉棍棒舞、莫搓搓舞等等。

　　哈尼族众多舞蹈可归入两大类别：祭祀舞和自娱舞。

（一）祭祀舞

　　1. "涅哈克罗嵯"——鬼舞。这是葬仪中的系列舞，由以下几种组成："冷惹嵯"，即葬尸舞。由两位年轻女性赤裸身躯站立葬者之门，视前来送葬者是否按民俗规定携带礼品（民规习俗：送葬时，舅舅须送一条牛，姑妈须送一只猪等等），如礼品不符身份，则二女子披发起舞以示羞辱，使其立即返身回去再携礼品。"冷惹嵯"舞蹈中的女表演者如神附体，舞姿狂烈，最高潮时甚至倒地疾呼，尖利的哼啸令人胆寒。此舞又称"要鬼债"，现已难见到。然后是"涅嵯"（鬼跳）和"摩玛"（尸体之舞），由祭司贝玛（有的地方是巫师尼帕）扮鬼舞蹈，为亡灵引路。"涅哈克罗嵯"历史古远，清·乾隆《开化通志·风俗·人种》卷九载："窝泥丧无棺，吊丧者击锣鼓摇铃，头插鸡尾跳舞，名曰洗鬼，忽饮忽泣三日，采松为架，焚而葬其骨，祭用牛羊，挥扇环歌，拊掌蹈足，以征鼓笙为乐。"即为此舞。

　　2. "书独"——跳鼓（鼓舞）。此舞广泛流传于哀牢山哈尼族聚居地区，而以红河县羊街区奕车人的最为古朴。"书独"规范化的表演程式计有十二套路，表演者为精通古典而又舞艺高超的长者男女二人，在一牛皮大鼓之前，分站两侧，另有一击鼓者，舞者着玄色长袍（祭仪用衣）相对而舞。每一舞段均有相互触摸动作，或四肢，或躯干，最后舞段结束，即达到高潮，舞者腾跃于鼓上骑坐。此舞为祈神护佑庄稼丰收、人口兴盛之舞，有明显的性崇拜意味，风格古拙神秘。

"书独"另一形式称"独瑟瑟"，即"跳玩"，虽然也是二人于鼓前对舞，但动作灵动自由。舞者按鼓点起舞，舞姿以扭动腰部出胯为特点。

3. "莫搓搓"——老人送葬舞。"莫搓搓"是哈尼族最高葬仪，死者为年高德劭或声望显赫的人，杀牲之牛以十数，祭葬贝玛若干。届时村寨肃然，族人毕至，气氛肃穆。舞时可独舞，也可群舞。舞者持棕扇，伴以铓锣、牛皮鼓的击打，动作粗犷浑厚，虽为送别亡人，但带有热烈的狂欢情调。

4. 棕扇舞。重大祭祀仪中必有此舞。哈尼族居地多在棕竹林木环绕中，棕树和竹子是哈尼族的象征，故有棕扇舞。舞前剪棕叶为扇，型制精巧文雅，舞者可为一人领数人随，也可一人独舞。舞姿端庄典雅，凝重古拙，动作悠缓，气态祥和，与祈神护佑的宗教气氛相吻合。舞时需着哀牢山哈尼族独有的木屐，在叶号、巴乌声中盈盈起舞。此舞十分古典，被舞蹈家搬上舞台后，深受国内外观众喜爱，数度成为云南省和全国舞蹈会演优秀节目。因其节奏、风格、意境与日本的"和舞"极相似，引起日本舞蹈界浓厚兴趣，派员前来研究。

5. "同尼尼"——猴舞。"同尼尼"意为"扭动身子舞蹈"。因其动作特点近似猴子，故又称猴舞，是绿春哈尼族的代表性舞蹈。此舞为祭寨神之后必跳之舞，舞前，舞者需面鼓而立，双手合十默祷，然后展开舞姿。其基本动作是一脚前伸，屈膝舞蹈时常常提起，小腿弹动，另一脚半蹲，臀下坐，双手上下交替，手拊其体，由胸至腰，再环至胸，上身随手之上下旋转，摇臀出胯，左右摆动。有双手手背击鼓、后仰击鼓、凌空腿下击鼓等动作，整个舞姿下稳上活。舞蹈时手、肩、腰、臀、腿均发力，动律极为和谐，富于力量感与柔韧美。

"同尼尼"是悦神之舞，舞者模仿猴子滑稽诙谐的动作，加以意象化以取悦神灵。随着场合需要的不同，其动作有较大变化，如祭寨神、葬仪中祭奠神灵时，动作深沉凝重，喜庆节会时又热烈欢快，嫁女娶媳妇时又热闹诙谐，此时舞者在观众"哦——哦"的喝彩声中达到得意忘形的境界。

6. "胡独补鲁则"——铓鼓舞。这是建水县哈尼族的代表性舞蹈，为祭祀天地、清净村寨、驱邪避鬼、祈求丰年而舞。铓鼓舞的舞祭对象是寨神，在农历二月第一个属龙日举行"昂玛突"祭寨神时举行。地点在村寨中心的铓鼓场上。届时村街上摆满各家抬出的数十桌、上百桌佳肴美馔，人们围坐桌旁，人语欢笑，儿童奔跑，一派节日气氛。这时寨老满脸庄严，举酒吟道：

> 跳铓鼓啊是前辈先祖兴下的，
> 祖先们啊是在我们前头去了，
> 跳铓鼓啊一代一代传下来了！
> 人（嘛）虽说不是过去的人，
> 规矩（嘛）还是从前的规矩！
> 铓鼓（嘛）不是我最先敲响的，
> 最先敲响铓鼓的是高能的天神呵！
> ……

吟毕，洒酒于铓鼓上，持铓鼓绕桌三周，对东南西北四方致礼以示敬告天地神祇，然后击铓三响，宣布仪式完毕，便开始跳铓鼓。此时小伙子们一拥而上，争抢铓鼓而舞。他们步伐矫健，动作刚猛，节奏有力，舞姿粗犷，气氛狂烈。女性则在一旁观看，全寨沉入一片欢腾的海洋中，此场面直到节日完毕。

铓鼓舞发轫十分古远，它除了体现哈尼族创造世界的强大力量外，还保留有各个历史时期生产生活的痕迹，从舞蹈史角度看是十分珍贵的，如舞中有"偏艾养"（弓步绕手势），意为"打扫脚迹印"，就是远古狩猎的遗风，彼时先民们已知狩猎是隐蔽自己的重要性，从而留心扫除地上的脚印。另外，舞者粗犷强悍的风范也是与狩猎这一时代的精神气韵相联系的。又如舞蹈中持铓在身侧划"8"字舞形，身体随之由下而上运动，称为"糊田埂"，脚步前移做"踩步"，后移做"小退步"，意为"踩肥入田"，做"蹲歪步"为收拾工具，做"前拖步"为回寨，挥铓前跃跨步为跳河沟，这些又都与哈尼族的梯田生产相联系。

（二）自娱舞

自娱舞的代表性舞种是"罗作"，这是一个大舞系，依各地不同而变异，主要有以下几种："罗作"（罗作舞）、"波罗撮"（波罗舞）、"梭格梭艾"（梭格梭艾舞）、"把其打"（把其打舞）、"博从都厄"（敲竹筒舞）、"咚博撮"（咚博舞）、"得博撮"（得博舞）、"呆杭车"（爱乐舞）等。

"罗作"的释义不同地区有不同说法，一为"罗"是大家大伙之意，"作"是玩耍之意，即"大伙一起玩"；一为"罗"是增添之意，"作"是欢乐之意，即"欢乐越来越多"或"越跳越欢乐"；一为"罗"是围起来之意，"罗作"即"围成圆圈欢跳"。三者都有道理。因为"罗作"舞蹈不受局限，凡节日喜庆欢乐热闹的场合都可进行；人数多少也不拘。在简洁明快的"罗作"调中，众人围成一圈，拍掌起舞。"罗作"舞因是集体舞，所以要求舞者动作整齐，舞姿干净利落。当然舞蹈动作也有极繁复的，如有斗肩、擦背、斗脚、绕圈等套路。

"罗作"舞最大特点是伴以坚实响亮的拍掌声，舞步未起，首先拍掌，这"哐哐"的掌声又是前奏，又是对众舞者的邀约组织，而且舞者拍，观者也拍，舞者观者的情绪在掌声中应和。数声掌落，人们按节起舞，渐入高潮，而且哪里的掌声最响亮，哪里的舞步跳得最起劲。拍掌是"罗作"最好的伴奏，人们随着掌声节奏的强弱快慢而变换情绪，坚实响亮的掌声激发着人们的豪情，舞自然跳得热烈欢快。作为间歇的轻弱的掌声，则能启迪人们的思绪，舞蹈从而显得悠缓而抒情。从"罗作"的舞步和掌声，可以感受到哈尼人民奔放热烈的性格和纯朴直率的感情。

另外，哈尼族的著名舞蹈还有"白鹇舞""狮子舞""仰阿纳舞""木雀舞""刀叉棍棒舞"等等。

三、雕刻、剪纸、绘画

哈尼族的木雕、剪纸、绘画在继承传统优秀民间艺术的基础上，不断地发展、创新，把民族风格、乡土特色和时代内容有机融合，形成了自己鲜明的艺术个性。

哈尼族木雕，有着丰富的表现力和浓郁的民族风格，题材广泛，造型优美，形象生动，构图严谨，工艺精湛。每逢哈尼族盖房起屋，都要请哈尼工匠给门前的梁上、门头上雕龙、虎、鸟、花卉等。这些图案造型朴实，概括洗练，既美观，又大方。更令人赞叹的是，这些栩栩如生、活灵活现的艺术品的创作者用的雕凿工具多为刀和凿子。在哈尼族的日常生产生活中，木雕的应用十分广泛。例如堂屋供桌的雕饰，人物、花鸟、虫鱼应有尽有，表现了人们的社会生活与自然环境的和谐；又如木碗、木勺、木甑、木屐的制作，用一段或一节木头，雕刻成日常生活用品，充分显示了能工巧匠的艺术才能。

哈尼族的剪纸艺术和刺绣紧密结合在一起。在哈尼族民间，特别是妇女，几乎人人都是剪纸和刺绣艺术家。哈尼姑娘三岁便跟着阿妈下地，七岁跟着阿妈砍柴，十岁跟着阿妈学剪纸刺绣，然后给情人绣花腰带，给自己绣花衣裳，直至出嫁。

哈尼族民间的剪纸刺绣艺术，风格粗犷，古朴淳美，色彩对比强烈，色块与线条奇妙结合，艺术地再现了她们劳动的韵律和浓郁的民俗风情。哈尼族民间剪纸有传统的表现山水、田园、河流、花卉、动植物的图案，也有表现新生活、新气象、六畜兴旺、五谷丰登的图案。一些哈尼妇女把自己的剪纸、刺绣作品拿到集市出售，深受各族妇女的欢迎。哈尼族的一些剪纸、刺绣作品还参加过省、州、县和全国性的展览，有些作品还被日本、加拿大、港澳等国家和地区的友人购买收藏。

哈尼族的绘画艺术，随着社会经济的发展和文化市场的开拓，也在不断地繁荣和发展。哈尼族的民间艺术家们，白天劳动，夜晚挥笔，依情而画，有感而发，以自己特有的审美情趣和艺术语言，描绘新生活，寄托理想和追求，展示艺术才华。不少优秀作品相继涌现，一批哈尼民间画家脱颖而出，一批作品曾参加各级文化部门组织的比赛。

哈尼族民间的绘画作品，多以反映哈尼族民间狩猎、劳动场面为题材，表现哈尼族生产、生活的特殊地域的山水、风光。元阳县一位哈尼族民间画家，根据哈尼族民间《哈尼阿培聪坡坡》、《十二奴局》等迁徙史诗，采用系列画的方法，把哈尼族祖先迁徙的全过程表现出来，让人们一目了然地看到哈尼族祖先迁徙途中与天斗、与地斗、与人斗的顽强勇敢精神，也让哈尼族的后代更直接地了解自己民族的历史，从而继承传统并发扬光大，为民族的振兴作出贡献。

随着对外交往的扩大，哈尼族民间绘画艺术沐浴着时代的阳光，以独有的风采，展示着改革开放以来哈尼族地区发生的巨大变化和崭新面貌。红河哈尼族彝族自治州、西双版纳傣族自治州都成立了美术协会，许多县、乡以文化馆、站为中心，举办有关的画展、培训班、名家讲座、创作笔会、理论研讨等活动，培养了人才，丰富了哈尼族群众的文化生活，形象地宣传了党的方针政策。哈尼族民间绘画艺术的繁荣，在加强农村社会主义精神文明建设中，发挥了独特的作用。

第十三章 科学技术

作为山地民族的哈尼族，主事农耕稻作，创造了举世瞩目的梯田文化、茶文化。随着山区经济的建设和开发，以农业生产活动为主体的科学技术的研究和运用，发轫得很早，而且经历了不同的历史发展时期。概括起来，可以分为古代和近代、新中国成立以来两个时期。

第一节 古代和近代科技

一、古代科技

据哈尼族迁徙史诗和传说，古代哈尼族先民在祖居之地"惹罗普楚""诺马阿美"（今四川大渡河、雅砻江、安宁河流域，时称"和夷"）第一次开创了自己的农耕文明，产生了一系列农耕科技发明，俗称"佐斗阿烟索帕阿然"（头人和他的姑爷佐斗是最能干的工匠）、"厄底果都阿玛"（果都之母是把旱稻变成水稻的专家）、"咪独函海乌斯"（卷起裤脚开发水田的人）、"罗陶阿卡牙侬"（向螃蟹学会开沟引水的人）等等，这一系列科技发明使哈尼族祖先在两千年前就由游牧民族变成稻作农耕民族。此后，在进一步学习了夷越民族农耕技术的基础上，又加以发明创造，把哀牢山、无量山变成一座座田山，开发了上千层壮丽的梯田，发明了一整套开沟引水、架设水渠、开挖梯田、水沟冲肥等梯田生产技术。西双版纳、思茅地区的哈尼族又学会并发展了一整套种植优质茶园的技术，创造了以普洱茶为代表的茶文化，从而把哈尼族的古代科技推向一个新的高峰。

二、近代科技

从元代蒙古军队毁灭了哈尼族政治经济中心"罗槃国"以来，哀牢山、无量山地区的哈尼族被分割成大分散、小聚居的散漫群落，加以山川阻隔，缺少交流，科技落后，生产上是远耕遥种，耕地陡峭；毁林开荒，刀耕火种；连作三年，丢荒轮歇；望天下种，种植单一；工具简单，耕作粗放；弯棍脱粒，笋扇扬谷；人背牛驮，脚碓舂米，有的支系直到晚清时候还处于游耕迁徙的状态。从明清时期开始，汉文化逐步传入、内地其他民族移居到哈尼族地区，与本地民族的文化产生了相互影响和融合，对哈尼族的农业、手工业、中草医药等实用科学技术有所研究和运用，对促进本地区本民族的生产发展和社会进步起到了积极的作用。但是，由于哈尼族长期受封建阶级的统治，经济封闭，文化后进并发展缓慢，整体上限制了科学技术的发展。可以说，这时期，哈尼族的科学技术的进步很少。

第二节　中华人民共和国成立以来的科技

一、中华人民共和国成立到"文革"时期的科技

中华人民共和国成立以后，随着哈尼族地区各级人民政府的

相继成立，加上党和政府非常关心哈尼人民的政治、经济、文化诸方面的发展，地方党委和政府也十分重视哈尼族的科技、文化和教育的建设、规划和发展。1960年前，普洱、江城和红河等县设置了专门的科研机构，如"科学技术普及协会"（江城）；"疟防站""农业技术推广站"（普洱）；"教研站""测量站""农机研究站""畜牧兽医站""气象观测站""林业技术站""水利勘测站"（红河）。同时，当地政府非常重视科技队伍的建设，采取从内地引进人才和培训当地本民族人才相结合的办法，设立科技队伍的建制，使他们成为当地经济文化尤其是农业生产的主力军，加快了当地的社会进步和繁荣。如六七十年代，普洱县科技人员已经形成相当规模，科技人员达到777人，其中，大学专科以上毕业63人，占8.11%；中专毕业231人，占29.73%；高初中毕业483人，占62.16%。正是有这样一批活跃在各条战线的科技人员，并经过他们的辛勤劳动和默默的奉献，在农业尤其是经验推广方面取得了累累成果。

　　开展科普宣传工作，当地政府职能部门做了大量的宣传工作。1953年，省政府组织有关部门组成卫生医疗工作队赴红河县，进行破除迷信、讲究卫生、防病治病的宣传工作，同时，注重科学技术成果的推广和运用。1958年，红河县红河中学开始修建沼气池，使用沼气点灯照明；1963年，红河县林业工作者深入紫胶产区传授知识，培训紫胶辅导员，与胶农一起，共同解决紫胶生产过程中的技术问题，让产区群众逐步掌握了寄主林的营造和放养紫胶虫的技术知识，推广实用技术方面，也取得可喜的成绩。如红河县，1964年县农技站从石屏引进小麦良种"阿尔巴1号"进行推广种植；1965年县农机站从建水引进玉米良种"金皇后"，在海拔1 000～1 700米的地带普遍种植，亩产

300 千克左右，比本地玉米增产 30%；1956～1964 年，县农技所先后引进试用"硫酸铵""硝酸铵""普通过磷酸钙""钙镁磷"等化学肥料，农业种植类作物普遍获得丰收。这个时期，哈尼族地区的科学技术的研究和运用，基本处在农业种植作物良种的引进推广、化学肥料的试用、手工业技术的研究、科技队伍的建设时期，总而言之，科学技术从人到物、从硬件到软件已经形成初步规模。

1966 年开始的"文化大革命"，给这些本来就起步晚、建设难的哈尼族地区的科技工作带来了毁灭性的灾难。大多数地区的科研机构被撤销，大多数科技人员被迫改行，部分当初从外地引进的外来科学技术工作人员被调走，全面的、具有政府规划的科技工作冷冷清清，没有形成规模。元阳县科技工作者在"文革"中坚持科研工作，1967 年、1970 年和 1972 年先后从开远、广东、元江引进优良水稻品种，为本地区的种植业带来了丰收。另外，在 1974 年开始推广化学除草剂，使用"除草醚""敌稗""敌草降"等农药，除草面积达 10 437 亩，使用化学除草大量省工省时。这时期科学技术的研究和运用，突出的一点，就是尝试了科学种田、解放生产力和提高劳动生产率方面的实践活动。

二、改革开放时期的科技

粉碎"四人帮"以后，哈尼族地区的科学技术工作如枯木逢春，迅猛发展。各地科研机构快速恢复，加强科研队伍建设，加强研究力度，大力推广使用先进科技，使哈尼族地区的工业、农业、林业、医疗、水文、气象、水电等有了长足的进步和发展，为本地区的脱贫和经济腾飞创造基础。

1. 科技组织。逐渐恢复和健全具有政府职能的科研机构和科协组织，设置安排专职人员，如建立"科学技术委员会"等。截至 1990 年，各种科技机构的专职干部近百人。另外，群众性的科学技术团体纷纷成立，这些组织遍布城镇乡村。如元阳县，成立了"茶叶学会理事会""农学会""科普美术分会""中华医学会元阳分会""农村经济学会""水利学会"等学术团体，全县共有群众性学术团体 14 个，会员 565 人。各地州、各县市、各乡镇组织和建立的科学技术机构，为本地开展科学技术研究和运用提供组织保障。

2. 队伍建设。1978 年 3 月，全国科学大会在北京召开，提出建设宏大的科技队伍和提高中华民族的科学文化水平的问题。这次会议的精神，给哈尼族地区的科技队伍的建设注入了活力。地方党委和政府积极倡导和贯彻尊重科学、尊重知识。如普洱县做到：（1）在 1984～1986 年两年的时间，给科技人员平反了冤假错案，提高了科技人员应有的社会地位；（2）到 1987 年 3 月止，共为知识分子和科技人员办理了 303 户、964 人的家属"农转非"手续，解决了大部分科技人员的后顾之忧；（3）从 1984 年 9 月 1 日起，给 1 159 名知识分子和科技工作人员加发了浮动工资，以便他们安心工作。另外，根据他们的学历、职称和工龄，每人每月分别加发 20 元、15 元和 13 元。又根据省人民政府的文件精神，给在乡镇工作的农业、林业、牧业、农经等科技人员向上浮动一级工资；（4）给科技工作者评定职称，截止 1993 年，先后给教育、农业、卫生、经济、新闻、出版、播音、图书文博资料、艺术、会计、统计等 100 个事业单位的专业人员评定了副高、中级和初级职称约计 7 000 人；（5）选送科技人员到北京、南京、上海、昆明等地进修业务，以提高专业素质。由于重视科技队伍的建设工作，使各条战线的科技工作者社会地位发生了巨大的变化，由以往的团结对象变成了依靠的力量，这些科技工作者成了建设边疆和民族地区的经济文化建设的生力军。

3. 科学研究。大多数哈尼族地区在引进、使用优良品种、内地先进的生产经验的基础上，结合当地实际对工业、农业等方面进行科学研究工作。同时，有些地区还积极承担省、州下达的科研课题。墨江县农业科研所，在培育新品种方面做了积极的工作。从1977年开始，县农科所进行本地水稻品种与外引良种"5—159"优异单株杂交改造试验，到1983年，共培育出适合本县多地区推广种植的"77—13""77—14""77—28"等优良杂交水稻品种。其中，"77—13"杂交水稻，经省、地、县三级联合鉴定，被正式命名为"墨稻一号"。"墨稻一号"的特点是品质优良，含粗蛋白7.18%，吃起来适口，经小面积试种推广，亩产一般在350千克～450千克，最高的达到650千克。另外，这个品种每年所生长的稻谷都可以作籽种使用，品质在近期内不会退化。这一优点免除了其他杂交稻必须年年制种的一大麻烦。江城县五金社试制成功保险丝、微型电焊机并投入生产使用，红河县试制电炉自控器、保鲜箱、节能电器、ZJL－42型自控节煤炉的改进、维维石膏板等工业方面的科研活动。普洱县的科技人员还承担了省、地下达的科研课题，近年来相继完成了土壤普查、农作物品种资料资源调查、病虫草害调查、二类森林资源调查、中药材资源普查等，并进行了"综合农业区划""种植业区划""农机区划"等基础研究工作，进一步摸清了当地农、林、牧、渔、药等资源潜力，为开发和建设本县作出了积极的贡献。各地的科学研究工作除了政府职能部门积极开展之外，随着农村经济体制改革的逐步深化，部分地区的村寨建立了以户为主的科技组，从事农业种植业方面的栽培技术的试验。据1983年的统

计，红河县有 1 312 个科技户开展科研活动，其中进行水稻品种
试验 500 户，良种示范 235 户，旱稻化学除草 50 户，开展玉米
种植产量试验 44 户，防病害虫 67 户，小麦试验 16 户，小麦化
学除草 1 户。这些农村科技户的科研活动，一方面增强了当地村
民的科技意识，另一方面把科学种植真正运用到山区人民的农业
生产活动之中。

4. 科普宣传。哈尼族地区对普及和宣传科学技术高度重视。
地方党委和政府设立专门机构，组织专人，采取多种渠道、利用
各种方式，加强科技宣传和科技咨询工作的全面展开。如红河
县，仅 1985 年下半年，工交、农林、医疗卫生等单位相互配合，
先后在浪堤、乐育、勐龙、大羊街等村镇举办科普街，展销作物
良种、优良苗木、灭鼠药具；宣传护林防火、食用菌种、安全用
电、施用化肥农药的基本常识。各区乡村镇的科普小组也结合当
地实际，积极向社会宣传生产、生活科学知识。到 1985 年底，
开展各种咨询服务 579 次，服务对象 8 196 人次，放映科普电影
和电视录像 116 场，观众 54 462 人次，举办科普图片展 34 次，
观众 10 957 人次，编印科技资料 81 期专篇，印发 2 001 份，开
设科普宣传专栏 42 个，书刊 433 期。科普工作已在哈尼族地区
日趋深入普及，哈尼人民看到科技致富的曙光。

5. 科技成果。(1) 工业方面：哈尼族地区的工业相对缺少和滞
后，但不少科技工作也获得了效益和荣誉。如红河县农机研究所刘
卓拥费时三年研制的 ZJL－42 型自控节煤炉，其特点和功能是：外
形美观大方，结构紧凑，体积小，重量轻，使用方便，自动点火、
调温和报警，块煤或蜂窝煤都可以作燃料，设有 2 个热水箱，同时
可以烧菜做饭热水，适用于城镇、工矿家庭使用。该产品参加 1983
年云南省民用省煤炉灶测试评比会，经技术性能测定后，荣获省级

科研一等奖。1984年6月参加全国评比，也获得了中华人民共和国经济委员会、中国共产主义青年团中央委员会、中华全国总工会授予的全国五小智慧杯二等奖。1985年5月获云南省科委授予的云南省小发明二等奖。

（2）农业方面：农业科研机构、学术团体、群众组织，在水稻、玉米、小麦等作物的良种引进和培育工作方面取得了较好成绩。如红河县农科所科技工作者经过9年9代选育成良种"红玉1号"，该品种属于中熟籼稻，全生长期130天，中杆、叶中幅偏宽、穗大、抗病力中等，出米率70%，是适合于海拔1000米以下地区的早稻和海拔1000～1300米地区的中稻。1983年推广种植1073亩，测产3.7亩，总产达1853.7千克，平均单产578.1千克，获得1983年度红河州科研成果一等奖。又如红河县浪堤乡马家寨二队老农马维兴和李文明合作，选用"矮脚白马牙"玉米良种，该良种全生长期120天左右，早熟，植株粗矮，抗倒伏，透光好，可与黄豆等矮秆作物套种，实测亩产250千克～400千克，1984年推广面积4739亩，1986年种植面积达到18506亩。再如墨江县用凤庆县的"凤麦5号"作母本，墨西哥的"墨沙"作父本，作人工杂交实验，培育出了"762-10-1"和"762-6-1"两个优良品种，单产达350千克～400千克。

（3）林业方面：根据哈尼族居住在山区或半山区这个地理特征，采取因地制宜、综合开发、全面发展的办法，引进优质木本植物、经济树种以及造林技术试验。如红河县先后引进优质木本植物75种，经过培育试验，多数优质树种种植成功，适应于县内海拔600～1200米的地区生产。该树种的经济效益在于：既可放养紫胶虫而发展紫胶生产，又可用其叶豆作饲料，枝干作柴烧，一举多得。又如元江、江城等县充分利用热区资源优势，大量种植芒果、植橘、荔枝、咖啡等经济植物，获得显著效益。

（4）茶叶生产方面：驰名中外的普洱茶，其故园就在哈尼族地区。历史悠久的茶文化，给哈尼人民的文化注入了历史的辉煌。茶叶生产和加工日趋走上高科技管理的轨道。普洱县采取更新改造老茶园，对新开垦的茶园推广密植速生法，提高了单位面积的产量。元阳县的茶场点多面广，一方面改进和装备制茶机械，使茶叶加工实现半机械化，提高工作效率，另一方面实行责任承包结合技术革新的管理方法。水卜龙茶场与省、州、县科委签订"茶园示范合同"，由三级科委投资并负责技术指导，1984年产茶67 865千克，平均亩产89千克；1985年产茶8 595.5千克，平均亩产113千克，单位产量和总量有了较大幅度的提高，一跃成为全县经济效益最好的茶场。1985年省政府授予元阳县"茶叶生产先进县"。

（5）医疗卫生方面：从1972年尤其是1985年开始，当地政府在医疗卫生系统评定了一大批具有初职、中职和高职专业技术职称，调动了科技人员的积极性。在设备的更新和制药的研究和运用方面有了前所未有的突破。一些县级医院的外科手术达到相当高的水平，如元阳县民族医院，可以承担结石、胆道、颅脑损伤等手术。墨江县医院不断更新和引进医疗技术设备，院内设有内科、外科、五官科、放射科、传染科、化验室等医疗科室，备有超声波、心电图、Z状结肠镜、无影灯、万能手术床等医疗设施以及多种电器理疗设备，对常见病、多发病、急性传染病及一般疑难病和腹膜外科手术都能处理。截至1980年，元阳县民族医院研制出中草药品类13种，如肝乐糖浆、跌打损伤散等，研制出西药制剂葡萄糖、氯化钠等液体供院内使用，1980年生产液体药剂6 000瓶。

（6）卫生防疫方面：县属卫生防疫站，为当地各族人民的身体健康，做了大量的工作，取得了可喜的成绩。防疫人员常年下乡到疫病流行区蹲点调查，搞预防接种，经过普查普治，使一些炎热河谷地区的高疟区变成了低疟区，过去流行的一些传染病，基本控制或根治。县医院和县卫生防疫站的同志经常配合爱国卫生运动委员会开展城乡爱国卫生运动，使得过去普遍存在的"远看青山绿水，近看牛屎成堆"的不卫生状况大大改观。有些学校、城镇已列为清洁卫生、环境优美的文明单位。如1983年，元阳县防疫站孙有明等人会同麻栗寨乡医疗室携手完成了元阳县高山区半山区"疟疾防治方法探讨"的科研课题。该课题获得红河州1984年科研成果二等奖。

(7) 水电建设方面：哈尼族地区江河众多，水能资源十分丰富，有着广阔的开发前景。党的十一届三中全会以后，为了充分发挥自然优势，加快了开发利用水力资源和加快了水电事业的发展，以促进社会主义现代化的建设，各地政府抽调大批技术力量，对当地的水力资源进行全面科学的勘查，制定开发利用水力资源的规划。采取择优定点、先易后难、量力而行、分期建设的方针，在省和地区有关部门的大力帮助下，大力发展水电事业。如元江县是国务院1983年批准的全国首批实现电力化的试点县之一，县委和县政府为了使全县尽快实现电气化，加快元江社会主义现代化建设的步伐，制定了实施电气化县的具体方案。培养了一支技术队伍，先后选派青年工人到华南工学院、成都科技大学和昆明地区的高等学校培训，让他们在实践中锻炼提高，使之逐步成为水电建设事业的骨干力量。另一方面，通过评定技术职称，提高科学技术队伍的业务素质。到目前为止，全县水电技术队伍已有工程师、技师、助理工程师、技术员十多人。同时对全县各区乡的小电站分别不同情况进行修复、更新和完善，逐步建立健全经济承包责任制，加强经营管理。另外实行输电线路并网，先后架通了连接昆明电网的输电线路。支援县外兄弟地区。还有，在清水河上规划修建若干级电站，使全县的发电量超亿度。元江县水电事业的发展，不仅实现了本县的工、农、商各行业的用电保障，也向周边地区输送电力，为哈尼族地区的经济和文化建设作出了贡献。

（8）科技测报方面：各地县级人民政府设置了气象、地震、水文等机构，配备了相应的专业人员，不断更新和充实技术设备。目前，气象测报、水文监测、地震预报等方面都可以独立工作。如元阳县气象工作站能够对本地的气温、降水、日照、风雾等进行全天候测报。该县黄茅岭水文站，从木制立式水尺人工时段观测，发展到今天的自记流速仪测量。该站在测定当地的江流水位和降雨量为农业生产服务方面，作出积极的贡献。该县的地震办公室在县内布点进行地震测报工作，定期整理、统计和分析有关资料，并且把这些资料及时上报上级有关部门，使之了解、掌握各地的地震有关情况。

（9）其他方面：日常生活方面的科技推广获得较大的成功。长期以来，哈尼族习惯用火塘三脚架做饭炒菜，耗柴多，年毁林量不小，同时烟雾大，影响身体健康。以木柴当燃料，弊多利少，砍伐森林影响植被和破坏森林结构，造成水土流失和生态失衡。为了从根本上解决这些问题，各地进行了节能尝试。1985年，红河县沼气办公室从富民县请来改灶师傅，进行改灶示范，改建的马蹄形"三熟灶"，经测试达到国家标准，即"十两柴、十斤水、十分钟"烧开。由于这种灶节柴、省时，深受当地群众的普遍欢迎。1986年，全县已推广一千多眼。另外，修建沼气池，解决点灯照明的难题，也是技术推广较为普遍的一个方面，红河县于1985年就成立了沼气办公室，安置专业人员推广模型铸池，到1986年底，全县共修建沼气池三十多个。

　　哈尼族地区的科技机构逐渐健全和完善，科技队伍逐渐发展壮大。各地拥有了一支民族的科技工作队伍，呈现出重视科技、尊重知识、尊重人才的新风尚，知识分子心情舒畅，独立性科技活动进一步发展，推动着经济建设和各项事业的发展。

第十四章　建筑名胜

第一节　建筑的产生与发展

哈尼族的房屋建筑发轫很早。传说古代哈尼祖先住在树洞中，一天，兄弟俩上山打猎，突然遇到了暴风雨，他们找到了一个躲雨的地方，待雨停时，他们发现这是一棵枝叶茂密的大树倒在另一棵大树的枝杈上，枝叶犹如一把大伞给他们遮住了风雨。他们回来后，照着大树倒下的样子，顺山势建起一道墙，另一头栽上树杈做顶梁，两边搭起草排做房顶，从此，哈尼人迁出树洞住进草房，并建立了村寨。这就是哈尼族最早的建筑。

哈尼族多在朝阳的山腰地带建寨，至少一二户，多达数百户不等。寨子周围喜欢栽种梨树、桃树、竹子和棕榈，寨子里都有清澈甘凉的水井。住房一般是土墙木柱，屋顶有平顶、双斜面和四斜面屋顶的草房或瓦房几种。

建房时先打地基，底层墙基用石料镶砌，入土半米，出土半米。土墙从基石往上砌，一般用土基或用木夹板定型并以冲击泥土的方式立墙，这种墙里外平整美观。较讲究的人家的墙基用砖块镶砌。哈尼人的住房一般由正房、厦子和耳房组成一个建筑联合体。耳房与正房两侧相联结并与厦子沟通，厦子与耳房顶部均为坚固的石灰顶，便于防火，又可将屋顶当做阳台晒场或休息乘凉用。这在地形坎坷不平的山区是极为适宜的。正房上方的茅草顶多为双斜面，先将茅草编织成草排，然后顺序叠压，铺满屋顶。这种房屋建筑结构坚实，经久耐用，具有防火和冬暖夏凉的妙用。夹处于二层顶上、茅草顶下的阁楼称为"封火楼"，这里既可贮藏粮食、瓜豆，又可堆放杂物和生产工具。

红河一带的哈尼族，不论住一层或两层房，正房中央的大间为堂屋，设有就餐用的饭桌；东面一间是家长的居室，设有祭祖处，逢年过节在这里祭献；西面一间是大儿子一家的住房；"封火楼"一般堆放谷米、瓜豆和杂物；底下一层，多用于关养禽、家畜或堆放谷船、犁铧等农具。哈尼人家正房的火塘，一般常年四季烟火不断，屋内烟雾缭绕，异常温暖。这种古朴而浑厚、温暖而舒适的建筑式样，构成了哈尼族民居文化的特殊风格。

西双版纳僾尼人住房大体上可分为两大类，一类叫"拥熬"即原始的地棚式建筑，另一类叫"拥戈"即较现代的干栏式建筑（第九章已作详细介绍，兹不赘述）。

第二节　建筑的类别与特点

一、蘑菇房

哈尼族最典型的民居是蘑菇房，因其形似蘑菇而得名。红河哈尼族彝族自治州元阳、绿春等县的哈尼族多住蘑菇房。蘑菇房一般是土木结构的二层或三层楼房，石块奠基，土墙木柱，屋顶分双斜面、四斜面。用茅草或瓦片铺盖。三层楼房的下层关养牲畜，第二层住人，第三层存放粮食什物。屋内格局多为三间，中间堂屋用以待客、用餐兼烧火做饭；左间多为做饭处，中间为待客用餐，右间住人或存放什物。屋内设有火塘，烟火四时不断。哈尼族建房一般在冬季或初春破土动工。主人只需备好材料，亲戚朋友，邻里族人就会来帮忙，两三天便可建成一幢新房。

二、干栏式住房及其他房式

哈尼族的住房还有地面建筑和干栏建筑，部分地区受到汉族影响有交叉文化的其他建筑形式。但不论村寨大小，何种建筑形式，都体现出哈尼族比较统一的建筑群落风格，即村后是郁郁葱葱的古木丛林，村前是层层叠叠的梯田，村寨四周是翠绿的竹林和各种果树，具有古朴、幽静、美丽的特点。

干栏式住房，通常用十根主柱，六根副柱支撑。屋面用人字木构架，覆之以茅草或片瓦。室内用木板和竹片隔开，作为"男子间"和"女子间"。这种居室适合炎热气候的地理环境，雨季干燥凉爽，旱季暖和。

此外还有土掌房、石灰房、茅草房和中华人民共和国成立以后出现的瓦房、水泥房等。土掌房和石灰房面皆为平顶；瓦房和钢筋混凝土房均模仿汉族的住房建盖。

哈尼族在长期的历史进程中，形成了本民族居住民俗，创造了具有自己民族特点的居住文化。

三、园林建筑

哈尼族地区不仅有秀丽的山川风物，而且有古雅幽静的园林建筑，它们使人陶醉，反映了哈尼人民的文化素养和古老的文化传统。

哈尼族认为自己是"天神之子"，而"天神"是大自然的代表，意即哈尼族是大自然的宠儿，因此，与自然的相谐、相融是哈尼族行为规范的最高旨趣。这一观念体现在园林艺术（即园林作为人造的人类休憩场所）中，有其别具一格的风采。

（一）村寨园林景观

哈尼族历来重视园林建构——虽然它仅是初原层次而非现代的大型游乐场所——而且所有的哈尼村寨皆如此。这从传世的古歌《普祖代祖》所述即可见出，古歌描述哈尼族在建立村寨的起始，就十分看重园林设置。

这一点有以下两方面的表现：

第一，哈尼族把村寨的建设与园林建设视为一体，村寨本身就是一个园艺成果。古歌唱道：

> 哈尼的寨子在哪里？
> 在骏马一样的高山上；
> 哈尼的寨子像什么？
> 像马尾奔在大山下方。
> 大山像阿妈的胸脯，
> 把寨子围护在凹塘。
> ……
> 寨头的山梁像人的手掌，
> 一直伸到寨子头上；
> 中间的山梁是寨子的枕头，
> 两边的山梁是寨子的扶手；
> 有了这样的三个山梁，
> 十个男人合心了，

十个女人爱着了。

……

寨子下面有三个山包，

三个山包是寨子的歇脚，

有了歇脚寨子才稳，

十个男人合心了，

十个女人爱着了。

……

再瞧寨头的山坡上，

有没有十分密的神林，

神树像不像筷子一样直，

神树像不像牛腰一样壮。

……

又瞧寨子的山坡上，

有没有姑娘眼睛一样的龙潭水，

滑亮的石头底下，

是压着泉眼的地方，

……

再瞧寨子的坡脚，

有没有高大的万年青树；

人活人要有伴，

人伴是寨房，

寨活寨要有伴，

寨伴是万年青树。

……①

---

①《哈尼族古歌·窝果策尼果》，第8章。

这就是说，哈尼族选择寨地有着严格的园林意识，其目的是人与自然相谐相适，简单说来，这要求是寨子上方要有一个山包，其上有茂密的老林可作神林，左右两边要各有一座山包，作为寨子的扶手，寨子下方要有一个山包，其上有茂密的树林，以作寨子的歇脚，而且寨里要有长年流泻的清泉，以供人畜用水之需，寨内要有高大的万年青树，以作寨房的荫蔽。以此观之，每一个哈尼村寨，就是一个适宜生活的园林景观。

第二，哈尼族还注重村寨内供人游乐的园林建设。

哈尼族古歌还唱道：

> 又瞧寨子的平地上，
> 有没有云彩样的大树，
> 树脚是老人爱玩的地方，
> 树脚是老人吃烟讲古的地方；
> 没有老人的玩处，
> 寨子安起也不稳，
> 没有老人的吃烟处，
> 寨子建起也不牢；
> ……
> 又瞧寨边的平地上，
> 有没有三蓬的芭蕉树。
> 芭蕉不是会栽的树①，
> 芭蕉是地神留给小娃吃的果；
> 有了三蓬的芭蕉树，
> 小娃哭的时候不愁哄不乖。
> ……

———————————

① 哈尼族居住之地多有野芭蕉。

　　所有的哈尼村寨在设立之时就十分重视游乐场所的建置，必须设有老年人、青年人、小孩各自独立的游乐场所。以上仅是古歌中关于老人吃烟讲古的大树、寨边哄小娃的芭蕉树等设施的唱叙，甚至有些村寨还有专门为十月年时留给小伙子溜马赛马的大路，等等。

　　以上可说是哈尼族独特的天人合一、又宜居宜乐的园林观的具体体现。由是观之，每一个哈尼族村寨都是哈尼人刻意为之而建的园林建构。

（二）近现代园林景观

　　清代末期以来，哈尼族吸收了不少汉族园林艺术的精华，建构了颇具汉文化特征的园林建筑，以下简略地介绍两个景点。

　　1. 迤萨西山公园。红河县城迤萨的西北角，有一座绿树葱茏、花草繁茂的西山公园。每当傍晚，到这里看书、游园者络绎不绝，人们都喜欢在"六角亭"内外歇憩、玩耍。六角亭至今已有120多年历史，是红河县唯一保存下来的文物古迹。

　　据记载，迤萨西山公园六角亭，建于清代同治十年（公元1872年）。六角亭为两层盖顶，六根大柱撑着两个瓦顶，六个瓦檐似飞燕展翅，支撑瓦顶的椽子互相楔扣，形似窗花，非常精致。底屋墙壁用厚实的砖块镶砌，圆孔窗口，扇形洞门，协调大方，保持了汉族古典园林建筑造型特点。

　　2. 墨江哈尼族自治县普益公园。该公园坐落于县城南门口，总面积近一万平方米，由"普益社"古建筑群和小花园组成。花园建于1933年。园内路径曲折迂回，多处缀以亭榭和拱桥。路径两旁，紫薇成行，红梅、碧桃、绿柳、翠柏、海棠、樱花与紫薇相间。每值盛夏，紫薇花一片火红，艳丽非常；池内荷花溢出阵阵清香；初冬季节，冬樱花开放，又是树树火红，莺鸣婉转。加之春有蔷薇兰桃，秋有海棠菊花，形成一年四季，鸟语花香。园西是翠柏拥抱的林荫大道。普益社古建筑群紧连南园，并有道路相通。"两岸紫薇成锦绣，一楼书画赏古今"的阁楼楹联，大体概括了普益公园的景致。

第十五章　教育体育

第一节　教　育

一、教育概况

　　哈尼族文化恢弘博大，与传统教育精粹不无关系。那庄严肃穆的宗教祭典，给人们精神力量；那夜幕之下的火塘边说教，告诉人们祖先的规矩；那欢快隆重的节日庆典，记录着哈尼人耕耘的硕果；那纯朴自然的民歌说唱，是哈尼族的自我教化。哈尼族的传统教育与现代教育长久同行，哈尼族从历史的深谷走进新世纪的原野，是在传统教育基础上逐渐接受了现代文明的结果。中华人民共和国成立后，哈尼族地区的学校正规教育发生了翻天覆地的变化，尤其是党的十一届三中全会以后，学校的教育已经形成了规模和系统。县级行政区建成了小学、初中和高中全日制完全教学网络，小学建到自然村，初中建到乡级行政区，健全和完善了学校教育的机制。当代哈尼族有了接受现代文明教育的条件，青壮年文盲比率逐步渐少。1982年和1990年思茅地区两次人口普查结果对哈尼族自治县文盲和半文盲所作的人口数字统计表明，1990年第四次人口普查较之1982年第三次人口普查，成人文盲和半文盲率呈递减状态。譬如：

墨江哈尼族自治县 1982 年和 1990 年文盲和半文盲人口占总人口的比率分别是 33.45% 和 27.26%，递减 6.19%；江城哈尼族彝族自治县，1982 年和 1990 年文盲和半文盲人口占总人口的比率分别为 31.87% 和 23.54%，递减 10.28%；普洱哈尼族彝族自治县，1982 年和 1990 年文盲和半文盲人口占总人口的比率分别为 26.27% 和 19.54%，递减 6.73%。

哈尼族地区逐渐减少文盲和半文盲的人口比率是共性，它一方面反映各级党委和政府认真贯彻党的民族政策，领导、关心和支持哈尼族地区的学校教育；另一方面奠定了哈尼族地区的文化繁荣、经济发展、民族团结和社会进步的基础。

传统教育和现代教育，是历史的统一体，二者难以割舍有机相连，我们谈论哈尼族的教育，也应该把历史和现实相融合——回首昨天，审视今天，展望明天，才能更加全面地展现哈尼族教育发展的历程。若将哈尼族的教育全貌从时间和空间上加以概括，可以分成三个层面和三个时段，即传统教育、私塾教育和现代教育。

二、传统教育

哈尼族传统教育的表现形式，主要是祭典活动、口头传授和金石载体。

（一）祭典活动

哈尼族一年四季都有大小不一、规模不同、内容各异的宗教祭祀活动和节日庆典活动。这些活动涉及政治、经济、家庭、婚姻、分配形式、生产劳动等方面，是传统教育的重要载体。如"昂玛突"（祭寨神），是哈尼族极其重视的一项民俗活动，是哈尼族社会历史发展与现代生活中最为隆重而又内涵丰富的节日活动。"昂玛突"一般在每年正月举行，各家各户都要准备祭品食物参加祭祀，祭祀结束要带些祭品回家让每个家庭成员亲口尝食。整个祭祀活动由村里健康又有威望的男性（有的地方称为"咪谷"）主持，他起到领袖作用，有号令之权，村里人人都服从于他的安排。"昂玛突"活动的心理愿望是通过祈求寨神，求得人人安康、六畜兴旺、五谷丰登，同时又起到维护集体形象，发挥团队精神，增强同村成员之间的向心力和凝聚力的作用，对生产劳动和生活方面也起着重要作用。"昂玛突"活动不仅是庄严的宗教活动，同时又是哈尼人心灵沟通的仪式，是哈尼人精诚团结、互助友爱的象征。另一个重大节日十月年是哈尼族的大年（相当于汉族的春节）。由于居住地区不同及方言的差异等因素，各地哈尼族十月年有各自的称谓，有的称"扎勒特"，有的称"咪素扎"，有的称"扎特特"等等。十月年，一般在农历十月的第一个属龙日开始至属猴日结束，历时五天。十月年的主题内容是迎亲访友、祭祀祖宗。从龙日开始，春糯米粑粑，杀猪宰鸡，供奉祖先，祭献天地。有的地方还摆设盛大的街心宴，每户一桌，桌桌相连，宛若长龙，极为壮观，且见者有份，人人可以加入就餐。节日期间，亲友互访，小孩可以向舅舅要压岁钱，嫁出去的姑娘背上一箩粑粑和别的食物，和丈夫、孩子一起回娘家参加祭祖；姑妈、姑父、姐夫和妹夫都是上宾，娘家同宗亲属均以丰盛的食品款待。同时，还举办集群众性、娱乐性和体育竞技的打陀螺活动。哈尼族的十月年的文化内涵十分丰富，有祭祖宗、崇尚母系和平等分配等等，体现出家庭和睦和民族团结这个主旨。由此可见，哈尼族的十月年除了庆丰收、祭祖宗的活动之外，还起着加强家族之间和各民族之间联系的纽带作用，凡此种种，哈尼族的宗教祭礼和节日庆典不仅仅是单一性的宗教活动过程，而且还蕴含着个人意志和群体精神相结合的因素，是一个漫长而有序的历史教育过程。

（二）口碑说教

火塘边长辈们的讲唱宛如醇香陈酒一般的哈尼族"哈

巴"——悲壮的迁徙历史、惊世的梯田奇观礼仪、智慧的哈尼祖先的趣事、寓意深刻的动植物故事，还有幸福的今天和美好的明天的憧憬，向哈尼后生们构筑了哈尼族口碑文化教育的历史大厦。

　　　　哈尼人哦！
　　　　牢牢记住吧，
　　　　哈尼是始祖塔婆的爱子，
　　　　大寨要安在那高高的凹塘；
　　　　寨头要栽三排棕树，
　　　　寨脚要栽三排金水，
　　　　吃水要吃欢笑的泉水，
　　　　住房要住好瞧的蘑菇房。

　　　　亲亲的哈尼人啊！
　　　　不能把哈尼的故乡遗忘，
　　　　不能忘记虎尼虎那的大水。
　　　　不能忘记惹罗普楚的山冈，
　　　　不能忘记谷哈密查的悲伤。
　　　　哈尼人啊，
　　　　走到天边也要记住，
　　　　哈尼都是一个亲娘生养，
　　　　一个哈尼遭了灾难，
　　　　七个哈尼都要相帮。
　　　　……①

---

① 《哈尼阿培聪坡坡》，云南民族出版社，1986年。

回荡着哈尼族历史的足音，缭绕着哈尼族长辈的告诫；透射出绿色的哈尼族山寨的风情，记住历史，不忘发展；村寨、树林、梯田、茶园和泉水整合一体，是哈尼人不懈的追求；互助解困和团结一致，是哈尼人民永恒的主题，而这些，都是哈尼族口碑教育的内涵。

田间地头或乡间小路青年男女们对唱着宛如一杯醇香的美酒的山歌——歌唱劳动、歌唱爱情、歌唱未来。

> 有鱼有肉就缺盐巴
> 吃了不香难咽下
> 懒惰的姑娘
> 爱吃爱穿不爱劳动
> 相见怎么会喜欢
> 怎能结为幸福伴侣
>
> 我心爱的人
> 好比清幽的山茶
> 好比欢流的清溪
> 勤劳的身影不停地歌唱
> 静悄悄时是侍候阿爸阿妈
> ……①

简洁明快的语言，不用深奥的说教，道出的是明明白白的择偶标准和爱情观点以及勤劳耕耘和尊敬长辈古俗的民风；摒弃的是无盐淡味——不协调和不平等的婚姻。

孩子们耳边传来的恰似阳光雨露一般的母亲的话语——教诲

---

① 《西双版纳哈尼族歌谣》，云南人民出版社，1989年。

子女成人之道：

> 阿利阿利
> 我的好儿子
> 阿妈今天得闲
> 要教你做人的道理
> ……
> 坏事不能做哟
> 坏话不能讲
> 尊敬老年人
> 爱护小弟弟
> 有脚学做农活
> 有脚学走正路
> 说话做事要前思后想
> 祖先传下的规矩莫要违背
> 待客要注意礼节
> 交往要讲信义
> 串姑娘时要遵守规矩
> 莫要去串自家的亲戚
> 挑姑娘莫看模样
> 要看姑娘是否勤劳
> ……①

母亲启人心扉的语言，教诲子女们明辨是非、尊老爱幼、遵守古规、礼貌待人、诚实可信，告诫他们不得近亲相恋婚配，告诫他们勤劳治家。

---

① 《西双版纳哈尼族歌谣》，云南人民出版社，1989 年。

　　凡此种种，口碑说教内容繁复，除上述之外还涉及人类的起源、礼仪规范、历史传说、劳动歌谣等方面，它们不是典籍律文，让人们死记硬背，而是通过轻松活泼的形式，寓教于乐，使闻者铭刻心中，在潜移默化中支配了人们的意识，制约了人们的行为，更甚者还是评判价值的尺度。口碑说教的社会功能，宛如诗人所说的"春雨润物细无声"，教化着民族的心理和意识，为哈尼族文化的发展作出了积极的贡献。

（三）金石警世

　　哈尼族金石文化的传播，大多以汉文碑刻为载体。如江城县的"牛宗碑"、红河县的"水井碑"等，主要功能是起到告示律令作用。

　　江城境内汉文石刻的"牛宗碑"，记录了早期开发定居江城的主体民族——哈尼族一直沿袭着的古老的"牛宗乡规"习惯法。从文献记载和实地考证的结果来看，江城镜内目前发现五处"牛宗碑"遗址。即"一碗水""怒奴箐""么等""洛洒""巴嘎"。现在保存的是"一碗水"和"洛洒"两地的"牛宗碑"，其余三处的"牛宗碑"不明去处。

　　一碗水"牛宗碑"立于江城县城西面12公里的江边一碗水村西侧500米处。这里是通往勐野井盐矿和普洱县的旧驿道。碑系细砂石制成，高97厘米，宽52厘米，碑上镌刻习惯法，共563字，为嘉庆十六年（公元1801年）秋七月二十二日立。因人为损坏而断为数块，部分字依稀难辨，现将碑文抄录如下：

　　　　从来十家为甲十甲有保甲有长保有正联此纠察设立簿册交□□□□缉捕□□□□有罚□□有禁违禁有条一有□□□□形迹可疑者里正保正既得以窥其来路又得以察其行如（缺12字）□□□此井田守望之遗制也逮以世民讹城市乡村既视为□文为（缺10字）以（缺15

字）或白昼抢劫串打游伙种种恶孽无所忌惮邻里失□
视如（缺17字）迹□露不□被虚考失财即连坐者亦因
之受累由是而行弭盗之法不既晚乎夫古□之□为御盗也
（缺9字）有失□鼓号□但可行之于平夷而不可行之于
山春也今大特将墟散处好匪（缺6字）之后□之□有
其踪□匿赃来犯□之所核其名而遁词相瞒甚至父子相传
而以盗为美亲谊残食而以盗为能者□□□俗之不堪□
愿如此武又有□□之□明知理义而灭绝理义明知廉耻而
丧尽廉耻始则以打游伙为而无人能□□以抢劫为事而莫
之□□间有一二君子□□□□每村无势不能行服即能捕
杀又恐将受其害故十家为甲十甲为保（缺6字）时置
一楼上置一鼓而又难于响应于不得已之中众等约立秤杆
凡被贼者以牛角十吹为号即□□缉捕□□以及打游伙之
甚于为盗者可以稍息而弭盗之法或有补于万一为耳是
为序

　　　　一禁窃牛盗马　一禁畜贼纵贼　一禁半路御人
　　　　一禁栅火闯室　一禁黑夜入家　一禁白昼劫抢
　　　　一禁盗人五谷　一禁匿人什物

　　　　　　　　　　嘉庆十六年秋七月二十二日

碑文主要反映：

1. 承袭遗风。"此井田守望之遗制也。""井田"是周朝的
土地制度；"守望"即"更番望伺，以防盗贼"，亦即轮流站岗
放哨，防范盗贼。

2. 社会风尚。"白昼抢劫……无所忌惮"，大白青天盗贼横
行，有恃无恐。"父子相传，而以盗为美……以盗为能"，偷盗
盛行由来已久。"明知理义而灭绝理义，明知廉耻而丧尽廉耻"，
悖情逆义，鲜廉寡耻。盗、窃、抢成风，渔利百姓，危害社会。

3. 百姓众望。"众等约立秤杆……以牛角十吹为号",一同"缉捕"盗贼,合众防范,共同治理。让"为盗者,可以稍息",打击犯罪,维护社会秩序。

洛洒的"牛宗碑"立于县城西北20公里处的洛洒乡洛洒寨脚。这里是县城通往嘉禾乡和墨江、红河州的旧驿道。碑为细砂石制成,高103厘米,宽50厘米,碑上镌刻习惯法,共155字。未记载立碑时间,据当地的一些老年人说,约150年前所立。有少数字已被磨掉,抄录如下:

尝思世风日下古道无存汉夷两居(缺7字)恶者□伸西成东作只异国课载输沐风□□□□人难育党恶为非只徒利身肥口小过必察明知□汗巾分外确角恨不得出妻屏子□野□□□福□子目击顷险人人切齿□□统众合一公议条目有□□不矩传乡禀罚不辜
一治偷牛盗马者丢江　一治挖壁洞者挖眼目　一治非控打钉锤送官　一治有药有鬼放火烧　一治偷鸡摸鸭宰指头

碑文也是对当时社会的写照。

碑文反映了:

1. 世风日下。"恶者□伸西成东,作只异国",致使"古道无存汉夷两居",百姓得不到安宁,难于安居乐业。"为非只徒利身肥口",让百姓"人人切齿",民愤盈世。

2. 民众的惩治愿望。"丢江""挖眼目""送官"等,以死刑、残体和官治手段,治理社会秩序,"统众合一,公议条目",统一思想,形成约规。

"牛宗碑"欲据乡规民约,防范和制止甚而处罚"恶者"的行为,以企维护社会秩序,保护百姓的生命和财产的安全。"牛宗碑"的出现,一方面反映了当时江城社会治安状况很差,暴露了当朝政府无力治理好边鄙少数民族地区,民众百姓只有依靠古老的习惯法维护社会秩序;另一方面,揭示了习惯法与现代法之间的一些渊源关系,如行为规范、准则、法治目的和实现手段等等,对治理边疆地区有着积极的意义。

红河县的"水井碑"立于乐育乡贡者村脚路边水井处,碑上刻有"此水性寒,来人莫饮,饮则生病,不饮是幸"的文告,明文告示行人过客严禁饮用此井之水,以防生病;另一方面也给后人留下前人关怀路人的美德典范。

众多碑文的内容,还涉及土地纷争、功德嘉行等方面,作为没有传统民族文字的哈尼族,借助汉文通过金石碑刻来表达自己的意志和愿望,在民族的社会历史发展过程中,有助于继承和发扬优秀传统文化,起到了教育民众的社会目的。

对哈尼族来说,传统教育是继承和发展本民族优秀传统文化的基础,它牵系着历史和现实,又关系着未来。传统教育是一首古老的歌谣,即使唱到明天也不失其动人的韵律。

三、私塾教育

哈尼族地区开办私塾,进一步扩大和加强了与汉文化的交往和联系,加速了当地政治、经济和文化的发展。以哈尼族聚居的哀牢山地区为例,私塾教育已成为哈尼族接受汉文化的重要途径,因此,私塾在这些地区迅速发展了起来。

《红河县志》载:

明末清初,迤萨始办私塾。……民国初年为私塾兴盛时期,境内达38处,有学生946人。

《元阳县志》载:

元阳境内最早的私塾为清道光八年(公元1828

年）开办的红土寨私塾。……民国中期，为私塾发展极盛时期。……从清道光八年起至民国38年止，元阳境内共办私塾126所，有塾师156人，学生2955人。塾师大多数是由内地请来的汉族担任。

《江城县志》载：

清光绪年间有元江杨泽、石屏郑之廷等人到勐烈街开办私塾。……光绪三十年（公元1904年），宁洱（今普洱）磨黑刘钟俊迁居勐烈街，受聘为私塾教师，开办了一所"广雅小学"。

《元江县志》载：

元江私塾始办于晚清之际，多数是在民国初期开办的，是私人家庭、家族或塾师自己开办的学馆。

《普洱县志》载：

普洱私塾古已有之，沿袭设置。清末民初，城乡皆设。

《绿春县教育志》载：

清代在外地先进文化的影响下，绿春各民族的办学思想开始萌发，清嘉庆二十三年（公元1818年）骑马坝村创办了绿春地区的第一所私塾……这所私塾，一直延续到1946年，因地方动乱而停办。

……

从现有的资料来看，哈尼族聚居的哀牢山地区开办私塾，始于清初，兴于民国。塾师多为外地聘来的汉人担任；学生多为当地的富家子弟，但也有贫民子女，他们都开始接触《三字经》、《百家姓》汉文初级读本和《大学》、《中庸》、《论语》、《孟子》、《诗经》、《春秋》这些儒家经典，同时兼学书信、契约、状纸等应用文，对汉文化有了认识和了解，并服务于当地的政治、经济和文化，开始了从口头承诺向书面契约的发展和实物符号向公文书信的演变，即从传统习惯——经验走向了行为规范——科学。私塾系家庭、家族或塾师自己开办的学馆，从正规教学的角度讲是不规范的，如教材、学制、课程等，因此，到中华人民共和国中华人民共和国成立以前逐步停办或过渡为初级小学。如清光绪二十八年（公元1902年）窝托普玛（今绿春大兴镇）的马、杨、张、邵、关、简六姓人家合力筹办私塾1所，招收学生7人，请张博甫任塾师，教学地点先后搬迁5次，1921年被初级小学堂取代。又如创办于清道光二十八年（公元1848年）的纳卡私塾，于1921年改为学堂，1948年停办，纳卡私塾从开办私塾到改为学堂直至停办，沉浮历时100年，为本地培养了一批有文化的汉学人才，为今后的教育发展奠定了基础。

私塾教育是社会历史发展的产物，对传播文化有着积极的意义，对少数民族尤其像哈尼族这样长期被大山和江河隔绝且生产力较为低下的民族，私塾的开办和不同程度的汉文化熏陶，一方面加速了社会形态的发育，促进文化的发展，提高了生产力；另一方面实现了民族文化的交流和融合，培养本民族有汉文知识的文化人，扩大交往，吸收一切先进文明成果和科学技术。因此，哈尼族地区的私塾教育，是哈尼社会发展中一段重要的历程。

四、现代教育

我们所谓"现代教育"是指中华人民共和国成立以来的正规教育，其教育思想、教学内容、教学方法以及教学管理和教学条件等等与传统教育、私塾教育从内容和形式上皆大不相同。

1949年以后，哈尼族地区的现代教育经历了几个重要的发展时期，即中华人民共和国成立初期到"文革"之前；十年"文革"时期；党的十一届三中全会到现在，每个时期都显现出各自的时代特点，总体是在曲折中发展，50年来，各级党委和政府十分关心、重视和支持哈尼族地区的教育，无论是管理机制还是学校布局；无论是师资建设还是培养学生，均有了长足的发展。

（一）幼儿教育

幼儿教育是哈尼族教育事业的一个组成部分，是对哈尼族幼儿进行兴趣培养和启蒙教育，一方面关涉培养造就下一代的基础工程，另一方面也是哈尼族地区政治、经济和文化稳定、发达和繁荣的重要标志。

中华人民共和国成立前，哈尼族绝大多数地区的政治、经济和文化仍然十分落后，幼儿教育纯属传统教育。中华人民共和国成立后，正规幼儿教育逐渐发展起来。机关和城镇的学龄前幼儿基本保障了幼儿教育。各地按照国家教委《关于加强幼儿教育工作的意见》和《关于幼儿管理条例》的文件精神，完善了幼儿教育工作。自1985年以后，县级机关所在地先后成立了规范的幼儿园，逐步保障了校舍、师资、设备的稳定投入，有些乡级中心小学开始附设学前班，尽量为乡镇机关、城镇以及附近有条件的农民子女创造学龄前接受启蒙教育的条件。县级机关幼儿园按全国幼儿教育大纲进行教学，使用全国统编教材，开设语言、计算、音乐、体育、美术、常识等6门课程，每周上课22节，每节上课30分钟，每日午睡2小时。乡镇附设的学前班，也开设语言、数学、音乐、图画、游戏、常识等课程，教学要求略低于县级机关幼儿园的标准。下表是绿春县1983年以后城关幼儿园和乡村学前班的课程时间表：

1983年后城关幼儿园课程时间表

时间 科目	星期	一	二	三	四	五	六
上午	9:00~9:30	常识	计算	常识	语言	计算	计算
	10:00~10:30	语言	音乐	语言	音乐	体育	智力练习
下午	2:30~3:00	计算	体育	美术	语言	创造性	音乐
	3:30~4:00	美术	机动	做做玩玩	机动	游戏	搞卫生

1983年后乡村学前班课程时间表

时间 科目	星期	一	二	三	四	五	六
上午	8:00~8:45	语言	计算	语言	计算	语言	计算
	9:00~9:45	计算	语言	计算	语言	计算	语言
		休 息					
下午	2:00~3:45	常识	图画	写字	计算	常识	写字
	3:00~3:45	体育	唱歌	体育	图画	唱歌	周会

从课程内容及时间的安排情况看，无论县级机关幼儿园，还是乡镇学前班，内容都适合学龄前幼儿的生理和心理特点，作息时间也集中在有效时间里，总而言之，是比较规范的。幼儿教育，经过几十年的投入和发展，哈尼族地区县、乡的幼儿教育已经形成合理的格局。哪怕是较边远的县、乡也实现了正规的幼儿教育。如绿春县，截止1985年，城关幼儿园招收幼儿学生102人，分编成3个教学班；在乡村9个学区、10所中心完小附设

11 个学前班，全县共有 1 个幼儿园，14 个学前班附设点，与 1962 年刚成立幼儿教育教学点时相比较，入园（班）幼儿人数增加 11.6 倍，教师从 1 人增加到 17 人。关于哈尼族地区幼儿教育情况我们也可以从以下元江县幼儿教育发展情况统计表中见出：

年　份	幼儿园			托儿所		教职工数	年　份	幼儿园			托儿所		教职工数
	所	班	人数	所	人数			所	班	人数	所	人数	
1953 年				1	22		1975 年	1	3	120			5
1958 年	1	1	30			4	1976 年	1	3	120			5
1959 年	4	4	78	279	5681	6	1977 年	1	3	120			5
1960 年	1	1	41			9	1978 年	1	4	150			5
1961 年	1	1	25			7	1979 年	1	4	150			6
1962 年	1	1	18			3	1980 年	2	8	283			6
1963 年	1	3	40			4	1981 年	12	20	503			23
1964 年	1	3	60			4	1982 年		18	319			20
1965 年	1	3	70			5	1983 年		16	484			28
1966 年	1	3	70			5	1984 年	8	18	474			29
1967 年	1	3	70			5	1985 年	6	41	853			33
1968 年	1	3	70			5	1986 年	3	20	352			31
1969 年	1	3	71			5	1987 年	10	32	808			61
1974 年	1	3	120			5							

注：1970～1973 年中断

元江县 1958～1987 年 20 年间，幼儿园所数、班级和人数从 1 所、1 个班、30 人分别增加到 10 所、32 个班和 808 人，提高十倍至数十倍。

绿春县、元江县幼儿教育的发展状况，代表了哈尼族地区幼儿教育的现状，是哈尼族乃至民族地区幼儿教育发展的缩影。它有力地明证党对少数民族的关心和关怀；明证了民族平等的事实，充分显示了各级党委和政府贯彻执行党的民族政策的力度和广度。

（二）小学教育

中华人民共和国成立初期，哈尼族地区的县、乡级政府所在地陆续兴建小学校，贯彻学校为工、农开门的方针。学制基本上实行六年制（即四二分段制和五年一贯制），也兼有灵活多样的其他年限不等的学制。课程开设国语、算术、常识、自然、历史、地理、政治常识、音乐、唱歌、体育卫生、美工等科目。"文革"期间课程设置和教学秩序受到不同程度的影响，但自1977年恢复大中专升学考试制度以后，小学升学也相应恢复升学考试。1978年教育部颁发《全日制十年中小学教学计划试行草案》，对小学课程设置作了调整，如增设了外语科目，重视并加大了小学外语教学的力度。1980年根据中央《关于普及小学教育若干问题的决定》和1985年按照中央《关于教育体制改革的决定》的精神，实行县、乡和村三级管理办学，从学校布点看，县、乡两级设中心完全小学，村和社（寨）分别设初级小学和一师一校，使小学校设置形成与人口密度相调适的网络；师资建设方面加大了对小学教师的学历要求和岗位培训，特别是从1980年开始民办教师都转成公办教师，课程设置不断加以完善。整个小学教育体制更加完善，管理更加规范，教学责任更加明确，教育投入的社会效益更加明显，从根本上保证了小学的教育和教学的质量，为提高中学阶段的教学质量奠定了基础，保持了整个哈尼族地区适龄儿童较高的入学率和巩固率。如下表所示：

地　区	统计年度	入学率	巩固率
绿春县	1985 年	88.3%	
元江县	1986~1987 年	96.26%	93.47%
普洱县	1990 年	99.1%	
元阳县	1985 年	93.7%	
江城县	1985 年	93.5%	95.6%
红河县	1985 年	86.5%	

数据来源：各县县志

　　近年，由于各级党委和政府的重视，加之农村经济的良性发展，农民的收入逐步增加，占生源比重很大的农村适龄儿童的入学率和巩固率更加得以保障，因此，哈尼族地区的小学适龄儿童入学率和巩固率不仅有所提高，而且巩固率也比较稳定。如下表所示：

地　区	时　间	入学率	巩固率
江城县	1996 年 1997 年 1998 年	98.5% 98.8% 99.1%	99.08% 99.2% 99.5%
红河县	1996 年 1997 年 1998 年	95.5% 96.3% 96.8%	86.6% 89.01% 90.1%

说明：资料由江城县教育局和红河县教委于 1999 年 5 月提供

以上表中数据证明，适龄儿童的入学率和巩固率都呈稳步上升态势，从某种意义上讲，它是哈尼族地区小学教育良好发展的概括。

课程设置首先是按照国家教育部和省教育厅的规定，根据边疆山区民族地区城镇和乡村小学教学全日制和非全日制的教学实际，结合民族学生生理和心理特点以及对汉语掌握的程度特点，开设具有针对性的课程。以下是绿春县农村半日制五年制和城镇全日制五年制的教学计划：

1981 年绿春县农村半日制五年制小学教学计划

时间 科目 星期		一	二	三	四	五
语文	小计	11	11	11	10	10
	讲读	10	10	8	7	7
	作文			2	2	2
	写字	1	1	1	1	1
数学		6	6	6	7	7
音乐		1	1	1	1	1
合计		18	18	18	18	18

教学内容仅限于语文、数学和音乐，是最基本、最初级的教学，也是最具特色和结合实际的教育手段。

1981年绿春县城镇全日制小学教学计划

时间＼科目＼星期		一	二	三	四	五
思想品德		1	1	1	1	1
语文	小 计	11	12	11	9	9
	讲 读	10	11	8	6	6
	作 文			2	2	2
	写 字	1	1	1	1	1
数 学		6	6	6	7	7
外 语					3	3
自 然				2	2	2
地 理					2	
历 史						2
体 育		2	2	2	2	2
美 术		2	2	2	1	1
音 乐		2	2	2	2	2
劳 动					1	1
并开科目		6	6	7	9	9
每周总课时		24	25	26	27	27
自 习		2	2	2	2	2
科技文艺活动		2	2	2	2	2
体育活动		2	2	2	2	2
周会班级活动		1	1	1	1	1
每周在校活动量		31	32	33	34	34

可见，城镇全日制小学教学内容除了语文、数学这些传统科目之外，还设置了外语、音乐、体育、美术、劳动以及思想品德课，符合党的教育方针——德、智、体全面发展的正规教学要

求。较之农村非全日制小学开设的教学内容，城镇全日制小学教学的组织和实施更加规范；换句话说，哈尼族地区城镇小学教学全面走向了正规教育。

（三）中学教育

中学教育各地情况有别，发展也不平衡，除个别地区如普洱县以外，多数地区的中学都是中华人民共和国成立以后才开办并逐渐发展成为中学教育的。光绪二十八年（公元1902年）创办了普洱中学，为云南省第一所新型府级中学堂（后曾停办），民国4年（1915年）开办普洱县立中学（后或停或办）。普洱县是哈尼族地区开办中学较早的地区，其他的如元阳、红河、绿春、江城、元江这些地区建国以后才陆续开办中学。如下表所示：

地区	时间	校　　　　名	教职工	班级	在校学生
元江	1950年	元江县人民中学	12	1	57
红河	1952年	红河县初级中学	5	1	49
元阳	1954年	云南省元阳初级中学	6	1	62
绿春	1958年	绿春县初级中学	2	1	33
江城	1950年	江城县立初级中学	6	2	40

资料来源：各县县志（下同）

虽然成立建校时间较晚，教学层次均系初级教育，学校规模小、教师少、班级少和在校学生少，但对哈尼族地区的中学教育的发展来说，是里程碑，奠定了基础。

各地中学教育尤其是初中教学的发展，曾经历了不平衡发展的阶段。70年代后根据中央关于"小学附设初中班，是个好办法"的精神，乡、村小学纷纷附设初中班。按当时的行政区制，凡是公社和大队的中心完小都要附设初中班，因此，附设初中班数量之多、学生之众为历史之最。如下表所示：

地区	时间	附设初中班学校（所）	班级	在校学生
普洱	1979 年	72	191	7927
元阳	1970 年	15	27	747
江城	1979 年	22	36	1614
红河	1977 年	44	78	3109

由于超过当地正规初中教学和管理承受的总量，加之，对附设初中班的教学和管理采取了违背教育规律的对策，如学校由小学代为管理、小学教师教授初中课程等等，管理无序，师资缺乏，设备不全，严重影响了教学质量，初中教育进入盲目发展的阶段。

党的十一届三中全会以后，中学教育进入调整、巩固和正规而又健康发展的时期。取消、合并了设施不具、师资较差的附设初中班，设置以县一中为完全中学和乡、镇初级中学为主体的学校格局，集中财力、物力和师资优势，办好当地的中学教育。调整情况如下：

地区	时间	学校（所）	在校学生
普洱	1990 年	15	9155
元阳	1985 年	8	3340
江城	1985 年	9	2338
红河	1985 年	6	3733
绿春	1980 年	11	2213

较之盲目发展时期，学校设置是少了，但更加规范，校舍、设备和师资形成了办学合力。不仅如此，更加重视了教学质量，

致使能够就读中学的人数不但不减少反而增加了，总体上提高了中学的办学效益。

中学学制一般按全国统一的学制执行。初中学制从中华人民共和国成立到1966年"文革"以前为三年，1972年曾短暂地作过调整，即县属中学为三年，小学附设初中班为二年，1973年以后初级中学校实行三年制。高中部成立和办学都比较晚，学制分为二年或三年，1980年以前以二年制为主，1981年以后高中学制均改为了三年。

中学的教学计划、教材和教学，除十年"文革"以外，均按国家教育行政主管部门的规定加以制定、使用和组织教学计划、统编教材和教学活动，尤其是自1977年恢复全国普通高等学校招生统一考试以后，中学教育基本上做到规范性教学和管理，因为升学考试的结果，从某种程度上讲，升学指标等同于办学质量是不争的事实。尽管有些违反中学教育的价值趋向，但各级党委和政府从根本上重视对中学教育的管理、引导和投入，让中学教育走上健康发展之路。配备中学校的党政领导班子，鼓励中青年教师脱产进修提高学历，制定学校的规章制度，致力转变校风和学风。通过近20年的建设和发展，学校管理有章有法，教学秩序正常，收到良好的效果。如县完全中学的校长享受正县级待遇；乡级中学教师的学历提高了，大专以上学历占80%以上，多数人达到了任职资格；各中学根据教育部颁布的《中学生守则》，结合本地区实际纷纷制定了相应的规章制度，加强了对学生的管理。如下是元阳一中学校管理八条规定（1982年）：

第一条，学生每学期旷课三十节者，作自动退学处理。早退一次，迟到三次，不上早、晚自习一次，各为旷课一节。

第二条，有下列问题之一者，视情节轻重分别给予警告、严重警告、记过、留校察看、开除学籍处分：
一、谈恋爱，传抄黄色书刊；二、有偷盗行为；三、打
架斗殴；四、吸烟；五、参加赌博。

　　第三条，破坏公物的学生，视情节轻重处予赔偿或
罚款。

　　第四条，不得在教室、宿舍周围大小便，违者罚
款。乱解小便一次罚款一元，乱解大便一次罚款二元。

　　第五条，学年成绩各科不及格者留级，连续留级两
次者劝令退学。

　　第六条，考试作弊，该科成绩按零分计算。

　　第七条，高中毕业生必须各科成绩及格，操行合
格，方能发给毕业证书。初中毕业生，语文、数学有一
科不及格或其他学科有两科不及格者，不发毕业证书。

　　第八条，高、初中毕业班，在校期间考试不及格的
科目，准予补考。

规定包括了学生的学习纪律、行为规范、思想品德等内容，集中
反映了德、智两个方面，不仅要给民族学生传授文化知识，而且
要把学生培养成有知识、讲道德、守纪律的当代劳动者。

（四）职业教育

　　哈尼族地区的职业教育主要包括师范教育、农业技术教育和
现行的职业技术教育。这几类在不同历史时期形成的教育方式或
多或少曾发挥过积极作用，是今天发展职业教育的前身和基础。
早期师范教育是针对中华人民共和国成立初期各地筹办小学和部
分中学因急需教师而采取的较为特殊的教育模式。如 1958 年，
蒙自师范学校初师部共 3 个班，学生 157 人，由蒙自迁往元阳，
改校名为元阳民族师范学校，与元阳中学两块牌子，一套班子。
1959 年，元阳民族师范学校面向元阳、绿春、红河、金平四县

招生 2 个班共 84 人，学生毕业后全部分配回当地从事小学教育工作。1956 年 9 月，为适应小学教育发展需要，充实小学教师队伍，红河县一中举办附设简师班，从金平、元阳、红河招生 50 名，学制三年，开设初师课程，学生毕业分配回边疆三县担任小学教师。1951 年，经省教育厅批准设立普洱专署所在地师范一所，开办普洱师范，旨在培养边地教师。该校从 1951 年到 1954 年，向边疆地区招收初师班、民族初师班、进修班、中师速成班各类学生共计 12 班. 500 余人，其中，初师及中师速成班学生 300 余名，毕业后多数分配到车里（今景洪）、佛海、南峤、勐腊、江城、澜沧等县，发展边区教育。今天，小学教师的培养已经由各地师范学校承担，纳入正规的国民中等师范教育体例。对在职的小学校行政干部和教师定期或不定期地进行业务培训，主要由 80 年代初期开办的县级教师进修学校组织实施。学历教育和继续教育已经形成两个系列，不再是笼而统一之的共同体。农村职业教育，根据 1958 年 4 月中央《普遍发展民办农业中学，是实现农业技术改造的一项重要工作》的文件精神，各地试办农业中学，办学形式由生产队划给耕地，提供生产工具，政府补给少量的办学经费和学生的生活补贴，学生实行了半农半读，社来社去。开设初中语文、数学、应用文、会计、统计、植保、农业、机械及兽医等课程。"文化大革命"期间大多数农业中学都停办，部分有条件的转为小学附设初中班。20 世纪 80 年代各地又陆续恢复农业中学，招收初中毕业生，开设课程除高中语文、数学、物理、化学之外，针对所开专业班——林业、茶叶、兽医等类所需知识设置。这些学生毕业后国家不作统一分配，但同等条件下优先录用。20 世纪 90 年代中期，农村职业中学大多更名为高级职业技术学校，教学属性与农村职业中学相同。这是县、乡完全中学逐步改变一味追求高考升学率——单一目标教学向培养当地知识技能型农村青年的积极尝试和创新改革，不仅创造了科技兴农的条件，而且也改变了农村教育的观念，亦即由升学为唯一目标——落榜——回归文盲，向学习技能——科技务农——发展产业转变。职业教育尤其是现行的职业技术教育，是哈尼族地区教与学并举又升学和就业科学分离的重要渠道。

（五）业余教育

中华人民共和国成立初期，哈尼族地区十分重视对获得翻身解放的农民扫盲，由农村识字人或当地的小学教师负责农民的文化学习，利用晚上时间读书识字。如1953年，红河县抽调30余名小学教师，分赴各区开办识字班45个，有学员938人。20世纪70年代中期，不少地区成立业余教育办公室，并配备专职干部，组织汉语或哈尼语扫盲班。如1958年，绿春县用哈尼文扫盲，全县90%以上的青壮年参加学习，有13 510人脱盲，占参加扫盲总人数（22 242人）的60%。50年来，哈尼族地区扫盲不断，使当地的青壮年文盲和半文盲人数逐渐递减，这对当地的经济发展、文化繁荣、民族团结和社会进步起到了积极的作用。业余教育的另一方面，是对教育界学历较低的教职工补习文化、辅导理论，20世纪80年代初期进行了函授、电视大学、自学考试等多种学历教育。仅绿春县1979～1985年，教职工考取并毕业函授大学的共62人，他们大多成为当地干部的中坚力量，成为教学业务骨干，有的已走上了重要的领导岗位。

（六）教师队伍

中华人民共和国成立初期，小学教师来源于私塾教师和国民小学教师，他们一般文化素质较低，成分较复杂。党和政府将这些教师组织起来，学习党的教育方针和有关政策，让他们树立起为人民服务的思想。20世纪60年代，哈尼族地区的教师主要由政府从内地调配，以支持发展边疆地区的教育事业。教师队伍结构有了一定的改变，文化程度有所提高，从数量、质量上逐步保证和促进了教育事业的发展。"文化大革命"中，不少教师被打成"牛鬼蛇神""反革命分子""反动学术权威"，受到批判斗争，遭受人格的侮辱和肉体的摧残。1978 年以后，教育战线拨乱反正，认真贯彻落实了党的知识分子政策，对教师在政治运动中造成的积案进行了认真清理，对冤假错案进行复查和平反，按政策规定恢复名誉，该复工的复工，符合退职退休条件的给予办理退职退休手续。20 世纪 80 年代以来，教师队伍得到了进一步的充实，大学本、专科学历占到教师学历总数的 78% 以上。如江城一中具有大学本、专科学历的教师占全校教师数的 85% 以上；嘉禾乡中学专科学历的教师占全校教师总人数的 70% 以上。学科结构趋于合理，尤其中青年教师基本上是科班出身，多毕业于省内外师范院校，教师籍贯不再限于本地，不少是来自省内各地的优秀毕业生。他们热爱哈尼族地区的教育事业，勤奋耕耘，为哈尼族地区教育走向 21 世纪奠定了良好的基础。教师的待遇，从最初实行的实物供给制、实物折金供给制、薪给制，发展到今天的结构工资制。教师工资增长幅度较大，仅以 1985 年与 1984 年相比较，中学教师增资幅度为 47.5%，小学教师为 45%。

哈尼族人民素来有尊师重教的传统，人民教师深受群众的爱戴。1978 年后，党中央明确提出知识分子是工人阶级的一部分，教师被誉为"人类灵魂的工程师"，成为社会主义现代化建设的依靠力量。各级党代会、人代会、政协委员会都有教师代表参政议政，共商国家大事，教师的政治地位明显提高。如 1985 年，元阳县中小学教职工中有共产党员 125 人，共青团员 438 人，分别为"文化大革命"前的 3 倍和 10 倍。有 86 名教师先后到过北京、上海、天津等地参观考察。

（七）经费与设备

中华人民共和国成立初期，各地教育经费仍由地方自筹解决。随着国家经济状况的好转，教育经费逐年增加，国家和地方财政合力投入办学。"文化大革命"期间，国民经济滑到了崩溃的边缘，但是国家对教育的支持非但没有减少，而且逐年有所增加。以元阳县为例，1960年国家投入29.05万元，占地方财政支出的11.62%；1968年国家投入29.70万元，占地方财政支出的26.77%；1979年国家投入118.87万元，占地方财政支出的20.4%。又如江城县，1953年全县教育经费为5万元；1965年为12万元；1980年为84万元；1985年为192万元。

党的十一届三中全会以后，教育被列为发展国民经济的战略重点之一，各级党委和政府对教育事业十分重视，教育投资增长更快。政府投入、地方财政、基金会资助、国际银行贷款、社会名流助学等等，形成合资办学的经费源流，大大加快了哈尼族地区学校基础设施建设的步伐，极大地改善了办学条件。如红河县希望小学，1994年中国青少年基金会和政府合力拨款30万元，建盖了747平方米的教学大楼，改善了办学条件。又如金平大老塘小学"平山楼"，由日中友好协会会长、联合国教科文组织亲善大使平山郁天之三先生捐赠希望工程款200万日元建盖教学楼。校址位于哈尼族聚居的大老塘村，教学楼系钢筋混凝土结构，建筑面积570平方米，配设6间教室（每间48人）、2间教学仪器设备室、1间图书室。该教学楼的落成，为当地哈尼族创造了良好的办学环境。1998年江城县教委获得世界银行"贫四项目贷款和国家贫困地区义务教育工程项目资助款"440万元，使15所学校校舍、设备得到较大的改善，直接受益学生达到8 000余人。

由于得到国家、社会和个人的关怀和资助，哈尼族地区的教育经过50年的发展，已经取得了巨大的成就，教育面貌改变称得上"当今世界殊"。

五、展望未来

中华人民共和国成立前，崇山峻岭和沟壑峡谷，阻断了哈尼青少年学习文化知识的渴望，走进学校求学宛如天方夜谭，哈尼族的大学生，仅有屈指可数的几个。这说明哈尼族接受汉文化教育较晚，同时反映出哈尼族社会发展较为缓慢。教育的落后严重阻碍了哈尼族社会的进步和经济的繁荣。中华人民共和国成立以后，哈尼族地区的教育从根本上得到改变，逐步解放了基础教育问题，形成了小学、初中、高中比较完整的教育体系，为培养本民族学生尤其是大学生打下了良好的基础。特别是自 1977 年以后，哈尼族青年学生能够一批又一批地走进高等学府的大门，成长为天之骄子。据统计，党的十一届三中全会以后，有些哈尼族地区一年中考取大专院校的人数，已经超过 1949～1976 年考取大专院校人数的总和。如江城县 1955～1976 年考取大专人数为 14 人（不含工农兵学员），而 1983 年和 1985 年考取大专的人数分别为 15 人和 21 人，近几年更是成倍增长。又如绿春县，1976 年以前考取大专院校的学生仅为个位数（不含工农兵学员），而 1977 年以后，每年考取大专院校的学生都在两位数以上，即 1977 年为 59 人，1985 年为 80 人。因为教育发展态势良好，哈尼族拥有了一批博士、硕士，如傅永寿、陈丁昆、李少军、李庆安、涂洁垒、李克忠、李泽然、史犁等，出国留学者也大有人在；涌现出一批教授、专家学者，如杨放、史军超、李先林、李德祥、白云昌、毛佑全、钱勇、李期博、赵官禄、白玉宝等，政治、经济、文化各界人才大量涌现，他们在各自岗位上勤奋耕耘，为哈尼族迈向 21 世纪作出巨大的贡献。随着时代的发展，哈尼族的教育必然以更快的步伐阔步向前，在新的世纪将会培养出更多的现代化的哈尼族英才。

第二节　体　育

哈尼族体育是我国体育事业的一个重要组成部分，它直接关系到哈尼族体质的增强和子孙后代的幸福。

哈尼族体育，作为一种社会文化，它的意义超出了强体健身、娱人心身的范畴，社会已经赋予它展现民族精神，弘扬历史文化，倡导新的道德观念的职责。哈尼族体育项目丰富多彩，有武术、摔跤、打秋千、打陀螺、爬山、射弩等，构成了多彩悦目的系列。

一、武　术

（一）哈尼族武术的起源与发展

哈尼族武术源远流长，充满着哈尼人智慧的结晶，它是中华民族武坛的一颗璀璨的明珠。哈尼族武术称为"克腊敌"，意即"脚手打"。

据哈尼族迁徙史诗《哈尼阿培聪坡坡》记载，哈尼族的先民们，在采集、狩猎、觅食以及为寻求生存、发展抵抗毒蛇猛兽和与社会恶势力的斗争中，利用树枝、棍棒、石块、竹箭等作为武器，击退了来自人和自然多方面的侵害，猎取野物作为生活资料，历经漫长的历史，逐渐形成了徒手和使用武器的技能，获得了格斗和搏击的各种手段，这些自卫手段虽属粗糙而低级，但确是哈尼族武术格斗技术的萌芽。

相传，勇敢善斗的哈尼族先民，把其崇拜物羊角装饰在头上，作为勇敢、有力、灵巧和吉祥的象征，两人一组，互相扭扯着，肩靠肩、头靠头，用摔扑滚翻等技能相互进攻以决胜负，这就是一种利用原始的徒手搏击技术为形式的游戏。这种游戏并不是单纯地追求娱乐，它在原始社会的体育运动中占有十分重要的地位。

在哈尼族的历史发展过程中，氏族与氏族之间或部落与部落之间，有时为了反击侵犯者或者为了扩大土地，常常发生战争。原始氏族部落战争的社会实践，使武术在初具军事战斗技能的基础上不断得到发展。后来的哈尼族武术，内容大都接近于军事战斗技能而远离于狩猎技能。

在哈尼族迁徙史诗《哈尼阿培聪坡坡》中，曾记述了哈尼族先民从四川大渡河迁到"谷哈"（今昆明一带，南北朝时期）受到当地奴隶主的残酷镇压，在"谷哈"附近爆发了一场压迫与反压迫的激战。诗句中有"哈尼的大刀砍朝前/哈尼的长矛戳朝前/哈尼的棍子刈朝前/哈尼的三尖叉刹朝前/还有那哈尼的流星在敌人头上飞转"的描述。后来，战争渐少，而武术却繁衍开来，作为防身健体的有力武器不断发展。

（二）哈尼族武术的衍生物

1. 哈尼族武术与宗教的交织。哈尼族在日常生活中有着名目繁多的宗教祭祀活动，这些活动都由原始宗教祭祀活动主持人摩批来进行。摩批不仅是哈尼族原始宗教祭祀活动的主持者，同时也是哈尼族武术文化的保存者和传播者。

从武术气功的发展过程，可以看到它与哈尼族原始宗教信仰及其崇拜的关系。武术气功发展经历了三个阶段：（1）纯粹的武术气功，那时宗教还没有产生，它带着神秘的色彩自然独立地存在着；（2）宗教产生后，武术气功夹裹着原始宗教的内容和形式发展。一部分宗教祭司吸收武术气功的功法，作为自己的修持方法；（3）新中国成立后的现代武术气功逐渐从原始宗教迷雾中解脱出来，与其他的保健强身、防身、养生等等武术气功合流。所以，现代武术气功包括特异功能，基本摆脱了神秘的宗教色彩。但是，由于科学知识尚未得到很好的普及，在哈尼族的宗教活动中，诸如祭天神、地神、寨神、开丧、占卜、驱鬼、叫魂、求子等活动，均由摩批演示某些带有气功因素的仪式，一部分摩批实际上就是有功夫的祭司。他们当中有的因为缺乏科学知识而搞了"迷信"的东西，有的则因为师傅传下的就是如此，或者是师傅的师傅早就搞错了的，现在仍然在使用。摩批在举行宗教祭祀活动时，先默念口诀，使自己的思想意境达到武术气功状态下的宗教活动，然后，流畅地背诵各种宗教祭词或长达数万行的祭词，与此同时往往出现武术气功的自发动作。如武术气功中的摔、拍、抖、推、穿、按、托掌、冲拳、弹、踹、蹬腿及弓、马、跪、丁步等，动作由小变大，由少到多，由简到繁，由易到难，吞吐起伏，刚柔相兼。祭词、诗歌背诵完之后，慢慢地停止运动，收功还原。所以，这些宗教活动都是与武术分不开的。

2. 哈尼族武术与民间舞蹈。哈尼人能歌善舞，民间舞蹈有猴子舞、乐作舞、独瑟瑟舞、铓鼓舞、竹筒舞、莫搓搓舞、哈瑟舞、棕扇舞、白鹇舞、木雀舞、碗舞等，都与武术有着微妙的联系。哈尼族先民们在狩猎和觅食中为了抗击毒蛇猛兽的侵袭和繁衍子孙后代而强身健体，形成和发展了自己独特的武术套路，为了表现祝贺胜利、五谷丰收或生死离别的激动心情，自然而然地手之舞之足之蹈之。他们最先的动作是自发的，大多数舞蹈出自与猛兽搏击的动作，形成哈尼族初始武术动作，经过长期的发展演变成了现代的哈尼族民间舞蹈。例如哈尼族武术中棍、刀等动作的撩棍、撩刀、云棍、云刀、劈棍、劈刀等演变成了铓鼓舞中的撩铓、云铓、劈铓等，鼓槌的种种敲击法同样是从棍、刀、链甲等武术动作中演变出来的。还有铓鼓舞中弹、蹬、踹、跌扑滚翻等动作都是武术基本功的动作，铓鼓舞在演练时很讲究精、气、神内外合一，动作粗犷、豪放，吞吐含蓄，快速有力，节奏鲜明，刚柔相济，这些恰恰就是哈尼族武术的特点，所以民间舞蹈与哈尼族武术有着紧密的联系。

3. 哈尼族武术与哈尼族的节日。哈尼族居住地区分散，各地节日活动的具体时间、内容和形式不尽一致。比较统一的传统节日主要有"苦扎扎""扎勒特""昂玛突"等。

每逢夏历五月，分布在哀牢山的哈尼族迎来了一年一度的盛大佳节——"苦扎扎"节，千家万户喜气洋洋，沉浸在节日的欢乐中，这时就会有化装性的武术表演。

如红河县大羊街一带的哈尼族，为了显示自己的力量，在过节时，年轻人会打扮成鬼怪，有的戴着笋叶制作的假面具，或者在腰、脖子等处系着大铃铛，头顶鸟饰，或用野草、兽皮、贝壳、山花、蓑衣、纸装饰的尖帽，连鸡笼、碓嘴也成了美丽而奇特的装饰品。节日的最后两天进行"攥磨秋"活动，各村寨将本村的牛皮大鼓放在磨秋场边上，当远方"攥磨秋"的队伍到来时，一位男性长者手持鼓槌，念诵几句简短的祝词之后，便在大鼓后部着力击鼓三次，近旁同时敲击铜锘伴奏，鼓声古朴雄浑，节奏活泼明快。这鼓声是哈尼人向天神摩咪传递信息的媒介。开始三声鼓响各有其意，表示人口繁衍，五谷丰登，六畜兴旺。这时"攥磨秋"队伍中身着奇服的骁勇剽悍的小伙子们率先跃到鼓前，翻腾跳跃，闪、展、腾、挪，手捷步灵，出手迅速，劲力刚猛，动作原始古朴，一招一式渗透武术功力。同时人们耸肩歪颈，扭动身体，手舞足蹈，舞者即兴发挥，以此表现哈尼人对美的追求，对生命和力量的歌颂。

"扎勒特"汉语意为"十月年"，是哈尼族辞旧迎新的大年。在除夕日和初一属龙日两天中，主要活动是祭祖先和祭非正常死亡之人，初二（属蛇日）已出嫁的姑娘回娘家拜年。除此之外，整个节日期间，男女老幼身着盛装，进行各种文体娱乐活动，有唱"哈巴"的，有舞蹈的，有练武的，还有互对山歌谈情说爱

的，真可谓阵阵欢歌笑语满山乡，哈尼人沉浸在幸福、狂欢之中。

每年农历二月的"昂玛突"节日期间，人们穿着节日的盛装，在铓鼓、树叶、笛子、唢呐、巴乌、二胡、小三弦等乐器的伴奏下，载歌载舞，小伙子们手持一把把锋利的哈尼刀，跳起刀舞。他们英姿焕发，随着身体各关节有节律的抖动，挥刀舞铓，忽而跌扑滚翻、蹿蹦跳跃，起伏转折，动静疾徐，柔中带刚，刚中带柔，忽而劈、砍、撩、拦，刀刀勇猛，势势相承，势如猛虎，刀如狂飙，锐不可当。利刃过处，闪出道道寒光，随着招式越演越激烈，嘴里还不时发出哈尼人撵山时的呐喊声"哟、哈、哦、哩、嗨、嗬嗬"，这一声声呐喊，体现了鲜明的民族特色和翻腾不息的内在功力。

（三）哈尼族武术的分类

哈尼族的武术活动形式多种多样，按其形式可分为拳术、器械、对打、自由搏击等四类。

1. 拳术。主要以哈尼拳为主，步型以弓、马、半马、虚、扑、丁、大小跪步、护裆步、横裆步、倒插步、盖步、独立步等为主。步法以进、退、撤、跨、拖、纵跳、跃垫等为主。腿法有侧踹、前铲腿、踩腿、缠腿、连环扫腿等。手型以拳、掌、爪为主。手法中的拳法有冲、抛、盖、挂、掼、劈等；掌法有推、劈、切、插、标、托、拍、护身掌、抹掌等；爪法有护身爪、抑爪、抓面爪等；肘法有撞肘、压肘等。一般运动路线以梅花步、四方步、菱形步、七星步等为主。其特点是动作古朴，步法灵活多变，动作刚劲有力，勇猛剽悍，以发声吐气助长发力。

2. 器械。包括砍刀、大刀、竹刀、弯刀、剑、匕首、斧子、勾链、弩箭等短器械；长矛、三尖叉、戟、齐眉棍、竹矛、锄头等长器械；双匕首、双刀、双斧子等双器械；流星绳镖、链甲、三节棍等软器械。器械套路的步法、腿法、步型、运动路线基本与哈尼族拳术相似。

（1）刀在哈尼族武术内容中较有特色，以砍、劈、截、撩、抹、斩、按、缠头裹脑、藏、抱、捧、架、剁、切、挑等刀法所组成的套路为主。其特点是刀如狂飙，锐不可当，动作原始古朴，刀法密集，吞吐刚脆，刚柔相济，演练和实战时常以发声吐气来助长动作的发力，增加气氛和威力。

（2）齐眉棍主要有单人和双人套路，以劈、撩、舞花、盖、点、戳等棍法组成套路。其特点是动作古朴、刚劲，演练和实战时使用棍的两端横打一片。

（3）链甲（两节棍）以两节长约三十厘米的铁管或木棒制成，中间以铁链相接，以击、劈、抛、舞花、扫、云等链法组成套路。其特点是链法密集，攻防性强，难度较大，放长击远，适应近战。演练时一般伴以锣鼓，气氛非常热烈。

（4）勾镰有大小、单双勾镰之分。以挂、勾、割、挑、挖、砍、劈、扫、云等镰法组成套路。其特点风格泼辣，镰法密集，实用于近战，动作古朴、刚劲、有力。

3．对打。是两人以上按照固定动作进行的攻防技术练习，包括徒手对打、器械对打、徒手与器械对练。

4．自由搏击。是应用哈尼族的摔跤和武术中的打、踢、格斗、擒拿、跌扑滚翻、闪展腾挪等技术动作进攻对方的一种自由搏击运动。

（四）哈尼族武术的特点与作用

哈尼族勤劳、聪慧、勇猛剽悍、粗犷豪爽、纯朴善良、能歌善舞，由此决定了哈尼族武术的特点，讲究精、气、神的配合。套路短小精悍，保持矮桩，运动路线以梅花步、四方步、菱形步、七星步等为主。动作虚实相间，步法敏捷、原始古朴、招式明快、节奏鲜明、勇猛、发力刚脆、粗犷豪放、刚柔相兼，适应山地农耕生活特点，常以发声吐气助长动作的发力，充分展现了丛林争搏的民族雄风。

由于哈尼族武术内容丰富多彩，拳术、器械的动作结构、技术要求、运动风格和套路的运动量，都各有不同的特点。哈尼族武术不受时间、季节的限制，场地器材也可以因地制宜。经常练习哈尼族武术，能发展协调、灵活、力量、速度等素质，锻炼身体各器官功能，强身健体，培养机智、坚毅、顽强的意志力，提高攻防搏斗技能，振奋民族精神。

哈尼族武术文化与其他民族文化一样，在历史的长河中历经了暴风骤雨的考验。哈尼族过去没有自己的文字，汉文史籍文献中有关哈尼族历史的记载甚少，因而哈尼族武术文化少有成文的记载流传。中华人民共和国成立后，在党和国家的民族政策的关怀下，继1979年国家体委再次发出《关于发掘整理武术遗产的通知》之后，连续几年展开了挖掘整理民族武术的工作，涌现了一批批哈尼族武坛高手。生长在绿春县的哈尼族青年李德祥，其父亲是一位能武善战、德高望重的哈尼族勇士，他自幼受父亲的熏陶，耳濡目染，与武术结下了不解之缘，十多年来，他连获云南省武术比赛7枚金牌。在1986年徐州全国武术观摩比赛中，他凭一套历经数年苦心整理编创的"哈尼刀"威慑南北武林高手，轰动武坛，获得了国家体委颁发的雄狮一等奖。自1983～1993年以来，他一直担任红河州哈尼族武术、散打总教练，该队在云南省武术比赛中获团体冠军7次（蝉联团体5次冠军）、亚军6次、第三名4次。获单项奖牌105枚金牌、128枚银牌、150枚铜牌，评为8次优秀运动队，培养了李振梁、王泽等一大批哈尼族运动员，其中不少人获得国家武英级、一级武士、二级武士优秀称号。《人民日报》（海外版）、《云南日报》、《中国体育报》、《武林》、《中华武术》、《春城晚报》、《春城民族文化报》、《红河报》等报刊纷纷以"哈尼武术第一人""哈尼刀王"等标题报道了李德祥的习武生涯和先进事迹。李德祥现为云南师范大学教授，是国家一级武术、散打、跆拳道裁判。他的名字和哈尼族武术已被载入《云南武术人名录》、《中国武术大全》、《中国武术人名辞典》中，从此，哈尼族武术冲出了滇南神秘的哀牢山，以独树一帜的风貌展现于世人面前，登上了大雅之堂。

二、摔跤

摔跤是哈尼族非常喜爱的一项传统体育项目。在哈尼族山寨，男孩五六岁就开始学习摔跤，草地、田边、地角、打谷场等便是他们的摔跤场，几乎每个村寨都有自己的摔跤手。他们既是摔跤手，又是生产能手。优秀的摔跤手常常又是哈尼姑娘追求的对象。

不同地区的哈尼族摔跤格式有所不同，但古老独特的民族摔跤风格都是一致的。

元阳县哈尼族称摔跤为"辣把则"，俗称"干跤"。每年夏历六月二十四日的时候，都要举行盛大的摔跤比赛。在红河县，每年清明节上坟时，人们以家族村寨为单位，白天祭祀，晚上青年们进行摔跤比赛，也是青年男女们社交娱乐的一种方式。元江哈尼族摔跤称"台阁"，分自由式摔跤和预备式摔跤。

哈尼族摔跤不分体重级别，不受时间限制，一般都是三局两胜制。在互摔中允许抓腰带，运用抱单、双腿、抱腰、抱肩颈、夹颈背、过背、挑腿（俗名勾子）等技术动作，双肩着地算输。胜利者赠给奖品，披红挂彩，由本寨青年扛回寨中，被称为"英雄""大力士"。

近几年来，在党和人民政府的重视关怀下，在国家体委挖掘、整理民族优秀传统体育文化摔跤的基础上，哈尼族摔跤得到了继承和发展，在比赛形式、规则等方面更加科学化、现代化，涌现了一批批摔坛新秀。红河州哈尼族摔跤队多次在云南省摔跤比赛中获得团体冠军，获得多项不同级别的个人金、银、铜牌，并多次获优秀运动队的称号。向国家体委、云南省摔跤队输送了大批优秀运动员，获国际、全国、云南省冠、亚军，培养了大批健将及国家一、二级运动员。

被誉为"哈尼雄鹰"，来自云南"摔跤之乡"元阳县的哈尼族健将运动员，现任云南省体委、体工队摔跤教练的高文和，从80年代以来曾获得世界摔跤锦标赛48千克级第六名，世界大学生运动会和二十三届奥运会48千克级自由式摔跤第四名，第九届亚洲运动会摔跤亚军，英国"大不列颠挑战杯"国际摔跤邀请赛金牌。

三、打鸡毛球

打鸡毛球是哈尼族民间喜闻乐见的一项民间传统体育活动，多在农闲季节和节日里举行。旧历大年三十晚上饭后和大年初一至初三，打鸡毛球最为热闹。鸡毛球用结实的各色布包上糠末扎成，中间稍细，底座大，上面插上二三十根金黄色的大公鸡羽毛，跟羽毛球相似，制作精巧美观。哈尼族青少年一般都会打鸡毛球，三十岁左右的中年人最喜欢玩。鸡毛球活动场地简易，一块平地，中间划一条界线，或者拴上一条绳子就行。活动人数不限，分别站在界线的两边。活动开始时，双方相互用单手把鸡毛球抛向对方，随球的起落，前后左右来回奔跑，互相扣杀。活动规定不许越过界线。双方争夺时，如果谁先被鸡毛球碰到耳朵，在一阵欢呼声中，所有参加活动的人一拥而上去揉他的耳朵，直到每个人都揉到耳朵时，才又开始活动。有趣的是，有时被鸡毛球碰到耳朵的人常赶紧逃离场地，于是大伙便一齐追去，抓住逃跑的人继续揉耳朵，气氛热闹非常。

四、角抵戏

相传，勇敢善斗的哈尼族先民，把哈尼人的崇拜物羊角装饰在头上作为勇敢、有力、灵巧和吉祥的象征，两人一组双双互相扯着，肩靠肩、头靠头，用摔扑滚翻、顶力等技能相互进攻以决胜负，这就是一种利用原始的徒手搏斗技术为形式的游戏。这种游戏并不是单纯地追求娱乐，它在原始社会的体育运动中占有十分重要的地位。从此，这种对抗性的游戏一直延续到今，成为哈尼族人民喜爱的一项传统的体育项目。其活动方法和竞赛规定是，划一个直径为六米的左右圈，圈内的中心点作为双方站立位置的标志。当听到裁判员"预备"的口令时，双方站在所规定的位置上头顶头或左肩抵左肩，右肩抵右肩，裁判员发出"开始"的口令后，双方用力顶，顶出圆圈者算输。比赛一般采用三局二胜制或一局决胜制。

五、打秋千

秋千是哈尼族在民间广泛流行而又极富特色的一种传统民族体育项目，包括荡秋、磨秋、车秋。夏历五月的"苦扎扎"节，哈尼村寨都架起了荡秋、磨秋、车秋，男女老少都穿上了节日的盛装，来到秋场，有的打荡秋，有的打磨秋或车秋，欢度节日。

荡秋。相传，哈尼族的先民刚学会种庄稼时，常常拿田里的泥鳅黄鳝当菜吃。天长日久，泥鳅黄鳝受不了，就跑到天神摩咪那里去告状说："尊敬的摩咪啊，请你给我们拿主张吧，那些做人的太可恶、太残忍了。本来我们在这里快乐生活着，养育自己的子女，可那些人一到田里，就把我们抓住打死，还用绳子把我们一串串地穿着，拿回家去当菜吃，望摩咪给我们出出主意。要不，我们实在活不下去啦！"泥鳅黄鳝告状的那一天，燕子正在摩咪那里做客。当泥鳅黄鳝滔滔不绝诉说的时候，燕子在一边插嘴说："是你们把人家的田拱得乱七八糟，把田埂穿漏了水，弄得庄稼长不好，人们生气了，才惩罚了你们，活该！"天神摩咪说道："燕子说得对。泥鳅黄鳝们，你们是没有道理的。"摩咪作了这样的结论，泥鳅黄鳝非常不满，就在摩咪殿堂大吵大闹，纠缠不休。摩咪觉得事情不好办，惩罚人当然不合天理，得想办法让泥鳅黄鳝也心平气和，就想出一个巧妙的办法，对泥鳅黄鳝说："好啦，每年到五黄六月，我用绳子把人吊起来，一个一个地轮流吊三天三夜，你们该满意了吧？""我们满意了。"泥鳅黄鳝非常高兴，摇摇摆摆地回家去了。从此，每年过"苦扎扎"要打秋进行娱乐。当人们荡秋时，泥鳅黄鳝还真以为是摩咪在吊人呢。"苦扎扎"荡秋的习俗就传下来了。

荡秋是皮带结扎成的。在立荡秋架时，仪式非常隆重。在荡秋之前，由祭司最玛主持祭秋，祭毕，最玛甩动秋千三下，并登上秋千架打悠几下，然后，来打秋千的观众蜂拥而上，谁第一个争上荡秋架，就是最勇敢、最为吉利的人，人们会对他高声喝彩。荡秋中习惯规定男子只能单人荡秋，妇女可以单人荡秋，也可以双人荡秋。人们边荡秋边唱歌，歌声随荡秋高高飞扬，并有对唱、领唱、合唱等形式的赛歌。三天后由最玛举行结束仪式，此后就停止荡秋活动了。

磨秋，又叫磨担秋。打磨秋是哈尼族普遍流传的一项传统体育运动。打磨秋既像翘板能上下升降，又像石磨能水平循环旋转。直立一根木桩，再架上一根横木杆，就做成了磨秋。为适应不同身高和体重的人，磨秋有高一至二米不等，横杆每端可以坐或爬一至二人。打磨秋时，与推磨一样跑几步后，一边升高，一边降落，落地者用力蹬地，并向上弹起，借助蹬力，使横杆向前旋转不停，旋转自如，直到一方要求换，才缓缓而停，另换一人。在哈尼族民间流传着一个优美动人的打磨秋故事。很久很久以前，哈尼山寨里住着两兄妹，哥哥叫阿朗，妹妹叫阿昂。阿昂长得非常美丽、聪明，阿朗长得熊腰虎背，英俊矫健。平日在寨子里，兄妹俩总是热心帮助乡亲们做事，受到大家的爱戴。那时候，天上的月亮和太阳没有商量好，出没不定，有时两个一起出来，有时一个也不出来，有时一出来就在几天。太阳和月亮这样没有规律的出没，使庄稼不能正常地生长，给乡亲们带来了很大的困难。为了搭救乡亲们，阿朗和阿昂决心到天上去，分头说服太阳和月亮。有一天，他们砍来栗树做成磨秋，兄妹俩骑到磨秋上，磨秋就飞旋起来，把阿朗和阿昂送到了天空，找到了太阳和月亮。兄妹俩说服了太阳和月亮，作出了合理的安排，决定太阳白天出，月亮晚上出。从那时候起，太阳和月亮就有规律地出没了。可是，去找太阳商量的阿朗，最后却被太阳烤死了；去找月亮商量的阿昂，最后也被月亮冻死了。为了纪念阿朗和阿昂，每年过"苦扎扎"，人们就支磨秋、打磨秋。

车秋，又称轮子秋。打车秋是一项在哈尼族传统节庆活动中深受人们喜爱并广为流传的传统体育项目。其形状像车轮子，有四人秋、八人秋。打车秋时，当人坐稳，其他人用手猛推，使车秋旋转自如，当车秋速度渐缓，其他人可拖住车秋，再换下一组人打秋。

"苦扎扎"节是哈尼族青年男女一次较大型的社交活动，小伙子和姑娘盼望着每年打秋千的大好时光，在此建立友谊，约会，谈情说爱，选择自己的意中人。节日期间，当年的新生婴儿由父母抱着在秋千上荡一荡，以祈福求乐。

六、打陀螺

此活动流行于云南元江、绿春、红河、元阳等地的哈尼族地区，平时很少打，多在春节和哈尼族六月年和十月年期间进行。

陀螺形态奇特，像一个萝卜，但陀螺头是扁平的。其打法与汉族完全不同。陀螺直径为十厘米左右，质料为一般的杂木。鞭索为二米左右，无鞭竿，由上而下，缠于陀螺上部，抽旋后让其自转于地。可分队比赛，每组对手抽转陀螺，旋转时间长的为赢。但胜方的"陀螺神"（相当于队长，技术较优），一定要胜对方的"陀螺神"，否则算被陀螺神"卖吃了"，成为输方。

打陀螺的第二步，是进行支打比赛，输方将陀螺抽转给对方打，胜方从划在地上的基准线上打击，越线违例。五人或六人的陀螺队，只要打着并转赢了对方一次，就算赢一次，然后继续打下去。最后如果陀螺只擦着对方陀螺神的陀螺而过，不仅靶螺越打越转，而且自己的陀螺就此而歇脚，全队则又算被他"卖"吃而成为输方。

哈尼族陀螺还有一种玩法：划一圆圈（直径一米左右），一方支靶螺于圈内，攻方用抽旋的陀螺抛去，以打出圈为胜。

七、抵 肩

抵肩是哈尼族的一种对抗性较强的传统体育项目。比赛时双方可根据自己的身高、体重、力量、技能自愿结合选择对手。若双方同意比赛，请一公证人发令，两人友好地拉着手进入划好圆圈的场地中，拍拍对方肩膀，蹲下用手和脚支撑于地上，以左肩抵对方右肩准备好。比赛开始双方用力相抵，被抵出圆圈者算输，输者退场，胜者与另一人继续再战。以胜的人多少决定胜负。

八、撵 山

每年农历六月间是哈尼族撵山打猎的时候。哈尼族男子人人是猎手，哈尼刀、火药枪不离身，这既是自卫防身的武器，更是哈尼男子剽悍威武性格的象征。

哈尼族保留着猎获野物共同分享的习俗。在哈尼山寨，不论遇到什么民族，相识不相识，也不管男女老少，只要在山上猎获野兽，猎人就会慷慨地分送一份给你。同一寨子的人出去撵山，如果猎获岩羊、老熊或凶猛庞大的野兽，首先割下头来奖给第一个打中的人，然后砍下一只前腿奖给理脚印的人，其余的兽肉由猎手们背回寨。在回家的路上要砍七支竹筒，边走边敲，同时吹着牛角号，这是告诉寨子里的人们猎获了野兽，叫大家快来分享猎物。

九、"阿牛托"

"阿牛托"即"斗牛"，这是模仿牛打架的一项对抗性游戏。经常练习这项活动对发展人的平衡能力和头、颈的力量以及腰腹肌力、耐力、协调性等素质，培养坚忍不拔的毅力有着良好的作用。

哈尼山寨的人们，从儿童到成年都喜爱"斗牛"，一般过节时玩得较多，有时一个村寨的青年与另一个村寨的青年进行"斗牛"对抗赛，以显示本村寨人的力量。

十、爬　山

哈尼族山寨地处偏僻山区，交通闭塞，村寨周围都有陡峻的高山，阴森的箐谷，自然环境对形成哈尼族爬山技能有着直接的影响。

爬山比赛是哈尼族节庆和平时空闲时常见并容易进行的一项活动。比赛前临时选一座山作为比赛场地，确定起点和终点就可进行。当裁判员发出"预备"的口令，参赛者站到山脚起跑线上，听到裁判员发出"开始"的号令，参赛者就开始爬山，以爬到山顶终点的先后来判定名次。

爬山比赛一般以个人赛为主，团体赛也可进行。比赛人数可多可少。

经常练习爬山，对发展人体的内脏器官系统功能、耐力、腿部力量、爬山技能和生存能力、振奋民族精神有着积极的作用。

十一、游泳、跳水

在哈尼山区江河峡口水势平缓、水质清澈，是哈尼族游泳的好地方。游泳姿势有"单把游""踩水游""仰泳""自由泳"。跳水的地点在濒临江河的岩壁上、桥上、树上，动作有前滚翻、后滚翻、侧翻、直体入水等。

节庆农闲时，人们都喜欢到河边进行游泳、跳水比赛。比赛分单程横渡及双程横渡两种。比赛可事先约定姿势或不定姿势，以先达岸者为胜；也有以被冲离对岸的距离长短判胜负。另有潜水比赛，以潜水时间长者为胜。游泳、跳水时提高内脏器官功能，特别对提高呼吸功能、耐力、空中的平衡能力、全身的协调性等素质及提高在水中的自我保护能力，培养顽强无畏的精神有很大的作用。

十二、打石头、泥巴架

流行于元江、红河、绿春等地。在十月年期间，男女老少云集两边，分村寨对打。人们准备好小卵石、土块、泥巴，规定距离，用锄头在两边画线为界，由各村寨的长老担任公证人。比赛时互掷石头，掷过线就在木头上刻一记号，最后累计，记号多的为胜方，此为文打。

掷石头、泥巴对抗，以红河、绿春最甚。一般在年节或商定日子举行。少则几十人，多则数百人参与，常常倾寨出动。地点在江边、河谷、山坡不一，以将对方打败赶跑者为胜，深受当地哈尼族喜爱，认为这样能显示力量和勇气，并称"不打石头、泥巴架，一年不舒坦"。

经常练习打石头、泥巴架对提高手臂力量、灵活性、腰腹肌力量及全身协调性等素质，对提高进攻、防守实战意识能力和提高勇猛顽强、无畏惧的精神，培养集体主义、振奋民族精神有一定的意义和作用。

十三、打水漂

打水漂是哈尼族广为流行的一项体育活动，深受哈尼人特别是年轻人的喜爱。

每当哈尼族走村串寨，生产劳动及小孩子放学的路上，只要看到江河、水塘，都喜欢在地上捡一些石片进行打水漂。久而久之，变成了一种民间体育活动，便在农闲节庆间进行比赛。胜负是以石片在水面漂的落点次数多少来判定。打水漂对提高手臂力量、腰腹肌力、全身协调性、灵敏性等素质有一定的作用。

十四、"斗鸡"

"斗鸡"并非鸡争斗，而是哈尼族少年中流行的一种体育游戏，历史悠久，代代相传。"斗鸡"是游戏者一条腿卷起，一条腿跳动，卷起膝盖互相碰撞的一种活动。

"斗鸡"以集体斗为主，两队人数相等，先由两队领头的用"包剪锤"等办法来确定哪位队长先挑选自己的队员，挑选够人数为止，人少时，一对一，二对二也可以。

在地上划一长方形场地，两端各划一圆圈叫"营地"，大小尺度不限，内放实物。

"斗鸡"设有公证人或裁判员。当裁判员下达"准备"口令后，双方队员一条腿支撑，一条腿卷起叠呈盘形，用双手抓紧，当裁判员发出"开斗"口令或口哨后，除一至二名队员看守自己营地和实物外，其他人从自己营地出发，以支撑腿跳动，用膝盖顶、压、闪、碰等动作攻击对方，失去平衡双脚着地者淘汰。经过反复争夺，凡能获得对方营地实物返回自己营地者为胜。

"斗鸡"对提高腿部力量、平衡、灵活性等身体素质有一定的价值，对培养人们顽强拼搏的精神有很大好处。

十五、"跳山羊"

哈尼族的"跳山羊"是男女青少年儿童较为喜爱的一种体育游戏。其法为一人坐于地或站立，以身体为体操器械的"山羊"，其余人轮流从上跳越，以后依次增高；以身体为"山羊"者要求躬腰、低头、含胸。

跳山羊对提高弹跳、手臂力量、协调、灵敏、技巧等身体素质有着良好的作用。

十六、跳　绳

哈尼族的跳绳一般是用藤条、棕绳、橡皮带、松紧带等做成的，一般长约十米。

跳绳是哈尼族民间一项十分有趣的活动，春节期间和平时男女青少年儿童都喜欢跳绳。一般二人甩绳，数人跳。花式分双脚跳、单脚跳、原地翻跟头、跑动翻跟头、单手翻、双手翻等，还有捡石头、拜年鞠躬等动作。跳绳又分为单人跳、双人跳、集体跳和男女混合跳。男女混合跳时，可以互换物品，表达爱慕之情。

经常参加跳绳运动，对发展腿部力量、弹跳力、腰腹肌力及全身的协调灵敏等身体素质都起到良好的作用。

十七、爬树比赛

哈尼山乡森林茂密，人们从小就掌握了爬树的技能。在节日里，为增强喜乐气氛并进行群众喜爱的传统体育活动，哈尼族都要举行爬树比赛来欢庆年度节。

节庆前在村寨周围丛林里，选几棵树干笔直又不太粗的树，修枝打磨光滑，作为比赛之用。在节日期间，参加比赛的人把树团团围住，依次轮流上树。谁先用最短的时间内爬到规定的高度谁为胜。哈尼族每个村寨都有几个爬树能手，赤足上树，本领高强，能一口气爬到树顶的人也不少。

哈尼族还有一种爬树方法：在一棵枝叶茂密的大树上划定一段距离，两人上树互相嬉戏打闹追逐，谁先爬到规定距离内为优胜。

经常练习爬树，对提高爬树技能，提高力量、耐力、灵敏等素质，培养不怕苦、勇猛、顽强的精神等都有着促进的作用。

十八、"老鹰抓小鸡"

"老鹰抓小鸡"是哈尼族的一项集体性的体育游戏。在哈尼族的节庆和平时生活中青少年儿童都喜爱此项运动。其参加人数无具体规定，人数过多时，可分成若干队进行。从参加中选一人作"老鹰"，一人作"老鸡"。"老鸡"站在排头，"老鸡"后面的人成一路纵队作"小鸡"，两手搭在前面人的肩上或抱住腰部，"老鹰"站于"老鸡"前面约两米处。游戏开始后，"老鹰"前后左右跑动，设法捕捉"老鸡"后面的"小鸡"，"老鸡"则伸展两翅（两臂）阻挡，保护"小鸡"。"老鹰"不得从"老鸡"翅下（臂下）钻过，只能从旁绕过去捉最后的"小鸡"。如"小鸡"中途脱节，则游戏暂停，待重新搭好后，游戏再继续。"老鹰"用手触或拍到"小鸡"，即为捉到，捉到一只得一分。常参加此项活动，可发展灵活性、速度、耐力、灵活性等素质，培养集体主义的精神。

十九、打弹弓

打弹弓，是哈尼族喜爱的一项传统体育活动。

弹弓形状呈"丫"形，上面似弯月，下面是弓把。一般到树林中选坚固并有弹性的树木，其形状像"丫"，经火烤加工后即可用。

弹弓月形的中间略宽，两头细。两端用来拴弹弓橡皮带，两条橡皮带宽三厘米左右，长度因人而定，两条橡皮带的另一端缝上一小块呈方形用牛皮做的弹丸带。

打弹弓时，一手持弓，一手捏住弹丸带同时拉橡皮带，拉橡皮带的手稍朝边错开，以免打着前面持弓的手。弹弓主要是打飞禽，老人放牧时用弹弓驱赶牛羊，有时也打雀鸟。小伙子们逢年过节和平时经常进行弹弓练习和比赛，以小石头、香火、烛光或其他东西作靶子，以击中目标多者为胜。

练习弹弓可发展上肢力量，对提高视力和防卫能力，提高大脑中枢神经系统功能有良好的作用。

二十、打铜炮枪

铜炮枪又叫火药枪，形状似步枪，但枪身稍长。因用火药点火，自制铅巴做弹丸（也称火药枪沙子），击发时声响如放炮得名。火药枪是哈尼族男子非常喜爱的武器，一般外出都不离身，是哈尼族与野兽搏斗、和敌人对抗的武器，更是哈尼小伙子剽悍威武性格的象征。

哈尼族的火药枪除狩猎外，在节庆、葬礼也鸣放火药枪。在农闲和节庆时，还进行火药枪射击比赛，其比赛以准、快来决定胜负。

二十一、射 弩

射弩在哈尼族传统的体育项目中历史悠久，至今在哈尼山寨也很盛行。

弓弩既是生活中不可缺少的防身自卫武器，又是狩猎工具，人们外出弓弩不离身。

弩的形状似弓，是用坚硬的树木做成。射弩犹如水平托弓射箭。只要扣动扳机，箭便顺弩床中的箭槽飞出。上弦须用很大力气，故箭可射得很远。猎取大野兽时，一般箭头上涂有毒药。谁要是猎获大兽，谁就会受到大家的祝贺和尊敬。哈尼族的习俗是，猎获野物不管大小平均分配，即使在路上，也见者有份，兽头和兽皮归击中者。

第十六章　哲学思想

第一节　哲学思想的产生、发展及其特征

一、哲学产生的背景

哈尼族哲学的发生史与哈尼族的历史一样久远，哈尼族的迁徙历程和梯田稻作农耕为主的生产生活，是哈尼族哲学渊源和发展的社会历史背景。无论是哈尼族哲学的发轫、哲学关注的重点、哲学演变的趋向，还是哲学特征的形成，都可以从迁徙历史和梯田稻作农耕生产中找到根源。哈尼族作为一个独立民族的历史，就是一部迁徙史，绵延两千余年的漫长的迁徙活动，对哈尼族把握宇宙自然和人生社会的思维方式产生了深远的影响，哈尼族的哲学，尤其是其人生哲学，实质上是哈尼族迁徙历史的高度概括和高度抽象。

哈尼族哲学的产生、发展和演变产生重大影响的另一因素，是哈尼族的梯田稻作农耕经济。

远古时代的哈尼族先民，在从西北高原南下的过程中，逐渐扬弃了祖先诸羌族群以游牧为生的谋生手段，逐渐吸收了南方夷越族群的稻作文明。学术界认为：当哈尼族成为一个独立民族时，她实际上已经是一个典型的南方稻作民族了。具体地说，公

元前 3 世纪左右，哈尼族进入大渡河、雅砻江以及安宁河流域一带，他们的稻作文明就已经发展到相当高的水平。哈尼族种植水稻的历史至今已延续了两千余年，水稻的耕耘史与民族的发展史一样久远。

耕耘梯田是古今哈尼族主要的谋生手段，哈尼族文化主要是围绕梯田而展开的。哈尼族文化的任何一个子项，无论是物质领域的还是观念领域的，都与梯田稻作息息相关。哲学作为民族文化的核心要素，它的发轫与变迁，与梯田稻作的关系是不言而喻的。从一定的意义上说，梯田稻作本身，就是哈尼族民族性格和民族哲学的外显象征。

二、哲学发展的过程

哈尼族哲学从其萌生之日起，已走过了两千余个春秋，其哲学发展也经历了两个重要的阶段：第一个阶段以自然哲学为主，第二个阶段以人生哲学为主。

自然哲学是哈尼族哲学的第一种形态。其时间的上限，始于古羌族群南下，此后在哈尼族成为一个独立民族的历史时期内得到完善，在两千余年的历史长河中不断得到丰富，成为哈尼族自然观的核心。

哈尼族自然哲学关注的重点是本体论问题，从宇宙天地、日月星辰、山川河流、飞禽走兽以及花鸟树木等繁杂的现象中，找出宇宙万物统一的根源，概括出宇宙自然的本源或实体，寻找宇宙自然产生的终极根源。

力图勾勒出宇宙自然发生的过程以及宇宙自然的整体图景，是哈尼族自然哲学思索的第二个重点。此外，哈尼族的自然哲学，还关注自然万物之间的内在联系，探索世界的普遍原则，思索宇宙自然生生不息的流程。

哈尼族自然哲学的最大特征，在于它是一个无所不包的知识系统，哲学与宗教、科学、文学艺术相融为一体，彼此之间没有截然分明的界限。自然哲学的另一个特征，就在于它的思维水平尚停留于感性直观的层次。此外，整体地把握自然，明显承接了古羌族群思想的很多要素，以及与彝语支的拉祜、纳西、彝等民族的自然哲学思想有诸多相似之处等等，都是哈尼族自然哲学的特征。

哈尼族的自然哲学思想，主要以神话传说和创世史诗为媒介表现出来。

哈尼族的自然哲学，没有能够按照自身固有的内在逻辑充分展开。随着全民族大规模迁徙序幕的揭开，哈尼族的自然哲学逐渐退居次要地位，代之而起的是人生哲学。

从哈尼族的巨幅迁徙史诗中可以看出：饥饿、疾病、瘟疫以及战争，是哈尼族迁徙的基本原因。整个迁徙过程，都是在各种自然灾害交替侵袭和战争的腥风血雨笼罩下展开的。哈尼人在迁徙过程中面对的虽不乏行云流水蓝天白云般的境遇，但更多的是残酷的战争和可怕的死亡。在这种社会历史背景中，人们无暇顾及自然的奥秘，无暇思考自然的本源。为了摆脱来自各方的灾害，为了避免全民族覆没的灭顶之灾，为了创建更美好的家园，了解人生和洞悉社会就成了摆在全体哈尼人面前的重大课题。由此，人们的思维焦点便从自然转向社会、转向人生，人生哲学替代自然哲学，上升为哈尼族哲学的主导。

人生和社会是哈尼族人生哲学的理论焦点。具体说，哈尼族人生哲学探讨的问题主要包括以下几个方面：思索天人关系，反思人在宇宙天地之间的地位；解说人类肇始的终极动力；描述人类产生的过程；思考人类的终极归宿；通过阐述神的属性来分析人类的本性；寻找人生价值的参照系，追求最理想的人生行为模式，追求至真至善的人生等等。在哈尼族人生哲学所关注的每一个领域，都有非常独特的理论见解。

人生哲学与政治、法律、伦理、宗教等社会思想相融共生，具有非常密切的关系，又超脱于各种社会思想之上，这是哈尼族人生哲学的最大特征。此外，人生哲学摆脱了自然哲学那种感性直观的局限性，以抽象的概念说明事理和建构体系。另外，哈尼族人生哲学具有非常鲜明的实践性。在哈尼族社会里，人生哲学既是抽象思辨的体系，同时又是具体的人生行为规范，是一种生活方式，为本民族的所有成员所认同。

哈尼族的人生哲学思想赖以表现的媒介，主要是哈尼族的创世史诗、迁徙史诗、宗教祭祀、礼仪禁忌以及格言警句等等。

第二节　自然哲学

以哈尼族的神话和神话创世史诗为主要切入点，可以分析哈尼族的自然哲学思想。

哈尼族的神话有如下特征：

首先，神话关注的主题，是宇宙自然和人类自身的生成、毁灭的根据和过程。这一点，正好是自然哲学关注的主题。

其次，哈尼族进入文明时代以来，在前文明时期形成的神话，没有被文明时代的哈尼人按照某些标准删削过。因此，萌生于前文明时期的哈尼族神话，无论是其内容、风格还是体系，都非常严整地在文明时代延续下来。这一点，对分析哈尼族自然哲学的发展轨迹，具有非常重要的意义。

再次，由于哈尼族没有文字和书籍，文字和书籍从来没有替代神话成为哈尼族意识形态的表现符号，所以，在两千多年的哈尼族历史上，神话作为哈尼族意识形态，（特别是自然观）载体的地位始终没有受到动摇。不仅如此，随着本民族社会的发展，随着本民族需要表达的思想和愿望越来越多、越来越复杂这种客观要求，哈尼族神话的体系越来越庞大，内容越来越丰富，逐渐发展成为神话创世史诗。神话创世史诗突破了早期神话只解说某项事物衍生成因的局限性，而从总体上宏观地解说了整个宇宙生成毁灭的问题。

今天所看到的哈尼族的神话和神话创世史诗，内容已大大突破了前文明时期的局限性，已经融进了哈尼族在文明时期对自然界的种种新见解，内容的时间前后序列非常明晰，因此，神话创世史诗，堪称为古今哈尼族的自然哲学全书。

一、宇宙本体、万物始基

探索宇宙自然赖以生成的始基，寻求世界万物存在的根据，是哈尼族自然哲学的重点。

世界万物是自生自灭的还是被外在的力量派生出来的？如果是自生自灭的，那么自我生成毁灭的机制是什么？如果是被外在的力量派生出来的，那么世界的派生者到底是谁？这些问题，是各民族的自然哲学普遍关注的问题。从哈尼族神话和神话创世史诗中可以明显地看出，在哈尼人眼中，宇宙自然存在的时间上限并不是无限的，而是有一个肇始的起点；宇宙万物的表象尽管纷繁复杂，但它们都统一于一个相同的本体，都从一个共同的始基中衍生出来，宇宙本体派生世间万物之日，也就是世界万物开始存在的起点。

在哈尼族自然哲学不同的发展阶段上，作为宇宙本体的事物是有区别的。在自然哲学萌芽的初期，哈尼族将某一种或几种具体的物质实体，作为宇宙自然的本体；当自然哲学发展到一定阶段以后，就扬弃了以具体物质作为宇宙本体的思想，而将具有赏罚意志的人格神作为世界万物的始基。

（一）宇宙本体是具体物质

哈尼族早期自然哲学有个基本思想：认为在宇宙万物衍生之前，存在着某些先验的物质实体，这些物质实体构成宇宙存在的根据，构成世界万物植根于其的始基。该思想可概括为物质始基多元论。

元阳哈尼族神话《神的古今·神的诞生》讲，远古的时候，世上只有无边无际涌动不止的雾，在雾中生出大海，大海中又生出一条巨大的金鱼。金鱼的左右鳍分别扇出蓝天和大地；金鱼从脖颈的鱼鳞中抖出太阳神约罗和月亮神约白，从脊背抖出天神俄玛和地神密玛，从腰部抖出一男一女两个人神。由此，宇宙万物萌芽诞生。

墨江哈尼族神话《青蛙造天地》说：远古时代，没有天地人烟，只有漫无边际的海水，水中有千万种动植物。随着岁月的推移，水中的植物被动物吃光。为了防止水中生物互相蚕食殆尽，海龙王命青蛙到水域之外造天地。青蛙经过千辛万苦，才造就了天地日月和世间的万物。

勐腊县哈尼族神话《天地的起源》记载：最古的时候，天下只有一个大水塘。气候越来越热，水塘里的水受热化为蒸气而上升成为天；水干后，水塘里的泥土成为地；天地又生出日月和万物。

孟连县哈尼族神话《天、地、人和万物的起源》则说：远古的时候，世界是黑咕隆咚的一团混沌，没有高低左右和东西南北之分。不知在何时，随着一声巨响，刮起阵阵狂风，刮出了天和地，继而又刮出日月、星辰、山河等万物。

类似的神话不胜枚举。从哲学的角度看，这类神话的共同之处，是将水、雾、气、风或者难以名状的混沌，看做是先于宇宙天地之前就永恒存在的东西；在这些先验地永恒存在的本体与宇宙自然之间，往往存在一个具有过渡性质的万物之母，或者是巨型的金鱼，或者是青蛙，不一而足。至于那些先验的东西为什么永恒存在，为什么会构成宇宙的本体，以及为什么会从中生发出宇宙万物，这些问题，哈尼族的自然哲学都将其作为不证自明的先验的公理搁置起来，没有作出具体的回答。

需要特别说明的是，学术界有的人将老虎等动物看做是哈尼族崇拜的图腾，这是大错特错的。这种学术偏见实际上是将条件当成了结果，混淆了哈尼族前文明时期和文明时期两个不同的发展阶段。如果说哈尼族有图腾崇拜，那么他们崇拜的图腾是鱼等水族动物，而不是老虎等野兽。

哈尼族早期自然哲学与中外哲学早期阶段的"火、气、水、土"（西方）或"金、木、水、火、土"（中国）为宇宙之来的认识有相似之处，表明人类各民族在同一历史时期内，彼此的思维发展水平是大致相当的，认识宇宙自然的深度也大体一致。哈尼族早期自然哲学的物质始基多元论思想，在以具体物质解说宇宙万物这方面无疑是正确的，但在描述宇宙生成的具体图景时，则显得过分浪漫。神创造世界的观念，在哈尼族探索克服物质始基多元论的弊端的过程中逐渐确立了起来。

（二）神是世界万物的始基

随着哈尼族抽象思维能力的提高，单一的神话逐渐发展成为体系庞大的神话创世史诗。在自然哲学领域，哈尼族已不再满足于将具体的感性材料作为万物的本源，而看出了物质始基多元论的局限性。所以，他们力图在更高的层次上对宇宙本体作出新的概括，超越具体的感性材料，抽象出具有一般意义的本体。于是，神代替具体物质，被哈尼人看做是世界万物的始基，神创世界说代替了物质始基多元论。这种新兴的自然观可称为目的论自然观。

创世史诗《木地米地》讲：很古的时候，没有天没有地，天神和龙王没有居所。天神要造天和地，通过找天基地基，抬天被地被和抱天蛋地蛋等一系列的努力，终于造就了天地，进而造就了日月与万物。

创世史诗《十二奴局》说：远古的时候，天地混沌不分，没有蓝天也没有大地，天神和地神无处栖身。天神朱比阿朗和地神朱比拉沙造就了蓝天和大地，造就了太阳、月亮和星星，天神摩咪又把日月光线梳下来，普照万物。

创世史诗《阿波仰者》记载：很古的时候，天是个烂天，地是个破地，没有日月星辰也没有风雨雪雾。天神打碎原有的烂天，重造蓝天，并造出日月；地神废弃原有的破地，重造大地。天神又使大地万木生长，禽畜欢腾，人丁繁衍。

在哈尼族早期神话中，神是被派生之物，是从水、气、雾等具体的物质实体中产生出来的。但是，在神话创世史诗中，神已经上升为万能的主宰，神的意志成了宇宙万物衍生和存在的根据。神祇地位的根本性变迁，是哈尼族自然哲学发生飞跃性突变的外在标志，它意味着哈尼族的自然哲学，已经超越了感性直观的阶段，步入了抽象思辨的时期。

二、宇宙衍生模式

将世界万物看作永远处于生生不息的流变运行状态之中，坚信万物皆流，无物常往，这是哈尼族自然哲学思想的一个基本特征，与此相关，在解答了宇宙本体、万物始基之后，力图完整系统地描绘宇宙天地衍生的模式，就成了哈尼族自然哲学关注的又一大课题。这个课题由两部分组成：其一，思考宇宙本体化生万物的动因；其二，分析世界万物从终极始基中化生出来的序列。

前已述及，哈尼族自然哲学在不同的发展时期，在宇宙本体的问题上，提出了物质始基多元论和神创世界论两种根本相反的思想。由于对宇宙本体的看法前后阶段各不相同，所以，两个阶段对宇宙生成的动因和生成序列的见解就出现了根本性的差别。

（一）物质始基多元论时期的宇宙衍生模式

在物质始基多元论阶段，哈尼族自然哲学总是从宇宙本体内部而不是从外部寻找世界万物生成的动因，往往将宇宙自然生成的动力归结为宇宙本体自身固有的某些属性。

从《神的古今》、《青蛙造天地》、《天地的起源》、《天、地、人和万物的起源》等神话中可以看出：先于宇宙之前独立存在，并构成世界万物始基的那些感性物质，比如水雾、气、风等等，它们自身先验地具有永恒运行的属性，处于永不静息的运动状态之中。哈尼族早期自然哲学认为：物质始基自身固有的运行变迁的属性，就是从宇宙本体中派生出万物的根本动因。除此之外，宇宙本体之外再也不存在推动世界生成的任何力量。

哈尼族早期自然哲学，就是遵循宇宙本体在运行变化中派生世界万物这样一条思路，来描绘宇宙衍生轨迹的。比如，前述的神话《神的古今》中，勾画的世界生成的图景是这样的：宇宙本体雾派生水，水生鱼，鱼生天地日月及人神，进而化生整个世界。哈尼族其他神话描绘的宇宙生成图景与此也大同小异。

哈尼族早期自然哲学从宇宙本体内部寻找万物生成的动因，以及描绘宇宙生成轨道的思路，与古今中外许多哲学家的思路有惊人的相似之处。

（二）神创世界论时期的宇宙衍生模式

将宇宙自然看做是消极被动的，否认宇宙自然具有自我运动变迁的属性和能力，把神祇的意志或者把某种独立的精神实体，当做世界生灭变化的决定性力量，这是哈尼族哲学史上不可忽略的一条哲学思路。

随着宇宙本体问题上神创世界说对物质始基多元论的超越，哈尼族寻找事物生成动因的理论旨趣，从自然界内部转向了自然界之外。

《木地米地》和《十二奴局》等创世史诗表明：在哈尼族看来，神没有自己的栖身之所，是它们创造宇宙天地的心理原动力，也就是宇宙生成的终极动力。神在创造世界的过程中，必须借助种种感性材料，这一点，与欧洲经院哲学家关于上帝从无中创造世界的见解相左。除此之外，神本身的生殖能力，是神从自身生化出万物的媒介；换言之，生殖力是神将自身意志转化为世界万物的手段。以神的生殖力为源泉描绘宇宙的生成系列，就是哈尼族自然哲学发展到神创世界说阶段以后遵循的思路。

神话《神和人的家谱》讲：天神俄玛为万物之母，俄玛生下玛白（规矩）和姻妼（礼节）两个女儿，又生下万能的女神阿匹梅烟。梅烟生男神烟沙，烟沙再生男神沙拉。烟沙生出风、雷、土、水、雨、田、地、籽种、水沟神等九位大神；烟沙又生下金、银、铜、铁、锡等五个神。阿匹梅烟又封十二尊神，让其掌管天上地下的万事万物。最高的天神俄玛又生下人神玛窝，从此，人丁也繁衍起来。

神祇凭自身的生殖力孕育世界万物的观念，对哈尼族社会生活的各个领域都产生了深远的影响。

概言之，哈尼族自然哲学探索宇宙万物衍生的终极动因时，在理论上开辟了从物质世界内部和从物质世界之外进行分析的两条思路，概括了物质始基独立生成万物和神祇意志派生世界等两种动因学说。哈尼族关于宇宙衍生变化的各种模式，都是这两种动因学说的外在表现。

三、宇宙结构

对宇宙世界的内部结构，哈尼族自然哲学主要有两个思想。其一，认为宇宙本体派生宇宙世界时，整个宇宙被先验地划分为上、中、下三个世界，不同的世界有不同的属性，这一思想可以概称为世界三层说。其二，认为宇宙自然在衍生的初期，处于晃荡不定的状态之中，神祇立下支撑天地的巨柱以后，天地才稳固下来，这种思想可以概称为天地支柱说。

（一）世界三层说

哈尼族关于宇宙分为三个世界的思想，典型地表现于其创世神话之中。

神话《神的古今·造天造地》载：雾变化为大海，大海生巨鱼，巨鱼派生宇宙。巨鱼派生的宇宙分为三个世界，上层世界为奔梭哈海，是天神的世界；下层世界叫罗梭梭海，是地神的世界；中层世界叫涅嵯嵯海，这里一无所有，虚无一片。天神和地神决议在涅嵯嵯海这层世界创造天地、日、月，人类和万物。天神们用金银制作支撑天的横梁，并用金绳银绳捆好天梁，以绿石头做原料，齐心协力造就了中层世界的蓝天。地神们用金银铜铁制作地柱，又用金银打成地梁。在巨鱼的头、尾和两鳍上立起四棵地柱，并将地梁架上地柱顶端，以黄土黑土做原料，造就了涅嵯嵯海世界的大地。

（二）天地支柱说

哈尼族自然哲学天地支柱说的核心，就是认为由神派生的天地，自身是消极被动的和晃荡不定的，需要神这个创造天地的外在力量给天地以属性，才能使天地稳固地存在下去。天地支柱说思想突出地表现于哈尼族的神话创世史诗中。

如，《十二奴局·牡普谜帕》说：天神创造的天地之间没有柱子支撑，故而出现了天地坍塌倾覆的局面。天神莫托库鲁舍派遣阿朗和阿汪两位大神，在天地之间立起巨柱。阿朗在天地的东南西北四角，立起金银铜铁巨柱；阿汪在天地的东南西北四角，锁上金银铜铁四把大锁。从此，天被撑起来，地被压下去，天不会再坍塌，地不会再倾覆。

又如，《木地米地·天地诞生》讲：天神从天蛋和地蛋中孵出天地以后，命令管生死的大王和地神的小儿子，用玉铁金银四种大棒将天地顶开，试图把天顶牢把地顶宽。天地的轮廓和层次虽然分明了，但仍不稳固，天神的小儿子和龙王的小儿子在天的上下左右四个方位，立起玉金银铁四棵天柱；在地的四个角落也立起四棵地柱。最后将天柱地柱锁住，天地的根基才稳固下来。

以今天的眼光看来，哈尼族自然哲学关于宇宙结构的三层世界说和天地支柱说，也许显得虚妄不真。但是，从历史的角度看，三层世界说和天地支柱说，忠实地记录了哈尼族先民在不同历史时期对宇宙结构进行理论探讨的足迹，刻下了哈尼族对宇宙自然的认识不断深化的历程，丰富了人类关于宇宙结构的学说，因而是我们人类重要的精神财富之一。

有关宇宙本体、宇宙衍生模式和宇宙结构的学说，构成了哈尼族自然哲学的总体框架，在这个总框架内，哈尼族对宇宙自然的一与多，有限与无限，可知性与不可知性等问题，也作过不同程度的探讨。

第三节　生死观念

在哈尼族看来，大自然和人类都是天神意志的外化物，在同为天神的派生物这一点上，人类和大自然是同一的。因此，作为世界万物始基的有意志的天神，被哈尼族从自然哲学领域延伸到人生哲学领域中来，天神不仅被看做是自然界的生成本源，也被当做人生社会肇始的始基；天神的意志，被作为人生价值与意义的最终根据。天神，既是哈尼族人生哲学的理论出发点，也是人生哲学的理论归宿。因此，哈尼族人生哲学的理论体系可简要概括为：天神操纵生死的生死观念、神性即人性的人性学说以及顺应神意的人生价值取向。其中，解说整个人类生成毁灭和个体人生孕育死亡的深层机制，是人生哲学关注的第一个理论焦点，也是人生哲学体系立足的基石。

一、一生肇始

人的生存繁衍是人生哲学存在的基本前提，因此，解说人生肇始的根源，是哈尼族人生哲学体系建构的起点。

在哈尼族看来，人生肇始包括整个人类的渊源与个体生命的肇始两个层面。从神话传说中可以看出，哈尼族关于人类渊源的思想主要包括两个方面：其一，人类远祖渊源于其客体或环境，是水域、森林、云雾、大海、巨鱼等物质实体；其二，在从人类远祖到真正的人形成的过程中，有一共同的女性始祖作为中介，即塔婆（或称它朋然夏阿玛）。

与此基本思想密切相关的问题是：第一，水域森林等物质实体为什么能够生化出人类？第二，作为人类远祖和真正的人类中介的那位女性始祖，她全身上下受孕的机制是什么？有没有一种使其受孕的根据或力量存在？对这些问题，哈尼族的神话和创世史诗作了细致的阐述。《十二奴局》等史诗表明：天神的意志是从物质实体中生化出人类的根据，也是那位中介女性始祖全身受孕的动力；人类的起源，被哈尼族视为天神意志的物化物。

在哈尼人的眼中，天神虽然不可触不可视，但它可以被感知，它是宇宙天地的最高主宰，是道德良心的最高节律，是社会秩序的保证；天神不仅创造了人类的肉体，还给人类赋予诸多社会属性，使人类与外界生物区别开来；一旦人类的言行有悖于天神的意志，它又毫不犹豫地将人类毁灭，然后使人类再生。鉴此，哈尼族认为：天神创造人类之日，并不是人类一劳永逸地踏上坦途之时，由于天地之间神灵和人类犯下的种种罪恶，天神使人类经受了毁灭与再生的洗礼；认为今后的人类如再冒犯天神，天神还会再次将人类彻底毁灭。

天神的意志决定着整个人类的渊源，毁灭和再生的思想，从根本上制约着哈尼族认识个体生命发轫的思路。

《斯批黑遮·帝孟孕育》说：天地碰撞日月打架，日月天血滴落大地，母猪拱地，狗咬母猪，母鸡啄狗，女人踩到鸡粪，日月天血黏附女人，女人才出现月经，夫妇交媾便生子。女子经过和男子交媾产生新一代生命，本是自然的生理现象，哈尼族却给这一自然生理现象附加上日月天血滴附女人这样一个先验的前提。这一点，意味着哈尼族仍将所有个体生命肇始的根据，归结为天神的意志；两性婚配男女交媾，被视为天神操纵个体生命肇始的手段。

天神不仅将肉体之身赋予每个人，使其从无到有（生），还将灵魂赋予每个人。一个完整意义上的人，应该由肉体人身和精神灵魂双重实体组合而成，这在哈尼族中是尽人皆知的常识。被天神先天性地赋予每个人的灵魂，从肉体人身诞生之日起即紧附于其上，一刻不离直至肉体死亡之日。在哈尼族看来，一个人的各个灵魂，依其对人体的不同的重要程度，紧紧环绕于肉体四周，不同的灵魂对肉体的偏离，将导致肉体不同程度的疾病直至死亡。因此，采用招魂仪式，将偏离肉体的灵魂招回，随时保持肉体与灵魂合一状态，在哈尼族社会是一件生命攸关的大事。

由于坚信每个人的生命和灵魂都是由天神赐予的，所以，每一名新生儿的诞生，都被哈尼人看做是天神赐福于本家庭、本村落乃至本民族的一次圣行，被视为庄重、圣洁、可喜可贺的大事。新生儿分娩出母体后的头三声哭声，都被赋予特别的文化内涵，认为它们是新生儿向天地、祖先和村落宣告自己降临人世间的信号。婴儿分娩不久，新生儿的家庭就要举行一系列的诞生礼仪进行庆贺。各地哈尼族的诞生礼仪，在具体的细节上往往有些差异，但其内在的基本功能却是一致的。首先，感激天神为哈尼人送来了又一名新的成员；其次，祈求天神和祖先悉心庇护新生儿，让其茁壮成长，堪担传承民族文化的重任。

二、人生归宿

芸芸众生的物质肉体，从其诞生之日起，就一步步走向他最后的终点。人的肉体生命为什么会终结？应以什么态度面对生命的终结？肉体生命终结的本质是什么？人生的终极归宿在哪里？这些问题，是诠释了人生肇始之谜以后，哈尼族的人生哲学所要回答的又一课题。

在当代都市人看来，生老病死是自然的生理现象，机体衰朽或身心受到难以承载的沉重打击，就是死亡的原因。哈尼人的看法与此大相径庭，他们认为：天神的意志贯穿生命旅程的始终，它的意志既是人们从无到有（生）的根源，又是人们从有到无（生到死）的根源。机体衰朽或身心受到外界的打击等促使人们死亡的直接原因，统统被哈尼人视为天神行使自身意志的手段。

在哈尼人看来，在天神面前，所有生者都难免一死。那么，平心静气地接受这个必然到来的死亡是明智的，因为即使你不想、死，最终还是难以超脱于死亡之外。在天神的意志范围内，哈尼人将死亡看作一个自然的流程，并以此安慰自己和死者。他们认为万物皆有生有死，因此，人应当高高兴兴地活着，愉愉快快地接受死亡，生不忧愁，死不悲伤，对人生应抱一种达观的态度。

在哈尼族看来，个体生命终结的本质，就是肉体与灵魂的分离。随着人的死亡，从人诞生日起肉体与灵魂紧紧地合二为一的格局瓦解了，肉体与灵魂一分为二。肉体腐朽，灵魂则长存不朽。肉体一停止呼吸，灵魂就开始了向另一个世界复归的旅程，直至目的地。灵魂所要达到的那个目的地，就是人生的终极归宿。灵魂所要返回的终极归宿，随死者的不同年龄和不同死因而有重大差异，大致说来有两大类：

其一，那些未成年即夭亡，或虽成年但死于非命的人，他们的灵魂寄托的寓所就是埋葬遗体的坟墓，荒山野外就是灵魂们的游荡场所，灵魂本身转化为野鬼，统称暴亡的野鬼。

其二，凡是女儿齐全且正常亡故者的灵魂，都要经过长途跋涉后，回归到先逝祖先的灵魂聚居的地方。长者的灵魂回归到列祖列宗行列中之后，就扮演起与它在阳世不同的身份角色，履行新的义务，承担新的责任。

哈尼族关于人生终极归宿的信仰，衍生出了一系列旨在保证灵魂顺利回归到终极归宿的丧葬礼仪。

一旦有人亡故，哈尼族要依据死者的年龄、死因等因素，确定到底以树葬、水葬、火葬还是以土葬等方式安葬死者。葬式选定以后，再参照死者生前的社会地位和家庭背景等因素，决定葬礼仪式的繁简程度。但是，无论采用哪一种葬式，也无论葬礼礼仪的繁简程度有多大的差别，哈尼族丧葬礼仪进行编组的中轴都是一致的——让各类死者的遗体和灵魂都各安其位，各得其所，这是哈尼族履行各类葬礼的共同目的。以当代哈尼人安葬年长正常亡故者的最高级别的"莫搓搓"葬礼为例，从长者咽气时鸣放的报丧枪声，直到落下葬礼帷幕时的送祖归宗仪式，所有礼仪的宗旨，都是为了让长者的灵魂安然回归到先逝祖先的灵魂聚居的地方，即回归到本民族群体最初的发轫地。

三、生死一体

在哈尼族看来，生是人生的一种存在形式，死也是人生的一种存在形式，死亡不是一个人的彻底消逝，它只是一个人进入与生相对的另一种存在形式而已，是肉体停止呼吸以后，精神实体灵魂开始另一个人生旅程的起点。死亡，并不意味着解除生者与死者之间的所有纽带，相反，人虽然死了，但它仍被哈尼人认为继续以不同的方式存在于活人中间，与生者仍然保持着千丝万缕的联系。生死一体，圆融无碍，生者与死者之间没有不可逾越的鸿沟。

哈尼族认为，个人躯体的死亡，不应当成为导致一个民族群体衰落的前奏，而应当成为民族群体永生的契机。以个体人生生命的终结为契机，谋求整个民族的绵延生殖与发展，是哈尼族为死者举办葬礼时所要实现的最重要的价值目标，葬礼级别越高，规模越庞大，群体永生的生殖希冀就被表现得越鲜明，烘托得越强烈。

各地哈尼族大中型的"莫搓搓"葬礼中，总是出现如下景观：临出殡前的头天夜里，本村子的青年男女，会同来自临近村寨的青年男女，在丧家附近的一块平地上，燃起熊熊篝火，环火堆敲锣打鼓，欢歌纵舞，眉目传情，通宵达旦。在丧主家里，里里外外挤满了人，挽歌声情歌声和打情骂俏声盈盈贯耳。

在哈尼山寨，平日里，如有异性亲戚在场是严禁有关性内容的玩笑的，也不许在村中唱情歌。这些禁律，在葬礼中，尤其是在"莫搓搓"之夜，却全无踪迹，完全代之以生死圆融，死中寓生的景观。哈尼族是个以伦理为本位的民族，在一般情况下，人们与自己倾心的异性在公共场所公开表达相互间的爱慕之情是不可思议的。所以，可以肯定地说："莫搓搓"之夜赴丧宾客的行为举止，绝不是他们一时丧失理智的结果，而是有意识地导演的产物。具体地说，"莫搓搓"之夜的纵情现象，表达的是哈尼民族一人死十人生的希冀；涌动着的是哈尼民族借长者个人之死，求得民族群体永生的生殖意识。

从人生礼仪的社会功能角度看，生死一体、圆融无碍的思想，还表现为生者为死者举办的葬礼，实质上是生者借死者来强化生者之间的血缘亲族共识、地域村落共识以及民族内聚力的机制。

总之，哈尼族关于人生生成毁灭的思想可概括为：天神意志既是人生肇始的根据，也是人生终结的原因；生，是天神赐福于家庭乃至民族的圣行，可喜可贺；死，是天神要人生实现向另一境界的飞跃，故不可忧；生死无鸿沟，生意味着死，死为生的序曲，长者之死被视为民族群体永生的契机，丧事即可化为喜事。

第四节　人性哲理

哈尼族将整个人类生成毁灭的终极机制作为人性的理论依据，即将天神化为万物的目的论宇宙观作为人性学说的理论前提。认为人神一体、神赋人性、人性与神性合二为一，是哈尼族人性学说的基本内容。哈尼人眼中的人性，兼容并超越了人的自然属性与社会属性，其实质就是宇宙的本性。

从天人关系入手，即从人类在天地中的地位入手说明人性，是哈尼族人性学说的理论视角。

天神意志是自然万物存在的根据，以及天神为人生社会赋予价值和意义的思想，从根本上打通了天与人、人与神之间的一切障碍，使其豁然贯通，奠定了天人合二为一、天人相融相类以及人神感应的天人关系的格局。人神一体的思想，还被哈尼族具体化为神人之间血缘上的派生渊源关系，整个民族以天神的血缘嫡裔自居；从天神的称谓中引申本民族的族称；个体成员则自称为天神的骄子，在天神与自我之间编织起连名谱牒。

连名谱是哈尼文化的重要表象之一，每个哈尼人都有一份从天神开始迭经历代祖先直至本人的连名谱。哈尼族所有连名谱的始基人物都是姆玛（俄玛）。在哈尼族的语言中，"姆"为天，"玛"为母、至大、至尊，"姆玛"合为"天母"成天神中的至大至尊者，历代有名有姓的前辈哈尼都是她的直系后裔。这表明，人类纯粹是天国神灵在此岸阳世的翻版或复印；天神不仅按自身的形象塑造了人类的肉体形象，而且还通过血缘纽带，将神灵的禀性内在地赋予了哈尼人。因此，神性就是人生，神之所以为神的本质也就是人之所以为人的本质；天神本性具体体现于人类的本性之中，天道与人道一以贯之。

哈尼族认为，浑融一体的神性包括三个层次的内容。

第一，派生万物、规划自然节律以及确立社会规范是天神的本能，天神是自然与社会正常运行的终极动力；第二，天神具有全视全知、全能的认知能力，自然万物和人生社会的变迁运行过程都在天神的鉴察视野之内。第三，至真至善是天神的伦理属性，扬善除恶是天神的天职。天神时刻牧守着人类，使人类免受自然界邪恶势力的侵凌；同时，钳制和惩罚有悖于天神意志的一切言行欲念。

从理论上讲，神人一体的思想，使哈尼族将天神的属性逻辑地推断为人的本性。但在现实性方面，由于受身心局限和外物遮蔽等种种因素的制约，人不可能具备天神的创造能力、认知能力和赏罚能力，即不可能具备天神的一切禀性。哈尼族消除这种理论与现实之间差距的方式很特别，认为人虽然不能具备天神的神力，但人却能洞悉天神的禀性；认为只要努力体察天神意志，便把握了人性的真谛。换言之，哈尼族认为神性与人性之间在理论和现实出现的矛盾，可以在人的主观意识里得到化解；人的本性就是依据天神的本质克己、立身、处世，逆天神意志，即被视为丧失了人性。这一思想，逻辑地规定了哈尼族人生哲学的价值学说。

第五节　价值观念

一、人生价值取向

哈尼族的人生价值学说，从灵与肉、身与心两个层面界定生命的价值，将人生的意义内化于人生旅程的两个阶段；认为个人在此岸承担对家庭、村落、民族、祖先神灵以及对天地诸神的义务，祖先灵魂在彼岸履行牧守在此岸的后世子孙的义务，都是人生价值的完满体现，缺少一个环节的人生都被视为不完满的无意义的人生。此外，哈尼族认为个人的存在是群体延续的前提，群体繁衍又是个人幸福的保证，他们将个人与群体之间的一切障碍完全消融、打开，把个人与群体视为一体。鉴此，人生价值的承载主体既是个人又是群体，一切人生准则的最终目标，既是为了个体人生的圆满，也是为了民族群体的永生。

从本质上讲，在身心、灵肉两个层次，都与万物始基的天神的属性融为一体，亦即与天神赋予人的本质属性达到融合一体的状态，是哈尼族人生价值取向的真谛，是哈尼族追求的最高人生境界。

个体生命的物质躯体，与天神为人类界定的人道达到完全合一的状态，是实现人生价值的基本前提。

哈尼族认为，在天庭有一个蓄满生命种子的大池塘，天神使生命池塘中的生命种子源源不断地流入人间，以男女成婚夫妇交媾为中介植入母体内，最后物化为一个个具体的生命。天神赐予人间的每个生命，在物质躯体方面都被认为是完满无缺的，换一句话说，只有物质躯体完美无缺，没有任何生理缺陷，才被认为符合人道，才能拥有生存的权利。

哈尼族坚信，生命种子从天国的生命池塘流向人间的过程中，如若遭到邪恶精灵鬼怪的侵袭，那么，尽管生命种子依然能够发育成生命并以人身的形式诞生于人间。但是，由遭受过鬼怪侵袭的种子发育而成的人身，其本质已不再被视为人类的范畴，而是属于与人道相悖并有害于人类的鬼怪。具体地说，双胞胎婴儿和具有各种先天性生理缺陷的婴儿，都被哈尼族当做是由受过鬼怪侵袭的种子发育成的人身，因此，都被视为已丧失人道的邪恶精灵的成员。受此思想的内在规约，有些地方的哈尼族凡是双胞胎婴儿和具有各种先天性生理缺陷的婴儿，一娩出母体就立刻被处死，被剥夺生存的权利；生育非正常婴儿的夫妇，永远被视为污秽不净的人，在宗教权力和政治权力诸方面永远被打入另册，遭到全社会的歧视和遗弃。

非正常婴儿被歧视为全村落乃至全民族的灾异。村中一旦出现非正常婴儿，生育此婴儿的家庭的房屋立刻被焚毁；如果是作为村寨祭司的咪谷和摩批家庭生出非正常婴儿，现有的村庄要毁弃，迁往新址重建新的村落；凡是生育过非正常婴儿的男女，永远被剥夺进入姓名连名谱的权力以及在村中居住的权利；村落所有的婚丧嫁礼、新居落成典礼以及祭奉寨神典礼等大型公共活动，他们都无权参加；他们也没有被选举担任村落神职人员的资格，甚至被剥夺与村民讲话的权利。

中华人民共和国成立以后，政府的引导和干预，使当代哈尼人对双胞胎和非正常婴儿的认识，发生了深刻的变异；处置非正常婴儿的方式，也不再使用传统的手段。尽管如此，将双胞胎婴儿和生理有缺陷的婴儿视为变异的观念，在当代哈尼社会依然根深蒂固，恐惧并排斥非正常婴儿的潜意识依然存在。

在哈尼族社会中，实现人生价值的过程，是与生命旅程相始终的漫长的心性修养过程。新的小生命降临人世间时，他的父母长辈为他举行的诞辰礼仪，揭开了他向人生真谛迈进的序幕；生命终结时举行的丧葬礼仪，则是他复归神性光环之中人生旅程的最后一站。个体生命在尚未具备独立的自由意识之前，他所在的家庭和村落，就以全民族的传统尺度塑造他；一旦他具备独立的自由意识并取得成人资格以后，他又以自己承袭来的传统规范塑造再下一代。如此循环往复，构成了一条人生修养的无穷之路。

二、个体行为模式

哈尼人眼中的理想人格，是在身心两方面都与祖先义理规范完全认同为一的人格。所以，纯粹追求个人的利益、单纯满足一己身心欲望的任何企图，都被视为是有悖于人道的罪恶，将受到严厉的制裁；哈尼人自觉的个性意识发育迟缓，始终没有从民族群体意识中脱胎出来。在哈尼族社会里，很难看到具有鲜明个性特征和独立人格的个体成员，而只能看到以家庭家族形式出现的社会单位以及呈现同一性格特征的个人。在这种社会文化氛围中，家庭的繁衍延续就被视为个人存在的意义，家庭理想的实现，即被视为个人价值的表现。与此相关，承担对家庭的道义与责任，构成哈尼族人生价值最基本的内容，其中又以维系家族血脉绵延传承最为重要。

繁衍后代、培育子孙，塑造合格的宗族血脉的传承者，是哈尼人在家庭中所需操持的第一项人生功课。

哈尼族婴儿一降临人间，就受到全宗族的精心照料和抚养，幼儿金色的童年被柔情蜜意的人间真情所包围，年幼的孩子被忽视不管或者被虐待的现象，在哈尼族社会中是不可思议的，父母亲宁可付出自己的生命，也要从身心两方面保护孩子。史诗《十二奴局·汪咀达玛》唱道：五黄六月闹饥荒，家中找不出一粒米，为了养育孩子，"阿爸上山挖野菜/进森林被猛兽毒蛇吓得魂飞/钻草棵给钩刺划破背脊/挖一背野菜/流的血汗如下一场雨/阿妈低头出家门/挨村串寨去讨借/来到寨头被恶狗咬/下到寨脚受恶人欺/伸手讨饭抖碎了心/讨一碗饭流一脸泪/阿爸挖来了野菜/阿妈讨来了饭和米/野菜阿爸阿妈咽/米饭一颗一粒留给你/阿妈饿成了扁豆/阿爸瘦得像条干鱼"。

子女长大成人时，阿爸阿妈已耗尽了心血，使尽了力气，损伤了腰杆，苦坏了筋骨，脸上垒起了沟壑，头上落满了银霜。哈尼人为子女吃苦耐劳和含垢忍辱的精神，任何一个稍谙内情的人都会为之动情；哈尼父母为子女呕心沥血的事迹，已经远远越过了人间血缘亲子之间的情义，其间还蕴含着家族及全民族对新生儿的巨大期望。抚育子女的过程，实际上已上升为父母实现人生价值的手段。父母遗传给孩子的，不仅仅是狭隘的一己血脉与生命，还有哈尼族的整个的文化以及人生大道，而这种人生的大道正是从有限升华为无限的必由之路。

虔诚地祭奉祖先神灵，是哈尼人为维系宗族血脉在家庭中所需操持的，与繁衍后代同等重要的又一人生功课。历代祖先的物质躯体虽然早已灰飞烟灭，但祖先的灵魂依然在彼岸监察、庇护着此岸的子孙，祖先不仅在开创本家庭家族的血脉网络各方面功不可灭，他们的情绪意志还直接关系到现世人生的通达困苦，鉴于此，从年首到年尾，哪个节日该以什么祭品、什么礼仪祭祀哪一类祖先神灵，都有严格规定，丝毫不能含糊。

高龄老人作为祖先神灵的候补者，具有神明般高大的社会地位，敬老的礼仪遍及哈尼族社会生活的各个领域。老人生前在衣食住行诸方面受到无微不至的关照，死后更是享受极高的殊荣。

将维系家庭血脉视为人生意义的第一要素的价值观念，以及由此派生出来的一系列义理与规范，客观上使幼年孩子和老年长者在哈尼族社会中成为特别的阶层，孕育了哈尼族地区"待上接下皆有礼"（清道光《元江州志》）的社会风范。虐待老人和孩子的一切言行，都被视为十恶不赦的罪过。比如，不赡养父母或虐待父母而屡教不改者，一律被逐出家门；虐待老人致残致死者，以乱棒击毙或用干柴火焚处死。

在哈尼族地区，同一宗族成员往往繁衍成为一个甚至数个自然村落，村民之间具有共同的血缘本根；自然村落实质上是扩大了的家庭或家族，宗族血缘共同体和村落地域共同体通常重合为一，难以截然分开。此外，哈尼族以天神骄子自居，自视为天神的血缘嫡裔，所以，不同地理区域，彼此之间事实上没有同宗血缘关系的哈尼人，在民族起源这个遥远悠久的根基上，又自视为同一血缘本根的衍生物，整个哈尼族社会以天神为根基整合为同一血缘共同体。

把村落社会视为家庭家族延伸物的思想意识，使哈尼人将一个人在家庭中的行为模式推广为在村落中的行为模式，并将对家庭承诺的义务和对社会所承诺的义务内在地合为一体；对村落社会担当起与己身份和角色对应的道义，被视为实现人生价值所必修的功课，在向人生真谛迈进的旅程中，哈尼人对村落社会所承担的责任的重要意义，不亚于在家庭中担负维系宗族血脉的重任。哈尼族对其村落社会所担当的道义，主要包括了世俗义务和宗教义务两大类。

首先是世俗义务。个人利益与群体利益、家庭利益与村落利益，在根本上息息相通。鉴此，将村民的事务和村落的事务视为自身的事务，全身心地投入其中，这是哈尼人在村落中必须恪守的行为准则。

哈尼族是以梯田稻作为主的山居农耕民族，垦殖梯田、开沟凿渠、开垦山地等任何一项生产活动，劳动强度都非常大。核心家庭是哈尼族社会基本的生产组织，很明显，这种狭小的生产组织，无力胜任高强度的生产劳动，也难以抵御各类天灾人祸的袭击。这种经济活动和生产组织之间的矛盾，哈尼族通过村民之间的互助协作方式加以化解；任何人都有帮助其他村民进行生产劳动的义务，也必须扶助受到天灾人祸袭击的村民。此外，婚娶嫁往、丧葬礼仪、建筑新居等世俗的庆典礼仪，也非核心家庭的人力物力所能独立承担，因此，只要村中有人举办上述典礼，其他村民都要责无旁贷地给予帮助。

其次为宗教义务。在哈尼族看来，要保证村落长久稳定和繁荣，就必须得到村寨神祇的庇护；村寨神祇对待村民的手段，则取决于人们对神祇的态度。所以，尽心地履行对村落神祇的宗教义务，是哈尼人在村落中必须操持的又一人生功课。

以上立身处世的行为模式和价值取向，塑造了哈尼人明事理、辨是非、戒除一己私欲、疾恶如仇、不畏强暴的性格特征。汉文史籍说哈尼族"秉性俭朴，食茹饮淡，男勤耕女勤织，不敢为非，路不拾遗"（清康熙《元江府志》）；"性犷悍""性情桀骜"，"性傲而知大义"（民国《元江志稿》）。具备坦然面对祖先神祇、仰视无愧于蓝天、俯瞰无愧于大地的人格力量，正是哈尼人在家庭和村落中所要达到的人生境界。

三、群体生存原则

就个人而言，生命存在的价值，体现于躯体生命的热血和性向才情，担当起维系宗族血脉绵延的重任，承载起维护村落社会和谐繁荣的道义，履行祭奉祖先神灵和天地神祇的义务。但是，个人的超脱与升华，并不是哈尼族人生哲学的理论终结点，哈尼族的人生价值学说，不仅追求个体人生在身心两方面都与天神的属性合为一体，而且还格外强调民族群体繁衍生存的模式，应当体现出天道理想。使民族群体的生命彻底超然于物外，升腾到至大无碍的境界，是哈尼族人生价值学说的终极指归。

人地关系问题和族际关系问题，是哈尼族在整个生存繁衍的历程中始终面临的两大课题。这是因为，从经济生活的角度看，梯田耕作是哈尼族最主要的谋生手段，梯田是哈尼文化最典型的外在景观，哈尼文化与梯田文化可以作为同一概念而使用。梯田文化植根的基础是优越的生态环境，而优越的生态环境又奠基于人地之间相融共生、良性互动的关系这一基石之上。从历史的角度来讲，漫长的迁徙移动是哈尼族历史的根本特征，哈尼族本质上是一个迁徙民族，族际交往，矛盾和冲突，既是哈尼族迁徙的原因，又是在迁徙过程中面临的首要问题。

受此二重因素的内在制约，哈尼族关于全民族进入人生大道的理想，其具体内容表现为一系列协调人地关系的准则以及协调族际关系的准则。

（一）体察天意，顺应自然

将全民族的生死存亡、通达困苦的终极根源归结为天神的意志，并将自然节律视为天意的物化，潜心体察天意，虔诚顺应自然，这是哈尼族立足大自然，化解人类与大自然矛盾的根本原则。

哈尼族认为，在挺拔入云的群峰中以及在莽莽苍苍的原始森林里，栖息着众多的人格化的山神。这些山神具有无穷的威力，它们能够鉴察真伪，辨识善恶，每座大山的神灵都庇护着某一特定区域的哈尼人，也惩治辖区内犯有不敬神行为的哈尼人。众神栖息的大森林被视为凡人不能入内的圣地，林中的一草一木，都被认为具有神性不得攀折，飞禽走兽被当做山神的宠物甚至被视为山神的化身，严禁狩猎，任其飞跃，任其徜徉。

鉴于山神在人们心目中的威严地位，那些被认为是圣地的原始森林，在哈尼人心目中是庄重、肃穆、森严的领域，人们根本不敢入内，更不敢砍伐其中的林木或在林中开垦耕地。哈尼族坚信，凡人如若践踏圣地，折损林中草木或者伤害飞禽走兽，就会遭到山神的制裁。程度轻者，山神将给其留下某种终身残疾；程度重者，山神将借毒蛇猛兽之口将其杀死，或者使其患染上不治之症，让其在无尽的恐惧心理中自我折磨而死。为了避免触怒山神，除了平时严于律己、言行循规蹈矩以外，哈尼族定期杀牲祭献山神，祈求山神赐给人类更多的五谷和六畜。

从生态和环保的角度看，被哈尼人视为众神乐园的绵延群山和浩瀚林海，是哈尼族地区江河干支流的发源地。崇奉天地、敬畏自然的宗教信仰虽是不科学的，但以这种宗教信仰为根据衍生出来的关于天人关系、地人关系的行为准则，其客观效果都是准科学的。这些行为准则为全体哈尼人所认同，从大范围内非常有效地保护了本民族生存区域的原始植被完整无缺，保证了青山常在，绿水长流。

历史上，哈尼族聚居的三江流域（元江、把边江和澜沧江），到处是一望无际、莽莽苍苍的原始森林，林海碧绿，林木青葱，山野苍翠，古木参天，一派浓荫蔽日的景象。直至本世纪四五十年代，哈尼族聚居的元江县、红河县、元阳县、绿春县和金平县，森林覆盖率还分别占各县土地面积的50%、59.6%、24%、70.7%和40%，墨江县的森林覆盖率，到本世纪80年代中期，还达到31.6%，是云南省的重点林业县之一。

今日的三江流域，仍有浩瀚的森林，典型的如元江县南溪老林、章巴老林，元江县与红河县交界处的阿波列山老林，元阳县东观音山自然保护区和西观音山自然保护区，绿春县黄连山自然保护区以及金平县分水岭自然保护区等，仍然是万山攒簇、青峰叠翠的林区。大森林中，数以千计四季常青的乔木、灌木、藤本植物、附生植物和绞杀植物争相竞长，盘根错节，形成层次丰富、结构复杂的林相。森林群落外貌林冠连续紧密，树冠郁闭度好，有些林区整天难见天日，甚至寂静无声；森林地面腐叶堆积，几乎没有裸露的土壤。

绵延无尽的茫茫森林，犹如一座座巨型的绿色天然水库，常年喷吐出无数清澈甘冽的径流小溪，呈辐射状奔向河谷，汇聚成为江河的巨流，使整个哀牢山中南段区域形成密如蛛网的河流，与条条平缓的山梁呈"川"字状相间排列，滋润着这里的每一寸土地，为哈尼族梯田文化的肇始与发展，奠定了至关重要的水源基础。千百年来，哈尼人凭自己的双手和才智，将三江流域的野生稻驯化为陆稻，又将陆稻改良为水稻，在这块得天独厚的生态环境中，创造了人类农耕史上的奇迹，使三江流域成为人类最早驯化栽培稻谷的地区之一。

从根本上讲，高山森林哺育了江河，江河溪流又滋润了梯田，这是梯田文化生成的生态链条；以天神威力扼制人类变态的私欲，善待自然，将优越的生态环境视为生存之本，大自然又慷慨无私地养育了哈尼族，这是哈尼族与自然界之间的良性模式。历史上的哈尼族，之所以能在大自然生物圈的食物链条中取得充足的纯天然食物，哈尼人赖以谋生的梯田稻作之所以能够萌芽、发展和传承，其深层次的人文机制，就在于哈尼人对天神和自然的敬畏心理以及奠基于此心理的行为规范。

（二）人同一性，伦理为本

人类同祖同根和人类同一的本性，是哈尼族人类起源思想和人性学说的核心要素。哈尼族以同一思维方式体认不同的民族群体，认为同一本性的人类必然推崇相同的价值观念；各民族迥然相异的行为模式，在哈尼族看来是不可思议的。这种思维方式，使哈尼族将本民族的处世之道，逻辑地推想为全人类的处世之道。伦理至上、谦怀为本、崇尚和谐、漠视矛盾、回避竞争、贬抑暴力、忍让退缩，既是哈尼族内部人际关系的基本准则，也是哈尼族处理族际问题的指导思想。

哈尼族认为，天神全生、全视、全知、全能、至真至善的属性，直接通过血缘纽带，使人类具备了诚实、善良、俭朴、节欲、利他、坦诚、坚忍、豪迈等一切能用语言道尽的优良禀赋；对人类至真至善属性的稍许怀疑，都被认为是对天神的不恭。鉴此，哈尼族自古均无对邪恶人性的切齿憎恨之情，亦体验不到因人类本性善恶二元对峙而导致的人格分裂的痛苦。

将天神属性与人类本性视为一体，这一认知人性的思维轨迹，制约着哈尼族对吝啬、贪婪、牟利、投机、虚荣、凶残、怯懦卑琐、溺于肉欲、庸庸碌碌、好逸恶劳、专横猜疑、嫉妒仇视等人类天性固有的阴暗面，从不进行穿透性的烛照；也制约着哈尼人对存在于族际关系中的反复无常、偏执奸诈、玩弄权谋、施展诡计、刻薄寡恩、弱肉强食等卑劣行径，从不屑于认真思考和进行细致入微的解剖。

人际关系和族际关系中的龌龊现象，被哈尼人一概视为不足挂齿的些许琐事，哈尼族人生哲学的思维旨趣，从不关注此类介微琐事；人生价值学说的理论指向，始终致力于光复、维系天神赋予人的本然之性，使之持久延续、亘古如一。受此理论指向的深刻制约，伦理至上、谦怀为本和谨躬自省，成为个体成员和民族群体恪守的内在的道德自律和外在的处世准则。

将民族内部的处世准则，推广为整个人类的处世准则，这是哈尼族思维史上的重大失误和惨重的理论教训。不同区域的不同民族，面对不同的自然环境和社会环境，都有各自独特的生存方式以及不同的调整人类与自然、人类与人类之间关系的行为准则。在特定环境特定民族中行之有效的行为模式和价值取向，在另一个民族中将失去原本的光泽，毫无作用，甚至在美丑善恶方面完全颠倒过来。哈尼族关于人类同一本性同一行为模式的思想，恰恰漠视了人类各民族之间的参差歧异。从思维史的角度看，对人类自身的认识陷入单一化的绝境；对人性把握的单一化和片面性，则埋下了全民族悲剧的思想契机。

自私、卑鄙、趋利和利己，是人类的禀赋之一。人类社会本质上是民族与民族之间生存竞争的大舞台；物竞天择适者生存的规律，毫不留情地考验着各民族群体的生存能力和求生的意志。哈尼族从未意识到人类竞争的严酷性，他们难以理解人类之间相互倾轧、蚕食、较量的残忍的现实。在哈尼人的眼中，人人皆圣洁，个个为尧舜，因此，他们无论在何时何地对何人，总是袒露胸怀，用热血拥抱着生活，从不睨眼冷观世界。如果生活中出现桀纣这类人物的行径，他们总是以仁慈的、宽宏大量的胸怀等待着他良心复活，从不加以苟责，只是耐心等待着他自觉将行为纳回正常轨道。一句话，哈尼族高唱伦理赞歌，扛着道德的巨旗，行走在非伦理非道德的人类竞争的大舞台上。

以善良意愿直面物竞天择适者生存的人生社会，因伦理至上的行为模式与非道德的冷酷现实格格不入，注定了思维行为为主体的意愿必将化为泡影，进而屡遭厄运。按思维的一般运行规律，当主体意愿与客观效果相背离时，作为思维行为的人，应立即重新确立思维的角度，调整主体与客体之间的关系。而哈尼族伦理至上的思维轨迹，却沿单一直线的方向继续向前滑行，势不可挡；道德先行的行为模式，亦很难越出既成的轨道。哈尼人以命运解释初衷良好意愿与客观厄运之间二律背反的现实，求得心理的平衡与慰藉，认为悲剧源于主体意愿的不够虔诚和行为的不够道德化，于是，以更虔诚的心愿，重新审视主视自身的初衷意愿和行为，以期与道德伦理吻合一致。却未料及，社会人生始终是非道德的严酷存在，民族主体意愿越虔诚，行为越道德化，就越易为非道德的社会关系所戏弄和遗弃，使思维行为主体蒙受更大的厄运悲剧！如此循环往复，民族群体永远为道德言行与非道德社会格格不入导致的连锁的悲剧怪圈所困扰。这是民族英雄屡遭厄运的原因，也是整个民族千百年来始终难以摆脱腥风血雨迁徙命运的深层机制。

史诗《阿波吉德》，以直面美好事物被毁灭时的那种沉重的惋惜慨叹之情，描摹了民族英雄仰者陷入绝境的历程。仰者因悲天悯人的慈善心肠，为一名外族年轻猎人的巧舌如簧和脆弱无助的可怜相所打动，收留了他，殊不知由此埋下祸根。外族年轻猎人的诸般表演，都是他与仰者之妹吉色合谋的产物，暗藏险恶的杀机。他们的羽毛一旦丰满，立即露出凶相本质，设计霸占了仰者开辟的家园——腊萨盆地（元江）。当发现他们凶残贪婪的本质，本应即刻采取有力措施予以回击，仰者却天真地认为他们会良心复现，致使时机延误，再次误入圈套，使劣势溃不可收，终成定局难以挽回，只剩下浪迹天涯的绝路。

《普嘎纳嘎》、《哈尼先祖过江来》、《雅尼雅嘎赞嘎》、《哈尼阿培聪坡坡》等迁徙史诗，系统描述了哈尼族蒙垢受辱的整个迁徙历史，从史诗中可以看出，自然灾害引起的迁徙极少，外族强敌侵凌是哈尼族迁徙的根本原因；哈尼族因外敌压迫一次又一次丧失家园的过程都是一致的，哈尼族每开辟出新的家园，总有外族以甜言蜜语和美人计等手段，打入哈尼族之中定居繁衍，哈尼族对外族的险恶居心虽然洞若观止，却总是剖开胸膛接纳他们，养虎为患，天长地久即成尾大不掉之势。当自己纵养的外患势力渐盛，以武力摊牌时，哈尼人又强调"狗咬人人不会咬狗，哈尼人只想平平安安""鸭子不能和老鹰共一体，人不能和魔鬼共一方""小鸡和老鹰不能共一林，黄牛和豹子不能共一圈"；一味退缩忍让，一次次痛失家园，永远迁徙漂荡。

　　非常明显，与天地神灵合为一体的人生价值取向，在调整民族内部个体成员之间的关系，以及民族群体与大自然之间的关系方面，无疑有积极的意义。但是，谦怀退让、回避竞争的族际关系原则，却导致了异常消极的后果，泯灭了全民族的锐气。直至今日，这种忍耐克己的族际关系准则，仍然钳制着哈尼族融入外面大千世界的步伐。

第十七章 政治和军事

在漫长的历史长河中，哈尼族的社会组织和社会制度，始终沿着本民族固有的轨迹发展演变，其进程与周边各民族有较大的差异。哈尼族社会组织发展史独特性的一个重要表象是：在唐宋以前，军队没有成为相对独立的社会单位，军政合一，兵民一体，军事一直是政治的附属物，政治体制即为军队建制；隋唐以前的哈尼人，平时安分为民躬耕自食，受到异族强敌侵凌时，则武装为兵同仇敌忾；弓箭、地弩、陷阱、标枪、钐刀、大刀、三尖叉、勾镰等各类生产工具，同时也是早期哈尼人御敌的兵器。进入鬼主时代以后，全民皆兵的历史格局不复存在，军事组织从政治体制中分化而出，军队成为独立的社会单位，武装力量构成维护新兴政治制度的主要支柱。

哈尼族传统的政治思想和军事思想十分丰富，但因缺乏本民族的文字史料，加之它们与哈尼族其他的哲学社会思想存在兼容互摄的关系，因此，单独系统地加以梳理和介绍有些困难。与此形成鲜明对照的是，哈尼族的社会组织和政治制度的沿革更迭史则非常明晰。鉴此，本章将着重介绍哈尼族社会组织和政治制度的沿革发展轨迹，同时介绍不同历史时期附着于不同政治制度的军事建制。

哈尼族历史上的第一种政治组织，是由政治领袖、宗教首脑和技术工匠构成的三位一体的政治制度；该政治制度大约肇兴于公元前3世纪，至隋朝末期走向衰落。随着时间的推移，三位一体政体中的政治领袖，逐渐上升为政体权力的核心，对宗教首脑和技术工匠逐渐拥有绝对的支配权，最后转型为大小鬼主。于是，鬼主制度代替三位一体的政体，成为哈尼族历史上的第二种政治制度，鬼主制度的全盛时期是唐宋南诏大理国时代。元朝兵威加诸哈尼族地区以后，各地哈尼族的大鬼主和大首领相继纳款臣服，元朝统治者实行"以夷制夷"政策，起用哈尼族原有大小鬼主驾驭哈尼人。明清两朝将元朝的御边御夷之术进一步系统化，衍化成为完整的土司制度，由此，哈尼族的政体由鬼主制度转型为土司制度。土司制度是哈尼族和传统政体与外来异族政体相互融合的产物，所以，土司制度的建立，标志着哈尼族政治制度的发展历史，越出了本民族传统政治制度的固有框架。土司制度迭经元、明、清三朝，直到民国末期才被最后废止。中华人民共和国建立以后，哈尼族地区建立了民族区域自治制度。

第一节 "资玛""摩批""腊期"制度

哈尼族从古代的诸羌族群中脱胎而出，进而成为单一民族，走上独立发展的道路以后，其社会组织和政治体制，就蜕去了诸羌族群母体政体的外壳，建立了"资玛""摩批""腊期"三位一体的政治制度。在哈尼语中，"资玛"语义为大者、尊者、高官者、大首领、领袖以及统帅等，可概译为政治领袖；"摩批"语义为博闻强记的智者，祖先传统义理的集大成者，为人占卜驱魔治病者以及人神中介者和与神鬼打交道者，可概译为宗教祭司或宗教首脑；"腊期"语义为社会生产生活中的各类能工巧匠，尤指那些能够制造各类金属生产生活工具的工匠。所谓"资玛""摩批""腊期"制度，就是政治领袖、宗教首脑和技术工匠三足鼎立的政治体制①。

哈尼族传统政体中的三个部分，各有明确的社会职能。"资玛"位于世俗政治权力的顶峰，"摩批"总管神权领域和精神文化领域，"腊期"总领经济领域中的技术事宜，三者共同支撑起哈尼族社会结构的大厦。三位一体政体作为哈尼族原初的政治制度，在哈尼族历史上产生了深远的影响，唐宋时期的鬼主制度和元明时期的土司制度，其母体都是三位一体的政体；大鬼主和土司的原型同为三位一体政体中的"资玛"。降至当代，在那些历史上未建立本民族的土司制度，受异族土司统治的哈尼族地区，三位一体制度仍是广大哈尼山寨最基本的社会组织。

一、"资玛""摩批""腊期"制度的确立

至迟到公元前 3 世纪，哈尼族已经完全脱离了古代诸羌族群这一母体，发展成为独立的民族，形成了和夷这一统一的称谓，聚居于今川南的大渡河和雅砻江流域。诸羌族群作为哈尼族的本根，其社会结构中的核心人物，比如，氏族长老和部落酋长等，在其遗裔哈尼族社会组织中依然扮演着重要角色。但是，新兴的哈尼族与其母体诸羌族群在根本上已是两个不同性质的社会群体，二者在生产力发展层次、经济生活、社会形态和抽象思维能力诸方面，都已出现了实质性的差异。这些差异的综合效益，在新兴的哈尼族社会中造就了一批新型的社会人物，进而最终引发了旧有政治制度的瓦解和新型政治制度的建立。

首先，新兴的哈尼族已经告别石器时代，进入金属时代，步

①对这三种重要人物或阶层的产生、发展、演变，古歌哈巴中辟有专章叙述，名为《直堵琵堵爵堵》（直琵爵即头人、贝玛、工匠，"琵"即"批"）、《直坡琵坡爵坡》和《直枯琵枯爵枯》分叙头人、贝玛、工匠的产生、逃亡和回归，足示对此三种人的重视。

入了文明的门槛。铜质和铁质的生产工具和兵器，逐渐在哈尼族社会中普及开来；冶炼金属和制造金属质器具，逐渐成为一门新兴的社会行业。

其次，哈尼族先民扬弃了其母体诸羌族群以游牧为主的谋生手段，农业生产成为占主导地位的经济门类；哈尼族自走上独立发展的道路以来，就已是典型的农耕民族。

金属时代的到来，使哈尼社会的生产力水平提高到全新的层次，生产效率远远突破了石器时代的水平。农耕经济对游牧经济的超越，则使哈尼族社会对金属工具的需求量大大增加。在这种社会背景中，从哈尼族肇始之日起，金属工具就是珍稀难得之物，那些掌握着冶炼金属的技术，能够制造金属工具的人物，在新兴的哈尼族中自然地享有极高的殊荣。梯田稻作技术千百年来绵延传承的史实，又不断强化着能工巧匠的社会地位，促使其群体逐渐壮大，发展成为一个特殊的社会阶层。最后，工匠阶层拥有了与原始的氏族长老和部落酋长同等的社会地位，上升为哈尼族政治制度的核心力量之一，总领经济生产领域的技术事务。

与游牧经济相比，农业生产对大自然的依赖程度不仅没有削弱，反而更严重了。鉴此，诸羌族群母体的原始宗教意识，在其子裔哈尼族中被大大强化了，他们将农耕生产的丰歉，人生的通达困苦，乃至宇宙天地大化日新的终极动因，都归结为神灵的意志。在此社会环境中，虔诚体察神意，顺乎神意，依据神意立身处世，祈求农耕丰产和人生如意，就成为一项重要的社会事务。

这种客观的社会历史事务，造就了一批谙熟传统义理，通晓人神交通仪式，掌握驱魔避凶求福手段的人物，并使这些新兴人物的社会地位迅速跃升，演变成为另一个固定的社会阶层。随着与神交通的特殊社会阶层的涌现，宗教神权领域发生了一场具有深远历史意义的绝地天通的革命——诸羌族群时代那种人人都有权力、有能力与神交通的历史格局终结了，与神交通、体察神意成为神职阶层的特殊权力，全社会最终认可了只有神职阶层才具备倾听天意的天赋。

在中国历史上，宗教神权领域绝地天通的革命，早在夏殷时代就已完成，但哈尼族因其历史发展的特殊性，直到公元前3世纪以后才逐渐完成。绝地天通革命的完成，终于牢牢地确立了摩批祭司阶层在哈尼族社会中的崇高地位，使他们跃升为政治体制中的又一股中坚力量，与原初的氏族长老和部落酋长以及与新兴的技术工匠阶层，共同构建起新型的社会政治制度。

再次，《普嘎纳嘎》、《哈尼祖先过江来》、《雅尼雅嘎赞嘎》、《哈尼阿培聪坡坡》等迁徙史诗表明：哈尼族形成独立的民族不久，由于受到自然灾害和外来强敌双重侵凌，走上了全民族大规模迁徙的旅程，哈尼族一二千年的历史，实质上是一部迁徙历史。由于生存环境的频繁更迭，记述本民族祖先萌芽发轫的故园，叙述本民族漫长的迁徙历程，讴歌本民族祖先不畏艰难困苦顽强生息繁衍的英雄业绩，凡此等等，都成了自哈尼族走上独立发展的第一天起，就摆在族人面前的重要的社会课题，时势要求族人将此课题承担起来。

最后，新兴的哈尼族的抽象思维能力，已跃升到全新的水平。哈尼族一脱离诸羌族群，就开始以理性思辨的形式，严肃地思考宇宙自然和社会人生，在宇宙本根、宇宙结构、宇宙生成动因、宇宙生成模式、人生肇始、人生终极归宿、人生本质、人生价值诸方面，都提出了富有深度的理论见解。这些理性思辨的成果，作为全民族智慧的结晶，急需族人进行系统的整理和传承。

在宗教神权领域绝地天通的革命中，确立起崇高社会地位的"摩批"祭司，凭借超人的资质、过人的记忆能力及其掌握的丰富的宗教知识，在记述祖先迁徙业绩和整理全民族理性思辨成果的大课题中，一开始就处于主要承担者的位置，发挥核心骨干作用。天长地久，摩批逐渐上升为哈尼族精神领域的领袖，成为本民族传统文化的集大成者。如是，"摩批"祭司阶层在哈尼族社会中的领袖地位，从宗教神权领域延伸到世俗精神生活领域，从一个侧面巩固了他们与技术工匠以及与氏族长老和部落酋长并列的社会地位。

"摩批"祭司阶层和腊期工匠阶层的崛起，终于打破了诸羌族群的氏族长老和部落酋长单独处于社会组织核心的历史局面。使哈尼族的政治制度转型为"资玛""摩批""腊期"三元并列的结构。"资玛""摩批""腊期"制度的确立，是哈尼族走上独立发展历程的结果；该政体的确立，则是哈尼族完全成为单一民族的基本标志之一。

二、"资玛""摩批""腊期"制度的职能划分

在哈尼族三位一体的政治体制内，社会生活被划分为政治事务、宗教神权和生产技术三大领域。三大领域的社会事务，分别由"资玛""摩批""腊期"三大社会集团统领。

三类社会集团作为政治体制的并列支柱，本是历史发展的产物，但哈尼族却将这种历史现象看做是天神意志的表现形式。在哈尼族社会，广泛流传着关于三类社会集团的神话传说巨幅史诗。比如，史诗《十二奴局·阿批松阿》和《木地米地·三种能人》，就集中叙述了"资玛""摩批""腊期"肇始、生灭、性质及其使命等内容。

从以上史诗中可以看出，三类社会集团被视为与天地同在的神祇系列的一员，被视为集日月精气化生的超人。他们虽然诞辰于人间，却不需要经过凡人那种男女构精十月分娩的过程，而是直接由太阳和月亮从神蛋中孵育而出，因此，其性质属于神的范畴，被界定为天神在人间体现自身意志，借以规范人类社会秩序的使者。

这种思想，是三位一体政体赖以立足的认识论基础。"资

玛"在政治事务中一言九鼎的权威，"摩批"在宗教神权领域与
神灵交通的禀赋，"腊期"在生产技术领域制造器具的过人技
巧，都被归结为导源于他们与神灵之间血缘上的内在纽带，都被
看做是天命使然，神意所为。认同三位一体政体，与体察神意顺
应天意，被视为一回事。"资玛""摩批""腊期"作为神灵在人
间的代言人，也被要求严于律己，恪尽职守，在各自的领域履行
神赋的使命和职能。

1. "资玛"的职能。由于所辖区域大小不同，在集团内部
存在高低等级系统。但是，作为政治制度核心的"资玛"集团
成员，毫无例外地履行以下社会职能。

第一，维持社会的和谐安定，公正合理地裁决社区的个人、
家庭、家族、村落等各类社会单位之间的纠纷。

第二，负责召集社区内各宗教长老的会议，引导他们对全社
区的各类应革应兴事宜进行充分的协商，达成共识，并负责将长
老会议的决议付诸实践。

长老会议的议题大体包括以下三项：其一，社区内出现偷
盗、奸淫、以势凌弱、虐待长幼等与民族义理相悖逆的事件时，
议决给予惩处的手段程度，最严厉的惩处是处死，或者剥夺当事
人在社区内的生存权利，开除族籍。其二，受到各类自然灾害的
突然袭击，或者受到强敌侵凌时，商讨应急之策，决定全力拼死
抵御或者迁移他乡另辟家园。其三，商议社区内重大的生产建设
事宜，诸如决定每年春耕开秧门的吉祥日期等等。

第三，组织协调社区内各类重大的社会活动。比如，创造新
村落时，由"资玛"以掷蛋落地的方式决定新村落的地址。"资
玛"家庭的居室，必须建在鸡蛋落地破碎的地方。再如，一年一
度的春耕开秧门日期，"资玛"应当插第一把禾苗。

第四，代表社区全体民众，参与社区以外的社会政治活动。
向外界表达本社区的愿望和利益，并向本社区传递外界的信息。

2. "摩批"的职能。由于"摩批"集团内部具有严格的等级差异，不同级别的"摩批"因掌握的知识程度不同，分别承担不同层次的宗教事务。作为政治制度的一股中坚力量，"摩批"的基本职能是系统总结本民族的传统文化遗产，以此为尺度，规范族人的社会行为。

第一，通过与各类神鬼的交通，查询社区内各类病人的病因，并依据病因施行各种驱邪治病的法术，帮助病人康复。"摩批"驱邪治病的法术，通常辅以药物治疗或辅以气功一类的医术，因而往往能从身心两方面收到实效，其中对骨科和妇科的疗效非常显著。

第二，社区内的人丁、五谷和六畜难以兴旺繁衍时，通过判定神示找出个中原委，并组织相应的祭祀活动，破解阻碍因素。

第三，负责组织社区内常规和非常规的各类大型宗教祭典。比如，村落性的大型常规公祭"昂玛突"典礼以及跨村落性的大型非常规公祭"哈达达"（防祸害）典礼，都由祭司"摩批"组织实施。

第四，完整地掌握系统的人生礼仪，为社区内的族人举行诞辰礼、婚礼、葬礼等各类人生大礼。迎接天神赐予的新生命加入社区，欢送亡故者的灵魂回归祖先故里。

第五，牢记社区内各宗族所有男性成员绵延传承几十代的族谱。族谱是判定社区内成员血缘关系亲疏远近的根据，可据此确定社区成员的通婚范围等事项。

第六，谙熟祖先迁徙的各站旅程以及在不同旅程发生的重大历史事件。迁徙史诗既是民族历史的记录，也是"摩批"激励族人学习先辈英雄业绩，抱成一团寻求生存的教材。

第七，通晓具有农事和天文历法百科全书之称的《斯奴检奴》、《浩活腊活》等长篇叙事诗，向后人传授天文历法知识和农事耕作技术。

3. "腊期"的职能。负责指导社区内生产过程中的技术事务，是"腊期"工匠集团的社会职能。

第一，冶炼黄铜，制造铜质的铓、锣、镲等乐器。在古代哈尼族社会中，铜质乐器不仅仅是娱乐的工具，更重要的是社区的基本标志，它们是统一族人行动号令的物质载体。因此，铜匠是哈尼族工匠集团内部的第一等级，他们人数虽少，社会地位明显高于其他工匠。

第二，制造和维修刀、锄、斧、凿、镐、锅、犁铧等各类铁质生产生活工具。哈尼族作为农耕民族，对铁质生产工具的需求量大于对其他金属器具的需求量，因此，铁匠在哈尼族社会中的地位也很高，他们在工匠集团中的等级地位仅仅次于铜匠。

第三，负责制作或者指导族人制作竹木质生产生活器具。比如，木匠负责建造居室房屋、制造纺织行业的木质纺车、织布机等等。

"资玛""摩批""腊期"三个社会集团的社会职能，分则各司其职，统领不同领域的社会事务；合则融为一体，共同支撑起哈尼族社会政治制度的大厦。

三、"资玛""摩批""腊期"制度的历史地位

"资玛""摩批""腊期"三位一体政体确立的过程，与哈尼族发展成为独立民族的步伐同步，因此，该政体在哈尼族发展史上具有重要的历史地位。三位一体政体的深远历史影响，远远超过了政治制度本身，已经深入到哈尼族的认知领域。

从思维发展史的角度来看，"资玛""摩批""腊期"制度历史地位的重要性，突出地表现于该政体的长期沿袭，从根本上决定了哈尼族认识宇宙天地万物的思维模式，三元结构被哈尼人视为宇宙万物的基本结构。

从社会组织和社会结构变迁史的角度来看，三位一体政体的

历史地位主要表现于：它奠定了哈尼族政治制度的基本结构、运行机制和发展方向。大小凉山、乌蒙山区、六诏山区和哀牢山区的哈尼族社会，自唐代进入鬼主时代，元明清时期步入土司时代，鬼主制度和土司制度都是三位一体政体的衍生物。而进入东南亚各国北部山区的哈尼族以及进入澜沧江流域今西双版纳地区的哈尼族，未建立起本民族的鬼主制度和土司制度，三位一体政体一直传承至今，构成此间哈尼族维系社会平衡的基本组织。

居住于南诏银生节度威远睑西部，即今景东、景谷、镇沅一带的哈尼族先民，在唐末，受到北上的傣族先民"金齿白蛮"的挤压，被迫迁徙。一部分东移至威远睑东部即今墨江、元江一带，汇聚成为强大的因远部；另一部分西进澜沧江流域，散布于今景洪、勐海、勐腊等地。哈尼族祖先进入西双版纳地区的时间晚于傣族祖先，加之他们在人口数量、生产力水平以及权谋术数方面均弱于傣族祖先，所以，一进入西双版纳地区就处于被统治民族的地位。宋元以后，相继受勐泐王国、景龙金殿国和车里宣慰司的统治。

西双版纳哈尼族地区的社会政治组织有两套机构。一套是傣族封建领主任命傣族行政地方官员，对哈尼族进行统治；另一套是基层政权组织，由傣族封建领主挑选委任哈尼族的"资玛"等大小社区政治领袖，由这些任命的头人与社区内的宗族长老组成议事会，具体管理哈尼族内部的社会事务。比如，景洪南林山地区的哈尼族，历史上由召片领直接委派的亲信、傣族官吏大波朗管辖；大波朗则任命总管南林七个村落的哈尼族大"资玛"叭竜，并在各村落任命叭、鲊等哈尼族小头人，叭、鲊等各村落的头人参加村中的长老议事会。再如，车里土司将勐海西定南弄中寨的哈尼族"资玛"车罗，于清代年间任命为世袭金伞大叭，总管西定一带的哈尼族社会政治事务。车罗出门有仪仗队相随，进入宣慰街可以骑马，其家族作为金伞大叭，到1950年已世袭九代。

西双版纳哈尼族的政治组织，虽然受到傣族政治组织的影响，但是，从本质上讲，此间哈尼族的政治组织，与传统的"资玛""摩批""腊期"政治制度一脉相承，其运行机制和性质并未改变，三权神授观念依然是其立足和运作的认识论基础。此外，各宗族长老组成的村落议事会以及由各村落长老组成的社区议事会，也是西双版纳哈尼族政权组织的两极基础。与三位一体政体相比，在宋元以后的西双版纳哈尼族政治制度中，"资玛"和"摩批"逐渐融合为一，政治领袖"资玛"阶层和宗教首脑"摩批"阶层，已汇聚成为一个社会集团。这一点，是西双版纳地区的哈尼族政体与传统三位一体的相异之处。

明清以后，哈尼族逐渐迁徙扩散到越南、老挝、缅甸、泰国等东南亚各国的北部山区。这些地区是东南亚各国政府管理历来都很薄弱的区域。因此，哈尼族内部的社会政治事务，始终按照本民族固有的政体运行，三位一体的政体至今仍然保留得非常完整。

第二节　鬼主制度

大约在公元前3世纪建立起来的"资玛""摩批""腊期"三位一体的政治制度，经过数百年的发展，到南北朝和隋朝时期，已从它的全盛阶段转入衰落阶段。唐朝南诏国时期，三位一体政体在哈尼族社会占主导地位的历史格局已经终结；新型的鬼主政治制度在哈尼族社会中崛起，哈尼族社会历史进入了鬼主的制度时代。

一、鬼主的崛起及鬼主制度的确立

从政治制度沿革史的角度讲，鬼主制度是三位一体制度的衍生物；从社会背景方面看，鬼主的崛起和鬼主制度的确立，都是哈尼族特定历史时期的必然产物。

中国历史上的三国、两晋、南北朝时期，是政权更迭频繁、民族大分化和大融合的时期。这种激烈动荡的社会背景，对哈尼族的历史进程和政治制度的变迁，产生了深刻的影响。聚居于大渡河和雅砻江一带的哈尼族，被迫走上全民迁徙的旅途。频繁的族际冲突和战争，是哈尼族不断迁徙的基本原本之一，也是哈尼族在迁徙过程中始终面临的关系全民族生死存亡的大课题。由于人口较少、力量微弱，哈尼族祖先在与外敌的冲突和战争中，在战术上虽然能取得一时一地的胜利，但战略上总是以失败告终。

本民族的生存空间屡遭侵犯、生存权利受到威胁这种艰危的时势，急切呼唤哈尼族中具有非凡胆识的人物登上历史舞台，肩负起政治上凝聚全民族、军事上抵御外辱守卫家园和开辟新的生存空间的历史重任。这种历史趋势，逐渐引发了三位一体政体中三大社会集团的社会职能和社会地位的变迁。变迁累积的最终结果，就是鬼主上升为哈尼族社会组织的中轴，鬼主制度代替三位一体政体成为哈尼族历史上的第二种政治制度。

首先，在族际冲突和战争频繁的迁徙时代，三位一体政体中的政治领袖"资玛"集团的职能范围不断扩大。时势要求"资玛"集团不仅要承担起族内以及族际间的政治事务，还要担负起军事统帅的重任，组织族人抵御外敌侵凌的历史重任也落到了他们的肩上。于是，"资玛"集团的社会身份和角色逐渐发生变化，由单纯的政治领袖阶层，演变成为集政治领袖和军事统帅于一体的社会集团。

其次，漫长的迁徙历史和寻求民族生存的强烈愿望，使集政治领袖和军事统帅一体的新兴"资玛"集团的社会地位不断得到巩固和上升；宗教祭司"摩批"和技术工匠"腊期"两大集团的社会地位，相对而言则不断下降。于是，三位一体政体中"资玛""摩批""腊期"三大集团三足鼎立的政局逐渐瓦解，"资玛"集团上升为社会政治制度的核心，超越于"摩批"和"腊期"两大集团之上。

再次，新兴的政治领袖和军事统帅"资玛"集团还在宗教神权领域为他们全新的社会身份和角色寻找理论依据，凭其强大的政治军事实力，使祭司"摩批"集团逐渐成为自己的附庸。有的"资玛"剥夺"摩批"与天地神鬼打交道的宗教神权，身兼二职，既是"资玛"，又是"摩批"；有的"资玛"自身虽非"摩批"，但有专职的"摩批"为其服务。"资玛"集团和"摩批"集团逐渐出现相互融合现象，这样，新兴的"资玛"集团不仅是政治领袖和军事统帅，同时也是宗教领袖，实际上已集政治、军事、宗教三权于一体。

集政治、军事、宗教三权于一体的新兴"资玛"集团内部，其个体成员因辖域大小不同，因而有高低等级之分。但是，作为哈尼族新兴的社会组织的核心，他们有如下共同的特征：其一，身份世袭，不再像三位一体政体时期的资玛那样进行民主选举。其二，辖域宽广，比三位一体政体时期"资玛"的辖域大得多。其三，集政治领袖、军事统帅和宗教首领三重身份于一身，不同于三位一体政体时期"资玛"仅为政治领袖。其四，祭神祀鬼，而在三位一体政体中，祭神祀鬼是祭司"摩批"的职责。其五，军事力量既是他们抵御外敌的后盾，也是管理族内事务的基础；而三位一体时期的"资玛"没有掌握武装，管理族内事务主要以神灵力量为后盾，以道德感化为手段。

由此观之，集政治、军事、宗教三权于一体的新兴"资玛"集团，与早期三位一体政体时期的"资玛"集团，名称虽然相

同，但二者在本质上已不可同日而语。这就意味着，新兴"资
玛"集团的崛起，标志着一种全新的社会组织、政治制度在哈尼
族地区建立起来了。由于新兴的"资玛"无不祭神祀鬼，所以，
汉文史籍将他们称为鬼主（我们将以鬼主为核心建立起来的政治
制度，称为鬼主制度）。

唐代，乌蒙山、六诏山、哀牢山区哈尼族的鬼主制度已经非
常完备。哈尼族鬼主在唐代属南诏国统辖，同时也有部分鬼主与
唐朝建立了朝贡方物等密切关系，因此，个别大鬼主的姓名被载
入唐代的史籍中。《张曲江文集》载：唐高宗显庆元年（公元
656 年），和蛮大首领王罗祁，与郎、昆、梨、盘四州大首领王
伽冲和西洱河大首领杨栋附显等，一同向唐朝贡方物。唐开元年
间（公元 713～741 年），和蛮大鬼主孟谷悮，被张九龄列入
《敕安南首领爨仁哲书》中①。

二、鬼主制度的演变

唐代哈尼族的鬼主，其性质为奴隶主；鬼主制度实质上是奴
隶制度。唐、宋、南诏、大理国时期，是哈尼族历史上鬼主制度
的全盛时期。从宋代开始，因受不同的历史背景的影响，不同地
区哈尼族的鬼主制度，沿着不同的方向发展演变。大致说来，鬼
主制度的发展趋势包括两类：第一类是奴隶制度得到巩固、完善

①关于哈尼族古代社会制度结构的演变，学术界还有其他说法，例如在远古时代
哈尼族是"人人为巫，家为巫史"，即人人是祭司巫者的时代，后经绝地天通的变
革，半专职巫即摩批出现，由他专司通达鬼神的职能。但由于社会发展层次较低，摩
批与直玛（头人，又称最玛、资玛）合二为一，即政教合一，经若干时代的演变，
二者方始分离而各司其职。唐开元二十三年（公元 735 年）有政教合一的"和蛮大
鬼主孟谷悮"，而此前显庆元年（公元 656 年）有"和蛮大首领王罗祁"，证明唐代
哈尼族先民和蛮社会发生了剧烈的分化，由于各部和蛮发展不平衡，有政教分离与合
一并存的情况。

和发展；第二类是奴隶制度演变成为封建领主制度，鬼主本身由奴隶主演变成为封建领主。

唐宋时期，鬼主奴隶主政权在乌蒙山的哈尼族社会中得到充分的完善和发展。

唐初，在大凉山和乌蒙山区已广泛分布着哈尼族的祖先，相继形成比较大的政治集团，典型的如凉山地区的阔部、绛部，乌蒙山区的阅畔部、乌蒙部和芒布部。后来，绛部南迁进入哀牢山，阔部被凉山彝族征服沦为奴隶；阅畔、乌蒙和芒布三大集团，则在乌蒙山区建立了完整的鬼主奴隶主政权，整个乌蒙山区的哈尼族处于大小鬼主奴隶主的统治之下。

宋代大理国时期，哈尼族在乌蒙山区建立的乌蒙大鬼主奴隶主政权，势力非常强盛，是当时南方的四大地方民族政权之一，其地位虽次于白族祖先在洱海地区建立的大理国，但高于彝族祖先在贵州建立的罗甸国。元明时期，乌蒙山区哈尼族奴隶制度仍然保留得相当完整，哈尼族祖先和彝族祖先居于统治地位，其他民族则为被统治民族。至清雍正年间（公元1723～1735年），云贵总督鄂尔泰强行推行改土归流政策，乌蒙山哈尼族奴隶制才走向衰落和瓦解①。

六诏山和哀牢山鬼主制度的演变趋势，与乌蒙山鬼主制度的演变趋势有所不同，大鬼主奴隶制政权在六诏山和哀牢山没有得到充分的发展。至唐宋之交，六诏山和哀牢山的大小鬼主逐渐转型为封建领主，鬼主制度逐渐被封建领主制度所取代。

唐朝南诏国末期，滇东、滇东北、滇南和滇北地区，形成了势力强大、能够左右全滇局势的"三十七部蛮"。在"三十七部蛮"中，滇南哀牢山的因远部、思陀部、溪处部、落恐部以及六诏山的维摩部、强现部、王弄部等七部，全都是哈尼族。南诏旧

---

①《哈尼族简史》，第28～38页。

臣通海节度使段思平，合"三十七部蛮"之力，摧毁了滇西洱海地区的南诏奴隶制政权，于公元937年建立了大理国封建领主政权。"三十七部蛮"为段氏建立大理国立下了卓著功勋，因此，大理国建立以后，受到大理国分封，建立了封建领主制度。如是，作为"三十七部蛮"之七部的六诏山和哀牢山的哈尼族，其社会形态于10世纪中叶由奴隶社会进入封建社会，政治制度由大鬼主奴隶制度转变为封建领主制度。

宋代哀牢山和六诏山哈尼族各封建领主的辖域都比较宽广，而且势力最为强盛的大领主，不断扩展其辖域，逐渐出现分别统一哀牢山和六诏山的哈尼族，进而走向全民族政治统一并最终建立统一政权的趋势。

比如，在大理国的东方"三十七部蛮"中，以哀牢山哈尼族因远部的势力最为强大，其治所最初在山巅，后移至礼社江畔。治所移至礼社江畔后，因远部称为罗槃国，最高领主称罗槃主，辖区覆盖哀牢山和无量山的大部分哈尼族地区，幅员近三万平方公里。直至当代，原罗槃国辖域仍是哈尼族最大的聚居域。再如，强现部是六诏山各部哈尼族中势力最为强大者，统一于王弄部和维摩部；宋皇祐年间（公元1049～1053年），龙海基又得宋王朝的钦命，龙氏宗族世代统领六诏山南北幅员近二万五千平方公里的地区，基本统一了六诏山区的哈尼族。

宋末元初，哈尼族政治制度自身内在的发展进程被外界力量中断，从"资玛""摩批""腊期"制度到鬼主制度，进而到封建领主制度的政体变化进程被迫终结，土司制度取而代之，成为元明清时期哈尼族的政治制度。

第三节　土司制度

　　土司制度是元明清封建中央王朝以"以夷治夷"为基本指导思想，在少数民族地区任命少数民族首领，以少数民族首领统治少数民族的政治制度。哈尼族的土司制度，肇始于元代，完善于明代，在清雍正年间（公元1723～1735年）被废弃一部分，延续到"中华民国"时期，中华人民共和国建立后才最后终止，前后相沿近六百年。

　　被封建中央王朝委任的哈尼族土司，其前身绝大多数都是唐宋时期的大鬼主奴隶主或者大封建领主，而大鬼主和大领主的前身又是三位一体政体时期的政治领袖"资玛"；此外，土司制度的内部结构和土司的统治手段，在许多方面都沿袭着三位一体政体和鬼主政体的结构和手段。这意味着土司制度是三位一体制度和鬼主制度的历史衍生物，这是哈尼族土司制度的第一个特征。土司制度主要模仿封建中央王朝专制政体创建而成，土司建立了司署机构、军事建制和乡村组织，构成严密的塔式梯级专制体制，并以酷刑、监狱、军队等暴力机器加以维系；土司在其辖域拥有至高无上的权力。从这个角度看，土司制度是哈尼族固有的政体与异族专制政体相互融合的结果，它在本质上与哈尼族传统的政治制度已不可同日而语。这是哈尼族土司制度的第二个特征。土司制度的建立，标志着哈尼族传统政治制度自身固有的发展历程的终结；哈尼族的政治制度内在的发展规律被打断，演变成为多种文化综合作用的产物。

一、土司制度的渊源与沿革

　　元宪宗年间（公元1251～1259年），忽必烈奉蒙哥宪宗之命，以兀良合台总督军事，从宁夏六盘山出发，经甘肃临洮和四川松潘，兵分三路进攻大理，平服了大理国。忽必烈班师北返以后，兀良合台在大理政权行政区划的基础上，建立了十余个万户府，万户下设千户和百户，实行军事统治。元至元年间（公元1264～1294年），云南平章政事赛典赤，将万户府、千户府和百户府，改为路、府、州、县，正式建立了云南行中书省。元朝任命的各民族的万户、千户、百户以及路、府、州、县的长官，绝大多数都是宋末各民族的奴隶主或者封建领主，并准许世袭①。这些世袭的路、府、州、县的领主，成为明清时期土司的雏形。

在这一历史背景中，哈尼族的鬼主制度被粉碎，哈尼族地区被逐步纳入了郡县制的轨道，哈尼族的土司制度逐渐确立起来。

在六诏山区，元朝于13世纪中叶，在今安南老寨设立阿僰万户府，任命宋代强现部领主龙海基的九世孙龙建能为阿僰万户府的总管，总领六诏山原宋代的强现、王弄和维摩等各部的哈尼族。在哀牢山区，元朝于至元年间（公元1264～1294年），血腥镇压了罗槃国、思陀部、溪处部、落恐部等各部哈尼族的反抗，建立了元江万户府、思陀和泥路、落恐万户府以及溪处副万户府，均以原哈尼族大领主为府、路的首领。至元二十五年（公元1288年）将上述四个哈尼族的路、府废除，设立元江军民总管府，旋即又将元江军民总管府改为元江路，统辖各部哈尼族，直隶云南行省。元朝在哈尼族地区建立的路、府等政权组织，使哈尼族土司制度的基本轮廓趋于成形。

明洪武十八年（公元1381年），朱元璋部署数十万军队，以傅友德为统帅，蓝玉、沐英为副统帅，出兵进讨云南。洪武十九年（公元1382年），设立了云南都指挥使司和云南布政使司。由于受种种因素的制约，明朝很难以大规模的军事行动镇压云南各

---

① 马曜主编：《云南简史》，第101～104页，云南人民出版社，1983年。

民族的反抗，所以，就采用历代封建王朝"以夷制夷"的羁縻政策以及元代的土司制度驾驭云南的少数民族。"朱元璋改变了原来规定要各土酋入朝的办法，承认元朝授予各民族首领的宣慰使、宣抚使、安抚使、招讨使、长官司等官职，对于元朝在各族聚居的府、州、县所设的土官，也多以原官授职。以宣慰使、宣抚使、安抚使等官隶兵部，土知府、土知州、土知县等官隶吏部，皆世袭其职，给予符印，并确立了承袭、等级、考核、贡赋、征调等制度。土司除对中央政府负担规定的贡赋和征发以外，在辖区内依然保存传统的机构和权力。"① 土司制度作为一种完整的政治制度，被明朝广泛推行于滇、川、黔、桂、粤、湘等省的民族地区。

　　明朝在哈尼族地区建立的土司政权以长官司为主，并辅以土舍、土目等土掌寨政权。在六诏山区，明代哈尼族土司主要有：教化三部长官司、维摩长官司、安南长官司、王弄长官司、八寨长官司等等②。明代哀牢山哈尼族土司主要有：思陀长官司、溪处长官司、落恐长官司、瓦渣长官司、左能长官司、纳更巡检司、因远罗必甸长官司、马龙他郎甸长官司、钮兀御夷长官司。此外，在哀牢山东麓礼社江下游南北两岸，明代散布着斗岩、水塘、阿土、五亩、五邦、宗哈瓦遮、马龙、猛弄、猛丁、者米、茨通坝、猛喇、猛梭、猛蚌、猛赖等十五个沐庄，合称"十五猛沐氏勋庄"，幅员纵横四百余里。这些沐庄的民族以哈尼族为主，各猛的管庄或头人也多为哈尼族。

　　清承明制，沿袭明代土司制度作为统治境内少数民族的重要手段。明代在各省少数民族中设立的土司政权和任命的各民族土司，清初大多数都完整地保留下来。至清代康熙、雍正、乾隆年

①《云南简史》，第101～104页，云南人民出版社。
②《哈尼族简史》，第44页、第56页，云南人民出版社。

间，清朝国势日盛，难以容忍各民族豪强土司骄横恣纵，割据一方，形成"无事近患腹心，有事远通外国"的割据局面。为了加强对少数民族的直接统治，清康熙、雍正年间，清朝采用武力强行废弃靠近内地的土司政权，改设府、州、县政权，任命流官取代土司进行统治。

在"改土归流"的历史背景中，六诏山区哈尼族的土司政权，于清代康熙年间（公元 1662～1722 年）被全部废除，哀牢山区哈尼族的土司政权也被废除一部分，保留的土司政权则被分化、瓦解或降级。至此，清代哈尼族的土司政权全部退缩集中到哀牢山区，其辖域和势力已远远不能与明代的哈尼族土司政权相比拟。

清顺治、康熙年间，六诏山哈尼族龙氏土司，联合哀牢山哈尼族溪处长官司和瓦渣长官司的土司，以宁州彝族土司禄昌贤为首，举行反清大起义，攻克临安、蒙自、嶍峨、宁州、易门、通海、石屏、宜良以及六诏山各地城邑，震动滇南。起义被吴三桂镇压以后，清廷借此废除了六诏山哈尼族各土司政权，设立开化府和广西府统治六诏山区的哈尼族。由于哈尼族是这次反清大起义的主力，六诏山的哈尼族遭到清廷的残酷镇压和野蛮屠杀。因此，自 17 世纪末 18 世纪初叶以后，六诏山的哈尼族逃亡到哀牢山区，留下的部分则融合于当地的其他兄弟民族之中，六诏山区作为哈尼族大聚居区域的历史从此终结。

在哀牢山区，清廷废除了因远罗必甸长官司，将其辖地划归元江州管辖；废弃马龙他郎甸长官司和钮兀御夷长官司，设立他郎厅，隶属普洱府管辖。此外，纳更巡检司在清代分化出稿吾卡土把总。原明代的十五猛沐氏勋庄继续保留，改称"十五掌"寨，原十五猛沐氏勋庄庄主成为世袭寨长。这样，清代哈尼族聚居区域的土司政权演变为十土司十五掌寨。在十土司十五掌寨中，以哈尼族为土司或掌寨的土司政权包括以下几个：思陀长官司、溪处长官司、落恐长官司、瓦渣长官司、左能长官司、纳更巡检司、稿吾卡土把总以及猛丁土掌寨、猛弄土掌寨、猛喇土掌寨、马龙土掌寨、斗岩土掌寨、茨通坝土掌寨和宗哈瓦遮土掌寨，累计有七土司七掌寨。

"中华民国"时期，曾在哀牢山哈尼族土司辖区推行乡镇保甲制度，但土司制度并未被废除，仍然完整地承袭下来。民国时期哀牢山哈尼族土司政权与清代土司政权相同，共有七土司及七掌寨。中华人民共和国建立以后，哀牢山哈尼族土司全部废除，1953年，在原哈尼族土司辖区建立了红河哈尼族自治区。1957年，红河哈尼族自治区与蒙自专区合并，建立了红河哈尼族彝族自治州。

二、行政体制

土司制度与哈尼族传统的政治制度，二者在性质、组织机构、运行机制以及社会基础诸方面，都已不可同日而语，具有根本性的差异。民族领袖的道德楷模、人格力量和全民族成员内在的信念和共识，是哈尼族传统政治制度能有效运行的基本原因。土司制度确立以后，军队和监狱等外在的暴力机器，替代全民族的道德信念和心理共识，成为土司制度赖以立足和运作的基石。哈尼族的土司制度，主要是以内地封建中央王朝的政治制度为模仿蓝本建立起来的。因此，土司制度的确立，使哈尼族千百年来三位一体制度和鬼主制度寿终正寝，逐渐成为历史的陈迹，代之以一整套自上而下的极端独裁的专制政体。

哈尼族的土司制度，主要包括行政体制、司法体制和军事建制三大组织系列。每个系列分则自成体系，合则融为一体。统属在土司的绝对权威下，构成严密的塔式梯级专制体制。

土司制度的行政体制，由司署政权机构和乡村基层组织两级政权构成。

（一）司署政权机构

司署机构是土司制度的中心机构，总管土司辖区的政治、经济、军事和文化事宜，设于司署所在地。哈尼族土司多数集中于哀牢山区。由于这里山高谷深，平地极少，司署多设置于地势稍为平坦、水源充足的大中型村落，并筑城池据以自保。思陀、瓦渣、落恐、左能等哀牢山区的哈尼族土司，其司署所在地历史上都筑有土城，各土司司署的房屋大多依山踞险、居高临下进行修建，降至 19 世纪末以后，土司司署的建筑多为土木结构的瓦房，画栋雕梁，气派宏伟。土司政权的行政、司法和军事三大系列的首脑机关，都集中设于司署内。其中，行政建制和职能包括以下方面：

1. 司长。司长是土司辖区内的最高领主，由封建中央王朝册封任命，世代承袭。司长实行父传子，子传孙，嫡系子嗣幼小由庶系代办，嫡系无子由庶系承袭，或者妻承夫职的承袭制度。司长在辖区内具有至高无上的地位，总揽政治、经济、军事和文化大权，是辖区内所有的土地、森林、水利、矿产、动植物等一切资源的最高拥有者，对辖区内的民众握有生杀予夺的大权。土司政体中的行政、司法、军事三大系列的各级大小头目，一律由司长任免，绝对服从司长一人的意志，辖区内的所有重大决策也一律由司长作出。

2. 门公。又称门公里长或管家。协助司长管理司署政务，司长外出时，代行司长职务。门公除了辅助司长办理司署的日常事务和管理财务收支以外，还协助办理民事和刑事诉讼事务，门公在司署中的地位仅次于司长。

3. 师爷。师爷即司长的文书，为司长承办起草往来公私文件、函件等事务。有些土司司署的师爷分为内外师爷，内师爷办理内部文书，如写传讯票、委任状、登记粮役杂派等，外师爷办理一切对外文书。

4．录事。承办司署的誊写、收发公私文书等事宜。

5．财务。专管司署的经济账目和现金征收。

6．管库。管理粮食仓库以及保管和支用杂物。

7．传讯夫。传送司署往来文件，口头命令和指示。

8．香火。专司司署的祭祀事务。

9．牵渡摆渡夫。负责土司辖域各江河要道处往来公务人员的牵引摆渡。

10．菁长。专门负责保护森林、涵养水源等事宜。负责对梯田灌溉网络的管理、维修等。

除此之外，司署政权机构内还设有丫环、侍从、厨师、炊事、筛米、挑水、赶马、养马、赶驮牛、抬轿子、抬滑杆、养猪、养鸡、守碾房、守祖坟等专职行政人员以及相应的机构，为土司政权的有效运行服务。

（二）乡村基层组织

除了司署政权机构以外，土司在农村建立了完善的农村基层行政组织。元、明时期哈尼族土司制度农村基层组织的详情不明。清代和民国时期的农村基层组织以里为单位。土司将其辖域依据村落的数量和地域的广狭等因素，划分为若干个里，并任命里长等基层头目作为自己的代理人，统治一里之内的百姓。里作为土司行政体制的基层组织，其设置原则与司署相同，所不同者只是里署机构的规模比司署机构的规模小，行政人员没有司署多。里的行政建制和职能如下：

1．里长。里长是一个里的最高行政长官和司法长官，里长秉承司长旨意办理里内的行政事务，调节民间家庭纠纷和情节较轻的民事案件，并将情节严重的民事案件和刑事案件呈报给司署。此外，里长负责督促里内百姓送交土司的官租和田租。

2．招坝。招坝是里长下属的各村的行政头人。每个里下设若干个招坝，招坝管理该村内的行政事务和民事纠纷，并催收土司的各种摊派杂役。有些土司辖区的招坝，每两年要杀一头肥猪，将猪头和前腿送给里长；每逢过年，须带一只鸡和一壶酒到里长家拜年。

3. 里老。里老是招坝的助手。招坝和里老在辖区内共同承办里长布置的一切事务，并调解一些小纠纷和处理一些小案件，维持社区的安宁。

4. 招头。招头是土司在少部分未划归招坝里长管辖的30户以下的小村落中任命的小头目，其职责是管理该村的事务。

5. 三伙头。三伙头是招坝和里老的传讯员。三伙头通常由村内群众民主推举产生，其职责是挨家挨户传达司长、里长和招坝的命令，为土司催粮和催款，督促招坝交办的事务。此外，村中若有举办葬礼的家庭，三伙头负责将死者遗物送到村外焚烧，遇有婴儿夭折，则负责参与抬埋。

6. 当客。当客是专门负责接待来往公务人员的村民。其主要职责是承办司长署和里长署派到本村公务人员的食宿事宜。当客分为固定当客和轮流当客两类，固定当客由招坝和里老直接委派，负责向辖区内的百姓收取客谷和客鸡，作为过往头目和公差人员的伙食费用。轮流当客，一般设在地处驿道或公差人员往返较多的村落，由村民轮流担任，共同承担过往人员的食宿。

哈尼族地区土司制度行政体制的建制设置和主要职能，在具体的运作过程中，行政体制和司法体制往往存在相互重叠的现象。

三、司法体制

在漫长的历史发展进程中，哈尼族建立了一套完整的法律规范。由于哈尼族没有本民族的文字，因此，其法律以习惯法的形式传承下来。哈尼族传统的法律规范，是哈尼族在历史上借以调整人际关系、人神关系的基本尺度，也是哈尼族维系社会和谐安宁，保证族人正当权益的主要手段。

土司制度的司法体制，是对哈尼族传统司法体制的继承和发展。土司在完整地继承本民族传统法律主体框架的基础上，将公堂、监狱、狱卒等外在的暴力机器，引入哈尼族地区，形成了一套比传统法律更加完备的司法体制。

（一）司法组织

在古代哈尼族社会中，行政组织和司法组织之间始终没有严格的界限，管理社会事务的行政机构，同时兼行司法机构的职能。三位一体时代的"资玛""摩批""腊期"，鬼主时代的大小鬼主，以及各个时期的村社长老，既是行政组织的核心角色，又是司法机构的中心人物，此外，传统行政组织和司法组织都以神灵权威和道德信念为基础进行运转。

哈尼族早期司法组织的这一特征，在土司时代的司法组织中完整地传录下来。司署不仅是一司的最高行政机关驻地，也是一司的最高司法机关所在地；司长和里长，在其辖域内，无不集行政首脑和司法长官等双重身份于一体。与早期司法组织不同的是，土司时代的司法组织已有严格的等级系列，司署是中央司法机构，里署及其下属的招坝则为基层司法组织，它们之间形成绝对的统属关系；此外，暴力机器替代神灵权威和道德信念，成为土司司法组织赖以运行的基础。与此相关，土司时代司法组织的外在形式已与早期司法组织的外在形式不同。

司署作为哈尼族土司辖域中央司法组织的驻地，都设有进行裁决审判的公堂，大多数土司的公堂设在土司处理政务的大堂内，公堂与大堂合一。在公堂的上方，一般悬挂写有"明镜堂"字样的木质横匾；横匾左右两侧的梁柱上悬挂木刻对联。公堂的案桌上陈列有铃记、文具、令牌、鉴筒、惊堂木等审案用具。公堂左右两侧的木架上插有金瓜、玉斧、刀、枪、剑、戟等十八般兵器。审案时，土司高坐大堂之上，门公、师爷等一帮人侍立公堂两边，被告跪地听审。

司署还设置有监狱，用以囚禁罪犯。哈尼族土司的监狱一般包括外监、内监（又称黑牢）、水牢和女监几类。犯罪情节较轻的罪犯关入外监，犯罪情节严重的罪犯关入黑牢或水牢。黑牢一片漆黑，只在狱门处设一道碗口大的窗口用于递送饮食，牢内不仅见不到阳光，而且潮、脏、臭，污秽不堪，臭气熏天。罪犯家属探视，只闻罪犯声音，难见罪犯人影。罪犯一入黑牢，便夜不能眠，出狱时无不满身污垢，披头散发。

监狱中设置脚镣、手铐、膝箍、压脚枋、小木枷、中木枷、大木枷、软木凳、老牛拔桩、临安套头等刑具。司署设有管队（又称老总）、头子、狱卒等司法人员。管队负责管理男犯人，头子专管监狱的钥匙，狱卒负责看守监狱。监狱中的女罪犯一般由司署上房的女仆人代为管理。

（二）诉讼裁判程序

在前土司时代的哈尼族社会中，个人之间发生纠纷时，首先由受害者向"资玛"、"摩批"、"腊期"、村社长老、鬼主等人提出申诉；"资玛"等人组成议事庭，召集原告和被告，听取双方的陈述，然后综合各方意见作出公正的裁决。情节轻微的民事纠纷，一般采取调解说服的方式淡化矛盾；严重亵渎神灵的罪犯以及严重违反人伦大理的罪犯，或者犯有严重刑事案件的罪犯，议事庭通常处以严厉的肉刑乃至死刑。罪犯是个人，而受害者是村落等群体时，议事庭根据犯罪事实的公开性、隐蔽性等具体情况，决定是否指定"公诉人"进行公诉，然后依据罪犯的犯罪事实作出判决。如果冲突双方都是村落性的群体，就由两个群体推举各自的代表，共同组织议事庭，以"牛扎"（杀牛起誓）或"昂扎"（杀猪起誓）的方式，调查取证，再进行裁决。

"牛扎"和"昂扎"是哈尼族解决涉及数个村落的大型纠纷的神判方式。神判是哈尼族社会审理证据不足的疑难案件的最高手段，通常由祭司摩批主持，全体村民参加。除了"牛扎"和"昂扎"以外，哈尼族还有以下几类非常典型的神判方式。

第一，看手相。摩批依据原告和被告双方手掌的纹路判断曲直。

第二，赌咒。双方当事人在摩批和村民面前，直指神灵或者祖先赌咒起誓，宣誓没有诬告或没有犯罪。村民依据双方日后是否遭到神灵的惩罚以及惩罚程度的轻重辨别是非。

第三，沸水捞物或沸油捞物。摩批念咒并将其物置入沸腾的开水中，双方当事人卷起衣袖，从沸水中赤手将摩批放入的物品捞出，依据手臂是否烫伤和伤势轻重情况进行裁决。

第四，触摸模拟衣冠尸首。将模拟的暴亡者的衣冠尸首置于地面，摩批念咒，双方当事人触摸模拟的尸首并发誓，以此判断黑白。

哈尼族虔诚地信仰神灵具有无边的威力，认为神灵全视、全知、全能，坚信自己的誓言如果与事实有出入，立刻就会遭到神灵的严厉制裁，遇到雷打、兽咬、跌崖、水淹、火烧以及断子绝孙等厄运。鉴此，诬陷者和真正的罪犯不敢接受神判，是非曲直往往在神判面前很快明朗起来。

进入土司时代以后，土司辖域内的哈尼族地区，诉讼程序与前土司时代的程序有所不同，不同性质的案件，有不同的诉讼裁判程序，司署和里署作为两级司法组织，分别审理不同的案件。

一般的民事纠纷，通常由土司基层政权组织的首脑里长、招坝等人审理。里长和招坝大多撇开议事庭行事，即便保留着议事庭这种审案形式，也不过是作为一种点缀；里长等人主要依据自身的意志和利益进行判决，本民族的传统义理以及原告和被告双方的是非曲直，退居为里长定案的次要依据。民众向里长和招坝进行申诉时，必须向他们奉送鸡、酒等礼物，作为审案的基本条件。

情节复杂、案情重大的民事案件以及刑事案件，一般由司署进行审理。司署审理案件必须按照规定的程序进行。

首先，原告向司署提出起诉，司署立案后，就指派差役传讯原告和被告双方前往司署听命；普通案件司署指派一至二名差役去传讯，大案要案指派二至三名差役去传讯。差役到达时，原告和被告都必须向差役奉送脚钱、门公的开门钱、师爷的笔墨钱以及厨师、康司（清洁工）、马夫等司署人员的各种小费。这些费用的数目，在不同的历史时期有所不同，在同一历史时期则依据案情大小而变化。

其次，原告和被告双方交纳办案费。原告交纳的办案费称为铺堂钱，被告交纳的办案费称为赏山钱。对办案费数目的称呼，司署衙门有一套专门的术语。双方当事人交纳的办案费的数额无论多少，都必须带"六"字，比如，十六元六角、二十六元、三十六元等。有些土司还规定审案前原告要杀一头肥猪作为审案的基本礼物。

再次，由管家或门公布置公堂，调集管家、里长、团长、兵头、老总、侍候等六房，以及兵头、老总等三班侍立公堂两侧，并将各种刑具陈设于大堂之上，全副武装的兵丁在四周示威。原告和被告跪于大堂之中听审。

最后，司长上堂审案。司长正式审案前，由师爷、门公等人向双方当事人询问案发的梗概以及双方当事人的意见。案情基本明朗后，由司长作出最后的判决。如果审理人命案，要进行罚款，在场的大小头目以及卫兵、奶妈、了头等人，依地位高低系列分配罚款所得的钱财。

（三）犯罪认定与量刑幅度

前土司时代哈尼族的法律规范，涉及哈尼族社会生活的各个领域，强有力地将哈尼人的思想行为纳入统一的轨道。从大的方面来看，哈尼族传统法律的规范、制约和保护功能体现于以下诸方面：

第一，协调人神关系，维护神灵的神圣性。天神、地神、寨神以及祖先神，被哈尼人视为人生幸福的守护神，对它们不容亵渎。比如，严禁进入寨神林，更不可砍伐其中的林木，不可狩猎其中禽兽。第二，协调天人关系、地人关系，茂密的原始森林，尤其是水源林，是梯田稻作经济的命脉所在，它们也被视为各类神灵的栖息地，不得破坏。第三，规范族人的思想行为，调整人际关系、村族关系，以统一的价值尺度作为族人立身处世的基本原则，不得逾越。第四，强调人伦义理的严肃性，杜绝违反伦理道德的行为。第五，保护族人的合法权益。族人建造的房屋、饲养的禽畜、开垦的田地、开凿的沟渠、种植的庄稼以及各类瓜果蔬菜，不受侵犯；族人的人身安全受到法律的保护。

凡是违背以上四方面基本精神的行为，都被视为罪恶，有关人员都被认定为罪犯。哈尼族传统法律惩罚罪犯的量刑幅度和施刑手段，随罪犯罪行的轻重和悔过态度等具体情况的不同而异，常见的刑罚有舆论谴责、经济制裁、宗教制裁、肉刑、死刑以及剥夺村籍和族籍等六种，囚禁关押罪犯的刑罚比较少见。

1. 舆论谴责。一般用于偶尔犯下轻微罪过的人，比如，与人吵架等行为即适用此刑罚。

2. 经济制裁。通常用于惩罚那些对村落等社群不承担义务的人。修建道路、开挖沟渠、垦殖村落的祭祀用田等事务，是全体村民的共同义务。如果有人偷奸耍滑，村民可强制他承担分内的责任，以罚款、罚鸡猪钱粮等手段令其补过。此外，生下不合法的私生子女的夫妇（分娩日与婚娶日之间的时间间隔不足九个月），令其杀一头白牛洒扫村寨，并强制其拉着一公一母两条小狗巡回游村示众，村民以撒粗糠、敲锣打鼓、鸣枪等方式驱除秽气。

3. 宗教制裁。适用于犯有不敬神行为的人。比如，成年人如擅入寨神林禁地，攀折林中草木枝叶，即令其以鸡鸭等牺牲祭献寨神并当众悔过。又如，偷伐寨神林禁区的成材林木的人，令其宰杀猪羊等牺牲祭献寨神以示赎罪。再如，年轻人若入寨神林中谈情说爱，令其以一头大白牛为牺牲祭献寨神，以此洗刷罪恶，以免盛怒的寨神降灾于村落。

4. 肉刑。严重危害村落利益或严重侵犯族人权益的罪犯，通常施以肉刑进行惩罚。哈尼族历史上的肉刑种类很多，比如，对犯有乱伦恶行的罪犯，处以割耳或割鼻等刑罚；对偷鸡摸狗的罪犯，处以断指头的肉刑；如罪犯凿壁入屋偷盗，则将其眼珠挖去；奸淫妇女者割耳；偷牛盗马者断指或断手，偷盗田地瓜菜者游街。

5. 死刑。用于罪恶深重的罪犯。火焚处死，乱棒击毙，五牛分尸以及沉入江河，是哈尼族历史上执行死刑的主要手段。虐待父母致残或致死的罪犯，由全村落每户出一人手持棍棒将其击毙，或者由每户出一捆干柴将其烧死。被指控通过放鬼和拿魂方式害人的罪犯，通常也处以乱棒击毙的死刑。父母与子女之间、亲生同胞兄弟姐妹之间、公公与儿媳妇之间以及伯伯与弟媳之间相互淫乱的罪犯，通常以五牛分尸的极刑处死。耕牛和驮马是哈尼人最大的财富之一，是梯田稻作经济的重要支柱之一，屡屡偷盗耕牛驮马而不悔改的罪犯，一经拿获，一般将其强行装入竹笼，沉入江河漩涡中溺死。

6. 剥夺族籍或村籍。用于死刑罪犯。在生存环境恶劣的古代社会，处以剥夺族籍或村籍的刑罚，比直接处死还要严厉，它使罪犯处于求生不能和求死不得的境地，受尽世人的种种凌辱。

在犯罪认定、量刑幅度和施刑方式诸方面，土司法律几乎完全继承了哈尼族前土司时代法律的相关内容。前土司时代哈尼族认定犯罪的四条基本精神以及惩治罪犯的六种刑罚，在土司时代的司法体制中依然有效。这一点，是土司对传统法律继承较多的地方。在此基础之上，土司依据自己的切身利益，在犯罪认定、量刑幅度和施刑手段诸方面，对传统法律作了发挥。

首先，在犯罪认定方面，土司法将危害土司制度、侵犯土司利益的行为界定为犯罪行为。比如，司长是一司范围内所有土地、森林、矿产、动植物等一切资源的最高拥有者，辖区内的所有民众，只有使用权而无所有权，如果有人作出超越使用权范围的事情，比如，随意典当和买卖土地、在森林中打到猎物不上贡、不交纳官租等等，就被视为犯下罪行。土司法对土司外出巡视、祭献山神等活动，有严格的礼仪规定，要求辖区内的所有民众遵守，若有人违反，也被视为犯罪。此外，有些哈尼族土司将赌博、吸食鸦片等行为也定为犯罪，因为这些行为最终会引起社会秩序的混乱。

其次，在对罪犯进行惩罚的刑罚方面，土司法增加了将罪犯囚禁狱中，以及强迫罪犯长期为土司服役以抵罪等刑罚。罪犯一旦被判决入狱，就受到管队的残酷对待，动辄拳打脚踢或加重刑具，迫使罪犯家属想方设法讨好管队，暗中送礼物或钱财给管队，以便减轻罪犯的痛苦。有的罪犯尽管犯下人命案等重大的罪行，只要愿意给土司长期服役，即可获释。在土司时代，行贿钱财数量的多少，从根本上决定着官司的胜败，决定着量刑程度的轻重；如果有巨额钱财行贿，即便犯有滔天的罪行也可获释；如果没有钱财行贿，无论是原告还是被告，无论有罪还是无罪，必然败诉。

再次，土司法大大增加了残酷的肉刑。被判决犯罪的罪犯，除了遭到吊打、顶水、顶石、跪水、跪石、木棍打、烙铁烫、冷水牢等常见酷刑的折磨以外，还要受临安套头、老牛拔桩、软板凳等闻之令人色变的极端残忍的酷刑折磨。此外，土司法对惯偷处以剔脚筋的肉刑，即将罪犯一只脚下部的筋道剔断，使其成为终身跛子。

在执行死刑的手段方面，土司法除了保留传统法律的乱棒击毙、火焚处死、沉入江河、五牛分尸等方式以外，还增加了将罪犯插上斩条绑赴刑场斩头示众、枪决等手段。

总之，哈尼族土司时代的司法体制，在司法组织、诉讼裁判程序以及犯罪认定和量刑幅度诸方面，都继承了前土司时代传统法律的大量内容。然后，在此基础之上加以充实，最终使哈尼族的法律由早期维护族人合法权益的武器，转变为维护土司制度的工具。

四、军事建制

唐末到元初这一历史时期内，哈尼族历史上发生了两件重大的历史事件。第一，在五代十国时期，因远部、思陀部、溪处部、落恐部、强现部、王弄部等各地强大的哈尼族政治集团，会同"三十七部蛮"的其他各部，随段思平举兵西向洱海，推翻了南诏奴隶制政权，建立大理国封建领主政权。第二，在元至元十二年到至元二十五年（公元 1275～1288 年）之间，罗槃国、思陀部、溪处部和落恐部的部分哈尼族，以罗槃主阿禾必为首，与侵入哀牢山哈尼族聚居区域的元军展开了殊死的战斗。

很明显，无论是推翻南诏奴隶主政权，还是与元军展开十余年的殊死战斗，没有强大的武装力量是不行的，这两件历史事件表明：早在三位一体政体时期，那种兵民一体、军政合一的政治军事体制，进入鬼主时代尤其是进入鬼主时代末期以后，就逐渐解体了；全民皆兵的历史格局不复存在，军队组织从政治体制中分化而出，军队成为独立的社会单位，武装力量构成维护新兴政治制度的主要手段。作为鬼主时代政治和宗教领袖的鬼主，成为新兴军事组织的最高统帅。

进入土司时代以后，土司将鬼主时代从政治组织中分化而出的军事组织，完整地继承下来，并不断加以充实和完善，创建了严密的军事体制，使之成为比行政体制和司法体制更加重要的土司制度的组织机构。

集政治和司法首脑双重身份于一身的土司，也是本司的军事统帅。司署既是行政和司法的中央机关，也是全司的最高军事统帅部。便于军事上的进攻和防御，是选择司署驻地的重要参照录，司署建筑本身实质上就是军事堡垒，哀牢山和六诏山的哈尼族土司，在元、明、清和"中华民国"时期，其司署都设在堡垒式的建筑群中，而且堡垒的建造规模越来越大。比如，思陀、瓦渣、溪处、落恐、左能等土司，在清代无不将其司署设于土墙筑成的堡垒之中，这些土墙式堡垒大多宽一百丈左右，高七八尺，开二至三门。再如，纳更土司民国年间的司署，以砖墙围砌，砖墙上设置炮台；稿吾卡土司司署四周用玉面石砌筑厚一米多，高约十米的围墙，整个围墙由四座碉堡连接，司署的大门两侧及后门都设有炮台。

武装力量是土司维护统治地位的支柱，也是土司统辖境内民众、反抗异族暴政统治、抵御外敌侵凌的主要后盾。在元、明、清时期，凭借不断强化的军队，哈尼族土司组织了一系列旨在维护国家主权、反对民族压迫和阶级压迫的武装行动。

元末明初，元朝云南梁王调遣强现土司龙者宁率部赴滇黔边境堵截傅友德、蓝玉、沐英统帅的明军，龙者宁在滇东边境反戈击元，使明军得以直捣梁王巢穴。明洪武年间，溪处、左能等哈尼族土司，抵御入侵滇南的越寇，战功卓著，受到中央皇朝嘉奖并获职。明成化三年、嘉靖四十年、万历元年、万历三年、万历八年和崇祯十一年，纳更土司率部堵截入境进犯的越寇，也因功受中央皇朝嘉奖。

清顺治、康熙年间，龙朋里、教化、桔木、八寨、维摩、王弄、溪处、瓦渣等哈尼族土司，联合举行反清大起义。清中叶以后，各地哈尼族土司的立场与中央封建王朝的立场逐渐合流，疯狂镇压各地哈尼族人民反抗民族压迫和阶级压迫的武装起义。清嘉庆年间，稿吾卡、纳更、瓦渣、溪处、左能、落恐、思陀等土司，联合镇压由高罗依和高老五叔侄领导的哈尼族反对土司领主的武装起义。清咸丰、同治年间，由田政领导的长达十多年之久的哈尼族反清大起义，遭到思陀、瓦渣等土司武装和清军的镇压，归于失败。同治年间（公元1862～1874年），稿吾卡土司龙汝霖率部参与镇压攻入昆明的杜文秀起义军，夺回被义军占领的昆明北门莲花池，因功被清廷诏封为威武将军。

由于年代久远，加之没有本民族的文字史料可供查考，元、明时期哈尼族土司军队的组织建制模糊不清。清代以后，汉文史籍对土司军队的组织建制有零星记载，主体轮廓如下：

清代和"中华民国"时期哈尼族土司的军队，通常划分为数十个乃至数百个班，每个班设一名班长，率领约十名兵丁。所有的班依据其职维持地方正常的社会秩序，并负责保护过往行人和商人的安全。保山团的团兵，大多数都从保山团驻地附近村落的青壮年中征召，团兵的称谓在不同的历史时期各不相同，在清朝前期称为土练，后来改称土兵，民国时期称为乡兵。

保卫团即司署衙门的警卫团，其职责是承担司署衙门安全保卫任务，并负责土司、少爷、小姐外出时的安全。保卫团常驻司署。其内部的分工比保山团要明细得多。在司署机构内部，负责军务的人除了团长以外还包括以下几类：第一，参谋，负责为土司军务出谋划策。第二，副官，是土司的贴身侍卫兼警卫人员。第三，中队长和副中队长，其职责是率领自卫中队。第四，手枪队长，率领手枪队保卫土司。保山团和保卫团分别由几个乃至十几个团长轮流指挥，所有的兵丁、班长和团长统一服从于司长一人的意志，司长是全司军队的最高统帅。土司军队的武器，元、明、清时期以冷兵器为主，进入民国以后以现代的火器为主，最常见的武器有铜炮枪、十三响、九响枪、冲锋枪、卡宾枪、水筒枪、老五子、独响、改五子、十响、花号枪、勃朗宁、左轮、二十响、省造仿比双箍枪以及手榴弹、轻重机枪等等。抗日战争爆发以后，日寇侵占越南，民国政府出于抗战需要，改组充实土司军队，因此，此时土司军队的建制规模和武器装备都与抗战前有所不同。保山团驻扎在辖区内具有战略意义的村落、关卡、路口或渡口，主要职责是防范盗匪扰乱。第五，大门分队长，负责守卫司署大门。第六，后门分队长，守卫司署后门。第七，侍从卫队长，率领侍从卫士。第八，司号长和号目，专管训练号兵和军乐吹奏员。与此相应，保卫团的团兵相应地划分为大门卫士、后门卫士、侧门卫士、侍从卫士和手枪队员等，各司不同的职责。

近现代，哈尼族土司掌握的武装力量，不仅未被削弱，还不断得到强化和扩充，土司军队在近现代政治军事舞台上，占有一定的地位。

清光绪、宣统年间，纳更土司和稿吾卡土司龙觐光、龙裕光和龙济光弟兄三人，率领两土司的五千哈尼族兵丁，投奔两广总督岑春煊帐下，在广东权倾一时，显赫一方。"中华民国"建立后，龙觐光出任代理广东省长兼广惠镇守使、云南查办使和北京政府总统府顾问等职务。龙济光则出任广东都督兼民政长，督理广东军务，被授予振武上将军衔、一等公爵衔和郡王衔；后来相继改任广东督军兼巡按使和两广巡阅使等职。

1928年秋，平河设治局老集寨区藤子寨的瑶族百姓，被建水匪首毛金秀率领四十余名匪众烧、杀、抢、掳。纳更土司龙象乾接到求援信息后，派出司署武装，将毛金秀匪徒全部歼灭，使瑶族群众得以重建家园。1929年，今元阳县城新街镇，遭到建水匪首周庇牙及其匪徒的攻打抢劫，龙象乾又应各方的请求，亲率纳更和稿吾卡两土司的武装，围剿周庇牙匪部，将其全部击溃，大获全胜，被云南省主席龙云委任为江外剿匪指挥官。1936年，纳更土司奉云南省团务督练处命令，成立纳更常备中队，土司龙健乾兼中队长。

日寇侵战越南以后，滇南局势骤趋紧张，哀牢山哈尼族土司辖域与越南山水相连，成为日寇日夜窥视的地区。1940 年，云南省主席龙云，将纳更土司龙象乾任命为红河江外滇越边区抗日第一游击支队司令兼第一大队长，驻防纳更地区；任命稿吾卡土司龙鹏程为滇越边区抗日第一游击支队副司令兼第二大队长，驻防稿吾卡地区；任命猛弄土司白日新为滇越边区抗日第一游击支队副司令兼第三大队长，驻防猛弄地区。第一大队辖八个中队，第二大队辖八个中队和一个军土队，第三大队辖四个中队。各大队所辖各中队的人员编制均为一百人。由此可见，仅纳更、稿吾卡和猛弄三个土司，在抗战期间就拥有两千余人枪的武装，是这些地方维护社会治安、防范日寇侵略的基本力量。

1942 年，江外十八土司在蒙自集中开会，卢汉任命猛弄土司白日新为第一集团军边疆游击联合司令，其他土司为副司令，猛弄土司的武装力量得到进一步的加强。1948 年，稿吾卡土司龙鹏程被委任为金平、河口、屏边、个旧、蒙自等五县江外（红河南岸）地区剿匪副指挥，龙鹏程乘势将其四个民团的武装扩编为四个剿匪中队。

思陀、瓦渣、溪处、左能、落恐等哈尼族土司辖域，虽未直接与越南接壤，但与中越边境距离很近，因此，这些土司的武装在抗战期间也得到加强。比如，思陀土司在建国前夕拥有五个大队约六百人的常备武装，以及一个军需修械厂。再如，瓦渣土司中华人民共和国成立前拥有一个大队、二个中队、八百人左右的常备武装，计有八挺机关枪和三千余支步枪等武器。

第四节　著名政治家和军事家

在哈尼族漫长的迁徙发展史上，涌现出了无数位可歌可泣的民族英雄和著名人物。在不同的历史时期，他们凭其无私无畏的气节情操、杰出的政治军事才能以及超人的勇气和胆略，为哈尼族凝聚一体和生存繁衍，为哈尼族文化的绵延传承，为反抗民族压迫和阶级压迫，作出了卓越的贡献。

根据长篇迁徙史诗《哈尼阿培聪坡坡》记载，在"谷哈密查时代"（时当魏晋至隋唐之前，地在今昆明地区）就产生了以女英雄戚姒扎密为代表的一系列政治家和军事家，他们有大首领扎纳、纳索等人。戚姒扎密曾巧布"火牛火羊阵"大败敌军，并以超人的智慧处理了因丈夫娶异族小妾所生后代出现的内部矛盾，决策了哈尼族向滇南哀牢山地域迁徙拓展的战略，形成了至今哀牢山地域成为哈尼族主要聚居区的格局。因而她是哈尼族历史上第一位集政治家、军事家、谋略家为一身的英雄人物。

唐代见诸史籍的著名政治家有"和蛮大首领王罗祁"和"和蛮大鬼主孟谷悮"，他们以政绩功业而得到中央王朝的认可。

哈尼族英雄阿波仰者，于宋代皇祐年间，将因远部治所移至礼社江畔，修筑罗槃城，建立罗槃国，开创了哈尼族历史上的罗槃时代。罗槃国前后相继二百多年，其辖域大致相当于南诏银生节度威远睑的范围，幅员近三万平方公里，辖今元江县、墨江县、镇沅县、普洱县、思茅县和江城县全境以及新平县西部和景谷县东部等地区。罗槃国的建立，对哈尼族凝聚一体和生存发展具有深远的历史意义。罗槃国奠定了哈尼族自唐宋以来最大的生存空间，辖域仍是当代哈尼族最大的聚居区域。

　　鉴于阿波仰者对开创罗槃时代作出的历史功绩，他在哈尼族社会中具有神明般崇高的地位，哈尼人民已将其由一位历史人物升华为神话人物，在哈尼族地区广泛流传着关于阿波仰者英雄业绩的巨幅史诗。此外，龙海基、田政、卢梅贝、龙济光、李和才等人，也是在哈尼族历史上产生过巨大影响的政治军事人物。他们活动的时间年限上起宋代，下至当代。

一、龙海基

　　龙海基系 11 世纪六诏山区哈尼族强现部的大领主。10 世纪中叶以降，六诏山区的哈尼族建立了维摩部、强现部、王弄部等封建领主制度。其中，以强现部的势力最为强盛，其逐渐统一了各部大小领主。宋朝皇祐年间，广西沙人侬智高受狄青部将杨文广追逐镇压，被迫西逃至六诏山区和哀牢山区。强现部领主龙海基因为杨文广当向导有功，被宋朝封为总领六诏山区的世袭领主，统治六诏山南北幅员二万多平方公里的广大地区；其辖域包括今丘北县、泸西县（南部）、文山县、砚山县、田畴县、马关县、屏边县和麻栗坡县。

　　龙海基确立起六诏山区最高领主的地位以后，其后世宗族统治六诏山区近五百年，这对此间哈尼族的历史进程产生了深远的影响。首先，六诏山区的哈尼族由分散走向统一，各部大小领主统一从属于龙海基及其后世宗族。龙氏领主府第庭院重重，如王家般规模宏伟。其次，推动了六诏山区哈尼族经济的发展。龙氏领地南接交趾（今越南）各国，西接大理国，东邻宋朝，境内水陆通道顺达，与外界商业往来密切。境内的经济借此得以迅速发展，到明代，六诏山区已兴起阿雅城等一大批城镇。再次，促进了哈尼族文化以及与外地文化的交流。龙氏领主与大理国以及宋、元、明等中央皇朝都有密切的关系，因此，外界异质文化尤其是汉族的儒家思想，在六诏山哈尼族社会得以顺利传播。

清康熙四年（公元1665年），六诏山龙氏领主与哀牢山的哈尼族土司联合举行反清大起义。起义被镇压以后，清廷于1667年废除了六诏山的龙氏领主，实行改土归流，龙氏宗族在六诏山区的统治由此终结①。

二、田 政

田政系田以政的简称，字平贵，哈尼族名田四郎，墨江哈尼族自治县团田乡新龙村公所凹壁村人。田政是清代咸丰、同治年间哈尼族反清大起义的领袖。

清道光年间以后，清朝国势日衰，外辱不断，丧师失地，割地赔款。腐败无能的清政府，将巨额赔款的负担转嫁到人民头上，加紧对国内各族人民的剥削。清咸丰初年，哀牢山区旱象严重，青山枯黄，河流干涸，庄稼颗粒无收，饥民成群，但官府和异族大土豪的压迫剥削不仅丝毫未减，反而日益严重，民族矛盾阶级矛盾空前激化。在这种历史背景中，田政率领哈尼、彝、汉、傣等各族人民，于1853年在今墨江县团田乡一带举起反清义旗。

1856年初，田政率部北上，攻克景东县重要的产米区者干一带。1858年6月24日，田政与哀牢山上的彝族起义军领袖李文学会盟于者干土主庙，联合开展反清大业，被推为夷家兵马副元帅，并得到太平天国翼王石达开的帐前文书王泰阶的辅助。与李文学会盟后，田政义军采用太平天国的政治策略，政治纲领更加明确，经济政策方面将太平天国的天朝田亩制度活用于义军控制的地区，深得民心，义军队伍因此而迅速壮大。

1859年，田政命王泰阶率部攻克今新平县属哀牢山东麓地区；继而南进因远，使当地武装首脑杨承喜归顺义军。1860年

---

① 《哈尼族简史》，第39～46页。

秋，田政命王泰阶率部攻下墨江城，1863 年，又攻克墨江通往
思普的重要关隘通关哨。

1870 年，清军联合哀牢山的土司武装，以优势兵力进攻通
关哨，王泰阶、普顺义等义军将领战死。清军趁胜北上进逼镇
沅，田政兵败，被围困于把边江上游壁虎箐的过得岩营地。1870
年腊月的一个黑夜，田政腰系绳索，从过得岩的绝壁攀岩而下，
准备潜逃至李文学部求援，不幸绳断跌入箐底，昏迷被俘。1971
年 2 月，田政与其二子一道被清军杀害①。

三、卢梅贝

卢梅贝（1900—1976），女，出生于今元阳县攀枝花乡（猛
弄土司辖域）多沙村的一个猎户家庭里，哈尼族民间将她尊称为
"多沙阿波"。

1917 年，今金平县芭蕉河一带的苗族农民，不堪忍受猛丁
土司的残酷压迫，在自称苗王的苗族妇女马勃迈的领导下，揭竿
而起反抗土司。消息传来，卢梅贝三次前往芭蕉河会见苗王，共
商携手反抗土司的大业。1917 年 10 月，猛丁、猛弄两土司境内
的各族农民，聚集茅山一带，公推卢梅贝为首领，举起反抗土司
的义旗，卢梅贝指挥义军进攻猛弄土司衙门。进攻失利以后，义
军挥师东向，扫平多依树、大伍寨、嘎娘、纸厂一带。仅大伍寨
一仗，义军消灭官军一个团，声威大振。

卢梅贝攻克嘎娘以后，迅速回师西移，攻下猛弄土司衙门，
继而北上进袭溪处土司和瓦渣土司辖域。义军打开猛弄土司和地
主的粮库，将粮食散发给贫苦农民，起义队伍迅速增加到一万余
人。1917 年 12 月，卢梅贝率部兵分三路包围新街镇，云南军阀
唐继尧急调"粮子军"赴江外镇压义军。义军利用有利地形，

---

① 《哈尼族简史》，第 71～75 页。

趁大雾弥漫之际，在全福庄垭口重创"粮子军"。此后，卢梅贝率部撤至牛角寨，继而又撤至良心寨。在良心寨，义军与官军激战三昼夜，最后弹尽粮绝，起义失败，卢梅贝逃进深山老林躲藏，但民间却流传着她已骑着白马上天，不在人间的传说。

中华人民共和国成立以后，卢梅贝被选为元阳县和红河州政协委员，曾到北京参加国庆观礼，1976 年 3 月 10 日病逝①。

四、龙济光

龙济光（1867—1925），字子诚，系纳更土司龙氏宗族六房第十四代后裔，稿吾卡第五代土司龙汝霖的嫡生次子。

龙济光从小厌倦诗书，喜好习武，性情狂傲。成年后，龙济光对其庶生长兄龙觐光代办纳更土司职一事心怀不满，渐生杀机，遂与其嫡生二兄龙裕光联手，数次暗害龙觐光。为求自保，龙觐光辞家前往昆明和北京。到北京不久，龙觐光被光绪皇帝钦命为四川会理州知州。逼走龙觐光以后，龙济光坐上了第十五任纳更土司的宝座。1900 年，龙觐光返乡为嫡母治丧，开导裕光和济光二弟勿沉溺于区区土司一职，激励他们外出闯荡一番。两人为长兄不记前怨的胸怀所感动，遂率纳更和稿吾卡的五千武装，随觐光前往广西投入两广总督岑春煊的帐下。

龙济光到广西后因镇压会党有功，于 1903 年受岑春煊举荐，升任广西右江道尹。1905 年，龙济光曾在广西大厂矿区开办庆云公司。1908 年，被提任署理广西提督，1909 年初补为实授，总管广西全省军务。1911 年 4 月，龙济光奉两广总督张鸣岐之命，协同水师提督李准，镇压黄兴领导的广州黄花岗起义；同年 6 月，龙济光调往广州，任陆军提督及警卫军副司令，由此开始在广东发迹，显赫一时。

①《元阳县志》，第 668～669 页，贵州民族出版社，1990 年。

1911 年 10 月 10 日，辛亥革命在武昌爆发，龙济光按兵不动，在清政府与革命者之间骑墙观望。1912 年初，袁世凯窃踞中华民国临时大总统的职位，龙济光立即与袁世凯联为一体。1913 年 8 月，龙济光被袁世凯任命为广东都督兼民政长；1914 年又被授以振武上将军衔，督理广东军务。1915 年 12 月，袁世凯称帝，龙济光迅速署名表示效忠袁世凯。1916 年 1 月 10 日，龙济光被袁世凯授予一等公爵，同年 1 月 28 日，龙济光又被袁世凯加授郡王衔。龙济光奉袁世凯之命，以其长兄临武将军、云南查办使龙觐光为前锋，率部入滇，企图控制滇南进而直取昆明，瓦解云南的护国运动。不久，龙觐光部在广西百色被陆荣廷部缴械。滇、川、黔、桂诸省独立以后，龙济光迫于压力，于 1916 年 4 月宣布广东独立。

1916 年 6 月，袁世凯绝望而死，龙济光立即投靠国务总理段祺瑞，取消广东独立，被段祺瑞任命为广东督军兼巡阅使。1916 年底，云南护国军的东征军李烈钧部，与广西陆荣廷部一道取道广东北伐，当滇军经过韶州时，龙济光命守将朱福全向滇军开炮轰击。护国军与广东各地的龙济光部发生激战，龙部被击溃并退缩广州。段祺瑞见势后即命龙济光退守琼崖，调整陆荣廷为广东督军，将龙济光改任为两广矿务督办。

1918 年 11 月，龙济光被冯国璋任命为广东广西巡阅使；同年 12 月，龙济光由琼崖进袭雷州半岛，被莫荣新、李耀汉、程璧光、李烈钧、陈炯明等部击败。1919 年上半年，龙济光再次被滇粤军击败，被迫率部从海路北上投靠段祺瑞门下，以两广巡阅使虚衔身份在天津小站屯兵。1919 年 7 月，直皖战争爆发，皖系败北，段祺瑞受逼下野，龙济光遭到入关奉军的突然打击，猝不及防，败走山东盐山县境时，向奉军求和，被缴械解散。1922 年 1 月，龙济光被北京政府免去两广巡阅使职，入将军府为将军，与其两位兄长和家室儿女定居北京，结束了他在中国政治军事历史上的生涯，1925 年病逝于北京[①]。

五、李和才

李和才（1893—1985），系今元江哈尼族彝族傣族自治县咪哩乡咪哩村人。

李和才年幼时，母亲双目失明，不久父亲又不幸去世，生计无着，只好牵着母亲到处行乞，行乞足迹远抵墨江。1922 年，李和才母亲辞世，为了偿还安葬母亲的债务，他到下龙潭李家放牛、割马草，后来前往迤萨、墨江等地谋生，因为没有职业难以立足，最后又返回咪哩。

1925 年，李和才到墨江，投奔普防殖边部队一营营长李华明，在李华明处当兵，深得李华明器重。普防殖边部队进剿周国兴匪部时，李和才因战功得到普防殖边部队统领、普洱道尹徐为光颁发的梅花奖章。1934 年，李和才奉命参加第二殖边部队，镇压李保甲领导的农民暴动，因功获奖，旋即回到咪哩。

1936 年，李和才在咪哩起屋盖房，购买骡马枪械，组建自己的武装，并进行鸦片和食盐买卖；他的骡马迅速发展到五百多匹，按毛色编为五个中队。1941 年，经徐为光引荐，李和才和云南二路军总指挥官张冲建立了密切的关系，被张冲授予陆军步兵上校军衔，担任骡马运输队大队长。从此，李和才的马帮浩浩荡荡往来于思普——玉溪以及思普——石屏之间，沿途畅通无阻。李和才成为显赫一方的咪哩王。

李和才本身不识字，但始终重教惜才。1945～1948 年间，他聘请外地教师，在咪哩、隋谷、芭蕉、紫陀罗、大黑铺、孟朋等哈尼族村落中办起学校；又委托因远开明士绅张云卿在因远开

---

①《元阳县志》，第 663～664 页，贵州民族出版社，1990 年；柏元林主编：《红河名人》，第 141～167 页，云南人民出版社，1991 年。

办中学预科班，办学所需的经费绝大多数由李和才承担。不仅如此，每逢学校放假，李和才都派武装人员和骡马，护送教师往返。

李和才出身寒微，自幼饱尝人生的辛酸，因此，胸怀恻隐之心，具有扶贫济困、仗义疏财的品性，乐善好施，体恤民众，时常接济陷入困境的人。

1947年12月，李和才长女李宣明，将一批中共地下党员和民青成员从昆明带到咪哩。到1948年春节后，李和才将小柏木仓库交给中共地下党，作为地下党开办军政干部训练班的场所，并负责训练班全部人员的供给。1949年7月1日，中国人民解放军滇桂黔边纵队第十支队在元江洼垤成立；同年8月，十支队集中咪哩整训，李和才带着数十挺轻机枪和三百余人枪加入边纵十支队，被任命为边纵十支队护乡一团团长，随即率部转战于元江、墨江、龙武、石屏一带。

中华人民共和国建立后，李和才先后担任石屏县县长、蒙自专区第一副专员、红河哈尼族彝族自治州第一任州长等职。他还被连续选为第一、二、三、四、五、六届全国人民代表大会代表以及全国人大民族委员会委员。1977年任中国人民政治协商会议云南省第四届委员会副主席；从1979年起，连续当选为云南省人民代表大会第五届和第六届常务委员会副主任。1985年7月29日逝世①。

---

①《红河名人》，第141～167页。

第十八章　新闻出版

第一节　新　闻

随着经济建设的发展，广大哈尼族地区的新闻、广播事业，从无到有，从少到多，报纸、广播、电视已成为广大哈尼族人民生活中不可缺少的"精神食粮"。

中华人民共和国成立初期，红河哈尼族彝族自治州为了配合减租、退押、土改和发展工农业生产的需要，各县市都办了县（市）报。自治州建立后，红河州委、州人民政府为了更好地贯彻党中央各项方针政策，及时指导和促进全州工农业生产和各项工作的全面开展，经中共云南省委同意，决定将原中共个旧市委主办的机关报《个旧日报》，改为红河地委机关报，并改报名为《红河日报》。

《红河日报》于1958年9月1日正式出刊，为四开四版铅印小报。读者对象主要是基层干部和广大工农群众，由邮电局公开发行。1961年，因我国连续遭受特大自然灾害，造成经济困难，纸张匮乏，根据省委通知精神，经州委研究，决定《红河日报》于3月1日停刊。至此已总发行896期。

党的十一届三中全会后，为适应四化建设和城乡经济体制改革的需要，红河州委于1980年3月同意州委宣传部提出的关于筹办报纸的请示报告。经州委宣传部几个月的紧张筹备，红河州委机关报于 1980 年 7 月 1 日复刊，并取名为《红河报》。

《红河报》为四开四版铅印报，报纸复刊初期为周一刊，在全省范围公开发行。1981 年改为周二刊，1986 年改为周三刊，1992 年改为周四刊，除发行本州各县市外，省内外有少量订阅和交换。采编人员由复刊时的七八个人增加到现在的三十多个人，发行量由复刊初期的几千份增加到现在的一万五千多份。目前《红河报》又恢复为《红河日报》。

目前，红河哈尼族彝族自治州内各县市、各部委办的铅印小报达 30 多种。小报小办，立足本地，面向基层，面向农村，面向边疆各民族人民的办报方针和形式多样、内容丰富的报纸版面，深受自治州广大干部群众欢迎，对社会主义精神文明建设起到了积极的促进作用。

红河哈尼族彝族自治州的广播事业，解放初期就开始创办。几十年来，这一事业在阻碍和挫折中不断前进，在各级党委和政府的关怀下，逐步发展，现已初具规模，遍及城乡。目前，全州 13 个县市均建立了广播局（站），全州 145 个乡和 313 个村公所建立了广播站（室），有 44% 的乡、31% 的村寨能听到有线广播。各县市广播站，除每天转播中央、省台的主要节目外，还结合当地情况自办有地方特色的新闻和各种广播专题节目，较好地发挥了新闻传播、普及科学知识、提供文化娱乐的作用。

在发展农村广播网的同时，无线广播和电视也有了较大的发展。1971 年在州府所在地个旧市建立了电视台，正式转播中央和省电视台的综合节目。并先后在人口集中的县市城镇建立了小功率电视转播台，又在绿春、金平、屏边、河口等边境县城建立了中波台，分别转播中央、省台节目。1983 年，相继建立了个旧市电视台、红河电视台，除转播中央电视台、联播云南电视台的节目之外，自己还拍摄电视新闻、电视短剧等节目。目前，电视已逐步由城市向乡村扩展，各县市电视转播台也逐步得到充实完善。电视机进入城市、农村千家万户，广大干部群众足不出户便可以听到、看到党和国家发生的大事，了解党中央的各项方针政策和改革措施。广播电视事业的迅速发展，对自治州的精神文明建设，起到了不可估量的促进作用。特别可喜的是，在省委、省人民政府的关怀下，1983 年 7 月 1 日建成了红河人民广播电台，用哈尼语、彝语、汉语三种语言播放节目。广播电台自编新闻节目，反映各条战线、各行各业以及各族人民在改革开放中涌现出来的新人、新事、新风尚和所取得的巨大成就，在民族地区群众中引起很大反响，受到各民族听众的热烈欢迎。

1981 年 10 月，西双版纳人民广播电台增设了哈尼语广播，举办新闻、文艺以及各种专题广播节目，深受哈尼族听众欢迎。1990 年 7 月 1 日，西双版纳州电视台正式成立，除转播中央电视台、云南电视台的节目之外，还自办电视新闻节目，反映西双版纳各民族在改革中涌现的新人、新事和巨大变化，深受各族人民喜爱。

随着时代的步伐，墨江哈尼族自治县的广播电视事业也有了飞跃发展。1953 年，全县建立了第一个收音站。1955 年，全县10 个乡都建立了收音站。1957 年开始建立广播站，通过电话线路，把中央人民广播电台的新闻广播转播到各乡村，同时自办新闻节目，播出本县新闻，深受群众欢迎。

为了贯彻中央、省、地、县四级办广播电视、四级混合覆盖的方针，实现本世纪末建成无线和有线相结合、城市和农村并重的社会主义现代化广播电视网的目标，现已建成无线调频广播台，农村一部分地区可用调频收音机收听县里的自办节目广播。同时，还建成电视差转站多座，可直接收看昆明和思茅电视台的节目，全县电视覆盖率已达 50%。

第二节 出 版

1954年普阳整理的民间情歌《依恋》发表,1957年云南人民出版社出版了《云南民族文学资料集》,百花文艺出版社出版了《云南兄弟民族情歌选》,《民间文学》杂志上选录、发表了一些民歌、情歌、传说、故事。这些作品的发表,拉开了哈尼族传统文学同时也是哈尼族出版事业的序幕。

一、古典文学的出版

20世纪五六十年代省内外报纸杂志上不断地刊发了一些零星的仪式歌、山歌和神话传说的整理作品。1966年,"文革"开始,贝玛、歌手们遭到严酷的打击,整整十年中,再无人敢讲唱民族古籍,更无人出版哈尼族作品。1976年,"四人帮"粉碎,"文革"结束,报刊又开始发表哈尼族民间文学的整理作品。

1980年4月,由云南人民出版社编辑出版的大型民族文艺刊物《山茶》第一期的首篇,刊发了"云南省民族民间文学红河调查队"搜集、高冀整理的悲剧叙事长诗《不愿出嫁的姑娘》,这是"文革"后发表的第一篇重要作品,在当时引起文学界的震动,使人们对哈尼族文学刮目相看。同年12月《山茶》又刊发了普金打、陈阳则等演唱,刘辉豪、白章富搜集整理的长篇创世古歌《奥色密色》,也产生了一定影响。

1981年9月,元阳县召开"民族民间(贝玛歌手)文学讨论会",是哈尼族当代文学史上的一件大事。这次会议邀集该县七十多位贝玛、歌手参加,著名彝族作家李乔代表省文联,著名作家、中国社会科学院云南少数民族文学研究所所长王松代表文学所、《山茶》编辑史军超代表《山茶》杂志社、云南大学中文系教授朱宜初代表云大中文系出席会议给以指导。这是"文革"

后哈尼族民间文学工作者的第一次盛会。会议上成立的"元阳县民族民间文学研究会"是"文革"后第一个哈尼族民间文学组织，有三十多位贝玛和歌手参加，为搜集整理民间文学作品打下了良好的基础。尤有意义的是，通过这次会议，组成了著名贝玛兼歌手朱小和、哈尼族学者史军超和元阳县文化工作者卢朝贵、元阳县文化馆馆长杨叔孔（汉族）组成的民族文化工作组，即后来为人们盛为称道的"哀牢山四驾马车"，开始了长达十多年的调查、搜集、翻译、整理、出版哈尼族文学的工作。元阳县的民族文学工作即以他们为核心，团结了数十位贝玛和歌手，培养了一批年轻的爱好者。这个小组在十多年里搜集了哈尼族文学和文化的重要资料一千多万字，著名的大型古歌《窝果策尼果》、长篇迁徙史诗《哈尼阿培聪坡坡》等等就是这一工作的结果。

1982 年，由省社科院民族文学研究所、省民族民间文学研究会与红河州联合举办了讲习班，培训了一支民族文学工作队伍，他们后来成为哈尼族文学的基本骨干。讲习班结束后《山茶》杂志开辟了"红河州民族民间文学专栏"，发表了一批重要作品。

1984 年，云南人民出版社出版了哈尼族第一本文学专集《哈尼族民间故事》。1985 年云南民族出版社出版了民间长诗《罗槃之歌》，其中包括了新神话史诗《阿波仰者》。

1986 年，云南民族出版社出版了著名的长篇迁徙史诗《哈尼阿培聪坡坡》（哈汉对照本），引起了学术界的重视，产生了重大的影响。

1987 年，云南少年儿童出版社出版了哈尼族童话选《木人克沙》。

1989 年，云南少年儿童出版社出版了《西双版纳哈尼族民间故事集成》、《西双版纳哈尼族歌谣》，上海文艺出版社出版了《哈尼族民间故事选》，云南民族出版社出版了《哈尼族四季生产调》，中国民间文艺出版社出版了《哈尼族叙事长诗》等。

1990 年云南民族出版社出版了长篇殡葬祭词《斯批黑遮》、《红河县民族民间故事》和《哈尼族民间故事》（哈汉文对照本）选辑，到 1995 年已出五辑。中国民间文艺出版社出版了《哈尼族神话传说集成》，集萃了哈尼族的重要神话传说上百篇。云南人民出版社出版长篇创世古歌《十二奴局》。

1991 年，云南民族出版社出版了包括谚语、格言、歇后语和俗语在内的《哈尼朵阿玛》（哈汉文对照本）。

1992 年，云南民族出版社出版了大型古歌《哈尼族古歌》，长达 28 000 行的创世古歌《窝果策尼果》是该书主体。云南人民出版社出版了西双版纳哈尼族长篇迁徙史诗《雅尼雅嘎赞嘎》。

内部出版的民间文学集子还有《木地米地》、《元江民族民间文学资料》（三集）、《墨江哈尼族民间传说故事集》（二集）、《绮丽的山花——元阳县民间文学集》等。

1993 年，云南民族出版社出版了九米编著、白碧波和杨羊就翻译的哈汉文对照本《哈尼族节日》。

1994 年，云南民族出版社出版了白祖额、段贶乐、杨铿翻译的叙事长诗《旦艳和夏策》。

1996 年，云南民族出版社出版了白茫茫、杨羊就编的《哈尼族情歌选》和李期博、张佩芝翻译的《哈尼求福歌》。

二、学术著作的出版

文化研究方面，1985 年云南人民出版社出版了国家民委五套丛书之一《哈尼族简史》，这是第一部关于哈尼族历史的十分重要的历史著作。1989 年，云南民族出版社出版了李元庆的论文集《哈尼哈巴初探》。1991 年，云南民族出版社出版了毛佑全的论文集《哈尼族文化初探》，云南人民出版社出版了孙官生的论文集《古老·神奇·博大——哈尼族文化探源》，中央民族大学出版社出版了王尔松的论文集《哈尼族文化研究》。1995 年，云南民族出版社出版了为则的专著《哈尼族自然宗教形态研究》，这是第一部宗教研究专著。1996年，云南民族出版社出版了杨忠明的专著《西双版纳哈尼族史略》。

近几年哈尼族文化艺术研究成果的出版尤其惹人注目。1998年和1999年是个丰收之年，史军超70万字的巨著《哈尼族文学史》由云南民族出版社出版，此书是中宣部、文化部、中国社科院、国家民委联合下达的国家"七五""八五"重点课题"中国少数民族文学史丛书"之一，是哈尼族第一部文学史，丛书学术委员会评定为高水准的学术著作。同年，李克忠50万字的专著《寨神——哈尼族文化实证研究》亦由云南民族出版社出版，此书是第一部以文化人类学实证方法撰写的著作，有较高的学术价值。1999年，王清华35万字的专著《梯田文化论——哈尼族的生态农业》由云南大学出版社出版，这是第一部关于哈尼族梯田文化的专著。1998年，白玉宝、王学慧的合著《哈尼族天道人生与文化源流》由云南民族出版社出版，这是第一部从哲学角度探讨哈尼族文化的著作。

这四部大型著作从不同的方面对哈尼族文化作了深入系统的研究，标志着哈尼族文化的研究已从过去更多注重材料调查，升华到由材料到学术、由表象到本质的探讨层面，标志着哈尼族文化研究上了一个新台阶。

此外，红河州民族研究所长期坚持出版《红河民族研究》（内刊）和《哈尼学研究》等书籍，刊载了大量研究文章。中央民族大学哈尼学研究所出版了《哈尼学研究通讯》多期。从1999年1月起，红河州哈尼族文学研究会出版了《梯田文化报》多期。

文化资料方面，1989年，毛佑全、李期博合著《哈尼族》由民族出版社出版。1990年毛佑全、傅光宇的合著《奕车风情》，由云南民族出版社出版。毛佑全、李期博、傅光宇等合著《哈尼山乡风情录》由四川民族出版社出版。各哈尼族聚居地区的州、县、市还出版了州志、县志、市志及各专业志，其中载有大量关于哈尼族生产、生活、政治、经济、历史、文化等方面的宝贵材料。

三、当代文学的出版

　　1984年，史军超的长篇小说《荷花魂》由中国民间文艺出版社出版。1988年，该作者的长篇小说《翡翠朱雀》、《走私女人》分别由漓江出版社和云南人民出版社出版。1990年，诺晗著、卢朝贵、陈窝娘、刀建国、杨羊就译的哈汉文对照本散文集《火塘边的神话》由云南民族出版社出版。同年，存文学的长篇小说《神秘的黑森林》由中国少儿出版社出版。1991年，存文学的小说集《兽之谷》由云南人民出版社出版，1992年，云南人民出版社出版了存文学的长篇小说《兽灵》和艾扎的小说集《红河水从这里流过》。哥布的哈汉文对照诗集《母语》、艾吉的哈汉文对照诗集《沾着青草味的乡情》由云南民族出版社出版。1994年，陈曦著、白碧波、杨羊就译的哈汉文对照散文集《怀念远山》亦由云南民族出版社出版。同样以哈汉文对照版由云南民族出版社出版的还有白茫茫著、白波龙、白居舟、杨羊就译的《没有栅栏的地平线》小说散文集（1995年）；李少军著、胡毅坚、杨羊就译的散文集《事与物》（1997年）；李克山著、杨羊就译的诗集《乡村情感》（1999年）。1999年，云南民族出版社出版了诺晗的散文集《留在二十世纪末的脚步声》。

　　从1996年开始，云南民族出版社出版了《哈尼族当代文学丛书》，这是第一套哈尼族当代文学作品集，包括《艾扎中篇小说选》（艾扎著）、《清音》（艾吉著）、《守望村庄》（莫独著）、《空寨》（哥布著）、《鹰之谷》（存文学著）、《不灭的火塘》（李雄春著）、《无量的大山》（黄雁著）、《最后的鹿园》（朗确著）、《蕨蕨路》（诺晗著）、《苍茫的分水岭》（白茫茫著）、《马樱花开》（明追、明珠、钱颖、卢文静、车明追、李松梅著）。这套丛书以空前的气势展开了哈尼族作家作者的群体实力。

第十九章　医药卫生

第一节　医药卫生的产生与发展

广大哈尼族地区，在旧社会是有名的"瘴疠之区"，无医无药或缺医少药，有病只好请神送鬼，致使各种疾病长年流行，霍乱、天花、疟疾、性病、伤寒、麻疹等恶性传染病不断蔓延。有的地方发病率高达80%，死亡率高达90%，有些甚至绝村灭户。无法抗拒的自然灾害和疾病，给哈尼人民带来无穷的灾难。

清道光二十一年（公元1841年），思茅出现过一次鼠疫，使人口减少了三分之一；从1919年到1930年，年年瘟疫不断，老百姓将之说成是"摆子鬼作祟"（实际是恶性疟疾）。当时传染很快，父亲死了，儿子来不及送葬，又死在门边，一家一户死绝丧尽的不在少数。真可谓"千村霹雳人遗矢，万户萧疏鬼唱歌"。

中华人民共和国成立前的西双版纳，是有名的"蛮荒之地""瘴疠之区"。当时流行的民谣说："要到车佛南，先买棺材板，要到普藤坝，先把老婆嫁。"说明从外地来到西双版纳的人，十有八九是会"中瘴"而死，有来无回的。据《明实录》记载：

元天顺元年（公元1457年），明朝军队进驻西双版纳，适逢"春暖瘴高"季节，不敢轻进。驻扎在这里的官兵死于瘴气的不计其数。清乾隆三十一年（公元1766年），驻守在九龙江外的清兵"瘴死者不可胜数，官弁兵役死亦过半，马匹并多瘴毙"。清乾隆五十八年（公元1793年），驻守在九龙江一带的清兵死于"瘴气"者甚多，迫使镇守这里的总兵不得不"奏请每年冬间由总兵官带兵赴江外巡查一次，停止戍兵"。民国初年，当时任普思沿边行政总局局长的柯树勋曾著书哀叹："普思沿边十二版纳向称极边烟瘴，非办公所得，颇难栖身。"不久，这位"柯大人"也因身中"瘴疠"而死。那时候，哈尼族群众中除了有一些民间草医外，找不到脱产的或进过学校的医生。人们得了病，无法就医，只好去求神拜佛，把希望寄托在鬼神身上。哈尼族民间也由此产生了"贝玛""摩批"等迷信职业者，专门从事为病人"驱鬼""送神"等活动。

中华人民共和国成立后，党和人民政府十分关心哈尼族人民的身体健康，积极发展医疗卫生事业。1951年省委派了第九、第十医疗队深入红河州元阳、红河、屏边等县，帮助当地开展医疗工作。1953年省委决定将这两个医疗队留在当地，并建立了红河、元阳、绿春、金平、河口、屏边六县的人民医院。红河以北的个旧、建水、开远等县市也先后建立了人民医院。同时，各县还建立了妇幼保健站。1958年以后，红河州实现了县县有医院和防疫站，乡乡有卫生所，村村有卫生室。同年，在蒙自创办了"红河州卫生学校"，专门培养各民族的医护人员，使全州医疗卫生工作开始进入一个新的阶段。

红河州的广大医务工作者，在党的培养教育下，不断提高政治思想觉悟和医疗技术水平，他们不辞辛苦，跋山涉水，经常深入农村和边远民族地区，对危害人民身体健康的各种传染病、多发病、工矿职业病进行系统的调查，并贯彻"预防为主"的方针，依靠和发动群众，采取许多积极有效的防治措施，使全州消灭了天花、鼠疫、血吸虫病等恶性传染病。对威胁各族人民身体健康的大敌之一——疟疾，经过四十多年的艰苦努力，目前患病率已下降到万分之五以下。边远民族地区的生产得到发展，生活得到改善，卫生面貌大为改观。由于防疟、治疟取得显著成效，昔日的"瘴疠之区"，今天已是春色满园。

为了从根本上消灭病疫，在各级党委、政府的领导下，各地开展了轰轰烈烈的爱国卫生运动，改变了不讲卫生的陈规陋习。近几年来，自治州各市县，都开展了"五讲四美三热爱"活动，在治理卫生环境的"脏、乱、差"方面有很大进展。随着医疗卫生事业的不断发展，各级各类医疗机构逐步增加，技术水平不断提高，全州的重点医院和一些县级医院，科室设置基本齐全，医疗器械配备逐步完善，已能做头、胸、腹部等各种手术，如开颅、肺叶切除、胃大部切除、胆道、肾切除等多种手术，治愈率和抢救成功率均不断提高。在开展"五讲四美三热爱""建设文明医院"的活动中，各地医院的面貌大大改观，涌现出一大批环境优美、医护人员胜似亲人的先进文明医疗单位。

中医中药是祖国医学遗产的重要组成部分，千百年来，哈尼人民大都靠中医中药防病治病。中华人民共和国成立后，党和政府对此十分重视。有条件的县市建立了中医院，条件不足的也在县医院增设中医科，许多疾病采用中西医结合治疗的方法，已取得显著效果。在整理中医经验、医案、医话方面，自治州卫生局也极为重视，几年来编写了《红河州中草药》上、下集，搜集民间验方二千多个，编印出锦方四十余册。1999 年云南民族出版社出版了由阿海等人搜集整理的《西双版纳哈尼族医药》，此书文图并茂，用哈尼文、汉文、英文三种文字系统介绍哈尼族传统药物二百种及相关的药方，是一本极有价值的药书。这些书为我国医药宝库增添了光彩。

西双版纳是历史上著名的超高度疟疾流行区。中华人民共和国成立前夕，疟疾发病率高达 90%，其中恶性疟疾占 50%～60%。中华人民共和国成立后，云南省卫生厅把这里列为全省疟疾重点防治区之一，在这里设立了疟疾防治所，经过长期调查研究，找到了有效的治疗方法，使疟疾发病率下降到 0.28%。由于医疗卫生事业的发展、人民健康水平的提高，西双版纳哈尼族地区呈现出一派生产发展、人丁兴旺的景象。

在党和人民政府的关怀下，西双版纳卫生事业有了飞快的发展。从州、县到乡、村及国有农场的总场、分场，都建立了不同形式的卫生机构，形成了一个从上到下的医疗卫生网，培养了一大批少数民族医务人员。

1990 年，西双版纳全州有国家编制内的卫生机构 246 个，其中医院 50 所，门诊所（室）170 个，防疫站、保健所（站）、药检所各 4 个，卫校 1 所，科研所 2 个，专科防治所 3 个；全州有正规病床 3 382 张，其中卫生部门病床 1 316 张，其余为国有农场及工厂、矿山医院、卫生所病床。

1990 年，西双版纳全州卫生系统有国家在编人员 4 140 人，卫生部门在编人员 1 782 人。在汉族医生、医务人员的培养帮助下，哈尼族有了自己的医生和医务人员。自治州人民医院的哈尼族牙科医生李坚，由于技术熟练，工作耐心，受到了患者欢迎。哈尼族外科医生康三，进院当化验员时，只有初中文化，可他不会就学，不懂就问，技术和文化水平都有了较大的提高，1972年，医院送他到昆明医学院学习，如今已成为一个名副其实的外科医生。

党的十一届三中全会以后，西双版纳州的卫生机构经过整顿，出现了可喜的新气象。广大医务人员的积极性进一步调动起来，极大地提高了医疗水平和服务质量，受到广大患者和人民群众的赞誉。

第二节 传统医药技术及特点

由于广大哈尼族地区文化落后，以前哈尼人将疾病的起因多归咎为鬼神作祟，但在长期与疾病作斗争的实践中，药物治疗的成效使"草医"得到了发展。在西双版纳，草药医生和巫师往往是两位一体，他们采用跳鬼和药物双管齐下的方法给人治病。其他许多地区的草药医生已经与巫师（贝玛）分离开来，得到了比较正常的发展。

哈尼族民间传统的治疗方法除用中草药治疗内伤、外伤和各种疾病之外，常用的疗法还有拔火罐、扎脉针和针灸，主要用于治疗风湿病和肿痛病；另外用脚底板踩烧红的犁铧再踩揉肚子以治肚痛和肠胃炎，用烧红的锯镰、烧红的火炭蘸水服用治各种炎症等。民间草医对家禽、家畜的病疫，也有一些治疗经验，如猪瘟的防治，马病牛病的治疗都有明显的效果。

随着哈尼族人民文化水平的提高和哈尼族地区医药卫生事业的发展，哈尼族民间医药除少数地方外，大多数地区有了医院、卫生所，现代医药已取代了草医草药，人民健康水平不断提高，人民体质不断增强，人口素质不断提高，过去的"瘴疠之区"已变为"康乐之乡"。

第二十章　商业贸易

第一节　商业贸易的起源和发展

从前广大哈尼族地区山高路远，交通不便，人们长期处于封闭的农耕生活状态中，极少与外界接触，商品观念十分淡漠，人们多是以物易物进行交易。他们认为从事经商作为谋生手段，或以出售物品来积累财富是一种不道德行为，因此，有些地方至今还有原始交易的遗俗。

明朝以后，朝廷在哈尼族地区辟驿道，走马帮，疏运河，兴集市，内地汉人纷纷迁入哈尼族地区从事商业贸易，屯兵屯田的军队带进先进的生产工具和中原文化，哈尼族封闭的经济、文化受到了冲击，出现了商品交易。由于商品交易的需要，出现了定期的街子（集市），商品交易日趋繁荣。

中华人民共和国成立前夕，哈尼族中虽然专业商人不多，但随着鸡街、羊街、牛街、马街、鼠街（以属相定期赶的街子）和落恐街、老博街、阿扎河街（以地名定名定期赶的街子）一类集市的出现，各家各户把自己的农副产品如猪、鸡、鹅、鸭、蛋和蔬菜、水果等背到街子上进行交易，活跃了农村市场。

随着手工业生产的发展，许多手工业品除满足自家需要外，也拿到市场上出售和换取其他生产生活必需品。哀牢山一带妇女善于纺织、染布、编席，她们利用深秋多雨时节不能下田上山劳动的空隙，姐妹、妯娌、姑嫂一起织布、染布、编席；男人们则编织竹器、制作木器和酿酒。竹器有背箩、簸箕、撮箕、篾垫、篾帽、鱼笼、提篮、染布笼、背水竹筒等；木器有轧花机、纺车、织布机、榨油机、蒸酒器、谷船、耙架、犁架以及桌子、柜子、箱子、床架、筷子、甑子等。这些美观实用、价格便宜、颇具民族特色的生产生活用品，在市场上深受各族群众欢迎。西双版纳一带的哈尼族男子，善于编织苫房子用的竹排和竹席，用葛麻编织伞套、渔网和挎包，妇女善于纺织各种绚丽的图案制作各种民族工艺品，同时善于纺织、种茶、采茶。这些物品也深受各族群众喜爱。

改革开放以后，随着商品经济的发展和市场经济的繁荣，哈尼人的商品观念、商品意识发生了巨变。一大批农民打破"以土为本""以农为主"的传统观念，大胆跨入商品流通领域，个体工商户迅速发展。红河哈尼族彝族自治州已拥有农民个体工商户4 100多户，从业人员达5万余人，分别比1979年增长57倍和72倍。哈尼族聚居的金平、元阳、绿春、红河等县的哈尼族农民个体工商户占了全县个体工商户的86%以上。党的改革开放政策和社会主义市场经济，像一把金钥匙，打开了哈尼人通向富裕的大门。

第二节　商业贸易的形式和特点

一、商业贸易的形式和特点

历史上广大哈尼族地区没有专业商人从事经济活动，后来，一些内地汉族商人挑着担子，装上一些哈尼群众需要的小百货，如针、丝线、花布、糖果之类，行程几天几夜，到哈尼族地区走村串寨，采取以物易物的方式，换取哈尼族的蛋、鸡、鸭、谷子、大米等物品，带回汉族地区出售。如此往返循环，带动了一些哈尼族的经商者，在六七天赶一次的街子上，出现了哈尼族的流动摊贩，他们往返数十里在街子上做买卖，或采取以物易物，或采取货币买卖，从汉族地区换取日用百货，或从汉族、彝族地区换取铁器，从傣族地区换取陶器。这种交换方式不仅促进了商业贸易的发展，而且也密切了各民族之间的关系。

哈尼族与傣族互结"牛亲家""马亲家"就是最好的在交易中产生的民族团结例证。红河南岸的哈尼族居住在半山，傣族居住在河坝，他们在街子或节日相遇，在双方自愿的基础上，结为"牛亲家""马亲家"。"牛亲家"是这样的：一般以河坝一家傣族为一方，山区一家哈尼族为另一方，一方有母牛，另一方有公牛，通过互相商量，自愿把公牛和母牛配成一对，共同管理使用。这种关系定下来后，一般不再变更。开春，坝子里青草茂盛，气候温和，是傣族兄弟种早稻的时节，耕牛和驮马就由傣家使用喂养；夏天和秋天，河坝气候炎热，正是半山哈尼族种植中稻，迎接收获的季节，耕牛或驮马又由哈尼兄弟喂养使用；冬天，半山气候寒冷，耕牛或驮马又赶到河坝过冬并由傣家兄弟喂养；等春天种完早稻后又赶上半山。这样既保护了牛马，又有利于生产。母畜下了牛崽或马驹，属双方所有。如有宰杀的，则互相分成。"牛亲家""马亲家"一代一代往下传，双方的情谊也随着不断加深。

由于耕牛和骡马的发展，哈尼族地区的商业贸易由肩挑人背发展到马帮驮运，出现了哈尼族地区别具特点的"马帮文化"。

马帮运输，是由哈尼族地区特殊的地理和经济条件形成的。在长年累月的交换过程中，哈尼商人吆喝着骡马，沿着崎岖的山间小路，在各地区民间进行着物物交换，这是最初在哈尼族地区出现的马帮。后来，由于商品经济的发展，哈尼族地区的马帮大

有发展，如中华人民共和国成立前夕和中华人民共和国成立初期
红河县的"迤萨帮"，走缅甸，下老挝，春去冬回，年年不断；
有的头年出去，第二年返回。因马帮交易日益繁荣，使红河县成
为云南省第二大"侨乡"。

哈尼族头人李和才拥有数百匹马的大马帮，从磨黑驮盐到元
江、昆明，再由昆明、元江运回铁器等生产工具和生活用品。马
帮成了沟通内地与边疆，促进各民族互相了解的"桥梁"，为促
进哈尼族地区的经济发展起到了不可低估的作用。

近20年来，随着生产承包责任制的落实，哈尼族地区的畜
牧业不断发展，养马的农户不断增多，"山间铃响马帮来"的喜
人景象又在哈尼族地区出现。赶马人走村串寨，买百货，收土特
产品，促进了城乡的物资交流，活跃了农村市场，带来了哈尼族
地区经济的繁荣和发展。

二、货币、商品的特点

哈尼族地区使用货币与汉族地区相同。从古代到17世纪中
叶的上千年时间，云南通用海贝作为货币。这一时期，贝币在哈
尼族地区也广泛使用，而且时间更长。民国时期的银圆（半
开）、铜板也在哈尼族地区广泛使用过；直至中华人民共和国成
立初期，银圆还在哈尼族地区的街子交易中使用。现在，除个别
地区进行易物交易外，广大哈尼族地区均使用人民币。

哈尼族在商品交易中卖出的东西有粮食、蔬菜、牲畜、家禽
和蓝靛、竹木制品等；买回的东西为铁制农具、布匹、铁锅、陶
器等生活用品。随着经济的发展，自行车、手表、电视机、洗衣
机等商品也进入了哈尼族家庭。当前，国家不仅扶持哈尼族地区
发展生产，而且帮助他们脱贫致富奔小康，帮助集体、个体工商
户管理生产，进行多种经营，促进了商品生产的发展和流通，推
动了哈尼族地区整个社会的繁荣和发展。

第二十一章　交通通信

第一节　交通工具的产生与发展

　　交通运输是经济振兴的纽带和桥梁。过去由于经济不发达，广大哈尼族地区的交通运输很落后，许多地区山高谷深，悬岩峭壁相隔，山寨与山寨之间，"鸡犬之声相闻，老死不相往来"；有些地区则"喊声听得见，走路要半天"。交通运输只能靠人背马驮。20世纪初期，法帝国主义为了推行殖民主义政策，掠夺云南财富而修建了滇越铁路，民族资产阶级投资开办了个（旧）碧（色寨）石（屏）铁路，但运输量很小，广大哈尼地区只有驿道，靠人背马驮搞运输。

　　中华人民共和国成立后，在党和人民政府的领导下，哈尼族地区的交通运输业有了迅速发展。在铁路建设方面，除修复河口至碧色寨段的滇越铁路外，还把蒙自至石屏的寸轨铁路改成了米轨，通车里程达532公里，贯穿7个市县，年运输量达200多万吨，成为红河州内一条稳定的贯通南北与东西的交通中枢。

　　在公路建设方面，从1952年开始，国家在红河州内重点修建了个旧至金平、建水至元阳、蒙自至屏边、河口的公路。后来又逐步伸延，沟通了红河、绿春、河口、金平等县，形成了公路网，使边远地区南北纵横连成一片。随着形势的发展和经济的繁荣，各市县各族群众纷纷自筹资金，集资投劳修筑区乡公路，做到了乡乡通公路，形成了州内纵横交错的公路网，满足了群众生产生活的需要。

过去，红河哈尼族彝族自治州，南北一直被红河所隔，来往全靠船渡，既不方便，又不安全。在党和人民政府的关怀支持下，于50年代修建了跨径百余米的红河蛮耗大桥、南沙大桥，从而把南北两岸紧紧连在一起，使天堑变成了通途。现在全州公路线已达8970多公里，比中华人民共和国成立初期增长30倍。不仅县与县之间通了公路，而且乡与县之间也通了公路，有些村也有了公路。全州乡（镇）公路通车率为100%，5%以上的村公所也通了公路。随着公路建设的发展，汽车、拖拉机等运输量不断增加，城乡公路上奔跑着南来北往的各种车辆，公路成了自治州交通运输的主要动脉。近年来，从红河州首府个旧起，经开远、弥勒、路南到昆明的高等级公路已经修通，从昆明到个旧只需四五个小时，而从前则需要一倍的时间，运输力极大提高。此外，全州有三四万多匹骡马成年累月奔跑于崇山峻岭之间，成为运输事业中不可缺少的力量。

中华人民共和国成立前，西双版纳哈尼族地区没有一条公路，看不见一辆汽车，交通十分闭塞，从允景洪到昆明要步行一个月，走的是越（翻）山过箐的羊肠小道，而且随时都会遭到土匪的拦路抢劫和野兽的伤害。西双版纳境内也被澜沧江隔成两半，由于没有桥和大船，两岸的群众来往十分困难，"人不过江，马不钉掌"，就是当时西双版纳交通闭塞的写照。

中华人民共和国成立后，党和人民政府对西双版纳的交通运输事业十分重视。1951年，国家拨出巨款修筑从昆明到西双版纳边塞重镇打洛的昆洛公路，1953年12月，昆洛公路修到了西双版纳州政府所在地允景洪。此后，又修通了勐养到勐腊的养腊公路，景洪至勐海、景洪至勐龙、景洪至橄榄坝、景洪至景糯、勐海至勐混、打洛、勐海至勐宋、勐混至布朗山、勐遮至西定、勐腊至勐满、勐腊至尚勇、勐腊至象明等公路。到1990年，西双版纳全州250个村公所已有242个通车，占96.8%；2 199个村寨已有1 831个通车，占83.2%；全州所有乡（镇）都通了公路。随着生产的发展，各种汽车的数量也不断增加，1990年西双版纳全州有大、中、小型货车2 230辆，大客车、旅行车、轿车、吉普车等1 100多辆。这些车辆把机器、布匹和各种工业品从内地源源不断运到边疆，又把边疆的木材、茶叶、橡胶、药材等土特产品源源不断运到内地，支援祖国的社会主义现代化建设。目前，以允景洪为中心的水陆交通网已初步形成，哈尼族人民正摆脱贫困落后面貌，奔向幸福美满的未来。

第二节　通信的产生与发展

中华人民共和国成立前，广大哈尼族地区因交通闭塞，文化落后，民间根本没有什么通信设备。土司通知群众捐粮派款，则由"三伙头"（土司最下层的官）鸣锣高喊通知四乡。

如土司与土司之间发生争斗，村寨与村寨之间发生械斗，需要搬兵救援或有紧急的事情发生，则采用"鸡毛火炭信"，即在火炭上插上鸡毛送交对方。通信完全处于原始落后的状态。

中华人民共和国成立后，在党和人民政府的关怀下，随着各项建设事业的发展，通信事业也迅速发展。红河哈尼族彝族自治州已初步形成了较完备的、比较现代化的邮电、通信网。目前，州内邮电局、所已发展到198处，农村邮电服务网点有761处，邮电总长度（单程）24 900多公里，电报电路总数达190路。过去州内电报都是单功能的，效率很低。现在则是双功能的电报通信，既迅速又准确。过去使用的电话机也较落后，现在使用了高效率载波设备，同时开通了国内、国际程控直拨电话。随着科学技术的发展，先进的无线、微波通信将代替有线、载波通信。

西双版纳哈尼族地区，中华人民共和国成立前没有邮电通信事业，人们传递信息也是原始落后的口耳相传方式。

中华人民共和国成立后，在党和人民政府的关怀下，全州邮电事业得到迅速发展。1951 年，允景洪、勐海、勐遮、勐腊建立了邮局，1952 年开办电报业务，改为邮电局。1953 年架通了全州第一条长途电话线，1954 年开办了长途电话和市镇电话业务。到 1958 年，全州已有邮电局（所）54 处，邮电服务点 197处，各种邮路 3 855 公里，使 89.6% 的乡、40.6% 的村寨通了邮；1987 年全州 3 个县城都实现了电话自动化。1990 年允景洪城区引进和安装了 3 200 门程控电话，一个以州府允景洪为中心，通达全国各地、州内各县的邮电通信网已初步形成。

随着边疆建设事业和旅游事业的发展，西双版纳自治州邮电局增设了国际邮电服务机构，办理国际邮电业务。现在还开通了电子邮件，通信已逐渐与国际联网。

由于哈尼族地区邮电线路四通八达和电子网络开通，哈尼族人民与世界人民的联络更加频繁。

第二十二章 哈尼族与世界各国的文化交流

第一节 漫长的迁徙历史使哈尼族成为世界性的民族

哈尼族是一个迁徙的民族，由于复杂的历史原因，使这个民族散居在滇南广袤山区，且由于民族大迁徙是不受时空局限的，又形成了哈尼族在缅甸、老挝、越南、泰国等东南亚各国的广泛分布。

一、越南哈尼族的分布

哈尼族迁入越南的年代久远。约在公元 8 世纪以前，他们就已居住在今越南北部地区。据唐丞相张九龄的《敕安南首领爨仁哲书》所载，"和蛮大鬼主孟谷悮"所辖的哈尼族先民"和蛮"，就有相当部分分布在安南（越南）北部地区；另据《元史·地理志》、明隆庆《云南通志》卷四和万历《滇史》卷八所述，唐代银生节度威远睑的范围为元代元江路，这片广大的区域包括今中国景谷、景东、镇沅、普洱、思茅、元江、红河、元阳、绿春、金平、江城和越南、老挝的北部边境地区，这一将近三万平方公里的地带总名为"和泥"（哈尼族的历史称谓），证明唐代哈尼族已广布于其间，且已成为这一带的主体民族。

据调查，越南哈尼族的祖先大都是从中国云南省金平、绿春两县迁徙去的。越南莱州省的哈尼族老人讲，很久以前（有的甚至说二三千年前），哈尼族的祖先就从云南迁到了越南，当初人数不多，后来因为不习惯越南的环境，又搬回云南，过了十来年，由于不堪忍受封建剥削和压迫，一部分哈尼族再次迁往越南莱州定居，直至今日。

黄连山省的哈尼族进入越南的时间比莱州省的哈尼族早得多。第一批移居的八九十户人家，包括邵、张、陈、潘等姓。他们从中国云南省的元江出发，经过一个多月的长途跋涉，最后定居在越南黄连山省巴沙县的阿芦乡。在此后的几年里，又有一些哈尼人从金平县迁到这里，哈尼族于是以阿芦为中心，逐步扩散到劳寨、南蓬、艾头等村寨。

越南哈尼族从中国境内流布出去的情况在哈尼族世代流传的著名史诗《哈尼阿培聪坡坡》《普亚德亚佐亚》中都有记载。说是哈尼族的大队人马从"谷哈密查"（今昆明）渐行向南迁移直过红河进入哀牢山腹地。为了扩大哈尼族的生存空间，英明的女首领戚姒扎密带领一队哈尼人顺红河而下，深入越南境内，在那里居住过一段时间，后因天气溽热，"牛的蹄、丫腐烂，马的耳朵出血，阿妈生下的儿子不会长大"，他们又溯江而上，回到金平、元阳境内，但也有一部分人留在了越南。这个时期大致在唐代，可见哈尼族进入越南的时间很早。

越南的哈尼族至今仍自称"哈尼"，过去有过"乌尼""舍人"的他称。他们与越南各民族和睦相处，共同开辟草莱，改造环境，把越南边疆建设成美丽富饶的家乡。他们也与当地各民族一道，对封建剥削压迫进行了长期不懈的斗争。在抗法抗美斗争中作出了自己的贡献。

据 1982 年调查资料，越南哈尼族有一万多人。

二、老挝哈尼族的分布

老挝的哈尼族自称为"卡果""果"或"依果"，他称为"阿卡"，主要分布在中老边界的本再一带、丰沙里县、孟夸县、南帕河南岸、南难河和南艾河沙奔以北，人口约有一万人（1982年调查资料），分有"普里""奴魁""窝玛""玛奇""伏盛""窝巴""鲁玛"7 个支系。

老挝的哈尼族老人自述，他们是从中国的湖南、贵州经云南迁去的，至今已有二百年左右的历史。但如前所述，在越南、老挝与滇南接壤地区唐代就有"和泥"居住，他们应当包括老挝哈尼族的先辈在内。至于 200 年前从湖南、贵州迁来之说，则是哈尼族在各个历史时期特别是明代移徙大量中原汉族"屯垦实边"，充实云南边疆之后，不断与其他民族尤其是汉族发生经济、文化及血缘上交流渗透的反映，这与中国部分哈尼族说他们的祖先来自湖南、贵州、江西、南京是一致的。

三、缅甸哈尼族的分布

缅甸哈尼族自称"阿卡"，他称为"高族"，主要居住在掸邦东部景栋一带。据美国学者 F. V. 格朗菲尔德《泰国密林中的游迁者——阿卡》一书介绍，哈尼族在"缅甸东部估计有十万人"，据缅甸景栋哈尼族学者对中国学者史军超提供的调查材料为 20 余万之多（1993 年 4 月）。

缅甸的阿卡人说，他们的祖先很早以前住在中国，后因生活艰难才搬到缅甸去，对于这一情况，广泛流传在西双版纳哈尼族中的长篇史诗《雅尼雅嘎赞嘎》记载说：

　　　　不知走了多少白天，

不知熬过了多少夜晚，
有一天早晨，
太阳刚刚升起，
迁徙的则维大部落，
站在高高的山坡上。
顺着太阳出来的地方，
大家直往山外看，
看见了宽阔的地方，
流浪的雅尼雅哟，
忘记了一路的艰辛，
抖掉了一身的灰土，
擦干了一身的汗水，
终于来到了勐乌和勐约！
……
人口增多了，
勐乌住不下，
勐约也住不下，
则维部落啊，
又分出去几个小部落，
到玛咪、洛戈等地，
去开辟新家园。

　　这里的勐乌、勐约、玛咪、洛戈都是缅甸境内地名。
　　缅甸哈尼族自称其先是从"红河"迁去的，这"红河"当指哈尼族聚居中心地区红河流域。清道光《云南通志》引《伯麟图说》称："阿卡，男女服青蓝，以红藤系腰，耕余猎，较罕入城市，普洱府属有之。"清代的普洱府即今普洱、思茅、景谷、墨江、西双版纳一带，可见缅甸的哈尼人"阿卡"，当是从红河流域经"普洱府"的普洱、思茅、景谷、墨江、西双版纳流布到缅甸去的。

四、泰国哈尼族的分布

泰国的哈尼族自称"阿卡"，他称为"依果""果""卡果"，分为三个支系：阿卡提绰、阿卡普里和阿卡阿科。主要居住在清莱府夜庄、夜赛、清盛、清孔四县和清迈府夜艾县，人口有三四万人，他们大多数是从缅甸掸邦迁入泰国定居的。流传在阿卡人中的史诗《阿卡赞》（Akhazang，即"阿卡之路"）中记载了这些情况。

东南亚各国长时期的定居生活，使哈尼族与各地环境民族在经济、文化上都有着大量交流，过去他们用自己多余的生产生活资料如粮食、皮张、药材等向其他民族换回枪支、弹药、锅盆等物品。随着历史的变迁，今天许多年轻的哈尼人已不满足于祖先们传袭下来的古老文化模式，他们开始走下山冈，进入城市，从事各种工作。在泰国，阿卡人中已经有了上百的年轻人成为大学生；在缅甸，阿卡人自己创造了"阿卡文"，并广泛使用起来。他们之中已经有了从事文化研究的学者，有了出版、印制阿卡书籍、图画等读物、宣传品的机构。出现了一批具有相当资本与经营规模的企业家和经营者。在现代生活影响下，西方文化也为不少年轻的阿卡人所赏识，他们唱流行歌曲，奏摇滚乐，跳霹雳舞，自己制作一些具有强烈节奏感而又富于阿卡风格的歌曲。

在与其他民族的交往中，东南亚各国的哈尼族也渐渐现代化起来。

第二节 "下坝子""走烟帮" 带来的文化交流

云南与东南亚各国有着四千多公里的国境线，这些地区山高坡陡，箐深林密，瘴疠流行，猛兽横行，历史上交通闭塞，唯有依靠马帮方能沟通各地。

"下坝子""走烟帮"是三四十年代红河、元阳、绿春、金平等哈尼族聚居地区，以红河县迤萨镇汉族为主的来往于越南、老挝、缅甸各国的马帮商贸活动，哈尼族、彝族、傣族等各族人民也积极参加了这一活动。

迤萨（今红河县政府所在地）地处红河南岸哀牢山——雄伟大山之巅，因地居山梁，干旱无田，迤萨汉族祖辈素不栽田种谷，多以从事经商和小手工业为生。光绪初年，迤萨人为了寻求谋生之道，三三两两相约为伴，赶着马匹，驮着土杂百货或茶叶，试探到老挝、越南做边贸生意。民国时期，政府对大烟时而禁种、时而开种，云南各阶层大小官吏无不吸烟。做大烟生意可获厚利，迤萨马帮于是在百货之外，以贩卖大烟为主，形成"走烟帮""下坝子"，这一商贸浪潮越演越烈，以致席卷了整个中南半岛各国和中国西南边境。

一般而言，"下坝子"的人以四五人为一组，赶着十来匹马，到越南莱州、易武、勐捧、老挝琅勃拉邦一带，进行"采花"（收购棉花）、购山货（收购鹿茸、象牙、麝香、虎胶、熊掌等），贩卖日用土杂百货。这一活动，一般在头年十月左右，出国的人在某个地点分手，各自前往越南、老挝山区做生意，相约于第二年二三月份下坝子会合，然后一块儿回家。从事这项生意的时间始于1883年，止于1951年，横跨半个多世纪。"下坝子"的村寨有迤萨、安邦、莲花塘、勐甸、坡镇龙、甲寅、阿扎河、石头寨、羊街、浪堤等，另有元阳、绿春部分人参加。

"走烟帮"是马帮驮银元去中国墨江、磨黑、岩帅以及缅甸景栋、老挝琅勃拉邦、桑怒、川圹、越南莱州等地，购回大烟在迤萨贩卖，或由迤萨转运建水、昆明、上海、香港等地销售。若境外烟价高于内地，则由内地倒运境外。此活动卷入的村寨也极多，时间约始于1912年，止于1948年。

"下坝子""走烟帮"的路线一般有以下几条：

（1）中国迤萨——老挝琅勃拉邦。途经绿春、江城、勐腊。行程35～40天。

（2）迤萨——老挝川圹。途经绿春、江城、勐腊。行程40～50天。

（3）迤萨——老挝桑怒。途经绿春、江城。行程40～50天。

（4）迤萨——越南莱州。水路，途经河口，行程7～10天。陆路，途经绿春，行程12～15天。

（5）迤萨——缅甸景栋。途经元江、墨江、普洱、沧源。行程20～50天。

（6）老挝桑怒——昆明（汽车、火车）。途经老挝火烧寨、勐拉、沙坝、勐半、勐罕、景曼、古坡，越南的河内、老街，中国的河口、开远。行程14～16天。

（7）老挝琅勃拉邦——昆明（汽车、火车）。途经老挝的永珍、沙湾、宜安，越南的河内、老街，中国的河口、开远。行程12～15天。

频繁、大宗的"下坝子""走烟帮"商贸活动，促进了滇南各地与东南亚各国的经济文化往来。

出国经商发财者一般都要回家乡建屋盖房，民国3～7年

（1914～1918年），迤萨新建瓦房40余幢，多为传统式的四合院楼房，房屋雕梁画栋，造型美观大方，每幢造价达五六千元半开。民国12～26年（1923～1937年），迤萨富户建盖房屋受法式建筑的影响，多为中西合璧楼房。当时迤萨有日用百货、杂货铺等三十余家，饮食摊点十余家，出售外国棉毛织品及小商品的摊点也不少。出国的"帮子"同时从国外带回许多洋货，如缝纫机、留声机、手表、派克水笔及侨居国精致的竹木家具、贵重药材、土产等。此外还引进一些花草果木和禽畜，其中有从马来西亚引进的凤凰花，有从老挝引进的洋石榴（黄花夹竹桃），有从缅甸引进的龙舌兰（龙舌兰现已在红河两岸广泛种植，成为一大经济作物），有从越南引进的小蜜多萝（人参果）及国外引进的狼犬、短脚鸡等。

"下坝子""走烟帮"的人中有不少留居在外国，成为那里的华侨，仅红河一县到1985年止，共有华侨近4 000人，分居于世界五大洲16个国家。如：越南10户20人，老挝374户2 006人，泰国44户325人，日本4户16人，美国59户464人，加拿大21户153人，法国26户206人（东南亚各国以外各国系第二侨居国），他们中除汉族外，有不少是哈尼族。

这些华侨在异国他乡从事各种经营活动，20世纪初叶至40年代末，他们主要在侨居国经营土杂百货和大烟，多为行商和坐商。坐商集中在老挝的川圹、桑怒、琅勃拉邦，越南的河内、西贡、莱州等城市，以开商号为主；行商主要从云南往返于老挝、越南、缅甸、泰国、马来西亚、新加坡等国，经营土杂百货、大烟、蓝靛及名贵木材。

另有一部分华侨从事饮食服务行业，摆豆腐、卷粉、米线、面食摊点，开旅社、饭馆、咖啡店等。还有一部分华侨资本微薄，无法经商，则从事民间运输，给老板当店员、卖苦力、当装卸工，或在当地从事农业、种植业，具有一定文化程度者，则从事教育事业或开办农场、从事木材加工业。现在，年轻一代华侨多数具有文化知识，逐渐成为各种专门科技人才，有的成为工程师、教授、医师、新闻记者，受到侨居国政府和人民的敬重。

华侨们对侨居国经济文化的发展贡献是十分巨大的。如老挝地广人稀，森林、水利资源丰富，土地肥沃，华侨们就将国内的水稻栽培技术和经验带去，与当地人民共同垦殖荒壤，使之成为良田。有的人在老挝开办农场，种植水稻、玉米和水果，饲养牛羊，还有人开办木材加工厂，利用老挝的森林资源从事木材产品的开发和利用。越南一些高山、河谷的居民，耕作粗放，庄稼一旦种下则任其自然生长，管理甚差，普遍歉收，所种莲藕只知观赏，不会食用，杀猪往往清水白煮或以火烤食。华侨们热心向当地人民传授水稻、蔬菜栽培经验和烹饪技术，促进了当地人民的经济文化发展。

华侨们还在侨居国开办学校，免费招收该国儿童入学就读。如1945年，侨居老挝桑怒的华侨捐金开办小学1所，学制5年，开设国语、算术2科，课本由香港购进，有学生200余人，教师6名。1950年，老挝川圹的华侨理事会开办学校1所，办学经费由华侨捐赠，学校开设国语、算术2科，教材自印。这些活动有效地提高了华侨与当地人民的文化知识水平[①]。

第三节　哈尼族茶文化的国际影响

哈尼族茶文化在世界茶坛中享有极高的声誉，有着广泛的国际影响。

[①]本章使用资料主要参考《红河县志》，云南人民出版社，1991年。

一、打赢了一场中印两国之间由
英帝国主义挑起的"茶叶战争"

以普洱茶为主体的滇茶在历史上素受中央王朝重视，唐、宋、元、明、清诸朝皆然。到清朝更复如此。清代承袭明制实行"茶法"，规定茶叶走向为三：1. 官茶，储边易马，即由国家统一收购，专门用来与边疆少数民族交换马匹，作为羁縻少数民族的一项特殊商品。2. 商茶，由政府颁给"茶引"，即专卖许可证，征税后可以自由行销。3. 贡茶，即进贡给皇帝的珍品，普洱茶中的南糯白毫、女儿茶每年都要入贡京都。

另一方面，由于西藏地区不产茶，而藏族人民生活中又不可一日无茶，在漫长的历史时期中一直靠内地供应，清代中后期主要靠川茶、滇茶供应。正因为茶叶在西藏的特殊作用，历代统治者都采用"以茶治边"的政策，将茶叶作为安定边疆，羁縻藏族的利器。从这个意义上说，茶叶在西藏从来都不是单纯的商品。同时，客观上，茶叶又在藏、汉及云南各民族经济的交往中扮演了十分重要的角色，成为数百年来联系藏、汉及云南各兄弟民族的经济纽带。

早对西藏垂涎三尺的英帝国主义看准了这一点，认为侵略西藏不能像对中国沿海那样搞鸦片贸易，而是要从控制西藏的茶叶市场入手。

西藏人民饮用滇茶由来已久，在长期的饮用中形成了对滇茶的嗜好与高度信赖感，这也刺激了滇茶的生产与加工。清代远销西藏的"茶马大道"，从普洱、思茅起始，经大理、丽江、永宁（宁蒗）、木里至打箭炉（康定），有的就在康定售给藏商，有的进藏抵拉萨。

英帝国主义利用其殖民地印度的茶叶倾销西藏市场，印度茶叶加工采用英国提供的流水线机械化生产，地理上距西藏路途又近，交通方便，运费低廉，因而印度茶成本低，在售价上占有明显的优势，使滇茶的处境十分艰难。抗日战争以前，滇藏交通唯赖马帮，路途遥远艰险，仅丽江到康定一线，马帮要走 18 天，到拉萨还要走 85 站。而从印度噶伦堡到拉萨只需 18 站，运费昂贵成为滇茶的沉重负担。

然而，虽然价格竞争不利，但云南茶商仍注意保持传统的制茶方法，认真加工，提高品质，式样上也探索出适合藏族消费的各种形式，如元宝型、砖型、心型等等。而且各个茶号都形成了自己独特的风味，如恒盛公的紧茶、永昌祥的藏庄茶、洪盛祥的砖茶，在藏族人民心目中有着牢不可破的地位。所以，尽管滇茶价格高于印度茶叶，但藏族人民均乐于饮用。据统计，在激烈的竞争中，清末民初滇茶销藏大约每年保持在 3 万驮（每驮 60 千克）左右，在西藏茶叶市场上牢牢地站稳了脚跟。从而挫败了英帝国主义通过经济侵略西藏的阴谋。

至抗日战争爆发，滇缅公路通车，滇茶可借助汽车入缅甸，由铁路、水路抵藏。这样成本大大下降，销量骤增，更使印度茶叶难以匹敌。据思茅特税局统计，仅从勐海出境销藏的茶叶，1937 年即为 9 106 担，而到 1944 年，印度销藏的茶叶仅为 850 担。印度见难与滇茶抗衡，不惜采取卑劣手段，仿照滇茶型制，冒充滇茶牌号，制成 4 000 大包投入西藏市场与滇茶角逐，终因原料不佳，制作粗劣而归于失败。在此情况下，英国政府转而采用政治手段干预，作为第二次世界大战的盟国，竟然毁弃条约，破坏中英双方达成的关于滇茶免税经缅印销藏的协议，1941 年单方面宣布对滇茶征收每包 19 卢比的入境税。但即便如此，其遏制滇茶入藏、独占西藏茶叶市场的阴谋始终未能得逞。

在这场关系到捍卫祖国团结统一的"茶叶战争"中，哈尼族人民与各兄弟民族贡献了自己的力量和智慧。为了提高茶叶的品质，他们采摘出最好的青茶，提供了最优质的原料，在加工程序上，精心制作，使茶叶的品质高踞于英印茶叶之上，从而战败了敌手，取得了胜利。

这场滇茶与印度茶叶的战争牵涉到经济、政治、文化等各个方面，英印茶叶的失败使英帝国主义和印度茶叶奸商被永远地钉在历史的耻辱柱上，而滇茶及云南各族人民的声名则远播于世界各地。

二、茶叶原产地之争

在西藏的失败并未使英帝国主义及其印度殖民地的走卒们死心。在政治、经济上失败之后，他们改变策略，从文化战线上对中国茶叶进行诋毁。

我们的祖先在千百年的历史长河里，在利用茶叶作为医药进而发展成为饮料的长期实践过程中，积累了丰富的经验，滋育了我们的民族文化，同时给世界各国人民传授了丰富的栽培、制作技术和整个的饮茶艺术。中国是茶叶原产地的结论是历来为世界茶学界所公认的。但是，印度从中国学习到种茶技术，从中国引种试种成功之后，国外某些学者（以萨缪尔·贝东为首）不惜违背事实、歪曲科学、数典忘祖，制造了"茶叶原产地是印度"之说，以此来装潢印度茶叶的门面，抹杀中国茶文化，达到在国际市场上排挤中国茶叶的目的。

他们的理由是中国没有发现过野生大茶树，而在印度的阿萨姆（Assama）地区发现有野生茶树（Assamic），同时说什么世界茶叶只有一种，即印度种，中国茶叶是从印度引进的，原因是中国茶品种多叶小丛矮，这正是印度茶种北移中国受气候影响所致云云。

事实上，在中国的广大地区，如海南岛、贵州仁怀地区、四川古宁地区、福建安溪地区，特别是云南各地，均发现大量的原生和野生的大茶树群，其中尤以西双版纳州勐海县巴达哈尼族聚居地发现的"茶树之王"为最有说服力，经专家鉴定树龄在1700年以上，这一事实有力地驳斥了萨缪尔们的滥调。当代茶圣吴觉农先生说："我国西南地区是世界茶树的原产地，云南则是这原产地的中心。"台湾茶叶专家刘汉介先生说："中国是茶的原产地，起源于云南……"美国西北公司总裁罗纳德·菲浦斯说："茶树生长在高海拔4 500~6 000尺之间，在这个理想的自然条件下，使云南当之无愧地成为茶叶的祖国……"日本东西物产株式会社社长坂本敬四郎先生说："云南是茶叶的故乡，这里的茶叶起先是由当地少数民族制作并传播的。中国曾有过一条传播丝绸为主的'丝绸之路'，而作为增进人类健康的云南茶叶正以'茶叶之路'走向世界各地。"①

这是中国茶文化史上一次辉煌的胜利。

第四节　哈尼族文化在国际学术界中的影响

哈尼族文化以其丰富的内涵、独特的风格、瑰丽的色彩吸引了世界各国的学术界人士，他们纷纷来到哈尼族聚居地区，了解它、研究它。到目前为止，已经形成了一股波及欧美亚三大洲十几个国家的哈尼族文化研究热潮，并有一大批来自各个国家的学

---

①以上资料引自《云南省茶叶进出口公司创建五十周年纪念册》。

者孜孜不倦地研习哈尼族文化。他们当中著名的有：

列欧·阿尔丁·汪·格索博士（Dr. Leo Alting von Geu-sau），荷兰人类学家，海牙社会研究所成员，日内瓦联合国社会发展研究所顾问。在泰国阿卡人中生活、研究了二十多年，著述甚丰，娶阿卡女子为妻，居住泰国清迈。

保尔·刘易斯博士（Dr. Paul Lewis），美国俄勒冈州大学人类学博士，在缅甸阿卡人中当过多年传教士，编写出第一套阿卡语书写文字，著作甚多，1986年以来居住泰国清迈，进行山区少数民族健康及教育工作，并在清迈大学任教。

柯恩尼亚·凯米尔（Cornelia Kammerer），1979年到泰国研究阿卡人的家族关系和礼仪，尤其是妇女参加的礼仪。

福雷德里克·弗·格朗菲尔德（Frederic·V·Grunfeld），曾深入泰北阿卡人中，写有《泰国密林中的游迁者——阿卡人》一书。

日本学者人数更多，几乎形成了一整个学术团体。其中较著名的有：

鸟越宪三郎，著有《倭族之源——云南》等书；

渡部忠世，著有《稻米之路》等书；

佐佐木高明，著有《照叶树林文化的道路—从不丹、云南到日本》、《在云南的照叶树下》、《热带的砍烧地农耕——文化地理学比较研究》等书；

森田勇造，著有《探寻倭人的源流——云南，阿萨姆山地民族调查之行》等书；

中尾佐助，著有《栽培植物和农耕的起源》等书；

君岛久子，翻译了大量少数民族神话、传说、故事。

另有欠端实、竹源茂、小野博司、井田孝、新田牧雄、菅原寿清等人，各有有关哈尼族文化的著作，如欠端实著有《圣树与稻魂——哈尼族文化与日本文化》，对哈尼族文化与日本文化进行了比较研究。

欧美学者如列欧·格索博士、保尔·刘易斯博士等皆在哈尼族聚居地区生活长达二十多年，他们不但从事学术研究，出版书籍，创制文字，更重要的是，他们还积极从事以下两方面的工作：1. 在哈尼族地区兴办各种教育和医疗卫生机构，以提高哈尼族人民的文化知识水平，增强哈尼族人民的健康。2. 积极改善哈尼族地区的经济落后状态，如引进新的农作物品种，提高加工能力和产品销售能力等等。他们和当地哈尼族的关系十分亲密，尤其值得称道的是，列欧·格索博士强调对哈尼族传统文化的改进必须以哈尼族的传统文化作为基础，在此前提下去粗取精、发扬光大，而反对以他种文化取代哈尼族传统文化。

日本学者对哈尼族文化的研究倾重于对日本"倭人"的寻根，按佐佐木高明先生的话来说，就是："我们要寻求的应该是掌握了使日本人成为日本人的文化诸特征的直接祖先，也可以说是寻求日本文化的根。"[①] 为此，1982 年，日本学术界组成了以国立民族学博物馆成员为中心的"中国云南少数民族调查团"，七名团员分别为民族学、民族植物学、蔬菜园艺学、社会人类学、音乐人类学的学者，此外还有一名特派记者，将哈尼族作为其主要调查对象赴滇考察。

日本学者主要依据实地调查的材料，将云南少数民族与日本文化之间的共同要素寻找出来进行类比研究，其中关于哈尼族的部分占了绝大多数。这些共同点有以下几类：

1. 民居

（1）干栏式住房。西双版纳哈尼族至今仍住干栏式房屋，

---

①佐佐木高明：《照叶树林文化的道路——从不丹、云南到日本》，日本广播出版协会，1983 年。

与日本民居相似。

（2）千木、千木组。千木为屋脊两端的破风板或破风竹交叉伸出屋脊的两只角，千木组为并列于屋顶上压卡茅草的交叉压木（竹）。西双版纳哈尼族居屋上有千木（哈尼语"巴哈吾区"）和千木组，日本一些神社和民居屋顶上也保留千木和千木组。

（3）顶梁柱。哈尼族住房以顶梁柱直接支撑屋脊，日本伊势神宫的正殿和外宫的御馔殿也还保留这种形式，日本出土绘画上高仓的顶梁柱也与此相同。

2. 食品

（1）大豆发酵食品。哈尼族有出名的豆豉、豆酱等，日本也多有发酵食品，最典型的是豆酱和酱油。

（2）糯食品。哈尼族有糯米饭、糯米粑粑、糯米糕、粽子、糯米汤圆等，最出名的三大节日之一"扎勒特"，即是过大年时做巨型糯米粑粑祭天地之神与祖先，同时吃汤圆，日本也有糯米糕、饭、粽子。哈尼族节日吃染黄或染紫的饭，日本静冈县也吃染色的黄饭。

3. 服饰

（1）贯头衣。现在哈尼族中仍有穿贯头衣的，日本出土人像中也有穿贯头衣者。

（2）披肩。哈尼族在盛装时要披披肩，日本古代、现代在举行祭神仪式时都要披披肩。

（3）木屐。中国民族中，唯哈尼族世代习着木屐，以攀枝花木制成木板鞋，下凿木齿以防山路泥滑，上以皮条为系。日本民族亦以着木屐闻名于世，型制与哈尼族相同。

4. 农耕礼仪

（1）人头祭。传说哀牢山哈尼族最盛大的宗教祭典祭寨神的缘起，就是祭祀改变了古代杀人祭鬼风俗的女英雄艾玛的①。日本典籍《日本书记》、《今昔物语》中均有日本盛行杀人祭祀的记述，长野县的诹访大社曾有猎头之仪。

（2）播种、插秧、收割礼仪。哈尼族在播种时要举行求雨仪式，播种时要祭秧神，收割时要祭谷神"金谷娘"，还有尝新之俗（哈尼语为"活什哑"），日本人播种时祭水口，栽秧时有插秧祭，收获时有神尝祭和尝新祭。

（3）插秧歌。哈尼族有着内容繁多的插秧歌（哈尼语称"莪竹阿其"）以供插秧的姑娘们歌唱，日本亦有此俗。

5. 宗教信仰

（1）神林和神树。哈尼族每个村寨均有神林，其中有一棵茂盛的树被指定为村寨守护神的象征，岁时加以祭祀，日本也有所谓"守护神的丛林"崇拜。

（2）寨门和草绳。哀牢山区哈尼族为防止鬼怪进入村寨，要在寨门挂草绳，其上悬有木制刀矛之类，两侧则悬以鸡犬之皮（哈尼语"克妥哈统"）。西双版纳哈尼族村寨普遍建立寨门"洛扎"，上设木雕鸟形。日本神社也都有设有木鸟的大门（鸟居），奈良农村村口悬有草绳。哈尼族、日本寨门上都刻有符咒。

……

据日本学者研究，哈尼族与日本有七类三十余项共同的物质文化要素，其数量之多令人难以想象，于是他们从"照叶林文化""稻作文化""倭族之源"三方面提出日本民族与包括哈尼族在内的云南若干少数民族有着历史渊源关系的学说。尽管这一学说尚在研讨中，但通过上述学术活动，积极地促进了哈尼族文化与日本文化的交流。

---

① 《哈尼族古歌·窝果策尼果》，第10章。

鸟瞰哈尼族与世界交往的全部历史和现实，可以看到，交往、融合、流通的过程充满艰辛和险阻，但其成果则是丰硕而喜人的。哈尼族在向 21 世纪迈进的今天，更应发扬这一光荣传统，打开山门，走向平原，走向大海，从政治、经济、文化的全方位，投身到国际大舞台中去。

后　记

　　本书作为一部全面、系统、科学地介绍哈尼族文化发生、发展、演变的著作，在历史上还是第一次。虽然延请了甚有研究的本民族专家学者撰稿，然欲在 40 多万字的篇幅内，对哈尼族博大精深的文化作出详尽描述，显是力有不逮。然而，此书旨在从大的层面，把哈尼族文化的精彩呈现给读者，这一点，想来已经做到了。

　　作为一本集体性著作，主编只在结构、行文等技术上作出把握，学术观点则尊重原作，表述的详略也尽依其意；然以准确、生动、全面为好。

　　本书分工如下：

　　史军超：主编，制定提纲、组稿、统稿，并撰写引言、第一、二、三、四、七（部分）、九（西双版纳部分）、十二（主要部分）、十三（部分）、十四（部分）、十八（出版部分）、二十二章，征集图片；

　　李期博：撰写第五、八、九（部分）、十一章；

　　赵官禄：撰写第七（部分）、九（部分）、十、十二（部分）、十三（部分）、十四（部分）、十八（部分）、十九、二十、二十一章；

　　白玉宝：撰写第六、十六、十七章；

　　白云昌：撰写第十五章（教育部分）；

　　李德祥：撰写第十五章（体育部分）；

图片摄影：陆江涛、吴世平、欧燕生、徐晋燕、马秀娟；

王正芳：原任本书负责人，做过一定组织工作。

还有许多哈尼族同胞对本书提供了不少宝贵意见和建议，在此就不一一列举他们的姓名。

对所有积极参加、支持过本书的朋友，特致衷心感谢！本书错误在所难免，恳请广大读者批评指正！

编　者

1999 年 6 月 4 日